天

Borderless

下

博稽古今　融汇天下

谨以此书献给我的父亲母亲

合同法总论

天
Borderless
下

法学原论

The Law of Contract

(Fifth Edition) vol.I

by Han Shiyuan

合同法总论

（第五版）

合同类型、订立及效力

韩世远 著

法律出版社
LAW PRESS · CHINA
北京

图书在版编目（CIP）数据

合同法总论：合同类型、订立及效力／韩世远著. 5 版. -- 北京：法律出版社，2025（2025.10 重印）.（法学原论）. -- ISBN 978-7-5244-0134-6

Ⅰ. D923.64

中国国家版本馆 CIP 数据核字第 2025EF0387 号

合同法总论（第五版）：合同类型、订立及效力
HETONGFA ZONGLUN（DI-WU BAN）：HETONG LEIXING、DINGLI JI XIAOLI

韩世远 著

策划编辑 黄倩倩
责任编辑 黄倩倩
装帧设计 李 瞻

出版发行 法律出版社
编辑统筹 学术·对外出版分社
责任校对 晁明慧
责任印制 胡晓雅 宋万春
经　　销 新华书店

开本 710 毫米×1000 毫米 1/16
印张 29.5 **字数** 428 千
版本 2025 年 9 月第 5 版
印次 2025 年 10 月第 3 次印刷
印刷 中煤（北京）印务有限公司

地址：北京市丰台区莲花池西里 7 号（100073）
网址：www.lawpress.com.cn
投稿邮箱：info@lawpress.com.cn
举报盗版邮箱：jbwq@lawpress.com.cn

销售电话：010-83938349
客服电话：010-83938350
咨询电话：010-63939796

书号：ISBN 978-7-5244-0134-6
定价：79.00 元

凡购买本社图书，如有印装错误，我社负责退换。电话：010-83938349

作者简介

韩世远（HAN Shiyuan）

1969年出生于江苏丰县，法学博士（1997年）。

现任清华大学法学院教授、博士生导师，清华大学欧洲法与比较法研究中心主任。

兼任中国法学会民法学研究会副会长、北京仲裁委员会仲裁员、中国国际经济贸易仲裁委员会仲裁员、《联合国国际货物销售合同公约》咨询委员会委员（Member of the CISG Advisory Council）及国际比较法学会会员（Associate Member of International Academy of Comparative Law）等。

曾任美国哈佛大学法学院富布赖特访问研究学者（2014年8月至2015年8月）、德国马克斯·普朗克外国私法与国际私法研究所访问学者（2006年10月至2007年9月；2009年6月至9月）和高级访问学者（2017年8月至11月）及日本法政大学HIF（法政国际交流基金）招聘研究员（2000年10月至2001年9月）。

曾获第四届全国十大杰出青年法学家提名奖（2004年）、中国法学会优秀科研成果奖（民法学科著作类一等奖，2005年）及教育部“高等学校科学研究优秀成果奖（人文社会科学）”三等奖（2009年）等，并入选教育部2006年度新世纪优秀人才支持计划（2006年）。

◎主要著作和论文

《合同法总论》（法律出版社2004年第1版，2008年第2版，2011年第3版，2018年第4版）；《合同法学》（高等教育出版社2010年第1版，2022年第2版）；《民法的解释论与立法论》（法律出版社2015年版）；《履行障碍法的体系》（法律出版社2006年版）；《违约损害赔偿研究》（法律出版社1999年版）。

《构造与出路：中国法上的同时履行抗辩权》，载《中国社会科学》2005年第3期；《违约金的理论问题》，载《法学研究》2003年第4期；《出卖人的物的瑕疵担保责任与我国合同法》，载《中国法学》2007年第3期；《继续性合同的解除：违约方解除抑或重大事由解除》，载《中外法学》2020年第1期。

Article 580 (2) of the Chinese Civil Code: Can Chinese Folk Medicine Cure Serious Illness? In Hao Jiang and Pietro Sirena (eds.), The Making of the Chinese Civil Code: Promises and Persistent Problems, Cambridge University Press 2023; *The Performance Interest in Chinese Contract Law: Monetary Awards*, in Chen-Wishart, Loke and Ong (eds.) Remedies for Breach of Contract, Oxford University Press 2016（英国）; *The Application of the CISG in International Commercial Arbitration in China*, in Schwenzer (ed.) ,35 Years CISG and Beyond, Eleven International Publishing 2016（荷兰）; *The UNIDROIT Principles and the Development of the Chinese Contract Law*, in UNIDROIT (ed.), *Eppur si muove*: The Age of Uniform Law, Vol. 2, UNIDROIT (Rome) 2016（意大利）; *Basic Issues for Understanding Change of Circumstances under Chinese Contract Law*, Revue de Droit International et de Droit Comparé, Sommaire de la Livraison No2 de 2015（比利时）; *Principles of Asian Contract Law: An Endeavor of Regional Harmonization of Contract Law in East Asia*, Villanova Law Review, Vol. 58 No. 4, 2013（美国）; China, in Ferrari (ed.), The CISG and its Impact on National Legal Systems, Sellier European Law Publishers GmbH, 2008（德国）; *Force Majeure, Change of Circumstances and Termination of Contract*, in Journal of Law, Society and Development, Vol. 3, Issue 1, 2016（南非）。

民法典时代的合同法
（代五版前言）

《中华人民共和国民法典》已由立法机关于 2020 年 5 月 28 日通过，并自 2021 年 1 月 1 日起施行。《民法典》总共七编 1260 条，其中，第三编“合同”总计 526 条（第 463 条～第 988 条），占 4/10 的条文，故“大”合同编名副其实。立法者的任务固已完成，司法及学说方面的新任务才刚刚开始。2023 年 12 月 4 日，最高人民法院终于公布《关于适用〈中华人民共和国民法典〉合同编通则若干问题的解释》，虽形式上只有 69 个条文，但实质上的信息量很大。如何正确领悟新法典、新司法解释的精神，辨识其中的本土元素、外来元素及创新元素，阐释其内在体系，丰富其解释论，增进其实践应用，发挥其规范功能，并超越抽象的规范秩序而在生活世界塑造法秩序，中国法律人不可谓不任重道远。

白驹过隙，自 2004 年本书首次出版至今已 21 年。对于自然人而言，18 周岁便已成年（《民法典》第 17 条）；对于本书而言，我也希望它能够在《民法典》时代变得更加成熟。关于此次修订，要交代者有如下几点：

1.《民法典》的出台当然是本书更新的首要原因，另外，相关法律、法规及司法解释也多有变化，也是促使本书修订的重要原因。法律条文编号及条文内容的变化，要求对法条逐一核查更新，这既有文字机械性的一面，又有法理有机性的一面。由此注定，法条核查与内容修订须同步进行；这也注定，该工作无法由他人代劳，而只能由作者亲自完成，着实是一项费时费力的苦差事。

2.《民法典》是中国民事立法的里程碑，民事立法由“分步走”的单行法而终至法典编纂，是几代法律人共同的智慧结晶。《民法典》合同编在原《合同法》基础上，一方面吸收司法解释及裁判案例等成熟的实践经验，另一方面借鉴比较法的新成果，甚至独辟蹊径（如第580条第2款等），故不乏新增规定。与此相应，本书力求与时俱进，发掘立法精神，作相应的解释论展开。

3.《民法典》颁布后，作者不断被热心读者"催更"，为了让更新的书早日面世，第5版尝试分册陆续出版，这当然也有新书体量方面的考量。另外，版式调整，双色印刷，也是明显的变化，希望能给读者带来更好的阅读体验。

4.虽然分册出版，本书整体仍保持原有的十二章结构。与其严守法典外在体系，不如实用优先。立法者放弃"债编"形式，《合同编解释》中大量解释总则编的内容，原因固然有多方面，实用性及习惯的力量恐怕是两个主要理由。作者相信，多数本书读者已习惯本书内容相对完整的体例结构。另外，喜欢依《民法典》体系结构学习的读者，可以阅读作者另行出版的教科书《合同法学》（"十二五"普通高等教育本科国家级规划教材，高等教育出版社2022年第2版），其中不仅有"总论"，亦有"典型合同"及"准合同"。

5.就比较法而言，诸如法国民法及日本民法，均已有较大改正。近年来，新的论文、图书资料也不断增加。对此，本书作者仅在力所能及的范围内，予以更新。所更新之处，通常会特别说明，而未作说明者，即属相应的原有规定。

作者多年来从事民法教学研究，得到诸多老师、学界同人的指教与鼓励，得以领悟现代合同法倡导自愿原则与契约精神、兼顾合同自由与合同正义、鼓励交易与保护信赖之魅力。在人世间的冲突和对抗频发的当下，和平共处及合作共赢，唯因其难得，故而需要格外珍惜！相信法治（rule of law）是现代社会的人间正道，值得人们不断努力追求！另外，对于读者长期以来的厚爱、法律出版社长期的合作、责任编辑黄倩倩认真负责的工作等，内衷感荷！陈道宽参与了早期校对，余俊达、胡逸群参与了索引与参考文献的整理，王阳光另协助了全书的格式、术语统一，谨致谢忱！作者虽倾心尽力，但思虑不周、表述不妥或观点不当之处，在所难免，尚祈读者批评指正，以便将来修改完善。

韩世远

2024年9月22日秋分初稿于清华大学法律图书馆

2025年7月7日小暑改定于北京清华园

比较法与解释论
（代四版前言）

2015 年 8 月，哈佛大学校园里游人如织。匆匆穿行校园，见黑槐树的花落了一地，让人想到此时北京的清华园，景象应该相似，既不是人间四月天，也不是五月槐花香。由于是假期，在哈佛大学法学院兰德尔（Christopher Columbus Langdell，1826 – 1906）法学图书馆四楼阅览室里，看书的人并不多。室内墙壁上挂着许多哈佛法学名家的画像，我所坐书桌旁的画像正好是威利斯顿（Samuel Williston，1861 – 1963），而我却拿着一本柯宾（Arthur Linton Corbin，1874 – 1967）的《柯宾论合同》第四卷，翻开精装封面，赫然映入一个人的签名：富勒（Lon L. Fuller，1902 – 1978）。无疑，几十年前，这本书属于签名者所有，签名者也一定熟读过这本书。富勒曾是哈佛法学院教授，虽已去世，其合同法教科书却在不断地出新版。方斯沃斯（E. Allan Farnsworth，1928 – 2005）也已去世，只是不知他的书是否有人接续修订。这些人的书，都在这层阅览室的书架上，可随手取来阅读。机缘巧合，让我这位中国人来到这个阅览室里，阅读这些非汉字写成的图书。法及法学，均属地方性知识；美利坚这片土地上的法，对于中国人而言，只算是外国法或者比较法（作为比较对象的"法"）。这样的比较法，对于我们，究竟有什么意义？

在"三版前言"中，我曾写道："《合同法》是比较法的产物，是典型的'混合继受'的结果。立法者的任务固已完成，留给司法者及学者的任务却异常繁重。解释论的展开必然是以'整合解释'为归趋，这也就意味着'法典继受'后，我们无法通过简单的'学说继受'来代替中国学者对《合同法》的解释论作业，我们无法通过翻译外国的教科书来代替中国的教科书。中国法官及学者，任重而道远。"这段文字，今天依然是我的心声。

法律比较(Rechtsvergleichung)或者比较法之目的或功能通常体现于获取新知,通过比较观察,提升对于相关法秩序的理解,或者借以填补其法律漏洞。而通过比较探寻发现某领域法秩序的共同基础,为追求统一法奠定基础,则被视为是法律比较的一项新任务(eine neue Aufgabe)[①]。仅就前者而言,了解你的邻居,是为了更好地了解自己。阅读比较法,让人获得不同的启发或者灵感,这一点在人世间是共通的。当我阅读威利斯顿先生在 1899 年发表在《哈佛法律评论》上的关于大陆法系双务合同债的牵连性及履行抗辩权的论文时,读到的是他对于比较法的重视及运用(尽管那时“比较法”观念尚在孕育过程中),并深为其研究能力(包括阅读拉丁文、法文、德文的能力)及洞察力所折服,深信其作为合同法大家,绝非浪得虚名。这种比较法传统,在霍姆斯(Oliver Wendell Holmes, Jr., 1841 – 1935)、柯宾、卢埃林(Karl Llewellyn, 1893 – 1962)、方斯沃斯等人身上,均有体现。20 世纪美国合同法领域,群星璀璨,比较法功不可没。面对这闪耀的群星及其巨著,我所能表达的只有敬意!

21 世纪的美国,是否还需要像威利斯顿、柯宾及方斯沃斯这样的合同法“Principle Writer”以及谁会成为这一传统的继任者? 对此,我们还需要进一步观察。不过,钟摆似乎摆向另一个方向,如今的美国法学学人似乎不太在意比较法,而更在意“法和经济学”(Law and Economics)。经济分析的势头强劲,业已攻占了所有主流的美国法学院。从老波斯纳(Richard Posner, 1939 –)在 HeinOnline 数据库中被引次数,也可有所反映,这老先生两万多次的被引,恐怕在今天的美国,鲜有法学教授能出其右。2015 年夏天从哈佛大学法学院荣休的肯尼迪(Duncan Kennedy, 1942 –)先生,这位批判法学运动(The Critical Legal Studies Movement)的旗手,在与我谈及美国法学院的现状时,“批判法学”的本色依旧:“现在的美国人以为什么都是他们发明的,他们不再去阅读欧洲的文字和思想。”我去拜访肯尼迪先生,第一次在其研究室见面时,他讲的第一句话竟是“我也是合同法学者”。我丝毫不怀疑合同法在其心目中的重要位置,因为在他研究室的一幅表现其 1976 年成为

① Vgl. *Hein Kötz*, Europäisches Vertragsrecht (2. Aufl. 2015) 2 ff.

哈佛大学法学院教授时形象的油画像上,那个意气风发的年轻学者手中拿着一本大部头的著作——《肯尼迪论合同》,那一定是他那时的一个梦想。40年后,肯尼迪先生终究没有出版一部真正的 Treatise 叫作《肯尼迪论合同》,个中原因,不曾细问。

与美国适成对照的是欧洲或者德国。2017年我重访汉堡马普所,老友中田邦博教授到研究室叫我,同去参加研究所里举行的报告会。报告人 H. Rösler 教授报告的内容是欧洲法院(European Court of Justice)的法解释方法,其中很重要的一项内容便是比较法方法。事例之一,是关于缔约过失责任,欧洲法院考察不同成员国的国内法,最终依大多数国家的做法处理。报告后,日本京都大学法学院院长山本敬三教授等人参与了提问。我提了两个问题:其一,欧洲法院所用的比较法解释方法与茨威格特先生当年提倡比较法解释方法时在头脑中所想的比较法是否一样?其二,比较法解释方法在当下德国实务中的应用如何?就后者而言,所得答复似乎并不乐观,德国的法官对于比较法解释方法运用并不多。由此我们或可获得一个初步的结论:在法体系的形成期,比较法最易发挥其作用;一旦法体系形成并日趋成熟,该体系已可为所遇到的法律问题提供成套的解决方案,自给自足,便成寻常。

由美国及欧洲的现象,不能不让我想到中国,想到大国崛起,想到正在崛起中的中国意识、中国元素和中国创造,想到群潮涌动的民法典起草。回观《合同法》,围绕第66条和第67条,笔者曾指出过第66条存在漏洞(法律漏洞说),也提到了"同时履行抗辩权的分立"这一解释论现象不容忽视,提示具有整合力的解释论的建构是将来的理论课题。对于立法者的创新,笔者无意抹杀。不过,如果回头研究比较法,我们会变得更理性一些。通过本次修订,笔者以功能比较的方法,揭示日本、德国、美国以及我国台湾地区的债务履行顺序不同场合的同时履行抗辩问题,以及其间呈现的相同的价值判断和利益衡量。以比较法充实解释论,可以让解释者变得更理性而非更任性。至于先履行抗辩权的创新,究竟"新"在哪里,也可通过比较法获得清醒的认识。"日光之下,并无新事"(There is no new thing under the sun)。向来如此。

本书自2004年出版以来,至今已经一十四载。一本书,也算是一个人的学思记录。2000~2001年,笔者曾在日本法政大学访问研究,因而本书第一版有比较浓重的日本法学的影响印迹。2006～2007年以及2009年,笔者两度在德国马克斯·普朗克外国私法与国际私法研究所访问研究,因而本书第二版及第三版逐渐增多了德国法学的影响印迹。2014～2015年,笔者以富布赖特访问学者身份访问哈佛大学法学院,所以,本次修订或许会呈现一些美国法学的影响印迹。2017年3月15日,《民法总则》颁布,这是我国迈向民法典的重要一步。该重大事件使本书的修订延后。是年8月,我又一次访问德国马克斯·普朗克外国私法与国际私法研究所,使本书的最后收尾在德国完成。

合同法作为交易规则,是私法中最具共通性的领域。国际私法统一运动的成果往往是集中在交易规则领域,尤其是合同法。无论是《联合国国际货物销售合同公约》还是国际统一私法协会(UNIDROIT)《国际商事合同通则》以及《欧洲合同法原则》,都可以说明这一点。因而,合同法相较于物权法、侵权法、婚姻法以及继承法,应该是最具有世界性的领域。正是考虑到这一特点,对于合同法的解释论作业,恐怕不宜单纯满足于“悟言一室之内”,而必须放眼当今世界。合同法的解释论作业,尤其应重视比较法,当可断言。

2010年,我有幸被遴选为《联合国国际货物销售合同公约》咨询委员会(The CISG Advisory Council)成员。自此,每年有机会与此领域的国际顶尖学者共同研讨与公约相关的疑难问题,参与该委员会“意见”的讨论。这些活动,本身也是比较法学问的切磋。通过与来自不同法系、具有不同法学背景的顶级学者交流,感受比较合同法的最新国际潮流及脉动,并逐渐达成共识,促进对于公约的统一理解和适用。当然,参与这些活动也有助于提升自己对于我国《合同法》相关条文的理解,因为《合同法》参考公约之处颇多。

自1979年以来,中国恢复法制建设;如今,致力于法治社会的构建。成文法律制度,从无到有,是几代人的心血。法律如何从纸上的法变为活法,则是一项更大的工程。后立法时代的解释论作业,正是其中重要的一环。许多事物,从0到1或许相对较易,而从1到1.5可能相对较难。如果说前者是要解决如何“吃饱”的问题,那么后者则可以说是要解决如何“吃好”的问题。比较法,不仅能够帮助我们解决如何“吃饱”,更可以帮助我们解决如何“吃好”。通过比较法,不仅可以拓宽我们的知识视野,拓展我们的思想维度,更可以丰富我们的思维方法。法学方法可以多元，也应该多元。法学问题，正如数学问题，可用不同的方法解决，结论相同，可以增强解释者对结果正确的确信；结论不同，恰恰暴露需要解释者重视的问题，这又何尝不是一件好事？因而，学问之事，方法不同，认识差异，结论有别，均属正常。重要的是，就学术之争，以平常之心，包容之姿，疑义相与析，在法律人共同体中达成共识。

感谢我的两位导师——梁慧星先生及崔建远先生！两位先生引领我进入民法学学术研究之门，他们的引领，使我少走许多弯路。他们对于本书的批评，表明他们对于本书的重视以及对于学生的爱护。爱之深，责之切，即此之谓。对老师的批评意见，我慎重反思，并尽可能地吸收。学生领会不到位之处，也请两位老师雅谅。学术不亦如艺术？道不同，道却相同。恰如白石老人画语：“学我者生，似我者死。”生死之事，兹事体大，岂可不慎？

感谢美国富布赖特基金会（Fulbright Scholarship Program）的资助，使我有机会在哈佛法学院安心读书写作，并有诸多机会深入了解美国社会文化。感谢安守廉（William P. Alford）教授夫妇！安教授担任我访问哈佛法学院期间的 Host Professor，他的帮助总是那么及时而有效。感谢肯尼迪教授！读其文，闻其言，数次深度长谈，于我是头脑风暴，是智识挑战，受益匪浅。感谢迪马特奥（Larry A. DiMatteo）教授，他邀请我访问佛罗里达大学，并结识其家人；春日漂流，虽在异国他乡，却使我感受到了何谓“暮春者，春服既成，冠者五六人，童子六七人，浴乎沂，风乎舞雩，咏而归”。感谢清华大学法学院王振民教授、上海交通大学彭诚信夫妇、丁如及张赟夫妇、胡小倩夫妇等朋友！他们使我在波士顿的生活丰富多彩。感谢我的老同学刘戈及其家人，为我和家人访问加州提供诸多友情帮助。感谢我的家人！他们的陪伴赋予我前行的力量。

访美归国前夕，偶感光阴易逝，人生如寄；写下四句，以为这段哈佛时光的纪念：

> 韶华不为少年留，不觉白了少年头；
> 查河默默波屯过，白云悠悠剑桥游。

2017 年 8 月，我重访德国汉堡马克斯·普朗克外国私法与国际私法研究所，为此应特别感谢所长巴塞多教授（Prof. Dr. Dr. h. c. mult.

Jürgen Basedow）、所长齐默尔曼教授（Prof. Dr. Dr. h. c. mult. Reinhard Zimmermann）和朴法眼教授（Prof. Dr. Knut Benjamin Pißler）所提供的帮助！在这暑期，研究所里来自世界各地的访问者云集，能在图书馆阅览室里有一张桌子已属不易，他们竟为我安排了一间独立的研究室，书架上有全套的《国际比较法百科全书》以及大量的资料文件夹，其主人是 Ulrich Drobnig 先生（马普所前任所长、《国际比较法百科全书》编辑委员会的成员），一位令人景仰的比较私法大家。访问期间，偶成四句：

马普所里风入松，易北河畔人敲钟；
洋为中用法比较，孤鸿何复计西东。

在德国汉堡阿尔斯特湖（Alster）旁，我感受到了比较法的力量。

韩世远

2015 年 8 月 12 日初稿于哈佛大学法学院兰德尔法学图书馆

2017 年 8 月 20 日补记于德国汉堡马克斯·普朗克外国私法与国际私法研究所 310 室

2018 年 3 月 28 日改定于北京清华园典墨斋

三版前言

本书初版于2004年(三次印刷),二版于2008年(两次印刷),时至今日,早已售罄。许多热心读者(在校学生、法官、律师等)对本书给予积极评价,有些法官甚至将本书当成手头常备的办案参考书。读者的厚爱给我以极大的鼓舞和动力,坚定了我将本书持续修订下去的信心和决心。

本次修订使本书篇幅有所增加,希望阅读简明版的读者,可以阅读我写作的《合同法学》(普通高等教育"十一五"国家级规划教材,高等教育出版社2010年版)教科书,其中不仅有"总论",亦有"分论"十五种具体合同。教科书是面向本科生初学者,本书则更适合有一定基础的读者。

本次修订的动因是:其一,出台了新的法律、法规和司法解释;其二,裁判实务产生了新案型、新问题;其三,学术研究在主客观方面均有新进展;其四,获得了一些新资料。

本次修订是全面的,无论是内容还是形式,均较前版有明显的进步。在内容方面,结合新的法律、法规和司法解释,特别是结合最高人民法院关于适用《〈中华人民共和国合同法〉若干问题的解释(二)》,逐处修订本书内容。另外,刊登在《中华人民共和国最高人民法院公报》上面的案例,也是本次修订关注的重点之一。在形式方面,为方便读者阅读,在每章开头制作了详细目录。另外,全面订正本书注释,引用外文文献,尽量遵循其惯常引用方法。在此过程中,清华大学法学院博士生小林正弘校订了全书日文脚注,并做文字转换处理;博士生武腾和硕士生葛江虬帮助校对,对其帮助表示诚挚的感谢!

《合同法》是比较法的产物,是典型的"混合继受"的结果。立法者的任务固已完成，留给司法者及学者的任务却异常繁重。解释论的展开必然是以“整合解释”为归趋，这也就意味着“法典继受”后，我们无法通过简单的“学说继受”来代替中国学者对《合同法》的解释论作业，我们无法通过翻译外国的教科书来代替中国的教科书。中国法官及学者，任重而道远。

书中文字观点难免存在谬误和疏漏，一如既往地欢迎学界前辈及各界贤达批评指正。

韩世远
2011 年 7 月 8 日
于清华园

民法的解释论与立法论
（代二版前言）

民法理论大致可以分为两类：解释论与立法论。民法的解释论，是通过解释既存的民法规范而形成的理论，其目的在于正确地理解和适用民法规范。民法的立法论，是围绕着如何设计出合理的民法规范或者如何改进既有的民法规范而发表的见解、观点和理论，其目的在于指导或者影响民事立法实践。

进行民法解释论的作业，是要遵循一定的解释方法的，这些方法也就是民法解释方法，而研究这些方法的学问也就是民法解释学或者法学方法论，它大体包括狭义的法律解释方法、法律漏洞的补充方法等内容。民法解释学或者法学方法论之所以成为一门学问，当今的民法学者之所以强调这门学问，一个很重要的原因在于，要为法律的解释适用及相关问题探寻出一套大致可循的章法，并以此来确保法律的适用具有统一性和可预测性。否则，解释适用法律规范而不循章法，你这样解释，我那样理解，不免产生混乱，法制的统一也就无从谈起。

民法的解释论既强调遵循一定的章法（解释方法），从事此项作业者，发表任何言论和见解，都要强调有根有据、循规蹈矩，不能凭空而来、妄下断言。这就要求首先胸中掌握中国现行有效的民事法律体系，明了何为现行有效的民事法律规范；进而判断对于所要解决的问题，是否有现成的法律规范可以援引适用；如果没有现成的法律规范可以适用，才探讨在现有的框架下如何填补法律漏洞的问题。

如果说民法解释论所关注的是民法规范的现实结构，民法立法论所关注的则是民法规范的理想状态。因而，与解释论相比，立法论的拘束要少一些，发表立法论见解者可以天马行空，任意发挥，只要能够言之成理、自圆其说。因而，你可以参考英美法系的做法，我可以推崇大陆法系的实践；可以公说公理，婆说婆理，不必强求意见一致、观点统一。

解释论与立法论既有上述差异，法律人就应当有鲜明的区分意识，不可乱用。

对于法官而言，作为法律的实践者，是要运用民事法律规范解决现实的纠纷和问题，因而所要运用的正是民法解释论。比如审理名誉侵权案件时，在民法通则及最高人民法院的相关司法解释中，均是使用“公民”（或自然人）与“法人”这样抽象的概念，特别是对于公民或者自然人，没有区分是否属于“公众人物”，更没有因为某人是所谓“公众人物”而在法律效果上有什么区别对待。既然如此，法官裁判相关案件的时候，就不应随便超越现行法的规定，直接讨论当事人是否属于“公众人物”，进而赋予不同的法律效果，这样才算是遵循解释方法，符合解释论。至于应否借鉴美国判例法限制“公众人物”名誉权及保障言论自由的做法，目前只属于立法论层面的问题，是在讨论立法问题时始应予考虑的问题。如果作为裁判案件的法官，在头脑中缺乏这根弦，直接套用美国的做法，就是混淆了解释论与立法论，是错把中国当美国了。

读者或许会以为我视法官为“适用法律的机械”，否定司法的能动性。其实不然，关键是如何认识此处的能动性。强调司法能动性的见解，往往是以英美法作为参照的范本。普通法是由法官创造和建立起来的，法官在法律发展中发挥着引领潮流的功能。而大陆法系的司法传统展现的则是与之有着相当差异的另一图景，正如美国学者梅利曼所称，与普通法系法官相比，大陆法系法官的作用颇受限制，其地位也大为逊色。他甚至把普通法称为“法官法”，把大陆法称为“法学家的法”。我国属于大陆法系，立法与司法的分立以及“法律见于成文”的现实，决定了法官的功能就是适用法律。美国的法官有权决定立法是否违宪、是否有效，在我国就不好照搬套用。当然，我国的审判过程也并非完全被框于学究式的形式逻辑三段论之中（成文法规范是大前提，案件事实是小前提，判决是逻辑推论的结果），在把法律规范与案件事实结合的过程中，法官仍然有着相当程度的能动性。要得出符合法意与人情的判决，很多时候要运用自己的生活经验和人生阅历，而在法律存在漏洞的场合，更能体现这种能动性。即便如此，必须强调的是，填补法律漏洞仍然是一种解释论的作业，仍然必须遵循解释论的章法。

民法的解释论与立法论的区别，不仅法官应当注意，对于法学教育而言，对于法学教师和学生而言，也是必须清醒地加以区分的。教师糊涂，学生必受其影响；学生糊涂，就难成为合格的法律人。我们有时会遇到这样的情形，有的人谈起德国民法如何、日本民法如何、英美合同法或者侵权法如何如何，头头是道，好像很是了解，一旦被问到中国法如何时，则或者茫然不知所措，或者支支吾吾、语焉难详，甚至把外国法当成中国法。如果是外国人，倒也情有可原，可惜这样的人往往是根本没有到过外国的中国人。如此嘴上夸夸其谈，其实仅有"半瓶子醋"，又如何称得上是合格的法律人？如果我们的法学教育所培养出来的多是些这样"纸上谈兵"之人，那我们的法学教育真的是出了问题了。

我们有时也会见到这样的情形，有的法学教师喜欢说中国法这里不好、那里不行，中国法落后，不如外国法。老师的言谈又影响了学生，以致刚入大学校门不久的学生都跟着对新近出台的立法评头论足，一副"指点江山、挥斥方遒"的派头。如果这样的风气盛行，将会造成很多不良的后果。对于我们的法律，如果习法之人都不尊重，将来又如何很好地应用？敬法者始能成为护法者，法律一旦成为法律，就意味着权威，就必须得到尊重，学习之时，当有敬畏之感。学习的路径应当是由解释论入手，学习的重点也是在于解释论，适当兼及立法论。在这里，我们尤其需要强调解释论，重视解释论。毕竟，我们所要造就的法律人才，更多的都是要走上应用法律的岗位。

法律人各自应有明确的角色意识，法官的分内之事在于解释和适用法律，而不在于审查法律或者"造法"（即使是填补法律漏洞，在欠缺"先例拘束"的前提下，法官确定的规则亦非具有普遍拘束力的法）。正所谓"君子素其位而行，不愿乎其外"。不然的话，大家都来审查法律，或者大家都来"造法"，天下岂不大乱？

法律人的养成，不是几年专门的法学教育所能终结的。法律人应当长期加强自我修养，甚至这也可以说是一种"终身教育"，是一种"工夫活"。对于法官而言，就是要有意识地掌握民法解释方法、锻炼解释能力，平时多读一些解释论方面的著述（不仅限于方法论），一步一步进行，“君子之道，辟如行远，必自迩；辟如登高，必自卑”说的就是这个道理。

（《民法的解释论与立法论》一文发表于2005年5月18日《人民法院报》B1版。以此短文代二版前言，并借以强调法律人区分解释论与立法论的重要性，希望能对本书读者有所启示。——作者按）

一版前言

这是一个“学者多如毛、著作涌如潮”的时代(高鸿钧先生语)。用这句话来描述我国近几年来合同法的研究和著述,是再恰当不过的了。《合同法》颁行以来,出版的合同法著作中虽不乏佳构,但也不可否认存在泥沙俱下的情形。结果“看似一派兴旺,实则繁而不荣”(崔建远先生语)。在这种背景下,笔者不揣简陋呈献给读者诸君的这本《合同法总论》,是否会沦为泥牛入海的命运,亦未可知。

为了方便读者阅读,关于本书的特点略作几点交代:

1. 对民法书籍可作不同分类,其一可大致分为体系书、注释书、判例集及演习书。本书约略可以归入体系书之列。本书以我国《合同法》总则部分为分析对象,总体上属“解释论”的著述,唯少数地方涉及“立法论”的探讨。

2. 民法书籍又可分为入门书、基本书、讨论书及(专题)研究书。本书可归入基本书之列,同时又带有一些研究书的痕迹。本书的目标读者是大学本科生、研究生以及法律实务工作者(法官、律师等)。阅读和学习过合同法入门教科书后,仍对合同法感兴趣者,可以继续阅读本书。

3. 本书以阐释合同法原理为目的,在阐明主流学说立场的基础上,也尽可能地将作者个人的认识展示出来,并力求揭示出目前学术研究的到达点。

4. 本书内容曾反复在教学中使用,教学中积累的图表有助于学习者领会和记忆相关原理,因而在本书中予以保留。

5. 本书正文部分用以阐释原理。另外,若干比较法或法制史的考察、一些问题点的提示以及其他希望读者注意的方面,则以黑体列出小标题，并以楷体表示其相关内容，供希望更多地了解相关知识或信息的读者利用；时间有限的读者，可以略过这些部分。

6. 本书是作者一人独立写作完成，因而语言风格、形式体例以及内容体系比较统一。

本书如果能给研习合同法的读者提供一些帮助，则属幸甚。同时，合同法理论博大而精深，作者个人也在不断的学习过程当中，书中的观点或有错误，或可商榷，欢迎学者先进不吝指正。

韩世远

2004 年 3 月 3 日

于清华大学法学院研究室

主要缩略语表

本书中，我国法律、法规、规章和规范性文件名称中的“中华人民共和国”省略，不在缩略语表中单独列出。

全称	简称
《最高人民法院关于适用〈中华人民共和国民法典〉合同编通则若干问题的解释》(2023.12.4)	《合同编通则解释》
《最高人民法院关于适用〈中华人民共和国民法典〉时间效力的若干规定》(2020.12.29)	《民法典时间效力规定》
《最高人民法院关于适用〈中华人民共和国民法典〉总则编若干问题的解释》(2022.2.24)	《总则编解释》
《最高人民法院关于适用〈中华人民共和国民法典〉物权编的解释(一)》(2020.12.29)	《物权编解释(一)》
《最高人民法院关于适用〈中华人民共和国民法典〉有关担保制度的解释》(2020.12.31)	《担保制度解释》
《最高人民法院关于适用〈中华人民共和国民法典〉侵权责任编的解释(一)》(2024.9.25)	《侵权责任编解释(一)》
《最高人民法院关于适用〈中华人民共和国民法典〉婚姻家庭编的解释(一)》(2020.12.29)	《婚姻家庭编解释(一)》
《最高人民法院关于适用〈中华人民共和国民法典〉继承编的解释(一)》(2020.12.29)	《继承编解释(一)》
《最高人民法院关于审理涉外民商事案件适用国际条约和国际惯例若干问题的解释》(2023.12.28)	《适用国际条约和国际惯例解释》
《最高人民法院关于审理买卖合同纠纷案件适用法律问题的解释》(2020.12.23 修正)	《买卖合同解释》

续表

全称	简称
《最高人民法院关于审理商品房买卖合同纠纷案件适用法律若干问题的解释》(2020.12.23 修正)	《商品房买卖解释》
《最高人民法院关于审理食品药品纠纷案件适用法律若干问题的规定》(2021.11.15 修正)	《食品药品纠纷解释》
《最高人民法院关于审理存单纠纷案件的若干规定》(2020.12.23 修正)	《存单纠纷解释》
《最高人民法院关于审理民间借贷案件适用法律若干问题的规定》(法释〔2015〕18 号,法释〔2020〕17 号第二次修正)	《民间借贷解释》
《最高人民法院关于审理独立保函纠纷案件若干问题的规定》(法释〔2016〕24 号,法释〔2020〕18 号修正)	《独立保函解释》
《最高人民法院关于审理民事案件适用诉讼时效制度若干问题的规定》(2020.12.23 修正)	《诉讼时效解释》
《最高人民法院关于审理城镇房屋租赁合同纠纷案件具体应用法律若干问题的解释》(2020.12.23 修正)	《房屋租赁解释》
《最高人民法院关于审理融资租赁合同纠纷案件适用法律问题的解释》(2020.12.23 修正)	《融资租赁解释》
《最高人民法院关于审理建设工程施工合同纠纷案件适用法律问题的解释(一)》(2020.12.29)	《施工合同解释(一)》
《最高人民法院关于审理技术合同纠纷案件适用法律若干问题的解释》(2020.12.23 修正)	《技术合同解释》
《最高人民法院关于审理物业服务纠纷案件适用法律若干问题的解释》(2020.12.23 修正)	《物业服务解释》
《最高人民法院关于审理旅游纠纷案件适用法律若干问题的规定》(2020.12.23 修正)	《旅游纠纷解释》
《最高人民法院关于审理外商投资企业纠纷案件若干问题的规定(一)》(2020.12.23 修正)	《外商投资解释(一)》
《最高人民法院关于审理矿业权纠纷案件适用法律若干问题的解释》(2020.12.23 修正)	《矿业权纠纷解释》
《最高人民法院关于审理期货纠纷案件若干问题的规定》(2020.12.23 修正)	《期货纠纷解释》

续表

全称	简称
《最高人民法院关于审理人身损害赔偿案件适用法律若干问题的解释》(2022.2.15 修正)	《人身损害赔偿解释》
《最高人民法院关于确定民事侵权精神损害赔偿责任若干问题的解释》(2020.12.23 修正)	《精神损害赔偿解释》
《最高人民法院关于适用〈中华人民共和国民事诉讼法〉的解释》(2022.3.22 修正)	《民诉法解释》
《最高人民法院关于审理行政协议案件若干问题的规定》(2019.11.27)	《行政协议规定》
《最高人民法院关于适用〈中华人民共和国合同法〉若干问题的解释(一)》(已失效)	《合同法司法解释(一)》
《最高人民法院关于适用〈中华人民共和国合同法〉若干问题的解释(二)》(已失效)	《合同法司法解释(二)》
《最高人民法院关于贯彻执行〈中华人民共和国民法通则〉若干问题的意见(试行)》(已失效)	《民通意见》
《最高人民法院关于适用〈中华人民共和国仲裁法〉若干问题的解释》	《仲裁法解释》
《最高人民法院关于适用〈中华人民共和国企业破产法〉若干问题的规定(一)》	《企业破产法解释(一)》
《最高人民法院第九次全国法院民商事审判工作会议纪要》(法〔2019〕254 号)	《全国法院民商事审判工作会议纪要》
《联合国国际货物销售合同公约》	CISG
UNIDROIT Principles of International Commercial Contracts;国际统一私法协会《国际商事合同通则》	PICC
The Principles of European Contract Law;《欧洲合同法原则》	PECL
Draft Common Frame of Reference;欧洲私法《共同参考框架草案》	DCFR
Common European Sales Law;《欧洲共同买卖法》	CESL

总目 Contents

合同终止、责任及解释

本卷目录 Contents

01 Chapter

第一章 合同与合同法概述

细目

第一节　合同概述

一、合同、合意与契约

当今社会,以分工协作为基础,以开放交流为特点;小至个人衣食住行,大到国家经济运转,自给自足已属根本不能,闭关锁国犹如自取灭亡。唯其如此,现代社会可谓合作的社会,在其中合同几乎无处不在,因而有人说,在商业时代里,财富多半是由允诺组成的,[①]正是无数的合同支撑着我们的日常经济生活。合同在现代法上居于优越地位,[②]其道理也正在于此。由于社会上各种各样的活动大多是通过合同制度来运营,或者可以用合同制度加以理解(比如以合同关系解释企业的经济学理论),因而又有人说这是合同时代的到来。[③]

尽管"合同"充斥着整个社会,成为尽人皆知的词汇,但究竟什么是法律上的合同,什么是民法上的合同,是首先应予说明的问题。

(一)合同的语义

《民法典》第三编"合同"第 463 条开宗明义地规定,"本编调整因合同产生的民事关系"。何为此处的"合同"? 这直接关系到《民法典》第三编的适用范围及方法,故理应先予说明。

《民法典》第 464 条第 1 款规定,"合同是民事主体之间设立、变更、终止民事法律关系的协议"。而民法所调整的是平等主体的自然人、法

---

① See Roscoe Pound, *Introduction to the Philosophy of Law* 236 (reprinted New Haven, 1961).

② 参见[日]我妻荣:《债权在近代法中的优越地位》,王书江、张雷译,中国大百科全书出版社 1999 年版。

③ 内田貴『契約の時代—日本社会と契約法』(岩波書店,2000 年)2 頁;参见罗培新:《公司法的合同解释》,北京大学出版社 2004 年版;张维迎:《理解公司:产权、激励与治理》,上海人民出版社 2014 年版,第 288 页以下。

人和非法人组织之间的人身关系和财产关系(《民法典》第 2 条)。故对于《民法典》第三编的“合同”,宜作如下理解:

其一,不是平等主体之间的协议,即所谓“行政协议”(《行政诉讼法》第 12 条第 1 款第 11 项;《行政协议规定》第 1 条)或“公法合同”,[①]不是此处的合同。“人民法院审理行政协议案件,可以参照适用民事法律规范关于民事合同的相关规定”(《行政协议规定》第 27 条第 2 款)。所谓“参照适用”,即“准用”,其前提当然是否定行政协议是民事合同。

其二,《民法典》第三编的“合同”,宜理解为有关财产关系的协议。除此之外,有关人身关系的协议,进一步区分为有关人格关系的协议和有关身份关系的协议。关于后者,《民法典》第 464 条第 2 款明确规定,“婚姻、收养、监护等有关身份关系的协议,适用有关该身份关系的法律规定;没有规定的,可以根据其性质参照适用本编规定”。由此反映出,《民法典》合同编规范财产行为,但在身份行为的相关立法没有具体规定场合,允许“参照适用”合同编的规定。[②] 比如离婚协议是否成立,可以参照合同编关于合同订立的规则,具体判断。

人格权不得放弃、转让或者继承(《民法典》第 992 条)。民事主体可以将自己的姓名、名称、肖像等许可他人使用,但是依照法律规定或者根据其性质不得许可的除外(《民法典》第 993 条)。与此相应,会有人格权客体许可使用协议(《民法典》第 1021 条规定了肖像许可使用合同;姓名等的许可使用参照肖像许可使用的有关规定,见《民法典》第 1023 条第 1 款;对自然人声音的保护,亦参照之,见《民法典》第 1023 条第 2 款)。另外,人体细胞、人体组织、人体器官、遗体的捐献会有相应的捐献协议(《民法典》第 1006 条)。新药研制者与受试者之间亦有相应的书面协议(《民法典》第 1008 条);法人及非法人组织转让其名称权场合有名称转让协议(《民法典》第 1016 条第 1 款);甚至自然人与他人也可通过合同约定放弃使用某特定姓名。上述协议可以称为有关人格权益的协议。此类协议,虽与人格权益相关,许可使用类协议基本上可归属于财产性质的协议,捐赠类协议其标的物在捐赠时已然属于“物”的范畴,故具有财产属性,不属于人格的客体;试验新药类的协议,解释

① 参见[德]G. 平特纳:《德国普通行政法》,朱林译,中国政法大学出版社 1999 年版,第 146 页以下。

② 遗赠扶养协议是单纯的财产行为或者兼具某些身份行为属性,进而是“适用”合同编抑或“参照适用”(准用)合同编,是一个值得思考的问题,相关探讨,参见张平华:《〈民法典〉合同编的体系问题》,载《财经法学》2020 年第 5 期。

为委托合同,大概没有什么不妥。总之,此类协议,有的属于非典型合同,有的可以归属于典型合同,可以直接适用合同编“典型合同”或者“通则”的规定,不必像有关身份关系的协议“参照”合同编的规则。

其三,就财产关系而言,《民法典》大体维持“物”“债”二分的基本格局,在第二编规定“物权”,在第三编规定“合同”。“物权”编中的合同,可否适用“合同”编的合同规则?对此宜持肯定意见。至于是否进一步区分债权合同与物权合同,[1]则属另一问题。但有一点,物权编中的合同未必尽属“物权合同”,而合同编中的合同也并非全是“债权合同”,这首先是看待事物的角度问题。由于合同编所规定的合同会发生债权债务,所以学者并不否认其为债权合同。比如甲乙约定,由甲将其享有所有权的房屋 A 出卖给乙,作价若干。该买卖合同便属于债权合同,因为它产生了甲交付 A 屋给乙并转移所有权的义务,以及乙支付价款的义务。另依据《民法典》第 215 条的规定,该合同除法律另有规定或者当事人另有约定外,自合同成立时生效;未办理物权登记的,不影响合同效力。学说称此为“物权变动与原因行为的区分原则”。[2] 至于“物权变动”的属性,则存在分歧,一种学说以之为物权变动的事实,非指发生物权变动的意思表示即所谓物权行为。[3] 反之,另有学说认为,物权变动“在法律上是一个独特的法律行为即处分行为”。[4] 对于房屋买卖合同而言,根本目的在于获取房屋的所有权,作为基于法律行为的物权变动,发生债权债务的部分固然属于债权合同,而发生物权变动的效果意思,如果解释为与债权行为一体把握以避免称为“物权行为”,那么这个“集合体”的意思表示也就不再是单纯的债权合同了。与其如此,并意识到合同有效成立与合同履行是两个不同的

---

① 在我国,物权行为或物权合同是敏感概念,其实正如日本民法学者我妻荣先生(1897～1973年)指出过的,所谓物权行为的独立性,意指通常必须存在仅以物权的变动为目的的法律行为,才能发生物权的变动,因而,即使不承认这种独立性,并不是要否定仅以物权的变动为目的的法律行为的存在。我妻栄著、有泉亨補訂『新訂　物権法』(岩波書店,1983年)58頁。值得注意的是,我国反对物权行为理论的学者所具体反对的是物权行为的无因性理论,认可物权行为概念本身甚至其独立性。参见梁慧星主编:《中国物权法研究》(上册),法律出版社 1998 年版,第 188 页;梁慧星、陈华彬:《物权法》(第 7 版),法律出版社 2021 年版,第 106 页以下。

② 梁慧星:《民法总论》(第 6 版),法律出版社 2021 年版,第 174 页;孙宪忠:《中国物权法总论》(第 4 版),法律出版社 2018 年版,第 297 页以下。

③ 参见梁慧星:《民法总论》(第 6 版),法律出版社 2021 年版,第 174 页。

④ 孙宪忠:《中国物权法总论》(第 4 版),法律出版社 2018 年版,第 315 页。另参见孙宪忠、朱广新主编:《民法典评注·物权编 1》,中国法制出版社 2020 年版,第 100 页。

阶段，恐怕承认发生物权变动的效果意思为独立的法律行为，仍有其合理性。职是之故，在本书中，结合《民法典》新的立法精神，以及总则编第133条民事法律行为定义的普适性，如无特别交代（比如债权让与[①]），合同编第464条第1款所谓的合同，原则上仍应理解为发生债权债务关系的债权合同（《民法典》第118条第2款明定合同为债权的发生原因之一，此处的合同显然是狭义的合同）。如此，对于“合同”的理解，仍应回归到狭义的理解。对于《民法典》第464条第1款中的“民事法律关系”一语，应作限制解释，解为债权债务关系。[②] 当然，从第464条第1款使用了“设立、变更、终止”的表述，也可以说该条是一种广义合同的定义。但着眼于民法典中的体系位置，特别是分则中物权、亲属和继承之外的部分中的“合同”，主要是发生债之关系的合同，从而将讨论对象限定于狭义的合同，亦是一种切合实际且常见的做法。[③]

以上从“合同”的体系位置（《民法典》第三编）分析了其语义的外延，就其语义内涵，尚应注意如下两层意思：一是“协议”；二是“法律约束力”（《民法典》第119条）。

1. 协议

依学理解释，《民法典》第464条第1款所谓“协议”，指的就是“合意”，[④]即当事人意思表示的一致。

＊**“合同”概念：两大法系的差异与趋同**　大陆法系与英美法系的合同概念并不相同，在大陆法系传统学理上，合同被认为是一种“合

① 《民法典》第545条以下规定了债权的转让，这种转让作为一种“变更民事法律关系的协议”，当然是一种合同，其内涵首先是侧重于权利的变动，故被称为是准物权行为。《民法典》在买卖、赠与、保理等基础关系之外，单独规定债权让与的一般规则，已然将债权让与作为独立于基础关系的独立的法律行为。至于将它安排在合同编，不过是出于便宜的考量，《德国民法典》亦是在债务关系法中规定了债权让与，可作为佐证。在实用性面前，体系性的考量作出了让步。

② 参见谢怀栻：《正确阐述〈民法通则〉以建立我国的民法学》，载林亨元主编：《民法与建立商品经济新秩序》，吉林人民出版社1990年版，第202页；梁慧星：《论我国民法合同概念》，载《中国法学》1992年第1期；梁慧星：《合同通则讲义》，人民法院出版社2021年版，第19页。与之相反的广义说可参见王利明：《合同法研究》（第1卷）（修订版），中国人民大学出版社2011年版，第11页；最高人民法院民法典贯彻实施工作领导小组：《中华人民共和国民法典合同编理解与适用［一］》，人民法院出版社2020年版，第25页。作为比较，日本民法兼含广义的契约与狭义的契约，存在概念不明了的问题，不过，通过将狭义契约相关规定准用或类推适用于广义的契约，实际上也不至于有什么问题。中田裕康『契約法（新版）』（有斐閣，2021年）18頁。

③ 星野英一『民法概論Ⅳ（契约）』（良書普及会，1987年）4頁、中田裕康『契約法（新版）』（有斐閣，2021年）19頁。

④ 参见梁慧星：《论我国民法合同概念》，载《中国法学》1992年第3期；梁慧星：《合同通则讲义》，人民法院出版社2021年版，第21页。

意”(an agreement)或者“协议”。比如《法国民法典》原第1101条规定:“合同为一种合意,依此合意,一人或数人对于其他一人或数人负担给付、作为或不作为的债务。”新第1101条规定:“合同是两人或多人之间旨在创设、变更、转让或消灭债之关系的合意。”新定义放弃了债务的三种分类,坚持了合同的本质在于意思的合致,扩张了合同的效果包括债之关系的变更、转让及消灭。与原定义相比是广义的概念。[①] 在英美法系中,一般认为合同是一种“允诺”(a promise)。美国《合同法重述》(第2版)第1条规定:“合同是一种允诺或一组允诺,对于该允诺的违反,将由法律给予救济;履行该允诺,被法律以某种方式确认为一种义务。”

在英美法上,合同即contract,其语义已如上述;另外,还有agreement(合意)的用语,指相互的同意(mutual assent),尽管有时被当作contract的同义词,但二者仍有差异,比如gentlemen's agreement(绅士协定),便不具有法律上的拘束力(不作为contract),但仍不妨作为一种agreement;另外,在盖章合同场合,视为contract成立,但此时不存在agreement的情形亦非没有。

在法国法上,合同的用语为*contrat*或*convention*,虽然这两个词语有时被作为同义词使用,在对二者区分使用的时候,*contrat*只是*convention*的一种,*convention*是以债权债务的发生、变更、消灭为目的的二人以上意思的合致,*contrat*只是其中以债权债务的发生为目的的*convention*而已。[②] *contrat*产生债务,而*convention*可产生其他法律后果,比如债的移转(the transfer of an obligation)。[③] 通过2016年《法国民法典》改正,*convention*退居幕后,通过新的第1101条,*contrat*已改采广义合同概念。[④]

以上英美法上的contract与法国法上的*contrat*或*convention*都是限定在债权合同领域中使用的。与此不同,在德国法上,“合同”(*Vertrag*)一语不仅在私法上使用,在国际法上以及公法上也使用;即使

① F. Ancel & B. Fauvarque-Cosson『フランス新契約法』(齋藤哲志 = 中原太郎訳,有斐閣,2021年)111頁以下。

② 来栖三郎『契約法』(有斐閣,1974年)2頁。See also B. Nicholas, *French Law of Contract* 38 (2nd ed.,1992).

③ See Nicholas, *French Law of Contract* 38 (2nd ed.,1992); Ralph B. Lake & Ugo Draetta, *Letters of Intent and Other Precontractual Documents: Comparative Analysis and Forms* 44 (2nd ed.,1994).

④ 中田裕康『契約法(新版)』(有斐閣,2021年)20頁。

是在私法上,也不仅限于债权合同,还有物权合同、身份合同等,它可以用来指一切意思的合致。在德国,自18世纪以来,不独法学,也包括其他学科,盛行体系化,对概念极尽抽象之能事;18世纪末到19世纪初,德国的潘德克顿模式确立下来,同时确立了抽象的法律行为概念,形成了广义的合同概念。当时主张广义合同概念最力者为萨维尼(Friedrich Karl V. Savigny,1779－1861),其提出的广义合同概念被后来的学者所沿袭,并为《德国民法典》所采纳,“合同的成立”便是规定在了总则编,在债务关系法、物权法、亲属法和继承法的领域均可适用。①

英美法中允诺说的形成是有其特定的历史传统的,不过,将合同视为一组允诺,这种观念实际上已经向强调双方债务间的牵连性方面转化了。不容忽视的是,英美法系也不断有人将协议说运用到合同的定义中,早期如布莱克斯通,便将合同定义为“一种合意,基于充分的对价,去做或者不做特定的事情。”②当代如英国合同法学者特雷特尔,在其《合同法》一书开篇即写道:“合同是发生可由法律予以执行或者承认的债务的合意。区别合同之债与其他合法之债的要素在于,合同之债以合同当事人的合意为基础。”③美国的《布莱克法律词典》(第10版)就“合同”所作定义头条即谓:“发生在法律上可获执行或者承认之债务的双方或多方当事人之间的合意。”④

2. 法律约束力

合同是当事人的合意,仅此尚有不足,因为并非所有的合意都是合同[本节一(三)部分对此有进一步的展开]。能够获得法律承认及执行的合同,一定是“依法成立的合同”(《民法典》第119条),这样的合同对当事人具有法律约束力。具体而言,有如下两点:

其一,从当事人的意思方面,“合同”包含有受法律拘束的意旨,双方所作要约承诺,以设立、变更、终止民事权利义务关系为目的,并非儿戏,而是要“当真”的,要“说话算话”(earnestness of the agreement,协议的严肃性)。

---

① 来栖三郎『契約法』(有斐閣,1974年)2～4頁。

② Willian Blackstone, *Commentaries on the Laws of England* (1765－1769) by George Sharswood,1860,Book Ⅱ Ch. XXX of Title by Gift,Grant,and Contract.

③ G. H. Treitel and E. Peel, *The Law of Contract* 1 (12th ed.,2007).

④ B. A. Garner (ed.), *Black's Law Dictionary* 389 (10th ed.,2014).

其二，如果一方当事人不履行合同，会引起违约的法律责任，另一方当事人可以依合同向法院或者仲裁机构诉请救济。

综上所述，我国民法上的合同，是指平等民事主体之间以设立、变更、终止民事权利义务关系为目的具有法律约束力的合意。①

（二）合同与法律行为

1. 合同是一种民事法律行为

合同以意思表示为要素，且按意思表示的内容赋予法律效果，故为民事法律行为，而与事实行为不同。《民法典》总则编关于民事法律行为的规定，对于合同亦适用，自不待言。

2. 合同是两方或多方当事人意思表示一致的民事法律行为

合同的成立必须有两方或多方当事人，他们相互为意思表示，并且意思表示一致（合意）。这是合同区别于单方法律行为的主要标志。合同当事人有两方者，比如买卖合同（纵然一方为复数主体，比如夫妻共同购买房屋，不过是夫妻作为买方，买卖合同的当事人仍为两方）；合同当事人有多方者，比如合伙合同，约定互负出资义务（参照《民法典》第968条）。应当注意，多方当事人的法律行为，除合伙之外，尚有"共同行为"（Gesamtakt），比如公司的设立行为，其要点在于同方向平行的意思表示的一致，且行为对于各表意人具有同一经济意义。②

***遗赠与赠与合同** 法律行为（juridical acts）通常可以区分为单方法律行为（unilateral juridical act）、双方法律行为（bilateral juridical act）与多方法律行为（multilateral juridical act）。在立遗嘱赠与财产场合，仅依遗嘱人单方的意思表示即可成立法律行为；而赠与合同则是赠与人将自己的财产无偿给予受赠人，受赠人表示接受赠与的合同（《民法典》第657条）。通常所谓赠与，多系指赠与合同而言，其特点在于，作为一种法律行为，它是由两项意思表示的一致而

① 比较法可参见 DCFR Ⅱ－1:101（1）A contract is an agreement which is intended to give rise to a binding legal relationship or to have some other legal effect. It is a bilateral or multilateral juridical act。

② 参见史尚宽：《民法总论》（第3版），台北，1980年自版发行，第278页；［日］我妻荣等：《新版新法律学辞典》，董璠舆等译，中国政法大学出版社1991年版，第292页。

成立的；另外，合同是一种双方（或多方）法律行为，依双方合意而成立，至于是否使双方均负担义务，则属另一问题。在赠与合同场合，仅赠与人单方面负担义务，故称单务合同。

3. 合同是以设立、变更、终止民事权利义务关系为目的的民事法律行为（参照图1－1－1）

- 法律事实
  - 自然事实
    - 状态
    - 事件
  - 人的行为
    - 合法行为
      - 法律行为
        - 单方行为：比如遗嘱
        - 双方或多方行为→合同
      - 准法律行为→意思通知、观念通知等
      - 事实行为
    - 非法行为→侵权行为、违约行为
    - 其他行为→防卫过当、避险过当等

图1－1－1　法律事实

作为一种民事法律行为，合同的目的在于设立、变更或终止民事法律关系（《民法典》第464条第1款）。注意第464条第1款与第133条各自的法典体系位置，第464条第1款中的“民事法律关系”宜解释为债权债务关系，已如前述。此所谓“设立”（create）民事法律关系，指依有效成立的合同的效力，在当事人之间产生民事权利义务关系；所谓“变更”（modify）民事法律关系，指依有效成立的合同的效力，使当事人之间的民事权利义务关系发生变化，形成新的民事权利义务关系；[①]所谓“终止”（extinguish）民事法律关系，指依有效成立的合同的效力，使当事人之间既有的民事权利义务关系归于消灭。[②]

基于合同产生的债权债务关系，是基于约定产生的债之关系（意定债之关系），与基于侵权行为、无因管理、不当得利以及法律的其他规定所发生的债之关系不同，后者是基于法律的直接规定而产生的债之关系，称为法定债之关系。当然，《民法典》第三编第三分编“准合同”是

① 比如合同的协议变更（《民法典》第543条）。
② 比如合同的协议解除（《民法典》第562条第1款）、合意抵销（《民法典》第569条）、代物清偿合同。

在既有的民事法律体系中新增加的内容，规定了无因管理与不当得利，属《民法典》特别的体系安排。

（三）“合同”与“合意”

1. “合同 = 合意”公式

依前述界定，合同是一种双方或多方的意思表示一致的法律行为，其内核在于“合意”。然而，这只是一个粗略的界定，并没有非常准确全面地揭示合同概念的内涵，如由此得出“合同 = 合意”的公式，则大有误入歧途的可能。因而，仍有必要对这两个概念作进一步的辨析。

2. 是否所有的合同或其内容都经由合意

“合同 = 合意”公式的形成，可以说是“意思理论”的产物，并构成其理论的一个基本出发点。而“合意”的内涵由“意思的合致”演化为“意思表示的合致”，所彰显的不过是近代法律行为理论中的表示主义的定义。[①] 不过，“合同 = 合意”公式的正确性却值得怀疑，这反映在以下几个方面。

（1）“事实合同关系”论的挑战

1941 年德国学者豪普特（Günter Haupt，1904 – 1946）就任莱比锡大学教授职务，发表了一篇题为《论事实上之合同关系》的专题演说，[②]提出一项新的理论，即在若干情形中，合同关系可根据事实过程而成立，而当事人的意思如何，可不必过问。此种因事实过程而成立的合同，被他称为“事实上的合同关系”，他认为其实质并非类似合同的法律关系，而确实具有合同内容的实质，与传统合同观念不同的，只是它的成立方式，故关于其内容，合同法的规定有全部适用的余地。[③] 基于事实过程即可认定合同关系的成立，即使当事人有相反的意思，这对于个人主义的“意思理论”无疑是一个重大的挑战。

（2）附随义务论的挑战

大陆法系附随义务论的提出是 20 世纪的事情，在德国主要是跟随

---

① 中田裕康『契約法（新版）』（有斐閣，2021 年）19 頁。

② Vgl. *Günter Haupt*, Ueber faktische Vertragsverhältnisse, Leipzig: Weicher 1941.

③ 参见王泽鉴：《事实上之契约关系》，载《民法学说与判例研究》（第 12 版，第 1 册），台北，1991 年自版发行，第 93 页以下；另可参见刘得宽：《民法诸问题与新展望》，中国政法大学出版社 2002 年版，第 474 页以下。

着"积极侵害债权"理论的提出而逐步展开的。现在我国的学说和立法,也已经接受了附随义务理论。附随义务是以诚信原则为基础,在我国并有实定法的根据(《民法典》第509条第2款等),无论当事人是否特别约定,都被作为合同的应有内容,并非因合意而发生的。虽然合同关系中的附随义务要以合同的存在为前提,但在我国该义务本身则有法定的特点。

(3)关系合同论的挑战

关系合同论(Relational Contract Theory)是由美国学者麦克尼尔(Ian Roderick Macneil,1929–2010)提倡的理论,认为合同不过是有关规划未来交换过程的当事人之间的各种关系,当事人之间的允诺或者合意只是其中的一个组成部分,只是合同关系的片段;另外,社会习俗、身份、习惯及其他为人所内化的东西(总称为非允诺性机制),对于规划未来的交换,也发挥着至关重要的作用。在全部合同领域,允诺总是由重要的非允诺性机制相伴随。[①] 换言之,合同并非一个允诺或合意了之,合同是一组规划未来交易的关系,包含着大量未经合意的内容。

对于关系合同论的上述见解,还可以作如下的印证,我国《民法典》合同编本着促进交易的精神,关于合同的成立,只要求就合同最低限度的内容达成合意就可以,其他内容可以通过合同解释或者立法的补充性规定加以补充。合同解释之探求当事人的真实意思,以及合同漏洞的补充,对此虽可作意思论的理解和解说,但不容否认,其中有些内容是对于当事人意思的拟制,有些甚至根本不便与意思挂钩。

综上所述,合同虽以当事人的合意为核心,但仍有法律的任意性规范、诚信原则等的补充,强制性规范的规制及修正,最终使合同规范呈现自律规范与他律规范共舞,核心规范与外围规范并存,合同的要素、常素与偶素杂陈的特点,并使合同规范呈现某种阶层构造或者内在秩序。[②]

3. 是否所有的合意都能作为合同?

当事人意思表示一致即为合意,有了合意是否就能以之为合同并进而发生合同的约束力呢?比如约会的约定,对于约定或者诺言自应

---

① 参见[美]麦克尼尔:《新社会契约论》,雷喜宁、潘勤译,中国政法大学出版社1994年版,第4~9页。Ian R. Macneil, *The New Social Contract: An Inquiry into Modern Contractual Relations* (Yale University Press, 1980).

② 日本学者的相关研究,参见石川博康『「契約の本性」の法理論』(有斐閣,2010年)。

遵守,然如对方届时没有赴约,对此,通常人们会认为是不应当允许请求损害赔偿的。[①] 然其道理何在呢？对此固然可作多种解释,比如一种理解是,“法律不理琐事”(The principle *de minimis non curat lex*; The law does not concern itself with trifles.),法律并不是万能的,并不能够将所有的问题都纳入其规范范围,朋友之间的情谊行为,[②]宜由道德规范、伦理规范等其他社会规范调整。

一个单纯的合意如何能够成为合同,一个单纯的允诺如何能够具有拘束力,虽属合同法最基本的理论问题,然因时代的不同,国家或地域的差异,社会文化的有别,它并没有什么普适的、统一的答案。法律之规范社会生活,亦应因时、地、人之异而异,好的法律应能顺乎天时民意,合于社会通念。

(四)“合同”与“契约”

在汉语中有“合同”与“契约”两个名词,对于二者的语义及用法,有必要加以区分。今天汉语中所谓的“合同”,在中国古代原本称为“契约”。依《说文解字》:契,大约也……易曰:后代圣人易之以书契。[③]《礼记》注:契,券要也。书契是民事关系的记载方式,中国早已有之。[④]据现有史料记载反映,我国西周后期及春秋时期便已有相当发达的契约制度,[⑤]而“合同仅是契约形式之一种,严格地说,它是验证契约的一种标记,犹如今天的押缝标记,它本身不是当事人之间的协议”。[⑥]

在民法学说史上,亦曾有过“合同”与“契约”的区别。契约(*Vertrag*,contract)为由两个交互所为意思表示的一致而成立的法律行

① 内田貴『民法Ⅱ　債権各論』(東京大学出版会,2001 年)15 頁。

② 关于情谊行为,可以参见[德]迪特尔·梅迪库斯:《德国民法总论》(第 2 版),邵建东译,法律出版社 2001 年版,第 149 页以下。新近我国学者研究成果,参见王雷:《民法学视野中的情谊行为》,北京大学出版社 2014 年版。

③ 参见(汉)许慎:《说文解字》,中华书局 2004 年版,第 213 页。

④ 参见孔庆明、胡留元、孙季平编著:《中国民法史》,吉林人民出版社 1996 年版,第 57 页。

⑤ 成书于战国末的《周易大传·系辞传下》有言:“上古结绳而治,后世圣人易之以书契,百官以治,万发以察。”这一时期的契约又可分为“傅别”“书契”“质剂”三种形式。“傅别”用以“听称责”,是解决“贷而生子”过程中的债权关系的,即有息借贷契约。“书契”用以“听取予”。郑玄注云:“书契,谓出予受人之凡要。”贾公彦疏:“取予谓于官直贷不出子者。”“质剂”用以“听买卖”,即货物买卖契约。《周礼》上有时用“质剂”作为契约的通称。参见孔庆明、胡留元、孙季平编著:《中国民法史》,吉林人民出版社 1996 年版,第 57～58 页。

⑥ 贺卫方:《“契约”与“合同”的辨析》,载《法学研究》1992 年第 2 期。

为。因要约与承诺一致而成立契约，故亦称为双方行为。合同行为（*Gesamtakt*），即今天所称共同行为，指因同方向平行的两个以上意思表示的一致而成立的法律行为，[①]对于各当事人有同一价值，例如社团法人的设立、因合并的公司成立、合伙人的开除。合同行为的观念，为德国学者孔策（Johannes Emil Kuntze，1824－1894）所提倡，[②]就团体行为阐明其特质，为基尔克（Otto von Gierke，1841－1921）所赞同。当事人为多数人之点，与一方行为不同，多数当事人非对立而并立平行的合同之点，与契约特异。契约为个人法上法律行为之典型，而合同行为为团体法上法律行为之典型。[③] 这种区别，为我国20世纪上半期的民法理论继受。这种区别，虽有其理论价值，唯我国《民法典》合同编已不再作此区分，而是统一地称为"合同"，比如，技术开发合同包括委托开发合同和合作开发合同（《民法典》第851条第2款），委托开发合同应为上述"契约行为"，合作开发合同则为上述"合同行为"。

1949年中华人民共和国成立，发生了天翻地覆的大变革，自此不仅文字改革，由繁体字改为简体字，一些用语也发生了变化。"新社会应使用新语言"，成为该时代的潜台词。"契约"一词逐渐为"合同"所替代，算是其中一例。[④] 时至今日，在我国从国家立法到日常用语，人们已普遍接受了"合同"这一概念，仅在我国台湾地区等仍然使用"契约"一语。当然，在今天的法律用语中仍有些许"契约"的遗迹，如"违约"（违反合同）、"约定"、约款（合同条款）、"缔约人"（合同当事人）、"缔约过失"（合同缔结上的过失）等。另外，在一些经典用语中仍保留了"契约"一语，比如，"从身份到契约""契约自由""契约神圣""契约严守"等。其中有的可以改换为"合同"，比如，契约自由也可以说合同自由；有的却不宜以改换，如"从身份到契约"。时至今日，除了少数具有"复古"情结的学者以及法史的著述继续使用"契约"一语外，[⑤]"契约"一词已很少使用。尽管从

① Vgl. Creifelds Rechtswoerterbuch, 19. Aufl., Verlag C. H. Beck München 2007, S. 940.

② Vgl. *J. E. Kuntze*, Der Gesammtakt, ein neuer Rechtsbegriff, in Bernhard Windscheid (Hrgs.), Festgabe der Leipziger Juristenfakultät für Dr. Jur. Otto Müller zum 14. Mai 1892, Leipzig: Veit, 1892, S. 27.

③ 参见史尚宽：《民法总论》，中国政法大学出版社2000年版，第310～311页。

④ 比如原中央人民政府政务院财政经济委员会颁布《机关国营企业合作社签订合同契约暂行办法》（1950年10月3日）；原贸易部《关于认真订立与严格执行合同的决定》（1950年10月3日）。

⑤ 近年出版的个别合同法著书具有这种"复古"情结，且在不同程度上存在"契约"与"合同"用语混杂的现象。如同中国绘画强调"笔墨当随时代"，法学著述亦应强调"语言当随时代"。

字面的含义上看“契约”的概念比“合同”更确切,有的学者也曾明确主张应改合同为契约的概念,[①]必须承认的是,没有哪个人能够将《民法典》“第三编合同”改为《民法典》“第三编契约”,既然如此,就没有必要再枉费精力于这种“复古”,毕竟今日的民众已接受了“合同”,这是习惯的力量。

二、合同行为、合同过程与合同关系

依前述界定,合同是一种双方的民事法律行为,以合意为其中核,并按当事人的合意赋予法律效果。这是一种关于合同的传统的界定,所关注的是合同的行为侧面。然如要对合同作更为全面的把握和理解,还应当关注合同的过程侧面和合同关系侧面。

(一)合同过程

依传统理论,合同是因要约承诺而成立的法律行为,自成立时起始有合同,成立后便只是合同的履行问题了。现代的学说则倾向于从过程的侧面把握合同,认为现实的合同是一个从合同缔结前的阶段到履行完毕后的一个连续的过程(process)。[②] 传统的合同法理往往是以一时性合同为模型构筑其理论体系,而现代社会中,继续性合同(或称继续性债之关系)日益凸显其重要性,其相关问题在传统的合同法理中难以获得完满的解答,“合同过程论”正是在这种背景下出场的。

将合同作为一个动态的过程把握,既涉及具体的合同问题,比如,合同的起点与终点问题,合同的成立与否及合同内容的确定等问题,又涉及合同总体的基本观念问题,合同已不是一个简单的自成立时起确定下来的关于未来事务的安排,而是一个发展变化着的动态过程。为了解释和说明这些新问题,相应出现了一些新概念,比如合同的成熟

① 参见贺卫方:《“契约”与“合同”辨析》,载《法学研究》1992 年第 2 期。

② 内田貴『契約の時代一日本社会と契約法』(岩波書店,2000 年)89 頁以下,中田裕康『契約法(新版)』(有斐閣,2021 年)137～138 頁。

度、[1]框架合同，[2]等等。

*“合同成熟度”理论　　日本首倡“合同成熟度”理论的是早稻田大学的镰田薰教授，[3]他认为合同从最初的开端到完全履行之终了，是阶段性成熟的事物。出卖人将标的物转卖予他人的，根据合同的成熟度，可以有对出卖人什么责任也无从追究的情形、可以请求赔偿信赖利益的情形、可以请求赔偿履行利益的情形，甚至通过适用“背信的恶意者排除论”享受物权性保护等不同情形。当事人合意形成过程中，核心是标的物、价款、支付方法等合同条件，围绕它们是否进行了详细的合意，固属认定合同是否成立时的重要因素，却并不要求悉经合意。有的场合认定合同成立的同时，合同条件中相当的部分委诸日后的协议、解释进行补充；也有场合就合同条件虽已达到详细合意却仍不发生确定的拘束力，诸此情事，须就交涉的经过、交易习惯、当事人的社会地位、对对方信赖的程度等，综合判断后再下决定。

镰田教授的合同成熟度理论是根据合同成熟度对合同交涉当事人的责任进行阶段性的认定，对其后的学说产生了重大影响。然对此也有批评，认为它只不过是对现象的比喻性表达，而非反映法上的处理的概念；[4]或者指出仅提“成熟度”而非决定性地导出责任的要件及效果，其理论尚有待深化。[5] 合同成熟度理论自 1983 年出现后，至 1986 年以后包括镰田教授逐渐发展出了“中间性合意理论”，并对缔约过程分阶段划分相应的责任（阶段责任论）。[6]

对我国《民法典》的有些规定，如果借助于合同过程论，则可以获得比较好的说明。比如，合同订立过程中的过失责任（第 500 条）和保密义务（第 501 条）、合同终了后的义务（第 558 条），等等。

① 镰田薰「不動産売買契約の成否」判例タイムズ484 号 21 頁。
② 中田裕康『継続的取引の研究』（有斐閣，2000 年）第一章。
③ 镰田薰「民法判例レビュー・不動産売買契約の成否」判例タイムズ48 号（1983 年）17 頁以下。
④ 内田貴『民法Ⅱ債権各論』（東京大学出版会，1997 年）26～27 頁。
⑤ 潮見佳男『債権総論』（信山社，1994 年）34 頁。
⑥ 鹿野菜穂子「契約の熟度と予約」，椿寿夫『予約法の総合的研究』（日本評論社，2004 年）204 頁以下。

（二）合同关系

1. 合同关系的构成

合同关系即合同当事人之间的权利义务关系。合同关系作为一种法律关系，是由主体、客体及内容三部分组成的。

(1)合同关系的主体

合同关系的主体，也称为合同当事人，是缔结合同的双方或者多方民事主体。在利益第三人合同场合，虽然享有利益的是第三人，该第三人却不是合同当事人，因而不宜称为合同关系的主体。

作为合同关系的主体，其中享有权利的一方称为债权人，承担义务的一方称为债务人。在双务合同关系中，合同债权人与债务人是相对的，一方当事人既是债权人，又是债务人。

合同关系主体既可以是自然人，也可以是法人或非法人组织；[①]既可以是本国人，也可以是外国人。另外，合同关系的主体并不以具有行为能力者为限，纵为无民事行为能力人或者限制民事行为能力人，亦不妨成为合同关系的主体，只不过是该合同的订立及履行通常需要借助于他人辅助罢了。

在合同关系中，债权人与债务人是特定的。换言之，均为具体的民事主体。但是，在近现代法上，为了适应经济活动的实际需要，合同权利义务关系的主体是可以变更的，债权让与、债务承担以及合同地位的概括移转均无不可。

(2)合同关系的客体

合同关系的客体，也可称为合同的标的，是指合同关系中权利义务所指向的对象（又称为给付），是债的内容所要求的债务人“为或者不为一定行为”（《民法典》第118条第2款，又称“给付行为”）。给付行为，既可以是作为，也可以是不作为，且原则上不以具有财产价值者为限。[②]

① “非法人组织”内涵丰富，且具备兜底功能，家庭亦得列入其中。比如，有裁判摘要略谓：“根据《中华人民共和国农村土地承包法》第十五条的规定，农村土地家庭承担的，承包方是本集体经济组织的农户，其本质特征是以本集体经济组织内部的农户家庭为单位实行农村土地承包经营。家庭承包方式的农村土地承包经营权属于农户家庭，而不属于某一个家庭成员。”李维祥诉李格梅继承权纠纷案，载《最高人民法院公报》2009年第12期。

② 比如，我国台湾地区“民法”第199条规定，给付不以有财产价格者为限（第2款）。不作为亦得为给付（第3款）。

由于合同关系往往不以单一的债之关系为限,债之关系为复数时,作为其标的的给付也是复数的。

在有的合同关系中,除了作为客体或标的的行为之外,还可能存在具体的物,称为标的物,即债务人行为具体作用的对象(给付的标的),比如汽车买卖合同中的汽车,应当与合同之债的客体或标的加以区别。

(3)合同关系的内容

合同关系的内容,即合同权利与合同义务,称为合同上的债权债务。合同关系的内容于合同成立时即全部确定下来,固然是最为理想的,通过“把将来转化为现在”,实现行为的计划性和可预测性,这种“把将来转化为现在”的理想在一时性合同场合或可实现,但在长期的继续性合同场合,比如经销商协议(distributor agreement)中,则会遇到困难、难以彻底实现,许多合同内容是要等到将来再逐步确定的,为此有人提出了“框架合同”(framework agreement; *Rahmenvertrag*)的概念。无论如何,合同的内容都要表现为合同债权与合同债务。

合同债权,通常表现为一种请求权,债权人可据以请求债务人履行债务。具体又有请求力、受领力与保持力等诸多权能。在债务人不履行债务时,债权人可以通过向法院起诉的方式,寻求国家公权力的帮助,此种权能亦被称为债权的执行力。

合同债务,是合同债务人依合同关系所负的义务,在现代法上不以当事人在合同中具体约定的给付义务为限,尚可包括附随义务,即根据法律规定或者根据诚实信用以及交易习惯等解释可得认有的义务。合同债务,在效力上首先表现为债务人的“当为”,通过债务人的“任意履行”而使之归于消灭;如果债务人不履行债务,则债务将由第一次义务转化为第二次义务,即转化为以国家强制力为后盾的责任;另依学说解释,认为此种第一次义务与第二次义务之间具有“债的同一性”。

2. 合同关系的相对性

“依法成立的合同,仅对当事人具有法律约束力,但是法律另有规定的除外”(《民法典》第465条第2款)。合同仅对当事人具有法律约束力,并不及于第三人。此一原则,在英国普通法上称为“合同的相对性”(the privity of contract)原则;[①]在大陆法系称为“债的相对性”(*Relativität des Schuldverhältnisses*)[②]或“合同关系的相对性”(*Relativtät der Vertragsbeziehungen*)。[③]

***合同相对性的沿革** 在罗马法上,债权无追及性,属于对人权。这一基本的定性,被后来的法国法[④]及德国法继承,形成了“债权的相对性”与“物权的绝对性”的基本格局,并在此基础上形成了债权法与物权法的一些重要规则,如债的设立、变更、移转,物权公示制度、物权请求权制度等,同时也决定了侵权行为法的内容、体系及其与合同法的区别。总之,债之关系,尤其是合同关系,不具有“社会典型公开性”,成为其最基本的特征。不过,在近现代法上,债的相对性理论不断地受到挑战并一再被突破,其典型的表现为:债权的物权化(如买卖不破租赁)、债权的保全效力(债权人代位权及撤销权制度的确立)、债权的对外效力(第三人侵害债权制度的确立)、法国法上的“直接诉权”制度[⑤]以及德国法上的“附保护第三人作用的合同”制度等。

在英国普通法上,合同相对性原则意指,作为一般规则,合同不能够将其本身产生的权利赋予除当事人之外的其他人,也不能够将其本身产生的债务施加于除其当事人之外的其他人。[⑥] 不过,英国也在积极地修正此项原则,英国的法律委员会(the Law Commission)于1996年发表了一项名为《合同的相对性:利益第三人的合同》(*Privity of Contract: Contracts for the Benefit of Third Parties*)的报告,[⑦]批判英国普通法中的合同相对性原则,略谓:(1)该原则挫败合同当事人的意图(于合同赋予第三人以诉权场合,不许该第三人起诉);(2)对第三人不公正(挫败第三人的期待利益和信赖利益);(3)为商业生活制造困难

---

① 关于“合同的相对性”在英国普通法上的正当性之说明,可参见 Mindy Chen-Wishart, Contract Law 167 - 168 (4th ed., 2012)。

② *Herberger/Martinek/Ruessmann/Weth*, juris Praxiskommentar BGB, Schuldrecht, Band 2.1, 2. Aufl. 2004, S.5.

③ Vgl. *Larenz/Wolf*, Allgemeiner Teil des Bürgerlichen Rechts, 9. Aufl. 2004, § 23 Rn.118.

④ 《法国民法典》原第1165条规定:“契约仅于缔约当事人间发生效力;双方的契约不得使第三人遭受损害,且只在第1121条规定的情形下,始得使第三人享受利益。”2016年修改后的第1199条规定相关内容。

⑤ 主要体现在产品责任领域,为了加强对消费者的保护,法国法承认消费者有权对与其无合同关系的生产者、销售者提起诉讼。

⑥ See G. H. Treitel, *The Law of Contract* 539 - 540 (10th ed., 1999).

⑦ Law Com 242 Cm 3329, 1996.

（比如在保险合同、建筑合同及双方当事人意欲将免责条款效力及于第三人场合）；（4）制造了法律上的“黑洞”（a legal “black hole”）（在利益第三人合同场合，作为当事人的债权人虽可起诉，却难获什么有效的救济，因为他并未遭受损失；第三人实际遭受损失，却不能够起诉）；（5）迄今相对性原则的例外情形是零碎的、复杂的和不确定的；（6）该原则在普通法世界已广遭放弃（包括美国、新西兰以及澳大利亚的部分地区）。更有甚者，大多数欧盟成员国的法律承认和执行合同下的第三人权益。[①] 1998 年年底，英国又出台一项法案（“the 1998 Bill”）意在将上述报告中的建议付诸实施。1999 年英国正式通过了《合同（第三人权利）法》，该法规定的一些内容实质上构成了合同相对性原则的例外，属于英国合同法的一项重大变化。

《民法典》第 465 条第 2 款明确采纳合同相对性原则。据此，“当事人一方因第三人的原因造成违约的，应当依法向对方承担违约责任。当事人一方和第三人之间的纠纷，依照法律规定或者按照约定处理”（《民法典》第 593 条）。[②] 比如，依《民法典》第 716 条第 1 款，承租人经出租人同意，可以将租赁物转租给第三人。承租人转租的，承租人与出租人之间的租赁合同继续有效，第三人对租赁物造成损失的，承租人应当赔偿损失。亦可体现出对于合同相对性的坚持。

三、准合同

不同于潘德克顿式民法典，我国《民法典》的一个新特征是在合同编出现了“准合同”分编。“准合同”分编的出现，纯属在不设债法总则编的前提下的变通之举，目的就是安放无因管理与不当得利这两种债。

在罗马法中，“准契约”是与契约、私犯、准私犯相并列的债的发生原因。盖尤斯将债划分为两大范畴：契约（ex contractu）与私犯（ex delicto）。“债或是产生于契约，或是产生于私犯，或是产生于法律规定的其他原因”。[③] 针对“法律规定的其他原因”发生的债，优士丁尼的《法

① See Mindy Chen-Wishart, *Contract Law* 169 – 170 (4th ed., 2012).

② 《民法典》中也存在例外，比如第 834 条规定了债务人与损失发生区段承运人的连带责任。

③ 参见［意］桑德罗·斯契巴尼选编：《契约之债与准契约之债》，丁玫译，中国政法大学出版社 1998 年版，第 3 页。

学阶梯》又增加了两个范畴：根据与前两大范畴的相似程度，它们被认为或者产生于准契约（quasi ex contractu），或者产生于准私犯（quasi ex delicto）。[①]

《民法典》立法者以合同编的通则代行债法总则的功能，认为这更符合我国的立法传统、司法传统和法学教育传统。从比较法角度看，不设置债法总则编的国家大多将其他债的关系规定在合同编之中，称为“准合同”。在不设置单独的债权编的情况下，可以借鉴法国等部分大陆法系国家和英美法系将无因管理和不当得利作为准合同对待的经验，将无因管理和不当得利制度作为准合同规定于合同编，较为合适。[②]在《民法典》之前，“准合同”在我国的立法、司法及学理中非常罕见。编纂《民法典》过程中引入此概念，多少带些偶然性色彩。

第二节　合同法概述

一、合同法的含义及属性

合同法，简言之，即有关合同的法律规范的总称。换言之，合同法是规范当事人之间交易的一套规则和原则。[③] 今日盛行的法律实证主义让人产生一个朴素的观念，法律规范应见诸白纸黑字的条文。在我国，它首先让人想到《民法典》，尤其是第三编“合同”及第一编“总则”的相关规定，是形式意义上的合同法。它当然并非合同法的全部，除此之外，还有其他法律、法规以及最高人民法院的司法解释等，一起构成实质意义上的合同法。

① 参见[英]巴里·尼古拉斯：《罗马法概论》（修订译本），黄风译，法律出版社2021年版，第151页。
② 参见黄薇主编：《中华人民共和国民法典合同编释义》，法律出版社2020年版，第1028～1029页。
③ See Jan M. Smits, *Contract Law: A Comparative Introduction* 16 (2014).

（一）大合同编与债法总则

中国民法并非放弃债权法之概念，只不过是在组织债权法规范体系上没有采纳潘德克顿模式，没有设立债法总则。在中国民法典中，债权法规范分散在不同的编中。

首先，《民法典》明确规定“债权”的概念及其发生原因（第一编第五章“民事权利”第118条第2款），即合同、侵权行为、无因管理、不当得利以及法律的其他规定。以此为总纲，尽管没有形式上的债权法，但实质债权法规范的组织结构并非杂乱无章，而是有迹可循。

其次，债权的发生原因虽有多种，但在实务中最为常见、最属重要的无疑是合同法与侵权法。在组织债法规范的路径选择上，中国选择了一条实用主义的路径。先是在“分步走”的阶段以单行法的形式制定了原《合同法》与原《侵权责任法》，在债法“有法可依”方面实现了“抓大”；接着，在法典化阶段，在使合同与侵权各自独立成编的同时，也不放过无因管理与不当得利，以“准合同”的形式使之安置于合同编，在保证“抓大”的同时也没有“放小”。最终，无论何种债之发生原因所发生的债之关系，均力求使之“有法可依”，或有专门规定可以直接适用，可参照适用方式，有所准用。债法总则固然是一种有悠久历史且成熟的债法规范模式，是对债法“提取公因式”的结晶，但从比较法的视角看，它并非唯一的规范模式。债法总则的基本想法是针对各种不同原因发生的债之关系，从单个的狭义债之关系视角，抽取其“公因式”，集合相应的共通规范，达到规范简约的目的。而以大合同编的形式，规范狭义债之关系（Schuldverhaeltnis im engeren Sinn）及广义债之关系（Schuldverhaeltnis im weiteren Sinn），[①]就狭义债之关系的规范，使之可以适用或者参照适用于其他原因的债之关系，也可以实现相似的规范目的。这便是“条条大道通罗马”。当然，不同的规范模式会要求不同的法律适用方法，并因此影响相关的法学教育及理论构成。

最后，为何没有规定债法总则？或谓《民法典》之所以未设债编，不是否定债编在民法体系上的价值，而是出于立法技术的考虑。我国自

① Vgl. *W. Fikentscher/A. Heinemann*, Schuldrecht：Allgemeiner und Besonderer Teil, 12. Aufl., De Gruyter 2022, S. 22.

1986 年起陆续出台了《民法通则》《合同法》《物权法》《侵权责任法》(现均已失效),整合相关规定制定债编(尤其是债之通则)系一个耗费时日的艰巨工作。[①] 另有学者认为,取消债法总则,让合同和侵权责任从债的大结构中独立出来,是 20 世纪 60 年代的我国民法起草者反叛《苏俄民法典》模式的结果。这些学者认为,一旦制定了独立的侵权责任法,债法就崩解了,因为债法的本质在于把合同和侵权责任这两个风马牛不相及的东西强拉在一起"提取公因式"。[②] 笔者认为,自 20 世纪 80 年代恢复法制建设以来,我国放弃"一步到位"的民法立法目标,改采"分步走"的实用主义路径,逐渐形成了中国法律人的路径依赖,即习惯了《合同法》与《侵权责任法》彼此独立;再整合债法规范并提取"公因式",反而会使法律人不太习惯。这种路径依赖在德国和日本民法修正过程中均有反映,起初理想主义的修正案往往会遭遇实务界的反对而难以贯彻,因为实务界已经习惯了旧法的路径,最终修法只能形成某种折中的方案。

《民法典》第 468 条规定,"非因合同产生的债权债务关系,适用有关该债权债务关系的法律规定;没有规定的,适用本编通则的有关规定,但是根据其性质不能适用的除外"。该条指示了诸如无因管理、不当得利及侵权行为等法定债之关系的法律适用。特别值得注意的是,该条后段是"适用"而非"参照适用"本编通则的有关规定,表明合同编"通则"分编中的规定,并不以合同之债为限,亦包括了法定债之关系,从而使该"通则"分编发挥相当于债权总则的功能,或称此为"以合同编的通则代行债权编的功能"。[③] 非合同的债权债务关系,虽然不在本编适用范围之内,却在本编通则的立法目的范围之内,因此本条规定,可以"适用本编通则的有关规定"。这是以合同通则代替债权总则的立法目的所决定的。[④] 立法者将合同编通则中能够适用于非合同之债的具体规则,尽量通过措辞予以明确指示。对可适用于所有债的类型的共同规则,条文中尽量不使用"合同""合同权利""合同义务"的表述,而是采用"债""债权""债务"的表述,而就合同的订立、效力和解除等仅

---

① 参见王泽鉴:《中国民法的特色及解释适用》,载《法律适用》2020 年第 13 期。

② 参见徐国栋:《〈民法典〉不采用债法总则的本国立法史和比较法依据》,载《法治研究》2020 年第 6 期。

③ 参见黄薇主编:《中华人民共和国民法典合同编释义》,法律出版社 2020 年版,第 1028 页。

④ 参见梁慧星:《合同通则讲义》,人民法院出版社 2021 年版,第 50~51 页。

能适用于合同之债的规则仍然使用“合同”的表述。[①] 比如为了兼顾合同编通则的“债法总则”功能，使债权让与、债务承担等债法通用规则突破“合同法”的局限，故特意对法条用语进行了调整，将“合同的权利”或者“权利”改称“债权”（《民法典》第545条第1款、第546条第1款、第547条第1款）、将“合同性质”改称“债权性质”（《民法典》第545条第1款第1项）、将“合同的义务”或者“义务”改称“债务”（《民法典》第551条第1款、第553条、第554条）。如此，非因合同产生的债权债务关系，依《民法典》第468条，在没有专门规定时，便适用合同编通则的有关规定。

（二）合同法的基本属性

在我国，合同法作为民商法体系的一个组成部分，具有如下基本属性。

1. 合同法为私法

法律可以划分为公法与私法。[②] 公法涉及国家利益与社会利益等公共利益，而私法则主要涉及私人之间的利益。合同法主要规范与当事人的合同相关的法律问题（合同的订立、效力、履行、不履行的救济等），所涉及的主要是私人的利益关系，故为私法。

2. 合同法为财产法

在私法中，有的涉及财产关系，如物权法；有的涉及人身关系，如婚姻家庭法。合同法主要关系到当事人之间的财产关系，通常并不涉及人身关系，故为财产法。

3. 合同法为交易法

在财产法中，有的主要规范财产的归属关系，以物权法为典型；[③]有

① 参见黄薇主编：《中华人民共和国民法典合同编释义》，法律出版社2020年版，第2页。

② 关于公私法的划分及其差异，可参见梁慧星：《民法总论》（第6版），法律出版社2021年版，第33页以下；[德]拉德布鲁赫：《法学导论》，米健、朱林译，中国大百科全书出版社1997年版，第57页以下；[德]迪特尔·梅迪库斯：《德国民法总论》，邵建东译，法律出版社2001年版，第5页以下；星野英一『民法のすすめ』（岩波書店，1998年）79頁以下；須永醇『民法総則要論』（勁草書房，1988年）1～2頁；Roscoe Pound, *Public Law and Private Law* 24 Cornell L. Q. 469 1939－1939; *Larenz/Wolf*, Allgemeiner Teil des Bürgerlichen Rechts, 9. Aufl. 2004, § 1 Rn. 1ff.

③ 物权法规范并不以财产归属为限，比如用益物权即以财产的利用为主，而担保物权以担保信用为主要目的，与交易法具有密切的关系。

的则主要规范财产的流转关系，以债权法为典型。在财产流转关系中，又以财产的交易关系最属重要，其在法律层面上的表现即为合同法。①

从世界上典型国家的经验来看，合同法是规范商品交换关系的基本法律，是随着商品交换与商品经济的发展而逐步形成和发展起来的。② 在我国同样如此，1949 年后的历史尤其可以说明这一结论，我国在计划经济时代并没有真正的合同法，所谓“经济合同”，不过是落实国家经济计划的工具。20 世纪 80 年代以来，商品经济复受重视，为了适应发展商品经济的需要，我国先后制定了不同阶段的合同立法。合同法是发展市场经济必不可少的基本条件，是规范交易行为的基本法，是交易法。

4. 合同法为自治法

此所谓自治法，是指合同法作为“私法”的一个重要组成部分，奉行合同自由原则，当事人自己的事情，原则上由自己做主，是为“私人自治”(*Privatautonomie*)。③ 具体而言，合同法规范多为任意性规范，或为引导当事人的行为，或为补充当事人意思的不备，得依当事人的意思而变更或排除。在无此特别意思场合，则以默认规范(default rules)的形态而由裁判者加以适用。由于合同法规范仅在少数场合规定强制性规范(mandatory rules, immutable rules)，故可将合同法称为“任意法”。④

另外，此所谓自治法，应区别于道德的“自律性”。道德发挥作用，主要依据个人内心的道德感自我约束，是为自律。而合同法作为由国家制定的法律，则属“他律”范畴。当事人不履行合同，债权人可请求法院介入，通过国家强制力保护其权利。

① 例外的情形并非没有，比如赠与合同并不属于交易关系。

② 比如在英国，英国合同法原则中的绝大部分是近 200 年发展出来的，这正是因为合同法是商业的产物，是随着英国从以农业为主的国家转变为以工商业为主的国家而发展壮大起来的。A. G. Guest edited, *Anson's Law of Contract* 1 (26th ed., 1984).

③ Vgl. *Larenz/Wolf*, Allgemeiner Teil des Bürgerlichen Rechts, 9. Aufl. 2004, § 1 Rn. 2.

④ Most contract rules are default rules. See E. Allan Farnsworth, *Contracts* 37 (4th ed., 2004).

二、我国合同法的法源

（一）法源的意义及类型

1. 法源的意义

对“法源”（*Rechtsquellen*；sources of law）的含义可作多种理解。在民法解释学上，民法的“法源”首先可以指民法的存在形式，[①]或者借以表现的形式。[②] 按照这样的理解，民法的法源可以指民事法律、法规等客观的法。不过，也有另外的观点，强调法源是应作为法院裁判依据的法的存在形态，它指的是应当到何处寻找作为法院裁判依据的法的问题。[③] 按照这样的理解，不仅客观的法可以作为法源，即便是当事人缔结的合同、组织体的章程等基于特定主体的意思而形成的规范，也可以构成法院裁判规范的来源，进而可以作为法源。[④]

上述两种理解各有所据，唯对于法学的学习者而言，所要学习的对象是由客观的法构成的法律体系。就合同法而言，自然要学习构成中国合同法的规范体系，而具体合同当事人所缔结的合同，五花八门，法学学生无须关注其具体内容构成。从这个角度来看，不以合同为民法的法源，[⑤]自有其道理。当然，合同虽不是合同法的法源，却无疑是当事人的权源。

---

① 我妻栄『新訂　民法総則』(岩波書店,1965 年)7 頁,近江幸治『民法講義Ⅰ民法総則(第 4 版)』(成文堂,2003 年)4 頁。参见佟柔主编:《中国民法》,法律出版社 1990 年版,第 16 页;王泽鉴:《民法总则》,北京大学出版社 2009 年版,第 35 页;梁慧星:《民法总论》(第 6 版),法律出版社 2021 年版,第 25～26 页;江平主编:《民法学》,中国政法大学出版社 2007 年版,第 9 页;*Reinhard Bork*, Allgemeiner Teil des Bürgerlichen Gesetzbuchs, 4. Aufl. 2016, S. 10。

② 佟柔、赵中孚、郑立主编:《民法概论》,中国人民大学出版社 1982 年版,第 15 页;佟柔主编:《民法原理》,法律出版社 1983 年版,第 17 页;徐国栋:《民法总论》,高等教育出版社 2007 年版,第 105 页。

③ 五十嵐清ほか『民法講義(1)総則』(有斐閣大学双書,1976 年)5 頁;須永醇『民法総則要論』(勁草書房,1988 年)9 頁;三和一博 = 平井一雄『民法総則要説』(青林書院,1990 年)8 頁;安井宏 = 後藤元伸 = 中田邦博 = 鹿野菜穂子『プリメール民法 1 民法入門・総則(第 3 版)』(法律文化社,2008 年)13 頁。

④ Vgl. *Rüthers/Fischer*, Rechtstheorie, 5. Aufl. 2010, S. 156－157. 参见黄茂荣:《法学方法与现代民法》,中国政法大学出版社 2001 年版,第 8 页;苏永钦:《私法自治中的经济理性》,中国人民大学出版社 2004 年版,第 12 页;刘得宽:《民法总则》,中国政法大学出版社 2006 年版,第 19～20 页;崔建远等:《民法总论》,清华大学出版社 2010 年版,第 16～17 页;Jan M. Smits, *Contract Law: A Comparative Introduction* 16－17 (2014)。

⑤ 合同可以是当事人主观权利的权源,却并非客观法的法源。关于客观法的法源与主观权利权源的区分,可参见 *Larenz/Wolf*, Allgemeiner Teil des Bürgerlichen Rechts, 9. Aufl. 2004, § 3 Rn. 6－7。不以合同为民法法源,尚可参见川井健『民法概論 1 民法総則(第 3 版)』(有斐閣,2005 年)2 頁。

***法源:学生的视角与法官的视角**　“法源”概念的出现,首先是要解决法“是什么”的问题。对于一个法科学生而言,在学习合同法或者民法的时候,法“是什么”是首先面临的问题。等到学生成了法官,才会出现裁判案件该“用什么”规范的问题。

就学生而言,其研习的对象是客观的法;及至办案法官,已身处个案的情境当中,此时寻找裁判依据,已不局限于客观的法,尚可能以当事人的合同约定为裁判依据,合同作为法律行为具有规范性(个别规范),[①]不成问题。不过,人尽皆知,当事人的约定只是对于他们来说相当于法律,[②]却并非真正的法律。合同虽非客观法律的法源,却无妨可得作为当事人主观权利的权源。尽管德语“Rechtsquellen”既可以译为“法源”,也可以说是“权源”,但是在汉语法学中,不将合同这一“权源”作为“法源”,较为妥当。

2. 法源的类型:具有绝对效力的法源与具有相对效力的法源[③]

(1)具有绝对效力的法源

具有绝对效力的法源,指法院在裁判案件时应予适用的法规范。在我国目前的司法实践中,它指的就是法院在制作法律文书时“应当依法引用”的规范性法律文件。

具有绝对效力的法源,首先包括全国人民代表大会及其常务委员会制定的法律和国务院制定的行政法规。

各省、直辖市人大及其常委会制定的与宪法、法律和行政法规不相抵触的地方性法规,民族自治地方的人大制定的自治条例和单行条例,人民法院在审理当事人双方属于本行政区内的民事和经济纠纷案件制作法律文书时,也可引用。[④] 此类地方性法规,有条件的可以成为法源,其本应属于具有相对效力的法源,但它与后述具有相对效力的法源又

---

① 相关研究,可参考胡东海:《论法律行为的规范性》,载《中外法学》2012 年第 6 期。

② 比如《法国民法典》第 1134 条第 1 款规定:依法成立的契约,在缔结契约的当事人间有相当于法律的效力。

③ 此种区分,在一定程度上受到张志铭的《法律解释操作分析》(中国政法大学出版社 1998 年版,第 144 页以下)一书观点的影响,张著将法律解释材料区分为权威材料与非权威材料,并将权威材料进一步分为具有绝对约束力的材料和具有相对约束力的材料。

④ 1986 年 10 月 28 日最高人民法院《关于人民法院制作法律文书如何引用法律规范性文件的批复》法(研)复〔1986〕31 号(已失效)。另外参见最高人民法院《关于裁判文书引用法律、法规等规范性法律文件的规定》(法释〔2009〕14 号,以下简称《裁判文书引用规范性法律文件的规定》)。

存在差异，即对于地方法院且当事人均属该地方的情形，又具有必须适用的效力，因而它具有某种中间色彩。

关于最高人民法院的司法解释，[①]最高人民法院虽指示下级法院“应当贯彻执行”，起初尚指示下级法院“不宜直接引用”。[②]换言之，尚不以之为具有绝对效力的法源；后来则通过1997年最高人民法院《关于司法解释工作的若干规定》（自2007年4月1日起废止），转变立场，明确了“最高人民法院制定并发布的司法解释，具有法律效力”（第4条）。“司法解释与有关法律规定一并作为人民法院判决或者裁定的依据时，应当在司法文书中援引”（第14条第1款）。此一规定，虽系由最高人民法院自己制定的。换言之，是最高人民法院“自我加封”，但立法机关并未表示任何反对，在实践中也早已为各级法院所遵行。2007年3月23日最高人民法院《关于司法解释工作的规定》（法发〔2007〕12号；法发〔2021〕20号修正）第27条继续规定：“司法解释施行后，人民法院作为裁判依据的，应当在司法文书中援引。”“人民法院同时引用法律和司法解释作为裁判依据的，应当先援引法律，后援引司法解释。”因而，司法解释实际上也成为此处所说的具有绝对效力的法源。

（2）具有相对效力的法源

具有相对效力的法源，指法院在裁判案件时可以作为裁判说理依据的规范（参照《裁判文书引用规范性法律文件的规定》第6条）。

在我国目前的司法实践中，具有相对效力的法源具体包括国务院各部门发布的命令、指示和规章，各县、市人民代表大会通过和发布的决定、决议，地方各级人民政府发布的命令、指示和规章，且其与宪法、法律、行政法规不能相抵触。这一类规范性文件，一方面具有一定的权威性（是由有权机关依一定程序制作并公布出来的），因而在制作法律文书时加以参照，可以帮助增强裁判文书的说服力和裁判法官的自信心；另一方面，于裁判文书主文中又不予以引用。再有，此类规范，法官在裁判案件时只是可以参照，并没有义务必须参照；这样，参照与否便

① 关于司法解释，在我国是由最高人民法院垄断的。具有司法解释性质的文件，地方各级法院不宜制定。参见1987年3月31日最高人民法院《关于地方各级法院不宜制定司法解释性文件问题的批复》（1987）民他字第10号（已失效）。另外，依2007年3月23日最高人民法院《关于司法解释工作的规定》第2条的规定，人民法院在审判工作中具体应用法律的问题，由最高人民法院作出司法解释。

② 1986年10月28日最高人民法院《关于人民法院制作法律文书如何引用法律规范性文件的批复》法（研）复〔1986〕31号（已失效）。

由法院自主决定(虽然实践中法院通常是会参照)。

如果规范性文件不足以提供充分的裁判依据,这时法官仍有必要从其他途径获得裁判依据,比如习惯规范等。

(二)具有绝对效力的法源

人民法院的裁判文书应当依法引用相关法律、法规等规范性法律文件作为裁判依据(《裁判文书引用规范性法律文件的规定》第 1 条前段)。并列引用多个规范性法律文件的,引用顺序如下:法律及法律解释、行政法规、地方性法规、自治条例或者单行条例、司法解释。同时引用两部以上法律的,应当先引用基本法律,后引用其他法律。引用包括实体法和程序法的,先引用实体法,后引用程序法(《裁判文书引用规范性法律文件的规定》第 2 条)。民事裁判文书应当引用法律、法律解释或者司法解释。对于应当适用的行政法规、地方性法规或者自治条例和单行条例,可以直接引用(《裁判文书引用规范性法律文件的规定》第 4 条)。

1. 法律及法律解释

(1)《民法典》

(2)其他民事单行法

包括《保险法》《劳动法》《劳动合同法》《消费者权益保护法》《产品质量法》《建筑法》《海商法》《铁路法》《旅游法》《著作权法》《商标法》《专利法》《邮政法》《政府采购法》[①]《仲裁法》等。

此所谓"法律解释",应理解为立法解释,即由立法机关对有关法律所作的解释。涉及合同问题的立法解释,到目前为止,比较罕见。

2. 行政法规

行政法规是国务院为领导和管理国家各项行政工作,根据宪法和法律制定的政治、经济、教育、科技、文化、外事等各类法规的总称。[②] 行政法规的名称为条例、规定和办法等。[③]

---

① 《政府采购法》第 43 条第 1 款规定:"政府采购合同适用合同法。采购人和供应商之间的权利和义务,应当按照平等、自愿的原则以合同方式约定。"

② 国务院《行政法规制定程序暂行条例》(已于 2002 年 1 月 1 日起废止)第 2 条。另外参见《立法法》第 56 条。

③ 行政法规的名称一般称"条例",也可以称"规定""办法"等。国务院根据全国人民代表大会及其常务委员会的授权决定制定的行政法规,称"暂行条例"或者"暂行规定"。国务院各部门和地方人民政府制定的规章不得称"条例"。国务院《行政法规制定程序条例》第 5 条。

行政法规中，构成合同法源的如《事业单位人事管理条例》《商业特许经营管理条例》《物业管理条例》《劳动合同法实施条例》《对外劳务合作管理条例》《机动车交通事故责任强制保险条例》《招标投标法实施条例》《国内水路运输管理条例》《旅行社条例》《计算机软件保护条例》《彩票管理条例》《保安服务管理条例》《城镇燃气管理条例》等。

3. 地方性法规

其是指各省、直辖市人大及其常委会制定的地方性法规，比如《北京市城市基础设施特许经营条例》，在北京市内的法院审理本市当事人之间的本市城市基础设施特许经营合同时，便可以在裁判文书中引用。

4. 自治条例和单行条例

其是指民族自治地方的人大制定的自治条例和单行条例，例如，《广西壮族自治区物业管理条例》，在广西区内的法院审理广西区内的物业服务合同纠纷时，便可以在裁判文书中引用。又如，《延边朝鲜族自治州道路班车客运管理条例》，便可以由延边州内的各级法院在裁判文书中引用。

5. 司法解释

司法解释的形式分为“解释”、“规定”、“规则”、“批复”和“决定”五种。[①] 就构成合同法法源的来说，比如最高人民法院《合同编通则解释》《买卖合同解释》《商品房买卖解释》《民间借贷解释》《房屋租赁解释》《施工合同解释(一)》等。

6. 国际条约

我国参加的国际条约，构成我国的法源。典型事例是 1980 年 CISG。该公约 1980 年 4 月 11 日订于维也纳，其订立是基于如下共同认识，即认为采用照顾到不同的社会、经济和法律制度的国际货物销售合同统一规则，将有助于减少国际贸易的法律障碍，促进国际贸易的发展。截至 2023 年 9 月 22 日，卢旺达加入，CISG 的缔约方已达 97 个。

值得关注的是，2021 年 9 月 29 日香港特区政府已通过《货物销售(联合国公约)条例》(香港特别行政区 2021 年第 30 号条例)，该条例第 2 条明定：“在本条例中——《公约》(Convention)指附表列载的在 1980 年 4 月 11 日订于维也纳的《联合国国际货物销售合同公约》。”第 4 条

① 参见最高人民法院《关于司法解释工作的规定》第 6 条第 1 款。

规定:“《公约》在香港具有法律效力。”第 5 条规定:“如本条例或《公约》与任何其他法律有抵触,则在抵触的范围内,以本条例或《公约》为准。”香港特区政府已寻求中央政府协助完成 CISG 扩展适用于香港特区的必要步骤。[①] 中国已于 2022 年 5 月 5 日向联合国贸法会(UNCITRAL)送交《延伸〈联合国国际货物销售合同公约〉(“销售公约”)至中华人民共和国香港特别行政区(“香港”)的领土适用声明》。该领土适用声明将根据 CISG 第 97 条第 3 款,自 2022 年 12 月 1 日起生效。[②]

涉外合同,包括国际合同(比如营业地分别在中国和美国的当事人签订的货物销售合同)和区际合同(比如营业地分别在我国内地和香港的当事人签订的货物销售合同),其法律适用问题较为复杂,需要具体分析。相应地,有些场合,会依冲突法规范确定准据法。原则上,“当事人可以协议选择合同适用的法律。当事人没有选择的,适用履行义务最能体现该合同特征的一方当事人经常居所地法律或者其他与该合同有最密切联系的法律”(《涉外民事关系法律适用法》第 41 条)。但是,需要注意的是,CISG 有时存在自动适用(直接适用)问题,并非经过冲突法的“间接适用”。[③]

CISG 关于其适用范围在第 1 条至第 6 条专门作了规定。我国裁判实务中就相关规定[尤其是第 1 条第(1)款(a)项规定的自动适用]时常有误解,在法律适用上出现偏差,对此,有必要澄清一些基本观念。这会涉及国际条约与国内法的关系,[④]涉及“二元论”(dualism)与“一元论”(monism)之争,涉及条约的转换(transformation)抑或并入

---

① 参见韩世远:《CISG 在中国:成就及挑战》,载《人民司法》2021 年第 31 期。

② 2022 年 5 月 13 日笔者收到联合国贸法会电子邮件,标题为:China deposits declaration of territorial application of the United Nations Convention on Contracts for the International Sale of Goods to Hong Kong SAR。

③ 参见韩世远:《CISG 在中国国际商事仲裁中的适用》,载《中国法学》2016 年第 5 期。

④ 这是国际法学中一个十分基础但又常青的话题,相关文献可参见李兆杰:《条约在我国国内法效力若干问题之探讨》,载《中国国际法年刊》,中国对外翻译出版公司 1994 年版;王铁崖:《条约在中国法律制度中的地位》,载《中国国际法年刊》,中国对外翻译出版公司 1996 年版,第 3 ~ 18 页;陈寒枫、周卫国、蒋豪:《国际条约与国内法的关系及中国的实践》,载《政法论坛》2000 年第 2 期;王煦棋:《论国际条约在两岸适用之比较》,载《中华国际法与超国界法评论》第 5 卷第 2 期;万鄂湘主编:《国际法与国内法关系研究——以国际法在国内的适用为视角》,北京大学出版社 2011 年版;Dinah Shelton ed., *International Law and Domestic Legal Systems: Incorporation, Transformation, and Persuasion* (Oxford University Press, 2011)。值得注意的是,最后的一本英文著作,是 2010 年 7 月 25 日至 8 月 1 日在美国华盛顿召开的国际比较法学会(The International Academy of Comparative Law)国际代表大会(International Congress)“国内法律体系中的国际法”(International Law in Domestic Systems)会议主题的论文集,汇集了诸多国别报告,表明该问题目前依然是所有法律体系所共同面临的现实问题(a current problem being faced by all legal systems)。

(incorporation),涉及自动执行条约(self-executing treaties)与非自动执行条约(non-self-executing treaties)的区分,这些均是国际法基本理论和实践问题,尽管到目前许多问题仍未有定论。考虑到这一现实,本书仅以分析 CISG 在中国的生效、执行和适用为例,作最低限度的讨论,为此,所选路径不是作“一般论”的宽泛表述,而是作“个别论”的具体分析。

CISG 作为国际条约,缔约的主体是国家,[①] 称为“缔约国”(Contracting States)。作为国家与国家之间达成的协议,自然是对于国家具有约束力,国家因此而负有执行条约的义务。在承认国家与国民是不同的主体的前提下,条约如何由对国家具有约束力过渡到对该国家的国民具有拘束力,在法理逻辑上需要说明。在完成这种法理逻辑转换之前,CISG 尚属外在于国内法律体系的存在,尽管缔约国已经负有了在本国执行 CISG 的义务。就此,李浩培先生说得比较清楚:“一个在国际上已生效的条约,其规定在各国国内得到执行,以得到各国国内法的接受为前提条件。”[②]就中国而言,《宪法》及《立法法》均没有规定像 CISG 这样的条约如何转化为本国的法源、构成本国法律体系的组成部分。在没有实现这种转化之前,中国的当事人并不负有遵守 CISG 的义务。

中国政府以“核准”的方式参加 CISG 后,并没有通过制定国内法的方式转化 CISG 的内容、践行其在条约法上的义务,因而不构成对于该条约的国内“转换”。关于条约如何纳入国内法,我国目前的通说可以说是李浩培先生在 20 世纪 80 年代提出的“当然纳入说”,该说以 1982 年《民事诉讼法(试行)》第 189 条等法律规定为基础,该条规定“中华人民共和国缔结或者参加的国际条约同本法有不同规定的,适用该国际条约的规定……”,认为“上述各法的各个规定是我国最高立法机关对条约的国内执行作出的原则规定,按照这个原则,我国与外国所缔结的条约在生效时,就当然被纳入国内法,由我国各主管机关予以适

① 依据《维也纳条约法公约》(Vienna Convention on the Law of Treaty)第 26 条:“凡有效之条约对其各当事国有拘束力,必须由各该国善意履行。”中国于 1997 年 9 月 3 日交存加入书,《维也纳条约法公约》于 1997 年 10 月 3 日对中国生效,中国对该公约第 66 条持有保留,并宣布中国台湾地区 1970 年 4 月 27 日的签署非法、无效。

② 李浩培:《条约法概论》(第 2 版),法律出版社 2003 年版,第 314 页。

用,而无须另外以法律予以转变为国内法”。[①] 可见,在方法论上李先生是对分散的具体规则加以概括,抽象出一条原则,构造了“当然纳入说”。王铁崖先生结合我国的法律实践,也认为我国倾向于采取条约在国内直接适用的方式。1982年《民事诉讼法(试行)》第189条的规定虽然是以解决条约规定与法律的冲突为宗旨的,但它表明了条约在国内的直接适用,[②]与“当然纳入说”异曲同工。

上述“当然纳入说”客观上对于国际条约的国内适用方式作出了说明,其历史价值必须肯定。今天回观,无论是原《民事诉讼法(试行)》第189条还是原《民法通则》第142条第2款,其字面文义虽是以肯定条约在国内的可适用性为前提,但其本身并没有反映出条约何以在国内可适用。换言之,条约何以由对国家的约束力过渡到了对国民的拘束力?正是意识到“当然纳入说”在说理上可能存在的不足,我国国际法学者提出了修改《宪法》或者《缔结条约程序法》等具体建议,以冀改进。[③] 围绕CISG,我国官方层面的行动,主要表现为原外经贸部向下属机构及外贸公司下发的《关于执行联合国国际货物销售合同公约应注意的几个问题》,以及最高人民法院向全国法院所作的转发通知。上述文件和通知,均要求我国国内的机构和公司“执行”CISG。应当注意,这里“执行”的主体不是指我国政府,尽管文件中提到了我国政府“承担了执行公约的义务”。由此可以说,通过上述文件和通知,实际上发挥了将条约并入内国法律体系的功能。CISG一经并入我国法律体系,便成为国内法的一部分,法院及仲裁机构便可在符合条件场合直接适用CISG。CISG并入我国法律体系后其内容便兼具行为规范及裁判规范属性,这一判断也符合原外经贸部及最高人民法院发文的目的,既然如此,它对于营业地在我国的当事人便当然具有拘束力,不仅法院而且包括仲裁机构,在裁判中在符合条件时应当适用CISG。

通过将条约“并入”中国法律体系,条约便成为中国法律体系的一个组成部分。原《民法通则》第142条第2款规定,“中华人民共和国缔

---

① 李浩培:《条约法概论》(第2版),法律出版社2003年版,第317页。

② 参见王铁崖:《条约在中国法律制度中的地位》,载《中国国际法年刊》,中国对外翻译出版公司1996年版,第7~8页。

③ 参见朱晓青、黄列:《国际条约与国内法的关系评析:中国的理论与实践》,载朱晓青、黄列主编:《国际条约与国内法的关系》,世界知识出版社2000年版,第15~19页。

结或者参加的国际条约同中华人民共和国的民事法律有不同规定的，适用国际条约的规定，但中华人民共和国声明保留的条款除外。”分析这一规定，首先，作为前提，它明确肯定了我国缔结或者参加的国际条约具有“法源”地位；其次，作为该款的主要规范目的，它规定了我国民事法源内部的效力层次：国际条约高于一般民事法律，而不应当将其理解为国际条约仅在其同中国民事法律“有不同规定”时才适用。该款规定确实给人一种错误印象，它好像对主张适用国际条约者规定了举证责任：谁主张适用国际条约，谁就应证明“有不同规定”的存在。这样的“举证责任”是荒唐的，恐怕举世无双。因而，有必要辨析清楚该规定的规范目的，才不至于因词害意、误判误用。对于CISG，理应在观念上认清，它既是一种“统一法”，又是缔约国国内法律体系的组成部分。国内法院及仲裁机构适用时，不是在适用外在于本国法源的另类存在，而是在适用本国法源的内在成分；不但不应有任何“歧视”（好像我国国内法是我国立法机关“亲生的”，而CISG是“领养的”），而且在肯定国际条约的法源地位和效力层次的前提下，理应优先适用。

另外，要领会CISG第1条第(1)款(a)项“自动适用”的精神实质。比如营业地在中国的买方与营业地在美国的卖方之间因国际货物销售合同产生纠纷，如果是中国的法院或者仲裁机构受理此纠纷，由于是涉外案件，考虑国际私法规范判断准据法，好像是一种自然的思路。但是，CISG第1条第(1)款(a)项的实质内涵是，这时CISG既是中国法律体系的组成部分，也是美国法律体系的组成部分，是双方的共同法，符合条件便当然自动适用，无须再考虑国际私法，这便是所谓“一步到位”，而不是“分两步走”。就中国方面分析，法院地国际私法规范也是中国民事法律的组成部分（《涉外民事关系法律适用法》第41条），在中国法律体系内部观察，当适用此类冲突法规范与适用CISG第1条第(1)款(a)项冲突时，也应当按照CISG规则处理。结论依然是，不能够径直走向国际私法路径。

（三）具有相对效力的法源

1. 国务院各部委发布的命令、指示和规章

例如，2007年商务部、国家工商总局、环保总局《洗染业管理办法》，

商务部《商业特许经营信息披露管理办法》等。

2. 各县、市人民代表大会通过和发布的决定、决议

比如，徐州市人大常委会《徐州市出租汽车客运条例》。

3. 地方各级人民政府发布的决定、命令和规章

比如，北京市人民政府《北京市汽车租赁管理办法》。

4. 最高人民法院的审判指导意见

比如，最高人民法院《全国法院民商事审判工作会议纪要》（法〔2019〕254号），本身并不是司法解释，只不过是最高人民法院于2019年7月3日至4日召开的全国法院民商事审判工作会议的纪要，不过，最高人民法院将它印发全国法院，实际是要求下级法院准确掌握其内涵、在案件审理中正确适用，并在“通知”中明确，该“纪要不是司法解释，不能作为裁判依据进行援引。《会议纪要》发布后，人民法院尚未审结的一审、二审案件，在裁判文书‘本院认为’部分具体分析法律适用的理由时，可以根据《会议纪要》的相关规定进行说理”。

5. 最高人民法院发布的指导性案例

最高人民法院发布的指导性案例，各级人民法院审判类似案例时应当参照（最高人民法院《关于案例指导工作的规定》，法发〔2010〕51号，第7条）。

对全国法院审判、执行工作具有指导作用的指导性案例，由最高人民法院确定并统一发布（《关于案例指导工作的规定》第1条）。此处所称指导性案例，是指裁判已经发生法律效力，并符合以下条件的案例：（1）社会广泛关注的；（2）法律规定比较原则的；（3）具有典型性的；（4）疑难复杂或者新类型的；（5）其他具有指导作用的案例（《关于案例指导工作的规定》第2条）。最高人民法院审判委员会讨论决定的指导性案例，统一在《最高人民法院公报》、最高人民法院网站、《人民法院报》上以公告的形式发布（《关于案例指导工作的规定》第6条第2款）。

6. 国际惯例

涉外民商事合同当事人明示选择适用国际惯例，当事人主张根据国际惯例确定合同当事人之间的权利义务的，人民法院应予支持（《适用国际条约和国际惯例解释》第5条）。中华人民共和国法律和中华人民共和国缔结或者参加的国际条约没有规定的，人民法院可以适用国

际惯例。当事人仅以未明示选择为由主张排除适用国际惯例的，人民法院不予支持(《适用国际条约和国际惯例解释》第 6 条)。适用国际条约和国际惯例损害中华人民共和国主权、安全和社会公共利益的，人民法院不予适用(《适用国际条约和国际惯例解释》第 7 条)。在合同领域中最属重要的，是国际商会(ICC)《国际贸易术语解释通则》(International Commercial Terms: International Rules for the Interpretation of Trade Terms, Incoterms®)。Incoterms®首版为 Incoterms 1936，后经多次修改、补充，分别出版 Incoterms 1953、1967 年和 1976 年补充版、Incoterms 1980、Incoterms 1990、Incoterms 2000、Incoterms® 2010 和 Incoterms® 2020。其最新版本为 Incoterms® 2020，于 2019 年 9 月 10 日以国际商会 No 723E 出版物出版，于 2020 年 1 月 1 日生效。[①]

7. 习惯

“处理民事纠纷，应当依照法律；法律没有规定的，可以适用习惯，但是不得违背公序良俗”(《民法典》第 10 条)“在一定地域、行业范围内长期为一般人从事民事活动时普遍遵守的民间习俗、惯常做法等，可以认定为民法典第十条规定的习惯”(《总则编解释》第 2 条第 1 款)。“当事人主张适用习惯的，应当就习惯及其具体内容提供相应证据；必要时，人民法院可以依职权查明”(《总则编解释》第 2 条第 2 款)。“适用习惯，不得违背社会主义核心价值观，不得违背公序良俗”(《总则编解释》第 2 条第 3 款)。

习惯，指多数人对同一事项，经过长时间，反复而为同一行为。因此，习惯是一种事实上的惯例。习惯可区分为一般习惯、地方习惯、普通习惯、特别习惯等。

就合同法而言，本身为交易规则，因而，国际共通的内容居多，但作为国内法的合同法，毕竟是在一国之内适用，不可能完全无视特定地域的习惯，《民法典》合同编条文中也多次出现“交易习惯”一词。[②] 因而，《合同编通则解释》第 2 条专就“交易习惯”进行解释，唯应注意，其中第 1 款第 1 项“当事人之间在交易活动中的惯常做法”因其仅存在于特定当事人之间，并非客观法的法源[关于“交易习惯”，详见笔者后续出

① 参见中国国际商会：《国际贸易术语解释通则 2020——国际商会国内与国际贸易术语使用规则》，对外经济贸易大学出版社 2019 年版，“序言”，第 1 段；高祥：《CISG 背景下 Incoterms® 2020 的适用》，载《人民司法》2021 年第 31 期。

② 参见《民法典》第 480 条、第 484 条第 2 款、第 509 条第 2 款、第 510 条、第 558 条、第 599 条、第 814 条、第 891 条等。

版的第十一章第三节之三(二)部分]。[①]

第三节　合同法的历史

一、古代合同法

合同法作为交易法,是交易规则的法律表现,因而合同法是以交易的存在为前提的。交易的出现,虽因地区的差异而有早晚的不同,但却有着某些共同的规律。

在原始社会后期,由于社会生产力的发展,人类社会生产开始了各种形式的分工,部落之间、氏族之间、家庭之间,以有易无的情况产生、发展,出现了早期的交易关系。[②] 比如《周易·系辞下》曰:“古者,包(伏)牺氏之王天下也……作结绳而为网罟,以佃以渔,盖取诸离。包牺氏没,神农氏作,斫木为耜,揉木为耒,耒耨之利以教天下,盖取诸益。日中为市,致天下之民,聚天下之货,交易而退,各得其所,盖取诸噬嗑。”[③]当习惯和当事人的誓言不足以保障交换规则的实行时,便需要由社会共同体认可或制定的法律规范,交换规则取得了法律的规定形式。人类社会最早的合同法是由习惯发展而来的,称为习惯法。[④] 根据古代文献和考古资料,中国有文字契约的历史,可以上溯到西周时期。比如《周礼·地官·质人》曰:“质人掌成市之货贿,人民(奴婢)、牛马、兵器、珍异,凡卖儥者,质剂焉。大市以质,小市以剂。”质人是管理市场的官员,质剂是买卖契约的名称,这样的质剂也叫作小约剂,因行用于民间,故亦称“万民约”。至西周中期,土地国有制开始动摇,首先在贵族领主之间出现了土地转让的现象。有些青铜器铭文记载了土地契约内

① 同旨参见王利明:《合同法通则》,北京大学出版社 2022 年版,第 70 页。

② 参见张传玺主编:《中国历代契约粹编》(上册),北京大学出版社 2014 年版,第 3 页。

③ 《周易》卷八,中华书局《十三经注疏》(影印本,上册),第 86 页。转引自张传玺主编:《中国历代契约粹编》(上册),北京大学出版社 2014 年版,第 3 页。

④ 参见王家福等:《合同法》,中国社会科学出版社 1986 年版,第 17 页。

容。这类土地契约叫作大约剂。因只使用于贵族领主或诸侯间，所以也叫作“邦国约”。[①] 学者研究发现，中国长期以来即使用契约，并由此对亨利·梅因爵士（Sir Henry Maine）的“从身份到契约”的社会变迁理论形成了挑战。[②]

从总体上说，习惯法具有不稳定、不统一和不公开的特点。各种习惯前后矛盾，因时因地而有不同，于是在适用时须就某一习惯存在与否进行争论。而社会又不断发展，习惯随之变化，彼时彼地的习惯与此时此地的习惯往往相互抵触，无疑增加了习惯法适用上的困难。这决定了成文法逐渐取代习惯法的命运。[③]

《汉谟拉比法典》是世界上迄今为止所发现的最早且保存最完整的古代成文法典，该法典是古代巴比伦第六代国王汉谟拉比在位期间（公元前1792年~公元前1750年）制定并颁布的，属楔形文字法，距今已有3800多年的历史。正文共有282个条文，其中直接规定合同的规范就有120余条。该法典的特点是：奉行严格的形式主义；合同种类较多，适用范围较广；对违约行为进行严格的惩罚。[④]

古罗马《十二铜表法》制定的年代是公元前451年至公元前450年，该法是古罗马固有习惯法的汇编，其特点是：其一，内容广泛，诸法合体。公法和私法，实体法和程序法不分。这反映了罗马法发展初期的立法水平。其二，强调程式主义。重要的法律行为，如买卖不动产和奴隶，都必须遵循烦琐的程式，否则该行为无效。其三，新旧制度并存。在其中既有同态复仇，也有罚金赔偿；既有氏继承，也有遗嘱自由。[⑤] 其中亦有一些关于债务（第三表“债务法”）和合同的规定（第六表“获得物、占有权法”），总体上较为简略。

---

① 参见张传玺主编：《中国历代契约粹编》（上册），北京大学出版社2014年版，第6~7页。

② 参见［美］韩森（Valerie Hansen）：《传统中国日常生活中的协商：中古契约研究》，鲁西奇译，江苏人民出版社2008年版，第7~8页。Valerie Hansen, *Negotiating Daily Life in Traditional China: How Ordinary People Used Contracts, 600 – 1400* (Yale University Press, 1995).

③ 参见王家福等：《合同法》，中国社会科学出版社1986年版，第20~21页。

④ 比如该法典规定：“倘建筑师为自由民建屋而工程不固，结果其所建房屋倒毁，房主因而致死，则此建筑师应处死。”（第229条）“倘房主之子因而致死，则应杀此建筑师之子。”（第230条）“倘房主之奴隶因而致死，则他应对房主以奴还奴。”（第231条）“倘财物因而遭受毁损，则彼应赔偿其所毁损之全部财物；且因所建之屋不坚而致倒毁，彼自己应出资重建倒毁之屋。”（第232条）“倘建筑师为自由民建屋而其工程不固，致墙壁倒塌，则此建筑师本人应出资将墙壁加以修缮。”（第233条）以上条文，引自《世界著名法典汉译丛书》编委会：《汉谟拉比法典》，法律出版社2000年版。

⑤ 参见《世界著名法典汉译丛书》编委会：《十二铜表法》，张生“评介”，法律出版社2000年版，第4~5页。

日耳曼法虽然晚于罗马法,但它体现了“团体本位”思想,这对现代社会的立法有极大的影响;[①]古日耳曼法大部分为不成文法;在古日耳曼法中,以文字记载的规则,亦非抽象的法规,而是极具体的规则。其规则乃表之于简单的文字,且为便于流布周知起见,常用韵律体,有时且用极通俗幽默的体裁。另外,在古日耳曼法中,一切皆重形式,极为严格。[②]它在具体制度上有创新,保证、违约金制度为其著例。[③]

中国古代有典籍记载的正式法律制度可追溯至唐代(618 年—907 年)的《唐律》,[④]《唐律疏议》卷第二十六第 418 号有这样的规定:“诸造器用之物及绢布之属,有行滥、短狭而卖者,各杖六十。”“【疏】议曰:凡造器用之物,谓供公私用,及绢、布、绫、绮之属,‘行滥’,谓器用之物不牢、不真;‘短狭’,谓绢疋不充四十尺,幅阔不充一尺八寸之属而卖:各杖六十。故礼云:‘物勒工名,以考其诚。功有不当,必行其罪。’其行滥之物没官,短狭之物还主。”[⑤]卷第二十六第 422 号规定:“诸买奴婢、马牛驼骡驴,已过价,不立市券,过三日笞三十;卖者,减一等。立券之后,有旧病者三日内听悔,无病欺者市如法,违者笞四十。”“【疏】议曰:买奴婢、马牛驼骡驴等,依令并立市券。两和市卖,已过价讫,若不立券,过三日,买者笞三十,卖者减一等。若立券之后,有旧病,而买时不知,立券后始知者,三日内听悔。三日外无疾病,故相欺罔而欲悔者,市如法,违者笞四十;若有病欺,不受悔者,亦笞四十。令无私契之文,不准私券之限。”[⑥]唐代的立法对其后诸朝代均有相当程度的影响。[⑦] 通过

---

① 参见李宜琛:《日耳曼法概论》,商务印书馆 1942 年版,第 2 页。

② 参见[美]孟罗·斯密:《欧陆法律发达史》,姚梅镇译,中国政法大学出版社 1999 年版,第 73 ~ 74 页。

③ 参见崔建远:《合同法》(第 4 版),北京大学出版社 2021 年版,第 4 页。

④ 在汉代(公元前 202 年—公元 8 年,西汉),交易分为两类:影响税收的交易和不影响税收的交易,对于前者要求使用书面契约,且当事人不得自己起草契约,而须找中间人,由中间人起草契约、征税和记录交易。在政府要求中间人起草契约的买卖中,当事人的协议只有在必要的文件起草后才有约束力。这一要素十分重要。例如,在牲畜和奴婢买卖契约中,隐藏的疾病会使买主承担风险。后来,这类契约的当事人,可以在付钱 3 天以后再办理书面契约文书。在这 3 天里,协议可以取消,但在文书制定后立即生效。参见[美]宋格文(Hugh T. Scogin, Jr.):《天人之间:汉代的契约与国家》,李明德译,载梁治平编:《法律的文化解释》(增订本),三联书店 1998 年版,第 321 页。

⑤ (唐)长孙无忌等撰:《唐律疏议》,刘俊文校,中华书局 1983 年版,第 497 ~ 498 页。唐律不仅影响中国后世,对日本亦发生重大影响。详细说明可参见杨鸿烈:《中国法律发达史》,台北,商务印书馆 1967 年版,第 344 ~ 345 页。

⑥ (唐)长孙无忌等撰:《唐律疏议》,刘俊文校,中华书局 1983 年版,第 500 ~ 501 页。

⑦ 比如到了清代(1644—1910 年),依《大清律例》“器用布绢不如法律文”,“凡民间造器用之物不牢固正实及绢布之属纰薄短狭者,各笞五十。”清人吴坛《大清律例通考》谓,“谨按:此条系仍《唐律》。查原律内‘笞五十’下有‘其物入官’四字。乾隆五年馆修,以民间市卖之物,造不如法,笞以惩之足矣。其物入官,滋弊无穷。且向来并未照此条行。因删如前律。”参见马建石、杨育棠主编:《大清律例通考校注》,中国政法大学出版社 1992 年版,第 537 页。

对《唐律》的有限考察，可以看到：其一，中国当时对于买卖等问题的规范，在正式制度上主要借助于刑事法的手段，民事效果在正式制度中体现得并不充分。[①] 其二，从《唐律》所规定的契约类型来看，涉及保管（第 397 号受寄物辄费用）、借贷（第 398 号负债违契不偿）、博戏（第 402 号博戏赌财物）、买卖等。从法律规范的技术上看，似未抽象出一般契约的概念而设定契约的一般规则，而是针对具体的契约形态、就事论事式地规范具体问题的解决之道。仅就买卖契约来看，《唐律》第 422 号所规范的是特定标的物的买卖（奴婢、马牛驼骡驴），并没有扩展到所有的标的物，规定的是特定物买卖（而非种类物买卖）。中国古代在法制方面属于输出国，中国的典籍制度及文化，影响到日本、韩国及东南亚。

总的来说，奴隶社会和封建社会形成的合同法即古代合同法是简陋的，欠缺许多具体且重要的制度；合同法主体仅限于少数人，不要说奴隶不得订立合同，妻子儿女在罗马法上也无人格；合同法重形式而轻内容，只要形式符合法律要求，即使内容违反道德，在诈欺或胁迫的情况下签订的合同，也仍然有效。[②] 及至 17～18 世纪自由贸易的发展及早期资本主义的萌芽，古代的合同法已显然不符合现实的需要，于是出现了近代合同法及其丰富多彩的发展。中国合同法亦随着清末变法，转向了学习西方法制的道路。

二、近代合同法

近代合同法，是指在 17～18 世纪形成并于 19 世纪成熟或者定型化的合同法，是资本主义自由竞争时期的合同法，其典型代表为法国民法典中的合同法制度、英国普通法上的合同法制度、德国民法典中的合

① 梁慧星教授亦指出，中华法系的《唐律》等法典，其内容多属于刑法规范。其中虽有规定民事生活关系的条文，如户婚钱债等，也以采用刑罚制裁为限，实质上仍属于刑法规范。在漫长的封建社会中，不具备近现代民法产生和发展的基本条件。参见梁慧星：《中国民法：从何处来，向何处去》，载《中国改革》2006 年第 7 期；梁慧星：《中国民事立法评说：民法典、物权法、侵权责任法》，法律出版社 2010 年版，第 85 页。

② 参见崔建远主编：《合同法》（第 7 版），法律出版社 2021 年版，第 3 页。

同法制度等,[①]有人称为理念型的合同法,在欧美的合同法学中,称为"古典合同法"。从历史来看,近代合同法是在一定的历史条件下诞生的特殊的规范体系,它将与合同相伴的社会关系排除出法的世界,使之抽象化为规则,并以此达到形式上的合理性(法上的形式主义),并由此引发它与现实合同实践的乖违。[②] 近代合同法以合同自由、抽象的平等的人格、个人责任诸原则为明显标志。

(一)经济自由主义与合同自由

在自由资本主义时期,经济自由主义的经济理论居于主导地位,国家的地位和作用非常有限,国家只起"守夜人"的作用,对于经济活动采"自由放任"的态度。比如在英国,18、19 世纪为自然法理论(the theories of natural law)和自由放任哲学(the philosophy of *laissez-faire*)的全盛期,作为英国合同法缔造者的法官们,受此种思潮的影响很深,他们认为合同法的作用只是在一方当事人违反游戏规则而没有履行其合同债务的场合帮助另外一方当事人。这些观念意在鼓励几无限制的缔约自由,因而,"契约自由"(freedom of contract)和"契约神圣"(sanctity of contract)成为合同法赖以确立的基础。[③] 同时,契约自由也成为 19 世纪自由放任经济(*laissez-faire* economics)的基石之一。[④]

(二)经济人与抽象的平等人格

传统经济自由主义一个基本的理论预设是,在市场上从事交易的

---

① 德国民法典颁行于 1896 年 8 月 18 日,风格不同于法国民法典,但它恰如拉德布鲁赫(Radbruch)所言,"与其说是 20 世纪的序曲,毋宁说是 19 世纪的尾声"(mehr Endprodukt des 19. als Auftakt des 20. Jahrhunderts),是一部生不逢时的法典,虽然当时个人主义的经济观点和经济思想已经开始衰落,并有奥托·基尔克站在日耳曼法的立场与德国民法典草案的个人主义的罗马法学者作斗争,以及安东·门格尔(Anton Menger)立足于社会主义观念批评草案的经济自由主义,但《德国民法典》却是一部经典意义上的"市民的"民法典,一部体现市民自由主义时代精神的民法典,仅在个别规定中体现出"几滴社会主义的润滑油"(Tropfen sozialistischen Öls)。Vgl. *Konrad Zweigert und Hein Kötz*, Einführung in die Rechtsvergleichung, 3. Aufl. 1996, S. 142 ff. [德]拉德布鲁赫:《法学导论》,米健、朱林译,中国大百科全书出版社 1997 年版,第65~66页。因而,《德国民法典》仍然归属于近代民法。

② 内田貴『契約の時代—日本社会と契約法』(岩波書店,2000 年)60~61 頁。

③ See P. S. Atiyah, *An Introduction to the Law of Contract* 7–8 (5th ed., 1995).

④ See J. Beatson, A. Burrows and J. Cartwright (eds.), *Anson's Law of Contract* 4 (29th ed., 2010).

人是经济人，对于各自的利益最为清楚，最会安排；他们趋利避害，精于计算，追求利益最大化；他们的交易能力彼此相当，不分伯仲。传统经济自由主义所追求的结果，其实就是使“天下以智力相雄长”。[①] 国家放任其活动，仅当发生纠纷时，对之平等地适用法律，没有必要厚此薄彼，特别保护某一方。因而，法律不区分强者与弱者，法律上只有一个“人”的概念，此即抽象的平等人格——权利能力。

（三）行为自由与个人责任

经济自由主义鼓励经济人充分发挥其聪明才智，以追求利益最大化，经济人享有充分的行为自由来参与市场竞争。适应这种要求，法律上确立个人责任（*Selbstverantwortung*）原则及过错责任原则，便是必然；而这一结果，又在“意思主义”理论中获得了正当性。个人责任原则要求个人仅对基于自己意思的自由行为负责，他人的行为，非基于自己的意思，因而不须负责。过错责任原则要求个人仅对其过错行为负责，归责的理由在于行为人的过错，而这种过错，无论其为故意或过失，在意思主义的视野中，均为主观的心理状态，是应当予以惩罚的对象；反之，行为人如果没有过错，则对行为后果并不负责；过错责任原则又反过来，发挥着最大限度地保障行为自由的作用。

（四）中国合同法的近代转型

1. 第一次民律草案

1840 年中英之间的“鸦片战争”第一次打破了中国人天朝大国的迷梦。为了废除领事裁判权（consular jurisdiction），中国开始变法图强，中国合同法亦随着清末变法，转向了学习西方法制的道路。自此，中国开始由法制输出国变为法制输入国。

对于学习对象的选择，清人盛宣怀（1844～1916 年）曾说：“较量国体，唯日、德与我相同，亦唯日、德之法于我适宜而可用。”“格致制造则

---

① 语出《资治通鉴》卷第一周纪一周烈王。

取法于英美,政治法律则取法于德日。”[①]他的这个说法基本上为后来的事实所证实。

1907 年由修订法律馆遴选馆员分赴各省采访民俗习惯,再依据调查之资料,参照各国之成例,斟酌各省报告之表册,撰次成草案,初稿原于 1908 年 12 月竣事,再反复详为核阅,并逐条添附按语,说明立法理由,历时 8 个月完成。《大清民律草案》共五编,总则、债权、物权前三编由松冈义正起草,亲属、继承等后两编因“关涉礼教”,钦遵叠次谕旨会商礼学馆进行起草工作,而主其事者亲属法为朱献文、章宗元二氏,继承法为高种(和)[②]、陈籙二氏。亦于同年完成,旋因清室云亡,未能正式公布施行,故世称中国第一次民法草案。[③]

《大清民律草案》分五编:总则、债权、物权、亲属、继承。这明显地反映出,草案受到了德国民法的影响。比如,草案第一编第五章“法律行为”,第二节“契约”。第二编“债权”第二章“契约”规定了以下内容:通则、买卖、互易、赠与、使用赁贷借、用益赁贷借、消费贷借、雇佣、承揽、居间、委任、寄托、合伙、隐名合伙、终身定期金契约、博戏及赌事、和解、债务约束及债务认诺、保证。该草案并没有成为真正的法律,不过,它对后来中国的民事立法,仍然有着不可忽视的影响。这次草案,第一次在立法中规定抽象的“契约”概念,摆脱了此前中国古代立法只是规定具体合同类型“列记主义”,[④]没有关于合同的一般规则的局面。

2. 第二次民法典草案

第二次民法典草案(1925 年由北京司法部修订法律馆编订完成):民初民律草案,乃中国第二次民法草案,1925 年先后完成,先是由法律编查会以清末第一次民律草案为蓝本,参酌各国资料及各省民事习惯,于民国四年(1915 年)修订民律亲属编第二次草案。原来民法编查会及修订馆早已起草民刑诉讼法,民国十年(1921 年)公布民事诉讼条

① 工部侍郎盛宣怀:《奏陈南洋公学翻辑政治法律诸书纲要折》。转引自汤能松等编著:《探索的轨迹——中国法学教育发展史略》,法律出版社 1995 年版,第 186 页。

② 此人名究为“高种”抑或“高种和”,学者意见不一,仍有待考证。参见张生:《中国近代民法法典化研究》,中国政法大学出版社 2004 年版,第 30 ~ 31 页。

③ 参见潘维和:《中国民事法史》,台北,汉林出版社 1982 年版,第 85 页。

④ 此一概念见张仁黼:《修订法律请派大臣会奏折》,略谓:“法律之学,首重统系,由一本而析为万殊,端绪虽多,仍属有条不紊,中国法律外人讥为列记主义,盖无总则以提挈之也。”转引自张生:《中国近代民法法典化研究》,中国政法大学出版社 2004 年版,第 53 页。

例。当时法权调查会议召开在即，全部民法才于民国十四年（1925年）速行公布，世称中国第二次民法草案，虽经司法部通令各级法院作为条理适用，然终未能正式公布施行。全部民法草案分五编，起草者：总则编为余棨昌，债编为应时、梁敬錞，物权编为黄右昌，亲属、继承两编为高种（和）。[1]

3. 国民政府时期的民法

1927年4月国民政府在南京成立，1928年12月设立立法院，负责法典编纂工作。1929年1月，立法院设立民法起草委员会，同年2月1日开始编纂民法典。至1930年12月26日，民法典各编全部完成，是中国历史上第一部民法典，名为《中华民国民法》。该法典包括总则、债权、物权、亲属、继承五编，共29章1225条。该法典以民国民律草案为基础，采用了德国民法的编制体例和概念体系，并参考了日本民法、瑞士民法、苏俄民法和泰国民法。

在我国，除了我国台湾地区，这部民法在大陆只存在了近20年（1929～1949年），而且还没有普遍施行。所以对大陆来说，这部民法的作用可谓不是很大，但不能说这部民法在大陆一点影响也没有。我国自改革开放以来的民法研究工作和民法教学工作，乃至民事立法工作，都受到这部民法一定的影响。这也是不容否定的。[2]

我国之继受外国民法，采大陆法系特别是德国民法，是受日本的影响。之所以不采英美法系，纯粹是技术上的原因，并非基于法律品质上的考虑。大陆法系与英美法系并无优劣之分，但英美法系是判例法，不适于依立法方式继受。之所以不采法国民法而采德国民法，是因为德国民法制定在后，其立法技术及法典内容被认为较1804年的《法国民法典》进步。[3]

三、现代合同法

所谓现代合同法，大体上指20世纪以来的合同法。进入20世纪，

---

① 参见潘维和：《中国民事法史》，台北，汉林出版社1982年版，第86～87页。

② 参见谢怀栻：《谢怀栻法学文选》，中国法制出版社2002年版，第453～454页。

③ 参见王泽鉴：《民法五十年》，载《民法学说与判例研究》（第5册），台北，1991年自版发行，第4～5页；梁慧星：《中国民事立法评说：民法典、物权法、侵权责任法》，法律出版社2010年版，第5页。

作为近代合同法基础的自由主义思想，不断遭受批判，西方自由主义的法律传统（包括法律制度和法律思想）不断受到挑战。在这一过程中，一方面，近代合同法不断地被特别立法、判例和学说所修正，法律的生命得到了充实；另一方面，通过合同立法追求合同法的统一或者协调，例如有关合同法的国际性或者区域性的条约或模范法。现代合同法具有如下特征。

（一）具体人格的登场

在近代合同法中，抽象的法律人格概念被作为权利主体确立下来。关于自然人与法人，大企业与中小企业，企业与消费者，经济强者与经济弱者，男性与女性，年轻人与老人未加任何区别。作为权利能力者，各个人格者的具体特性和能力都被舍掉了，仅仅在行为能力概念和无责任能力概念中，对社会的弱者给予考虑。与此相反，现代合同法则要求抽象的法律人格概念作出极大的让步。如在雇佣合同中，由于抽象的人格者概念与预定调和论相呼应，产生了作为经济弱者的劳动者对作为经济强者的雇主的法律从属关系，造成了经济上和社会上的严重问题，从而形成了以劳动者人格为焦点的劳动法和社会法，确立了团体协约和工会制度，导入保障有关争议权和劳动条件的强行标准，考虑到了雇员的特殊性，并把人格具体化了。再如，在消费者合同法中，充分考虑到了消费者人格，给予消费者许多优惠保护。[①] 作为消费者合同法的新近展开，典型的代表有 1992 年的新《荷兰民法典》、1994 年中国《消费者权益保护法》、2000 年日本《消费者合同法》、2002 年《德国债务法现代化法》等，特别是《德国民法典》等，吸收了"消费者"和"经营者"的概念区分，尤其引人注目。

（二）合同自由受到限制

资本主义的发展带来了商业、交通运输业、金融业等的高度发达，同时，出于节约交易成本和追求经济效率的需要，格式合同（standard

① 参见［日］北川善太郎：《日本民法体系》，李毅多、仇京春译，科学出版社 1995 年版，第 112 页。

form contract）或格式条款在许多领域被大量使用，并且随着社会分工和专业化、技术化的不断增加，合同当事人在经济实力、信息掌握程度等方面存在显著差异，双方的交涉能力（bargaining power）不平等，此时，定式合同的使用人往往利用自己的优势，在定式合同中事先加入一些对自己单方面有利而对对方不利的不公平合同条款（unfair contract terms），而对方当事人只能在“要么接受、要么走开”（take it or leave it）之间进行选择，并无讨价还价的余地，近代法上的合同自由已经演变为一方当事人滥用优势地位的自由，实为合同自由的异化。针对这种情况，现代各国大多采取一些措施，或为立法手段，或为行政手段，或为司法手段，或借助社会团体力量，规制不公平合同条款，通过限制合同自由以求实现合同正义。

（三）责任的社会化

在出售的产品因缺陷而致消费者以损害、医疗事故致病人以损害等情况下，越来越多的国家采取无过错责任，并通过责任保险机制，将支付损害赔偿金的负担分散给所有缔结了同种责任保险的投保人，这种情况被称为责任的社会化。有的国家甚至通过社会保障机制[①]解决一些事故造成的灾害。法律的关注点已经开始由对个人过错的惩罚，转向不幸损害的合理分担，开始由个人责任转向社会责任。

（四）合同法的统一化

国际贸易的发达和全球经济的一体化，越发要求贸易规则的统一化。为适应这一要求，合同法的统一化最先在国际上付诸实践，在20世纪60年代出现了《国际货物买卖统一法》《国际货物买卖合同成立统一法》；在20世纪80年代则出现了1980年CISG；及至20世纪90年代及21世纪，更出现了1994年国际统一私法协会（UNIDROIT）的

① 典型代表为新西兰《事故补偿法》（1972年，1982年作了较大修正）。

PICC[①]、1996 年欧洲合同法委员会的 PECL[②]、2009 年欧洲 DCFR[③]、2011 年欧洲议会及理事会关于《欧洲共同买卖法》规则建议案(Proposal for a Regulation of the European Parliament and of the Council on a Common European Sales Law)[④]等模范法或者立法草案。另外,在拉丁美洲等地区也有合同法的统一化的实践。[⑤] 在亚洲,自 2009 年起,以中、日、韩、越、柬、新等国家和地区的学者及实务界人士为主体,也开始了民间化的《亚洲合同法原则》(PACL)的起草工作。[⑥]

(五)在保护形式正义的同时关注实质正义

20 世纪以来,世界急剧发展变化,也发生了不少全球性的大动荡,比如两次世界大战、全球性的经济危机、金融危机、新冠疫情等。在这种背景下,各国法律在维护合同形式正义,维持合同拘束力的同时,也开始关注合同的实质正义,关注合同对于双方当事人是否公平,出现了诸如情事变更原则、行为基础理论、不预见理论、合同落空(frustration of contract)理论等理论,影响了不同国家的司法实践。另外,通过显失公

---

① 参见张玉卿主编:《国际统一私法协会 UNIDROIT 国际商事合同通则 2016》,中国商务出版社 2019 年版;私法統一国際協会著,内田貴 = 曽野裕夫 = 森下哲朗 = 大久保紀彦訳『UNIDROITユニドロワ国際商事契約原則 2010』(商事法務,2013 年)。

② See Ole Lando and Hugh Beale eds., *Principles of European Contract Law* (Parts Ⅰ and Ⅱ) (2000); Vgl. auch *Grundregeln des Europäischen Vertragsrechts*, Teil Ⅲ, Deutsche Ausgabe von Chistian von Bar und Reinhard Zimmermann, Sellier. European Law Publishers 2005.

③ Christian von Bar, Eric Clive and Hans Schulte-Nölke eds., *Principles, Definitions and Model Rules of European Private Law: Draft Common Frame of Reference (DCFR)* (Sellier. European Law Publishers 2009).

④ (Feb. 22, 2015, 10: 38 AM), http://eur-lex. europa. eu/legal-content/EN/TXT/PDF/? uri = CELEX: 52011PC0635&qid = 1424618946998&from = EN.

⑤ See Alejandro M. Garro, *Unification and Harmonization of Private Law in Latin America*, 40 Am. J. Comp. L. 587 (1992).

⑥ 参见韩世远:《从 PECL 看东亚合同法协调化之路》,载渠涛主编:《中日民商法研究》第 4 卷,法律出版社 2006 年版,第 198～209 页;韩世远:《欧洲合同法、中国合同法与东亚合同法》,载《东亚法学评论》第 1 卷第 1 期(2010 年创刊号);韩文版见(韩国)《亚细亚民商法学》第 3 号,第287～302 页。[韩]李英俊:《亚细亚契约法原则的基本方向》,(韩国)《亚细亚民商法学》第 3 号,第 325 页;金山直樹「PACL(アジア共通法原則)の意義と課題」ジュリスト1406 号 102 頁;韩世远:《亚洲合同法原则:合同法的“亚洲声音”》,载《清华法学》2013 年第 3 期;[日]金山直树:《从日本民法典到 PACL》,毛东恒译,载《清华法学》2013 年第 3 期;[韩]李英俊:《PACL 与韩国民法修改》,金路伦译,载《清华法学》2013 年第 3 期;[日]曾野裕夫:《国际货物销售合同公约与 PACL 的相互作用》,焦淼淼译,载《清华法学》2013 年第 3 期;Shiyuan Han, *Principles of Asian Contract Law: An Endeavor of Regional Harmonization of Contract Law in East Asia*, 58 Vill. L. Rev. 589, 589 - 99 (2013).

平或非良心性(unconscionability)等制度,从合同效力的角度追求实质正义,也是现代合同法的一个重要特征。

（六）一般条款的广泛运用和合同关系上义务群的发展

以诚实信用为代表的一般条款,在现代合同法上越来越受到强调,其运用也越发广泛。不仅在大陆法系如此,即使在美国法上,诚实信用(good faith)也格外受到重视,这在《统一商法典》(UCC)和《合同法重述》(第二版)中均有体现;在英国,虽普通法向来表现保守,但近年来,一般条款在学术界的讨论也非常活跃。①

另外,合同关系上义务群的发展,在20世纪的合同法中,也是一道亮丽的风景。在大陆法系中,债之关系上义务群的发展,主要是以诚实信用原则为基础,相应地发展出了以给付义务为主体,先合同义务、附随义务、后合同义务环绕其周的义务群体,这对于保障债权人合同目的的完满实现,促进当事人精诚合作、共同发展,作用巨大。在英美法系,以"默示条款"(implied terms)为基础,合同法上的义务群亦有丰富多彩的发展和运用。我国《民法典》对于先合同义务、附随义务、后合同义务和绿色义务等有明文规定。相信这种合同关系上的义务群,在我国日后的合同实践中,必会发挥越发重要的作用。

四、现代中国合同法

自1949年中华人民共和国成立以来,现代中国合同法的发展经历了三个阶段:消亡期(1949～1978年)、复苏期(1979～1998年)和繁荣期(1999年以来)。

（一）20世纪50年代

新中国成立之初,国民经济有待恢复、多种经济成分并存,政府提

① 关于诚信原则的比较研究,参见[德]莱因哈德·齐默曼、[英]西蒙·惠特克主编:《欧洲合同法中的诚信原则》,丁广宇、杨才然、叶佳峰译,法律出版社2005年版;Reinhard Zimmermann and Simon Whittaker eds., *Good Faith in European Contract Law*, Cambridge University Press, 2000。

倡自由的国内贸易,自然要利用合同制度。1950 年 9 月 27 日,当时的政务院财政经济委员会颁布了《机关、国营企业、合作社签订合同契约暂行办法》。[①] 这是新中国的第一个合同规范,尽管它只适用于社会主义经济内部。

1954 年新中国开始起草民法典,至 1956 年 12 月完成新中国的第一部《民法草案》,分为总则、所有权、债、继承四编,共 525 条。这一民法草案,在编制体例和基本制度均参考了 1922 年的《苏俄民法典》,标志着中国对苏俄民法的继受。[②] 中国对苏俄民法的继受,因 1959 年中国共产党对苏联共产党修正主义路线的批判而告终结。

在 1957 年,虽然也有人主张制定包括民法典在内的重要法典,[③]但这很快被否定了,认为我们国家在这个时期里只能制定一些暂行条例和带有纲领性、通则性的单行法规,决不能颁布成套的长期适用的民法典。[④] 在 20 世纪 50 年代末,中国在完成了社会主义改造(消灭私营工商业、建立人民公社)之后,接着进行了“大跃进”运动,在国民经济中逐步完成了集中的计划管理。商品经济被“消灭”了,交换关系被全面的计划调拨和计划分配所代替,传统的合同制度已无存在的余地。此时形式上还存在的合同制度只是计划调拨和计划分配的手段和形式。

(二)20 世纪 60 年代和 70 年代

到 20 世纪 60 年代,“文化大革命”开始后,商品生产和商品交换完全被否定,形成了全国规模的以指令性计划为主的产品经济,国家用包罗万象的计划来管理社会经济活动,通过行政命令去实施。就整个社会经济活动中的情况来说,这时已没有合同制度可言。这种情况一直延续到 20 世纪 70 年代末。从 1950 年新中国的第一个合同法规出现,此后 30 年里,中国不仅没有关于合同的法律,也没有专门规定合同的

① 参见《人民日报》1950 年 10 月 4 日,第 2 版。

② 参见梁慧星:《中国民事立法评说:民法典、物权法、侵权责任法》,法律出版社 2010 年版,第 6 页。

③ 参见杨兆龙:《我国重要法典何以迟迟还不颁布?——社会主义建设中的立法问题》,载《新闻日报》1957 年 5 月 9 日;另参见中国政治法律学会资料室编:《政法界右派分子谬论集》,法律出版社 1957 年版,第 86 页以下。

④ 参见中央政法干部学校民法教研室编著:《中华人民共和国民法基本问题》,法律出版社 1958 年版,第12～13页。

高层次的法规。[1]

需要说明的是，1962 年，中国在经历严重自然灾害和经济严重困难之后，重新强调发展商品生产和商品交换，在此背景之下我国开始了第二次民法起草，至 1964 年 7 月完成了《民法草案（试拟稿）》。该草案集中反映当时计划经济体制的特征和经济思想上的错误倾向，并受国际国内政治斗争的影响，企图既摆脱苏联民法模式，又与资本主义国家民法彻底划清界限。这次民法起草工作因 1964 年开始的“四清”社会主义教育运动而中断。其教训是：在民法立法上，拒绝对外国民法的继受，盲目追求所谓中国特色，既是不可能的，也是不可取的。[2]

当然，没有专门的合同法，并不等于没有合同实践。在这 30 年里，经济活动中仍然使用着合同，无论是国际贸易合同抑或国内的企业与企业、企业与个人、个人与个人之间的合同。只是在没有法律规范相应合同关系的前提下，如何确保这些合同的效力，是一个值得探究的问题。依笔者个人有限的考察，这个时期虽然有法院，也有民事裁判，相应的裁判主要是处理婚姻、继承、侵权（损害赔偿）等纠纷，合同审判即便不算完全没有，也是非常少量的（这一点仍需要进一步调查）。而合同纠纷的处理，更多的是通过行政管理部门（比如计委）协调，或者通过其他途径，比如在《人民日报》上以“读者来信”的方式反映诉求就是一个非常有效的解决问题的方式，往往违约的企业会在其后不久在该报上刊登道歉信，表示改正了错误。另外，在十年“文化大革命”中，全国各级人民法院大多数处于名存实亡或者是瘫痪状态。至 1978 年，人们回顾此前的合同履行情况，称有些企业或者随意中断合同，或者产品质量不合规格，造成生产上的很大损失，无人过问，生产单位与用户之间矛盾很突出。中央印发的《关于加快工业发展若干问题的决定（草案）》（以下简称《工业三十条》）中，虽已责成各级经委负责解决执行合同过程中所产生的纠纷，但问题并没有解决。各方面迫切希望加强经济立法，同时试办经济法院，对破坏合同的行为要追究经济和法律责

---

① 参见谢怀栻：《谢怀栻法学文选》，中国法制出版社 2002 年版，第 184 ~ 188 页。See also Xie Huaishi, *The Contract Law of Modern China*, *in* International Encyclopedia of Comparative Law, Vol. Ⅶ (Contracts in General) 35 – 43 (Arthur von Mehren ed., 1992).

② 参见梁慧星：《中国民事立法评说：民法典、物权法、侵权责任法》，法律出版社 2010 年版，第 6 ~ 7 页。

任，来保证合同具有法的效力。[①] 由于当时我国的民事立法不完备，没有经济制裁和法律制裁手段作保证，司法权限又不明确，结果对此类案件和纠纷，司法机关管不了，主管部门实际也不管，有的就长期扯皮，最后不了了之，有的即使被判处罚款，也是计入成本，或冲抵利润，对企业和职工没有直接的利害关系，受损失的还是国家。[②]

（三）20 世纪 80 年代

1. 颁布《经济合同法》

我国于 1981 年 12 月颁布《经济合同法》，这是新中国第一部关于合同的法律，使经济活动"有法可依"，尽管它主要是适用于法人之间的合同关系。该法共计七章（第一章总则；第二章经济合同的订立和履行；第三章经济合同的变更和解除；第四章违反经济合同的责任；第五章经济合同纠纷的调解和仲裁；第六章经济合同的管理；第七章附则）57 条，规定了 10 种典型合同：购销合同、建设工程承包合同、加工承揽合同、货物运输合同、供用电合同、仓储保管合同、财产租赁合同、借款合同、财产保险合同、科技协作合同。在此基础上，我国又陆续颁布了对于各种具体合同的法规。《经济合同法》因 1999 年 10 月 1 日《合同法》的施行而同时废止。

2. 颁布《涉外经济合同法》

为了适应对外开放带来的对外经济关系的增多，1985 年 3 月 21 日全国人大常委会颁布《涉外经济合同法》，该法共七章（第一章总则；第二章合同的订立；第三章合同的履行和违反合同的责任；第四章合同的转让；第五章合同的变更、解除和终止；第六章争议的解决；第七章附则）43 条。该法因 1999 年 10 月 1 日《合同法》的施行而同时废止。

该法的适用范围是中华人民共和国的企业或者其他经济组织同外国的企业和其他经济组织或者个人之间订立的经济合同。但是，国际运输合同除外（第 2 条）。这部法律属于总则规定，没有区分合同的具体类型，

---

① 参见赵苍璧：《在法制建设问题座谈会上的讲话（1978 年 10 月 13 日）》，载《人民日报》1978 年 10 月 29 日，收录于《有法才能治国》，人民出版社 1979 年版，第 5 页。

② 参见苏庆、王家福：《民法一定要搞》，载《人民日报》1978 年 11 月 24 日，收录于《有法才能治国》，人民出版社 1979 年版，第 44～45 页；王家福：《王家福法学研究与法学教育六十年文选集》，法律出版社 2010 年版，第 240 页。

而是就合同问题作的一般规定。

3. 颁布《民法通则》及加入 CISG

1986 年 4 月 12 日，《民法通则》颁布，该法第一次使用了“合同”概念，而不用在中国用了 30 年之久的“经济合同”一词，是中国合同法的一个大转折、一个重要的里程碑。

中国政府于 1981 年 9 月 30 日在 CISG 上签字并于 1986 年 12 月 11 日核准该公约。①

4. 颁布《技术合同法》

我国于 1987 年颁布《技术合同法》，该法共计七章 55 条。这是中国实行技术商品化的法律规定，第一次以法律的形式确认技术知识（脑力劳动）是商品，纠正了在中国长期存在的只有体力劳动“创造”财富的偏见。

（四）20 世纪 90 年代以来

1. 修改《经济合同法》

1993 年，我国立法机关修改了《经济合同法》，使之能够适应发展社会主义市场经济的基本需要。但是，我国合同法仍然处在“三足鼎立”的局面，市场经济的进一步发展，呼唤出台统一的合同法。

2. 颁布《合同法》

根据全国人大常委会的立法规划，法制工作委员会组织合同法专家学者在 1994 年起草了合同法草案学者建议稿（以下简称合同法建议草案），此后于 1997 年组织法律专家和实际工作部门起草了合同法征求意见稿。根据各方面意见修改后，于 1998 年 8 月将合同法草案提请第九届全国人大常委会第四次会议审议。根据全国人大常委会的决定，将草案全文公布，广泛征求意见。合同法草案经全国人大常委会第四次、第五次、第六次、第七次会议审议，历时五年、数易其稿，最后《合同法》终于在 1999 年 3 月 15 日第九届全国人大二次会议上正式出台。② 统一《合同法》的颁布，标志着中国合同法的发展进入一个新的时

① 参见韩世远：《CISG 在中国：成就与挑战》，载《人民司法》2021 年第 31 期。

② 参见韩世远：《分久必合：合同法三法归一》，载《时事报告》1999 年第 4 期。

期;繁荣期。

《合同法》是新中国历史上第一部统一的合同法律,采总分结构,“总则”规定了合同法的一般规则和原则,具有普遍适用性;“分则”以十五章规定了十五类具体合同(细分更多),由于第一次先由学者起草建议草案,并在整个立法过程中始终吸收学术和实务两方面的人士参与,直到今天仍可以说该法是我国民事立法水平最高的代表。这次的成功一方面为此后的民事立法提供了丰富的经验,另一方面也构成了《民法典》总则编“民事法律行为”章及合同编的编纂工作基底。

3. 颁布《劳动合同法》

2007 年 6 月 29 日第十届全国人民代表大会常务委员会第二十八次会议通过了《劳动合同法》,该法共八章 98 条,自 2008 年 1 月 1 日起施行。该法在《合同法》未规定“雇佣合同”的情况下对于完善劳动合同制度,明确劳动合同双方当事人的权利和义务,保护劳动者的合法权益,构建和发展和谐稳定的劳动关系,发挥了重要作用。

4. 司法对于合同法的发展[1]

《合同法》作为我国形式意义上的合同法,自颁布后至《民法典》生效 20 余年间不曾修正,条文没有变化,但是,实质意义上的合同法在此期间已有非常大的发展。如果说(合同)法秩序的形成是立法、司法及学说相互协力、密切合作的一项事业,对于这项事业,我国法院有着独特的贡献,司法经验和智慧功不可没。

首先,自《合同法》颁布至《民法典》颁布,最高人民法院关于合同问题发布的重要司法解释至少已达 16 件,条文数量达 408 条(《合同法》总计 428 条)。这尚不包括在其他司法解释中实质的合同法规范,如果将这部分司法解释规范也计算进来,恐怕司法解释中的合同法规范在条文总量上超过了合同法。通过司法解释,最高人民法院在立法的延长线上发挥着造法的功能。司法解释今天已经成为正式法源的组成部分,在全国范围内具有普遍适用的效力,法院判决被要求在主文部分对之予以援引。司法解释不仅有狭义的对于法律的解释,也有对于一般条款及不确定概念的具体化,以及对于法律漏洞的填补,它们是由最高人民法院集合全国司法智慧积累出来的规范群体。

① 参见韩世远:《司法经验与民法典编纂:合同编的视角》,载《人民司法》2019 年第 28 期。

其次，自2011年12月最高人民法院发布第一批指导性案例起，到2025年5月30日止，最高人民法院一共发布了261件指导性案例，其中多数为民商事案件。最高人民法院通过筛选、认定和发布指导性案例，对于各级人民法院的审判工作进行业务指导。与司法解释相比，其优点在于避免了司法解释条文的抽象性，是在具体的个案场景中呈现审判过程及其结果。具体分析既有的指导性案例可以发现，指导性案例的价值与其说在于提供以裁判要点表现的法判断（具体裁判规则），毋宁说在于指导裁判的方法，具体表现为：充实对事实定性（如跳单、恶意串通、虚假诉讼等）的判断标准、展示合同解释的方法、界定构成要件或者法律概念的语义射程、对不确定概念予以具体化、对于一般规定充实其类型、对存在法律漏洞场合以类推适用（参照适用）方法创设新的具体裁判规则等。以指导性案例辅助说理，减轻后案法官的说理负担，或者增强后案法官的说理自信，对于合同法规范由“纸面上的法”（law on paper）转变为“诉讼中的法”（law in action），卓有贡献。

5. 法典化的合同法

2017年3月15日第十二届全国人大第五次会议通过了《民法总则》，自2017年10月1日起施行。该法作为“民法典”的开篇之作，采用了提取“公因式”的立法技术，提取诸民事法律、法规以及司法解释中具有共通性的规则和原则，比如原《合同法》中的基本原则已被提升至民法的基本原则，民事法律行为及意思表示的许多规定也吸收了原《合同法》中的规则。2020年5月28日第十三届全国人大第三次会议通过了《民法典》，已自2021年1月1日起施行。同日，《民法总则》《合同法》等同时废止。自此，中国步入新的民法典时代。《民法典》出台，立法者的任务固已完成，如何领悟法典精神，使“纸面上的法”转化为“活法”进而塑造中国社会的法秩序，对于裁判者及学者仍是一个巨大挑战。[①]

（五）小结

对新中国的合同法发展，作一简单的小结，可以概括为三点：（1）从

① 参见韩世远：《法典化的合同法：新进展、新问题及新对策》，载《法治研究》2021年第6期。

无法可依到有法可依;(2)从经济合同到合同;(3)从合同管理到合同裁判。中国合同法的发展历史其实是中国社会变迁史的一部分,如果我们把中国七十余年的发展变化粗线条地概括为从计划经济向市场经济的变化,那么在这个变化过程中,法律从可有可无变成担当重要功能,合同法从无到有,合同观念从落实国家计划的工具到市场主体追求个体利益的工具,国家对于合同而言其角色从过去的合同管理者变化为市场规则的裁判者及市场秩序的维护者,这些变化无不是中国社会变迁的组成部分,且是非常重要的组成部分。

第四节　合同法的原则

一、合同法的原则概述

(一)从规则到原则

以成文立法规定具体规则,形成法律规范,规范人的行为及社会关系,实属常见。唯因社会生活形形色色,社会关系千变万化,而立法者的预见能力终归有限,因而,具体法律规则难以涵盖的情形,自然难免,这是成文立法的局限性。因此,在立法以及法律适用技术上,提供某种机制,发挥"法网恢恢、疏而不漏"[①]的功能,实现"万事万物、皆有法度"的理想状态,诚属必要。而在法律规则之上,配以法律原则。在有具体规则场合,原则可备而不用;在欠缺具体规则场合,则依据法律原则,结合立法者的规范目的,由司法者在个案中确立具体遵循的规则,正能发挥上述理想的规范功能。

当法律人说某个法律领域由一些原则支配着,其意所指,在于该领域背后的主要价值或者目标。这些原则或可由立法规定,或可由判例确立,然比较法显示,并非必须如此。有时候,有的原则如此不言自明,

① 《老子》七十三章有谓:"天网恢恢,疏而不失。"

官方机构已无须使之表现于白纸黑字。[①] 不过，我国民事立法通常以具体条文规定诸此法律原则（《民法典》第 3～9 条，第 465 条），此举显然有助于民事活动、法律适用及学理研究。

（二）具体原则与基本原则

合同法的原则，是适用于合同法的特定领域或者全部领域的准则。依其适用于合同法特定领域或全部领域的不同，可以区分为“合同法的具体原则”与“合同法的基本原则”。前者如适用于合同履行的完全履行原则，适用于违约赔偿责任的完全赔偿原则等；后者如合同自由原则。此处以分析合同法的基本原则为主。另外，合同法作为民法的组成部分，民法的基本原则当然也是合同法的基本原则。

（三）合同法基本原则功能概要

合同法的基本原则，体现合同法背后的主要价值或者目标，是民事主体从事民事活动和裁判者进行裁判活动应当遵循的基本准则。[②]《合同法》择其要者，于法律开头数个条文（第 3～8 条）加以规定，以彰显其重要性。如今，《民法典》更将诸此原则的大部分提升至总则编，作为民法的基本原则。当然，这些规定与具体的法律规则所表现的法律规范尚有不同，即其重在表达抽象的观念（平等、自愿、公平、诚信、公序良俗及合同严守等），而没有完整地表述相应的法律后果（当然不能因此认为违反诸此原则无法律后果）。诸此观念，如同“无形之手”，对民事活动、裁判活动等发挥着指导作用。

《民法典》第 4～8 条均以“民事主体”开始，阐述民事主体从事民事活动时所应遵守的基本准则，可见，诸此基本原则，首先是合同当事人乃至相关主体的行为规范，就其功能，首先可以从当事人角度分析，在

① Jan M. Smits, *Contract Law: A Comparative Introduction* 9 (2014). 比如法国及荷兰宪法并没有具体条文规定法治，而德国民法典则没有规定合同的约束力。

② 参见李适时：《关于〈中华人民共和国民法总则（草案）〉的说明——2016 年 6 月 27 日在第十二届全国人民代表大会常务委员会第二十一次会议上》，载《民法总则立法背景与观点全集》编写组：《民法总则立法背景与观点全集》，法律出版社 2017 年版，第 14 页。

于指导合同当事人正确地从事民事行为、构造民事法律关系。合同法的诸项基本原则，是否具有共通的功能，尚待进一步研究。不过，就个别原则观察，比如诚实信用原则，在合同未有约定时得循此原则予以补充（补充功能，supplementing function）；在对合同出现理解分歧时，亦得循此原则进行解释（解释功能，interpretative function）；债权人行使权利及债务人履行义务，亦应遵循此原则（限制功能，restrictive function）。[①]

上述民法基本原则既为合同当事人及相关主体的行为规范，在因民事活动产生纠纷场合，这些规范自然可以发挥裁判规范的功能。换言之，裁判者在裁判活动中，亦应遵从诸此原则的指引。尤其是在法律存在漏洞场合，或者法条用语语义不明且有多种解释可能的场合，这些基本原则发挥填补漏洞或者辅助确定不明语义（在法概念、法规范的边缘地带使模糊的事物清晰化，即补充功能及解释功能）的功能。另外，在对合同进行解释时，不应悖于合同法的基本原则（解释功能）。

（四）是否存在某种位阶

《民法典》第 4 条规定平等原则，第 5 条规定自愿原则，第 6 条规定公平原则，第 7 条规定诚信原则，第 8 条规定公序良俗原则。从形式上看，立法者并没有凸显某一原则，而是并列规定。另外，第 465 条规定合同约束力及合同相对性原则，亦可算是并列规定。

有的学者强调诚信原则，有的学者强调公序良俗原则，各有其道理，也都可以理解。但是，仔细分析，如果说上述诸原则分别体现了不同的法价值，诸此法价值之间是否存在一定的位阶关系呢？学说有体系化的偏好，依一定的标准，将上述价值梳理成有一定规律的体系，便于学习掌握，是其值得肯定的方面。但也应当意识到，所谓“价值”，是相对于某个“主体”而言的。而这个“主体”，在不同的时期、不同的场景中，会有不同的需求。就好比一个人，少年时鲜衣怒马，中年时“中岁颇好道，晚家南山陲”；一个人在上午可能喜欢运动（动），到中午可能喜欢午休（静）。因而，价值的体系，如果存在的话，也应是变动的，不存在一个永久不变的价值体系，因而，本书认为，合

① 就此三类功能的区分，可参见 Jan M. Smits, *Contract Law: A Comparative Introduction*, 138 - 140 (2014)。

同法基本原则之间并不存在固定不变的位阶关系。

二、法律地位平等原则

（一）“法律地位”语义

《民法典》第 4 条规定民事主体在民事活动中的法律地位一律平等，称平等原则。平等原则是民事法律关系区别于行政法律关系、刑事法律关系特有的原则，也是发展社会主义市场经济的客观要求。[①] 此所谓法律地位，实即法律上的人格（legal personality），或者称为权利能力（capacity for rights），指在法律上作为一个主体、享受权利与承担义务的资格。

（二）法律地位平等

法律地位平等，实即权利能力平等。

《民法典》第 14 条规定：“自然人的民事权利能力一律平等。”自然人的权利能力平等，在我国不成问题。

对于法人是否适用“法律地位平等”原则之问题，一种观点认为，团体人格的出现就是以其人格不平等为前提的，所以，其权利能力范围不平等。[②] 相反的观点则主张，法人与自然人的民事权利能力是平等的，不同法人的民事权利能力也是平等的。法人的民事权利能力并非一种特殊的民事权利能力。至于法人的目的事业范围，不是对法人权利能力的限制，而是对法人行为能力的限制。[③] 本书认为，法人之间的权利能力是平等的，法人与自然人的民事权利能力是否平等，尚应进一步分析。

自然人与法人的权利能力的范围还是有区别的，基于自然人的性

① 参见李适时：《关于〈中华人民共和国民法总则（草案）〉的说明——2016 年 6 月 27 日在第十二届全国人民代表大会常务委员会第二十一次会议上》，载《民法总则立法背景与观点全集》编写组：《民法总则立法背景与观点全集》，法律出版社 2017 年版，第 14 页。

② 参见江平主编：《法人制度论》，中国政法大学出版社 1994 年版，第 23 页。

③ 参见马俊驹、余延满：《民法原论》（第 2 版），法律出版社 2005 年版，第 124 页以下。

别、年龄、生命、身体、亲属关系等而产生的权利及义务，法人不能承受。例如，法人不能享有婚姻权、继承权、生命权、身体自由权、受扶养权等。[1] 这是二者基于自然性质的差异而存在的特别民事权利能力的差别。[2]

应当注意到，法律地位平等，只是形式上的平等，是法律推定每个参与缔约的当事人都具有平等的地位，这是合同当事人从事民事活动、自由订立合同的前提。现实生活中，不同的当事人事实上存在诸多不平等，比如，有的人出生在富裕的家庭、接受过良好的教育、拥有特别的技能，而另外一个人可能相反；有的企业资产雄厚、拥有精英人力资源，而另外一个企业可能相反；当消费者面对苹果公司这样的经营者，二者之间在交涉能力上的不平等也是无法回避的现实。这类事实上的差异或者不平等，是我们这个生活世界的既定组成部分，《民法典》本身并非要消除当然也不能够消除这种差异，而是作为市场交易的基本“游戏规则”，一视同仁地以“民事主体”待之，维护正常的交易秩序。

（三）法律地位平等原则的体现

《民法典》第 4 条规定：“民事主体在民事活动中的法律地位一律平等。”法律地位平等原则在合同法中的具体体现为以下几个方面：

其一，每个人原则上都具有平等地参加缔约的资格，自然人没有男女老幼之别，没有高低贵贱之分，没有华洋种族之异。法人之间的权利能力一律平等，唯在自然人与法人之间，得因性质差异存有若干差异。

其二，合同当事人在具体的合同关系中没有隶属和服从关系，其他场合的命令者与被命令者、管理者与被管理者的角色，不能够原封不动地置换到合同关系中来。

如果从比较法角度观察，像《民法典》第 4 条这样的规定，在外国法中并不多见。作为一条基本原则，它在外国私法中被当作理所当然的前提。在我国法中明文规定特别强调，有其特别的原因，也有其特别的道理。今天看来，其一，我国有着长久的“官本位”思想，官民相遇时，社

---

① 参见江平主编：《公司法教程》，法律出版社 1987 年版，第 63 页；江平主编：《新编公司法教程》，法律出版社 1994 年版，第 64 页。

② 参见梁慧星：《民法总论》（第 6 版），法律出版社 2021 年版，第 132 页。

会心理易以“官”高人一等。其二,市场经济的发展滋生了“向钱看”意识,而四十几年改革开放,沧海桑田,“暴发户”心态让一些有钱人自以为“高人一等”。也许再过几十年,中国社会经济以及社会心理会更成熟。在此之前,将基本价值或者基本观念以法律条文形式反复规定,予以宣示,仍有其现实意义,而且这种价值宣示功能要大于实际规范功能。

从裁判实务来看,法院裁判文书对于上述条文的援引,通常是与其他条文一并出现,其规范意义无非在于宣示案件所涉是民事合同而已。

三、合同自由原则

《民法典》第5条规定:“民事主体从事民事活动,应当遵循自愿原则,按照自己的意思设立、变更、终止民事法律关系。”是为自愿原则,在合同法中又称合同自由原则。

（一）合同自由原则的内容

合同自由原则包括以下内容:

1. 缔约自由(freedom to contract at all),即当事人可以自由决定是否与他人缔结合同。

2. 选择相对人的自由(freedom to choose the other party),即当事人可以自由决定与何人缔结合同。

3. 合同内容的自由(choice of contents),即双方当事人可以自由决定合同的内容。

4. 合同方式的自由(freedom to choose a form),即当事人选择合同形式的自由。

***合同自由原则的兴衰**　合同自由与法人格的确立、私的所有权的绝对性相并列,被称为近代私法的基本原理。[①] 合同自由原则的兴

① 白羽祐三「契約の自由—現代社会における契約の自由の意義(はたして自由があるか)、その機能」松坂佐一=西村信雄=舟橋諄一=柚木馨=石本雅男先生還暦記念『契約法大系Ⅰ契約総論』(有斐閣,1962年)1頁。

起是近代法上的事情,论其原因,首先是近代自由资本主义经济或市场经济的发展。以法、德、英等国家为典型,将国民经济的运行委诸市场经济参与者的自由竞争,国家的角色被限定于确保市场的平和、充当"夜警国家";在经济理论上,以亚当・斯密(Adam Smith,1723－1790)的古典自由主义经济学为代表,主张经济领域的自由放任政策(liberal politics of *laissez-faire*),由"看不见的手"(invisible hand)调节经济的运行、确保经济的发展。这种思想在合同法上的反映,便是"合同自由"原则。合同自由被认为与市场经济秩序具有不可分割的联系,前者是后者在法律上的必然反映。[①] 这一时期的合同自由原则,是用以保护经济主体的活动自由的,其作用具体地体现在两个方面:一方面,该原则具有反封建的作用,它对于废止土地的封建负担、打破对于经济活动施加的身份的、封建的、职能团体的束缚(从身份到契约[②]),发挥了重要作用;另一方面,该原则具有防范政治国家的作用,主张抑制国家以"正义"的名义随意介入经济活动。这样,通过确保经济主体的合同自由,来保障市场的自由竞争,并通过自由的竞争实现经济的繁荣。

合同自由原则并非单纯从经济理论角度提出的主张,它同时也从更加广泛的思想背景方面获得了支持。上述对经济领域中国家功能的界定,实即当时自由主义政治思想和政治哲学的体现,如果进一步挖掘这种思想,可发现它实是受到了当时个人主义哲学的支持。实际上,任何时代的社会制度,以及各方面的思想,都是紧密相关联的;当然,在政治思想、一般哲学、法哲学的层面上,由于存在各国或各地方的政治体制以及思想传统的差异,也还是存在一些差异的。比如,在法国,由于受到以卢梭(Jean-Jacques Rousseau,1712－1778)的思想为基础的法国革命的强烈影响,学说上便认为"意思自治原则"是"合同自由原则"的上位概念;在英国,合同自由原则则受到了从霍布斯(Thomas Hobbes,1588－1679)、洛克(John Locke,1632－1704)到边沁(Jeremy Bentham,1748－1832)和密尔(James Mill,1773－1836)的功利主义(Utilitarianism)的影响;在德国,合同自由原则受到了格劳秀斯(Hugo Grotius,1583－1645)、普芬道夫(Samuel von Pufendorf,1632－1694)、

① 星野英一「契約思想・契約法の歴史と比較法」岩波講座『基本法学 4 契約』(岩波書店,1983 年)6 頁。

② See Henry Sumner Maine, *Ancient Law: Its Connection with the Early History of Society and Its Relation to Modern Ideas* (London, John Murray, 1861). [英]亨利・萨姆奈・梅因:《古代法》,沈景一译,商务印书馆 1959 年版,第 97 页。

沃尔夫(Christian Wolff,1679－1754)等近代大陆自然法理论以及康德(Immanuel Kant,1724－1804)哲学的影响。[①]

在现代社会,合同自由原则受到了新的挑战,这些挑战主要来自社会经济生活的重大变化,比如格式合同的大量使用、消费者及劳动者等弱者需要特别保护、不公平合同条款需要规制等。这样,近代法上的合同自由主要存在于实力相当的缔约当事人之间,比如旗鼓相当的大企业之间(B2B)或者双方均是自然人的场合(C2C),而在交涉能力不平等的场合(B2C),所谓合同自由实际上不再是双方的自由,而成为单方的合同自由,因而需要国家公权力出面进行调整,形成所谓"受规制的合同"(regulated contracts)。[②] 应当说,合同自由,从来就不是没有限制的自由,只不过是在不同的时代及不同的国家,这种限制的具体表现不同罢了。从近代法到现代法,合同自由原则的演变,正是这种限制的演变。王泽鉴先生谓,在某种意义上,一部合同自由的历史,就是合同如何受到限制,经由醇化,而促进实践合同正义的记录。[③]历史正是如此。在我国,已有的《消费者权益保护法》和《劳动合同法》等,本身就可以反映出对合同自由的限制,《民法典》中的有些规定,比如关于格式条款的规制(第496条、第497条、第498条及第506条等,详见本书后续出版的第十二章第二节),也反映了这种现象。

(二)合同自由原则在我国法上的表现及运用

《民法典》第5条规定了自愿原则。虽然没有直接使用"合同自由"一词,但通常认为"自愿"实际上即"合同自由"。[④]《民法典》之所以专列一条规定"自愿原则",立法者的用意即在排除第三人的非法干预。在信用意识和合同观念比较淡薄的情况下,仍然有必要高举"合同自由"的大旗,这应当说是《民法典》第5条的用意所在。

---

① 星野英一「契約思想・契約法の歴史と比較法」岩波講座『基本法学4 契約』(岩波書店,1983年)7頁。

② Jan M. Smits, *Contract Law: A Comparative Introduction* 13 (2014).

③ 参见王泽鉴:《债法原理》,北京大学出版社2009年版,第58页。英文文献可参见P. S. Atiyah, *The Rise and Fall of Freedom of Contract* (Oxford University Press,1979)。该书已有中译本,[英]P. S. 阿蒂亚:《合同自由的兴起与衰落:一部合同思想史》,范雪飞译,中国法制出版社2022年版。

④ 就"合同自由"与"合同自愿"一字之差所作的比较分析和探讨,可参见江平:《江平文集》,中国法制出版社2000年版,第448页以下。

合同自由原则在立法过程中实际上已经发挥了作用,《民法典》合同编与过去的《经济合同法》《涉外经济合同法》《技术合同法》三部合同法相比,任意性规范的增多以及强制性规范的减缩,即可说明这一点。在解释适用过程中,法院应注意尊重当事人的意思,如果对合同条款既可以认定为有效,也可以认定为无效,则应选择有利于该条款有效的解释(参见《合同编通则解释》第1条第3款前段);在对有效合同的内容产生疑问时,当事人有特别约定的优先适用;没有约定的时候,如果需要对合同漏洞作出填补,也应当先由当事人达成补充协议;只有在不能达成补充协议的场合,才适用法律的补充性规定。

＊平等自愿、禁止规定与合同效力　X与Y有金钱借贷关系,到期后借款人X仍有部分借款未归还,Y以讨债为名,非法限制X人身自由,令其签订房产转让协议书,将自己的房产作价若干转让给Y,抵偿债务。X签约后获得自由,Y实际占有房产。X就非法限制人身自由向公安机关报案,公安机关对Y作了行政处罚。一年半后,X提起民事诉讼,以房产转让协议是在被Y限制人身自由、被逼迫情况下签订、不是X的真实意思表示为由,请求法院确认房产转让协议无效,并责令Y限期退还房产。Y辩称:本案协议属双方真实意思表示,本案合同不存在以欺诈、胁迫手段签订损害国家利益等合同无效情形。X混淆了无效合同和可变更可撤销合同的区别。本案从案发至起诉已经1年6个月,X没有到人民法院行使撤销权,X行使撤销权的权利已经消灭。请求法院驳回其起诉。法院经审理后认为:“合同当事人的法律地位平等,一方不得将自己的意志强加给另一方,且当事人依法享有自愿订立合同的权利,任何单位和个人不得非法干预。X与Y签订的协议书系X在受到非法限制人身自由的情况下进行的,不是其真实意思表示,属无效合同。”依据原《合同法》第3条、第4条、第52条、第58条之规定,判决房产转让协议无效;Y于本判决生效后10日内返还X房屋。[①] 该案裁判引人注目之处在于,它并非以胁迫为由作为主张撤销合同的案件,而是通过原《合同法》第3条和第4条中的“不得”规定加上第52条(确切说是该条第5项)认定合同无效。

① 洛阳市洛龙区人民法院民事判决书,(2012)洛龙民三初字第1546号。

上述案件，如果按照可撤销合同处理，确实会遇到撤销权已过除斥期间的问题。查看原《合同法》第3条和第4条，确有“一方不得将自己的意志强加给另一方”和“任何单位和个人不得非法干预”的表述；我国也有学者认为，合同法的基本原则在总体上属于强制性规范，当事人应当遵守，在许多情况下不允许当事人以约定排除其适用。[①] 如此看来，在这个案件中法院以合同违法为由裁判其无效，也不无道理。不过，该案引出了一些饶有趣味的问题：像该案情形，是仅作为可撤销合同处理，抑或是存在可撤销与无效的“二重效果”？民法基本原则的规定，究竟是作为“一般条款”（可能存在禁止“向一般条款的逃避”[②]的问题）还是可以作为具体规则而发挥规范功能？如果承认这种可撤销与无效的“二重效果”，是否像该案那样允许权利人自由选择（或者当事人未明确选择时法官从有利于权利人角度代其选择）抑或依某种规定确定适用顺序？如果允许自由选择，是否会因此造成立法关于撤销权除斥期间规范目的的落空？

笔者不太赞同上述法院裁判的理据，主要有如下考虑：

其一，原《合同法》第4条中的“任何单位和个人”与该条开头的“当事人”并列对置，表明是当事人之外的“任何单位和个人”，作为一项具有“对世”特点的义务，并没有将合同“当事人”包括在内。在一方当事人胁迫另外一方时，并不属于该第4条所规定的“非法干预”。

其二，原《合同法》第3条规定“一方不得将自己的意志强加给另一方”，但并没有在该条中规定具体的法律后果。令合同无效，只是一种可能的选项，且并非唯一选项；除无效外，还可能是可撤销，甚至有法院将解除合同作为其法律后果。[③] 如果像本案那样，结合原《合同法》第52条（第5项）认定合同为无效，那么尚需要进一步论证，第3条的“不得”规定何以是效力性强制性规定而不是管理性强制性规定［参照本书第四章第三节之二（五）“违反法律、行政法规的强制性规定”］，如未作此种论证工作，便不宜直接走向第52条第5项。本书作者认为，第3条的“不得”规定不宜认定为效力性强制性规定，理由在于，立法者在设计原

① 参见崔建远主编：《合同法》（第7版），法律出版社2021年版，第10页。

② Vgl. *Justus Wilhelm Hedemann*, Die Flucht in die Generalklauseln: eine Gefahr für Recht und Staat, Tübingen: Mohr 1933.

③ 上海市浦东新区人民法院民事判决书，（2012）浦民二（商）初字第2312号。

《合同法》第三章"合同的效力"时，确实慎重地考虑了这个问题。在此之前，原《民法通则》第58条第3项规定"一方以欺诈、胁迫的手段或者乘人之危，使对方在违背真实意思的情况下所为的"民事行为无效，这一规定受到了理论界的批评，[①]认为它违反了对民事行为作效力评价的立法政策，像欺诈、胁迫或者乘人之危，通常不涉及公共利益，而只涉及相关当事人的私人利益，而私人利益应当由具体的当事人自己决定，立法统一规定其效果为"无效"，过于死板，而将其效果规定为"可撤销"则可以灵活地应对，比如欺诈者或者胁迫者弄巧成拙而最终结果有利于受害人时，受害人就可以不行使撤销权。正是因为立法者慎重地考虑了这种批评意见，才在原《合同法》中改变原《民法通则》的规则。既然立法者的意旨已经明确，在仅仅涉及私人利益场合，不作剧烈的"无效"评价，而是将决定权放给具体的当事人以决定是否"撤销"，裁判者便不应随便突破立法者的价值判断和政策抉择，再回到作"无效"评价的老路上去。

其三，上述裁判方案，或许妥当地解决了一个个案（这本身也存在疑问，因为X本身有充足的时间和机会主张撤销合同，不存在Y缔约后继续限制X人身自由问题，X却是等到一年半后才主张合同无效），但却可能同时开了一个不好的先例，并有可能出现在其他案件中，依同样的理据，却得出不妥结果的局面。

如今，无论《民法典》第4条还是第5条，均不再出现"不得"字样，上述问题，也将因此而避免。

四、公平原则

（一）公平原则的意义

"公平"一词，内涵丰富，其在英文中对应的形容词可以是"fair"或者"just"，有"公正"或者"公平正义"之义；相应地，"公平原则"在合同法理中又被称为"contractual fairness"（*Vertragsgerechtigkeit*; *justice contractuelle*，或译作"合同正义"）。[②]《民法典》将公平原则作为基本原

① 参见崔建远：《关于经济合同无效的探讨——〈经济合同法〉的修改问题》，载《吉林大学社会科学学报》1989年第5期；王利明：《无效抑或撤销——对因欺诈而订立的合同的再思考》，载《法学研究》1997年第2期。

② Jan M. Smits, *Contract Law: A Comparative Introduction* 11 (2014).

则，专门于第6条作了规定。

“公平”，作为哲学、政治学、法学、伦理学等的共同话题，有“程序公平”（procedural fairness）与“实质公平”（substantive fairness）之分，合同法中的“公平”，又该如何理解呢？

一个极端是抱持这样的观念，所谓公平的合同，就是在当事人自治下按照当事人所约定的办。如果一个人比任何其他人（包括法官）更明白其利益是什么，缔结合同并且清楚其结果，那么，让他遵守约定便是公平的。依此观念，法律并不关注结果是否公平，或者合同符合公共利益的程度。英国法官乔治·杰塞尔（George Jessel）在1875年对此有如下表述：“如果有什么公共政策特别要求做的，那便是业已成年且有相应理解力的人，应有最大限度的缔约自由，并且如果他们是自由且自愿地缔结了合同，他们的合同便是神圣的并且应由法院予以执行。”①

这种观点依然在很大程度上构成了我们今天合同法的基础，即便如此，就算合同法学人中的极端自由主义者也承认，合同自治的运作所依赖的条件常常是有缺陷的，因而，需要法律介入以保护合同中的一方当事人抗衡另一方。这可能是一方就所卖产品的质量作虚假陈述而误导另外一方，妨碍后者正确地形成其意思；也可能是一方当事人，由于年龄或者精神疾病，被认定为缺乏必要的判断力（行为能力）；在消费者合同场合，法律通常要求经营者向消费者提供各种信息，以便使消费者在缔约前作出基于告知的决定（take an informed decision）。换言之，这种类型的公平（通常称为“程序公平”）要求对当事人之间不平衡的处境予以救济，通常是让一方当事人使较弱的另一方处于与之相同的处境，以便使较弱一方做出基于告知的决定。一旦做到了这一点，当事人仍合意以高价格购买低价值的东西，便不再有什么问题。合同法理应关注这种程序公平（作为“实质公平”的对立面），已被普遍接受。②

合同法原则上并不具有分配社会财富的功能，“劫富济贫”是税法及社会保障法等所具有的特别功能。当然，这并不意味着从合同法中找不出任何体现实质公平的规定，从比较法观察，确有一些用以实现当事人的给付之间的均衡的制度。这类制度被学说称为“给付的均衡”法

① Printing and Numerical Registering Co v. Sampson, 1875.

② Jan M. Smits, *Contract Law: A Comparative Introduction* 12 – 13 (2014).

理，比如，在法国有所谓“lésion”制度，如果由于给付的不均衡所引发的损害超过了一定的比例，依据该制度就可以承认该合同的撤销（*réscision*）；在德国法上，有所谓“暴利”（*Wucher*）制度；在英美法上，则有经济的胁迫（economic duress）、不当威压（undue influence）、非良心性的交易（unconscionable bargain）等一系列法理。[①]

（二）公平原则在我国法中的体现

1. 以“程序公平”为主

我国民法以“程序公平”为主，关注的重点在于合同的缔结是否充分体现了当事人的真实意思，并不特别在意合同履行的结果。比如：在当事人使用格式条款订立合同场合，要求格式条款使用人负有提醒注意及说明义务（《民法典》第 496 条第 2 款），以使相对人充分注意并理解格式条款的意思，再决定是否缔结合同；在意思表示不自由场合（欺诈、胁迫、乘人之危）以及意思与表示不一致场合（重大误解），允许一方当事人撤销合同，以为救济。

我国民法本身注重程序公平，是以尊重合同自由、尊重当事人自主和自治为前提的。当事人自己是自身利益的最佳裁判者。双务合同中的给付与对待给付客观上是否相当，例如对特定劳务应当支付多少工资，对特定商品应当支付多少价款，始称公平合理，涉及因素甚多，欠缺明确的判断标准。因此，现代民法基本上采取所谓的主观等值原则，即当事人主观上愿以此给付换取对待给付，即为已足，客观上是否相当，在所不问，法院不能扮演“监护人”的角色，以自己的价值判断，变更合同的内容。[②] 由此观察，我国法并不过分关注合同的实质公平。

2. 以“实质公平”为辅

不过，我国法并非全然不在意合同的实质公平。所谓实质公平，当然是从合同最终的结果着眼，看双务合同中给付与对待给付是否均衡。由此着眼，至少可以注意到以下几个方面：其一，一方利用对方处于危困状态、缺乏判断能力等情形，致使民事法律行为成立时显失公平的，

① 大村敦志『公序良俗と契約正義』（有斐閣，1995 年）3 頁。

② 参见王泽鉴：《债法原理》（重排版），北京大学出版社 2022 年版，第 79 页。

受损害方有权请求人民法院或者仲裁机构予以撤销(《民法典》第151条)。是否显失公平,当然最终要由法官或者仲裁庭判断,其判断通常是采取客观标准,这时裁判者确实像是当事人利益的监护人。其二,受情事变更不利影响的当事人可以请求人民法院或者仲裁机构变更或者解除合同(《民法典》第533条),这时裁判者所依据的公平原则,已经是实质公平。其三,《民法典》第585条第2款允许法院或者仲裁机构基于当事人的请求在一定条件下对违约金的数额进行调整。

虽然我国法上有体现实质公平的特别制度,但这类制度本身具有例外性,对于当事人意思自治、合同严守是一个冲击,因而,法院在实务中态度谨慎(参见《最高人民法院关于当前形势下审理民商事合同纠纷案件若干问题的指导意见》,法发〔2009〕40号),有其道理。

五、诚信原则

（一）诚信原则的意义

现代民法以诚实信用为行使权利、履行义务的基本原则。《民法典》第7条规定:“民事主体从事民事活动,应当遵循诚信原则,秉持诚实,恪守承诺。”

所谓诚实信用,是市场经济活动中形成的道德规则。它要求人们在市场活动中讲究信用,恪守诺言,诚实不欺,在不损害他人利益和社会利益的前提下追求自己的利益。诚实信用原则为一切市场参加者树立了“诚实商人”和“诚实劳动者”的道德标准,隐约地反映了市场经济客观规律的要求。[①] 法律将诚实信用确立为基本原则,实为法律吸收道德观念的典型表现。

＊诚信原则的沿革　诚信原则之观念,起源于罗马法,罗马法谓之“*bona fides*”(诚实信用),此一观念体现在一般恶意抗辩诉权中。学者认为,诚实信用原则与一般恶意抗辩同出一源,具有同一意义。诚实

① 参见梁慧星:《诚实信用原则与漏洞补充》,载《法学研究》1994年第2期;梁慧星:《民法总论》(第6版),法律出版社2021年版,第280页。

信用在法国民法谓之"*bonne foi*"(善意,诚实),《法国民法典》未采用罗马法一般恶意抗辩诉权,仅在第1134条第3款规定"合同应以善意履行之",此所谓"善意",即诚实信用。唯《法国民法典》的制定,正值自由资本主义时期,自由放任为时代的潮流,在此思潮的支配下,上述条文只是当事人意思自治的补充,在法律实践上难有实际意义。及至德国和瑞士制定民法典时,立法思潮已较法国民法典有所改变,开始注意社会本位,明文规定诚实信用(*Treu und Glauben*,《德国民法典》第242条、《瑞士民法典》第2条),《德国民法典》将诚实信用作为债之履行的基本原则,《瑞士民法典》则进一步扩大到一切权利的行使和一切义务的履行。应当指出,如今法国和德国的法院已经突破立法者当初的限定,极大地扩张了诚实信用的适用领域,在模范法中也接纳了诚实信用原则[如 PECL Art. 1:102(1)及 Art. 1:201]。

***英格兰法与诚信原则**　与大陆法系及模范法不同,英格兰法(English law)并不承认诚实信用是一项一般原则。英格兰法认为,在任何一种合同中要求考虑相对人的利益,有悖于缔约本身的性质。这一立场,恰如 Lord Ackner 在一份上议院判决中所言,"依诚实信用缔约的义务,这一概念与进入磋商的双方当事人利益相反的立场有着天然的矛盾。每一个从事缔约的人,只要他不进行虚假陈述,都有权追求他(或她)自己的利益。依诚实信用缔约的义务在实践中是不可行的,因为它天然地与缔约当事人的地位不符"。[①] 特别是在涉及商事交易场合,通常认为合同当事人是"保持适当的距离"(at arm's length)而缔约。因而也不奇怪,在英格兰法中也没有权利滥用法理。如果一方有权利,则其任何时候都可以行使。[②]

为何英格兰法不承认诚实信用原则呢?通常的解释是,与大陆法区域相比,英格兰法在道德上较不敏感。英格兰法的设计有助于经济效率,而大陆法则更为看重社会连带(solidarity)。这据说使英格兰法成了对商事主体更为有利的法。比较法教授奥托·卡恩·弗洛伊德(Otto Kahn-Freund,1900－1979)爵士有如下著名的说法:"当然看起来

① Walford v. Miles (1992).

② Jan M. Smits, *Contract Law: A Comparative Introduction* 143 (2014).

英格兰合同法像是为商店主的国度量身定做的。果如此，普通法学人会反唇相讥，那么法国法是专门为农夫族群打造的。”其中要义，亦由英格兰商法教授罗伊·古德（Roy Goode）爵士所重申：“与绝对公正相比，案件法律结果的可预测性更为重要。在商事环境中，商人们至少应该知道其立身何处，此点诚属必要。我们最不愿做的事情是，让模糊的公平概念驱使商业活动，从而使司法裁判无可预测。如果这意味着纠纷的结果有时会对一方当事人过于酷苛，我们认为，为了绝大多数商事诉讼当事人的利益，那是一种可以接受的代价。”[①]

虽然如此，由于欧盟关于消费者合同中不公平条款的指令，英国在消费者合同领域接纳了诚实信用观念（英国“脱欧”后的状况日后另行考察）。

应当注意，“诚实信用”与“善意”这两种不同的汉语表达，在英语中均可是“good faith”；法语中的“*bonne foi*”亦被译作“善意”。为了表示其间区别，学说上特别提出了一个是客观的（objective good faith），另外一个是主观的（subjective good faith）。[②] 在汉语法律用语中，“善意”指一个人头脑的主观状态，对于某种事实不知情且也不应知情，即是“善意”，比如《民法典》第311条所规定的“善意取得”。“诚实信用”与之不同，它对于合同当事人而言是一种规范（a norm），它确立了一种行为标准，要求当事人彼此考虑对方的利益。这听起来很不具体，这也反映出诚实信用原则的一个重要特点，作为规范它是开放式的（open-ended），或称为“白纸规定”或者“给法官的空白委任状”，可以授予法官自由裁量权。

从诚实信用原则的沿革来看，存在两个发展趋势：一是适用的范围不断扩大，二是其效力不断增强。在我国，诚实信用原则作为民法的基本原则（《民法典》第7条），适用范围及于整个民事领域，当然包括合同在内。诚实信用原则的效力，由补充当事人意思的任意性规范，转变为当事人不能以约定排除其适用，甚至不待当事人援引法院可直接依职权适用的强行性规定。[③]

---

① Jan M. Smits, *Contract Law: A Comparative Introduction* 143 (2014).

② Jan M. Smits, *Contract Law: A Comparative Introduction* 137 - 138 (2014).

③ 参见梁慧星：《民法总论》（第6版），法律出版社2021年版，第282页。

（二）诚信原则的本质及禁止“向一般条款的逃避”

诚信原则，能够协调当事人之间的利益平衡，以及当事人私益与社会公共利益之间的平衡，而这一功能的发挥，恰恰又是借助于社会最基本的道德伦理观念。因而，诚实信用本质被认为是市场经济活动的道德准则，是道德准则的法律化。[①] 诚实信用原则，作为抽象的一般条款，实质上是由民事法律构造出来的民事法律与社会道德之间的通道，借此通道，社会道德规范的内容被吸引到民事法律领域，以法律规范的形象发挥具有法的强制力的规范作用。同时，社会道德规范依凭其固有的信服力，可以正当化基于诚信原则的法律性决定。

由于诚信原则可以成为法官自由裁量的基础，这对于法的安定性和可预测性便构成一种危险。在 1933 年，德国法学家海德曼（Justus Wilhelm Hedemann，1878 – 1963）出版了一本小书，名为《向一般条款的逃避：一个对于法和国家的危险》，抨击《德国民法典》第 242 条。[②] 由此，引起了人们对于可能滥用一般条款的警惕。所谓“向一般条款的逃避”，指关于某一案型，法律有具体规定，而适用该具体规定与适用诚信原则均能获得同一结论时，不适用该具体规定而适用诚信原则。此种现象应予禁止。换言之，在适用法律具体规定与适用诚信原则，均可获得同一结果时，应适用该具体规定，而不得适用诚信原则。[③]

当然，诚信原则作为被法律化了的市场道德，本身就为民事主体设定了行为的准则，将行为的标准定在了一个比较高的水准，我国法不但确立了诚实信用的基本原则地位，而且还在立法中进一步将它具体化。比如，《民法典》规定了先合同义务（《民法典》第 500 条、第 501 条）、附随义务（《民法典》第 509 条第 2 款）、后合同义务（《民法典》第 558 条）等。这些义务群的发展及其在实践中的运用，假以时日，本身可以起到以法律整合业已破碎了的道德环境的功能，进而促进整个社会的新整合。德国法学家斯塔姆勒（Rudolf Stammler，1856 – 1938）曾谓：“法律

---

① 参见梁慧星：《民法总论》（第 6 版），法律出版社 2021 年版，第 282～283 页。

② Vgl. *Justus Wilhelm Hedemann*, Die Flucht in die Generalklauseln: eine Gefahr für Recht und Staat, Tübingen: Mohr 1933.

③ 参见梁慧星：《诚实信用原则与漏洞补充》，载《法学研究》1994 年第 2 期。

应以社会的理想，即以爱人如己，己达达人之人类最高思想为行为之准则；诚实信用原则之应用，即是这种理想之表现。"[①]一语道破了诚信原则的伦理价值。

（三）诚信原则在合同法中的体现

合同关系是在合同过程中发生、展开和终结的，合同关系因而也具有动态的因素；在这一过程中，诚信原则在不同的阶段，发挥了不同的功能。

1. 合同的缔结与诚信原则

在合同的缔结阶段，虽尚未存在合同关系，但根据诚信原则，在进入磋商的当事人之间，已经存在先合同义务，具体包括向对方提供缔结合同必要的信息（《民法典》第 500 条），为对方保守秘密（《民法典》第 501 条），为了保护对方的合理信赖而限制要约的撤销（《民法典》第 476 条）等。

2. 合同的存续与诚信原则

合同一旦有效成立，便应当严格遵守，这本身便是诚信原则的基本要求。为了实现合同债权的目的，"当事人应当遵循诚信原则，根据合同的性质、目的和交易习惯履行通知、协助、保密等义务"（《民法典》第 509 条第 2 款）。有相对人的意思表示的解释，应当按照所使用的词句、结合相关条款、行为的性质和目的、习惯以及诚信原则，确定意思表示的含义（《民法典》第 142 条第 1 款）。

3. 合同的终了与诚信原则

债权债务终止后，当事人应当遵循诚信等原则，根据交易习惯履行通知、协助、保密、旧物回收等义务（《民法典》第 558 条）。租赁合同终了后的法定更新，本身也是诚信原则的体现。

六、不得违法和公序良俗原则

《民法典》第 8 条规定："民事主体从事民事活动，不得违反法律，不

① 参见苏俊雄：《契约原理及其实用》（第 2 版），台北，中华书局 1978 年版，第 106 页。

得违背公序良俗。”

（一）不得违法和公序良俗的意义

原《合同法》第 7 条前段从正面规定守法原则，《民法典》第 8 条前段则是从反面规定不得违法。之所以有这样的转变，原因在于起草《民法典》过程中，有的地方提出，民法对民事活动的限制应当是“法无禁止即自由”，建议将“应当遵守法律”修改为“不得违反法律规定”。[①]

公序良俗，即公共秩序和善良风俗。从原《合同法》第 7 条的文字表述中，可以看出四点要求，即守法、公德、公序、公益。其中，“守法”可以看作“公序”的具体表现，而“公德”和“公序”又可以看成“公益”的具体表现，实际上本条规定的唯“公益”而已。“社会公共利益”，按照我国民法学说的解释，其地位和作用相当于外国民法中的“公共秩序和善良风俗”。[②] 值得注意的是，我国此前的立法中没有使用“公序良俗”用语，2015 年最高人民法院出台的《民间借贷解释》第 14 条第 4 项明确使用了“公序良俗”一词；《民法典》总则编（原《民法总则》）首次以法律的形式使用了该用语。

＊比较法及发展脉络　　公序良俗原则在很多国家的法律上都有明文规定，比如《法国民法典》第 6 条规定：个人不得以特别约定违反有关公共秩序和善良风俗的法律。《德国民法典》第 138 条规定：违反善良风俗的行为，无效。《日本民法典》第 90 条规定：以违反公共秩序或善良风俗的事项为标的的法律行为无效。

公序良俗原则的发展，经历了从政治的公序到经济的公序的历程，而经济的公序又分为指导的公序与保护的公序，指导的公序是统治经济所产生的概念，是为了贯彻国家经济政策，从个人间的合同关系中强行排除不符合国家经济政策的东西。所谓保护的公序，指保护劳动者、

① 参见《民法总则立法背景与观点全集》编写组：《民法总则立法背景与观点全集》，法律出版社 2017 年版，第 41 页。

② 参见王家福主编：《中国民法学·民法债权》，法律出版社 1991 年版，第 356 页；梁慧星：《市场经济与公序良俗原则》，载《中国社会科学院研究生院学报》1993 年第 6 期，收录于《民商法论丛》第 1 卷，法律出版社 1994 年版，第 43 页以下。关于公序良俗的专题研究，参见于飞：《公序良俗原则研究：以基本原则的具体化为中心》，北京大学出版社 2006 年版；赵万一主编：《公序良俗问题的民法解读》，法律出版社 2007 年版。

消费者、承租人和接受高利贷的债务人等现代市场经济中的弱者的公序。指导的公序是关系全体人民利益的公序，而保护的公序则是对市场经济中弱者的个人利益予以特殊保护的公序。从国外判例学说来看，保护的公序是近年来最为活跃的领域。[①]

（二）公序良俗原则在合同领域的体现

公序良俗原则是现代民法一项重要的原则。在现代市场经济条件下，该原则有维护国家利益、社会公益及一般道德观念的功能。因立法当时不可能预见一切损害国家利益、社会公益和道德秩序的行为而作出详尽的禁止性规定，故设立公序良俗原则，以弥补禁止性规定之不足。公序良俗原则，性质上为授权型规定。其目的在于，遇有损害国家利益、社会公益和社会道德秩序的行为，而又缺乏相应的禁止性法律规定时，法院可以违反公序良俗为由判决该行为无效。[②]

七、合同约束力原则

“依法成立的合同，受法律保护”（《民法典》第 465 条第 1 款）。“依法成立的合同，对当事人具有法律约束力”（《民法典》第 119 条）。“行为人非依法律规定或者未经对方同意，不得擅自变更或者解除民事法律行为”（《民法典》第 136 条第 2 款）。由这些规定，可解读出合同约束力原则，它同时也含有“合同神圣”及“合同严守”之意。

（一）合同约束力的意义

所谓合同神圣（sanctity of contract），即谓合同是严肃的事情，应当认真对待，不能视为儿戏。合同神圣的直接表现就是合同对当事人具有约束力（binding force），而这种约束力及神圣性又是来源于某种权

---

① 参见梁慧星：《民法总论》（第 6 版），法律出版社 2021 年版，第 211 页。

② 参见梁慧星：《民法总论》（第 6 版），法律出版社 2021 年版，第 52 页。

威。这种权威,因时因地而有所差异。在古代法时代,往往来自宗教仪式或者共同体(血缘关系或地缘关系)的联系纽带;而在近现代社会,则直接源于国家的法律。合同是社会经济流转的手段,是从事经济活动的工具;"合同约束力"并非以合同为终极目的,而是确保合同这一"工具"所追求的目标的实现。合同约束力最直接的原因在于经济活动的需要,在于维护信用体系的需要。

合同约束力的当然要求便是合同严守(*pacta sunt servanda*),即谓言而有信,言出必行,要严格按照合同的约定办事。一个有效的合同,除非有法定的撤销或解除的事由,或者由合同双方当事人约定变更或解除,原则上不允许擅自变更或解除(《民法典》第136条第2款)。"合同严守"是"合同约束力"的当然结论,也是维护合同神圣性的必要手段。

(二)合同神圣与合同严守在合同法中的体现

依法成立的合同,对于当事人具有法律约束力。如果当事人不遵守合同,便会引起法律上的反应,基于当事人的请求,法院便会介入。《民法典》有不同的方式来确保合同的法律约束力,包括强制履行(《民法典》第579条和第580条第1款)和损害赔偿(《民法典》第577条、第583条和第584条)等内容。

合同的变更及解除,在《民法典》中有严格的限定,不允许轻易变更或解除。比如《民法典》第563条规定了一般法定解除权的发生要件,仅在符合这些条件的情形下,才可以由当事人解除合同。又如,《民法典》第585条第2款规定,对于违约金的调整,在条件上设有限制,并非约定的违约金与实际损失存在差额即当然有法院或仲裁机构增额或减额裁量权的行使。

八、合同相对性原则

(一)合同相对性的意义

"依法成立的合同,仅对当事人具有法律约束力,但是法律另有规定的除外”(《民法典》第465条第2款)。相较于《民法典》第119条，第465条第2款增加了限制，其中的“仅”字可以解读出来合同具有相对性，从而使原来《合同法》未予明文化的原则得以明文化。

合同相对性，是指合同仅在当事人之间有其效力，第三人原则上既不因他人之间的约定而享有权利，也不因之负担义务。通过“合同相对性”原则，可以使法律关系明晰化，特别是在连环交易场合，一环与一环之间，当事人各自的权利和义务因此而明确，不产生混乱。

（二）合同相对性的例外

在法律有特别规定场合，会产生合同相对性的例外。其典型事例可以包括：(1)法律允许当事人特别约定第三人可以直接请求债务人向其履行债务，第三人可因此而获得履行请求权，债务人不履行场合，第三人可以请求其承担违约责任(参照《民法典》第522条第2款)；(2)债权人代位权(《民法典》第535条以下)；(3)债权人撤销权(《民法典》第538条以下)。

九、合同法基本原则的功能：进一步展开

民法或者合同法的基本原则，向来被认为既是民法的立法原则，又是执行法律、进行民事活动和处理民事问题的根本准绳。[①] 由此可见，诸此基本原则对于立法者、[②]民事主体(合同当事人)以及裁判者(法官、仲裁员)均具有指导意义。民事主体及裁判者在实践中如何应用基

① 参见中央政法干部学校民法教研室编著：《中华人民共和国民法基本问题》，法律出版社1958年版，第25页。或称为“是制定、解释、执行和研究我国民法的出发点和依据”。佟柔主编：《民法原理》，法律出版社1983年版，第13页。“不仅是民事立法的原则，也是执行民法的原则”。中国政法大学民法教研室编：《中华人民共和国民法通则讲话》，中国政法大学出版社1986年版，第22页。“合同法的基本原则……是制定、解释、执行和研究合同法的出发点和根本依据，贯穿于整个合同法制度和规范之中。”王利明：《合同法研究》(第1卷)，中国人民大学出版社2011年版，第152～153页。“基本原则体现合同法的基本价值，是合同立法、执法、守法及研究合同法的总指导思想”。崔建远：《合同法》(第4版)，北京大学出版社2021年版，第13页。

② 由此也可以体现出，诸此基本原则相较于具体的实定法具有先在性，并非由于实定法的规定才产生出诸此原则。故对于诸此原则的理解，自应突破法律实证主义(legal positivism)视角的局限。有学者提出区分法原则与法律原则，确有一定道理。参见*J. Esser*, Grundsatz und Norm in der reichterlichen Fortbildung des Privatrechts, 3. Aufl., Tuebingen 1974, S. 90；[德]罗伯特·阿列克西：《法、理性、商谈：法哲学研究》，朱光、雷磊译，中国法制出版社2011年版，第180页。

本原则，将成为此处关注的重点。

依立法机关负责人士所作说明，合同法的基本原则有两大作用，第一个是指导作用。合同法的基本原则指导立法工作者如何制订各项规定，对审判人员如何适用合同法也起着指导作用。基本原则是正确理解具体条文的关键。基本原则的第二个作用是补充作用。对合同法的某个问题，法律缺乏具体规定时，当事人可以根据基本原则来确定，审判机关可以根据基本原则解决纠纷。[①] 由此可见，对于裁判者及当事人，民法基本原则所具有的功能包括：（1）解释功能（interpretation）；（2）补充功能（supplementation）。其中并没有提到"修正功能"（或称"限制功能"，restriction），对此，后文还将涉及。另外，还应补充一点，民法基本原则的功能不仅限于对于民法条文的解释、补充乃至限制，对于合同进行解释、补充以及修正，亦属重要，不能忽视。

（一）解释功能

基本原则具有解释功能，一向为学者所承认和强调。[②]《民法典》第500条规定了缔约过失场合的损害赔偿责任，列举了具体发生赔偿责任的情形，包括：（1）假借订立合同，恶意进行磋商；（2）故意隐瞒与订立合同有关的重要事实或者提供虚假情况；（3）有其他违背诚信原则的行为。此第3项规定，一方面表明缔约过失责任制度的基础在于诚信原则，另一方面也表明该制度具有开放性。在解释适用第500条时，裁判者必须结合诚信原则，在个案中作具体的判断，使之具体化。

最高人民法院通过司法解释，曾对原《合同法》第42条第3项（现《民法典》第500条第3项）作了具体化，此即《合同法司法解释（二）》第8条规定的"依照法律、行政法规的规定经批准或者登记才能生效的合同成立后，有义务办理申请批准或者申请登记等手续的一方当事人未按照法律规定或者合同约定办理申请批准或者未申请登记的，属于合同法第四十二条第（三）项规定的'其他违背诚实信用原则的行为'，人民法院可以根据案件的具体情况和相对人的请求，判决相对人自己

---

① 参见王胜明：《关于合同法的基本原则》，载《中国法学》1999年第3期。

② 参见崔建远：《基本原则及制度本质乃解释的基点》，载《求是学刊》2017年第1期。强调法律基本原则或法律制度的本质要求在许多情况下都是解释法律或法律行为的基点。

办理有关手续；对方当事人对由此产生的费用和给相对人造成的实际损失，应当承担损害赔偿责任”。[①]

关于合同解释，《民法典》第 142 条第 1 款明确规定了应结合诚信原则，确定意思表示的含义。比如，如果保险合同涵盖了“非法进入”被保险房屋盗窃，而小偷是谎称电话修理工进入房屋，那么保险人不得主张小偷是被被保险人放进来的而无须理赔。[②]

（二）补充功能

如果法律存在漏洞，裁判者应当填补法律的漏洞，而不能以法无明文规定便拒绝裁判。填补法律漏洞，固然有一定的方法，比如通过类推适用，或者目的性限缩等。[③] 从我国最高人民法院的实践来看，运用民法基本原则，填补法律漏洞，不乏其例。比如，关于情事变更原则，原《合同法》没有明确规定，构成法律漏洞。最高人民法院以司法解释的形式，借助于合同法基本原则，填补了此项漏洞，即《合同法司法解释（二）》第 26 条，并奠定了《民法典》第 533 条的基础。

合同法的基本原则亦得用来对合同的内容进行补充。当事人应当遵循诚信原则，根据合同的性质、目的和交易习惯履行通知、协助、保密等义务（《民法典》第 509 条第 2 款）。此类义务被称为附随义务，纵然当事人在合同中没有约定，法律上亦基于诚实信用原则而承认在当事人之间存在此类义务，这显然是对当事人约定的一种补充。这种补充，甚至可以存在于前合同阶段（《民法典》第 500 条、第 501 条）和后合同阶段（《民法典》第 558 条）。背后的道理在于，当事人一旦缔约，便应同舟共济，要求双方合理地行为。1931 年法国法学家德谟格（René Demogue）曾谓：“合同当事人缔造了一方小天地，它是一个微缩的社会，身处其中的各方均须朝着一个共同的目标努力，这个共同的目标便是他们各方所追求的单个目标的总和。”[④]因而，建设工

① 相关判例可参见广州市仙源房地产股份有限公司与广东中大中鑫投资策划有限公司、广州远兴房产有限公司、中国投资集团国际理财有限公司股权转让纠纷案，载《最高人民法院公报》2010 年第 8 期。

② See Jan M. Smits, *Contract Law: A Comparative Introduction*, Edward Elgar (2014), p. 140.

③ 参见王泽鉴：《民法思维：请求权基础理论体系》（重排版），北京大学出版社 2022 年版，第 214 页以下；梁慧星：《民法总论》（第 6 版），法律出版社 2021 年版，第 286 页。

④ See Jan M. Smits, *Contract Law: A Comparative Introduction*, Edward Elgar (2014), p. 139.

程施工合同的发包人理应为建设工程获得行政许可；外商投资企业股权转让合同成立后，转让方和外商投资企业理应履行报批义务。

（三）修正功能

关于基本原则，特别是诚信原则，是否具有法修正的功能，[①]存在不同认识。合同法“建议草案”曾肯定该项功能，其第6条（诚实信用原则）共有三款，规定：“双方当事人行使权利履行义务，应当遵循诚实信用的原则。”“法院于裁判案件时，如对于该待决案件法律未有规定，或者虽有规定而适用该规定所得结果显然违反社会正义时，可直接适用诚实信用原则。”“法院直接适用诚实信用原则裁判案件，必须报请最高人民法院予以核准。”这一规定，涉及法的安定性等基本问题，[②]在立法阶段，立法者持谨慎态度，最终并未采纳上述草案规定。应该注意，此所谓法修正功能，并非谓以基本原则改变具体法规则的内容，而是指在个案中，适用具体法规则在结果上违反社会正义时，不适用该具体法规则，而改用基本原则裁判。

尽管基本原则的法修正功能过于敏感而不易被接纳，[③]在实务中仍不乏应用实例，比如有的法院依诚信原则限制一方当事人行使法定解除权（权利失效），便是非常典型的实例。[④] 此外，基本原则可否发挥对于合同或者法律行为内容的修正功能呢？由于此项功能会使一方当事人脱离合同的拘束，向来引人注目，也极易引起争议。如前文所说，合同是否公平，原本是当事人基于主观价值判断的事情，法官一般不会轻易凭借公平原则而修正当事人的合同约定。对于诚信原则或者公序良俗原则，亦属同理。但事情终归存在例外，值得探究的是，在什么样的情形或者条件下，法官会借助基本原则发挥其修正功能，突破私人意思自治以求实现公平正义。中

---

① 中国学者相关问题意识系受日本民法学说影响的结果，参见［日］菅野耕毅「信義則および権利濫用の機能」『民法の争点Ⅰ』（有斐閣，1985年）8頁。另外，参见松冈久和＝中田邦博［編］『新・コンメンタール民法（財産法）』［第2版］（日本評論社，2020年）5頁。

② 相关赞成及反对的意见，参见梁慧星：《民法学说判例与立法研究（二）》，国家行政学院出版社1999年版，第136～137页。

③ 我国学者倾向于采否定说，参见梁慧星：《民法总论》（第6版），法律出版社2021年版，第285页。

④ 参见韩世远：《权利失效：诚信原则对解除权的限制》，载《人民司法》杂志社编：《法律规则的提炼与运用：人民司法案例重述·商事卷》，法律出版社2017年版，第159～162页。

国的裁判实务中业已发生此类极端案例(extreme cases),招致法院的干涉,值得关注和思考。

*泸州遗赠案　原告X诉称自己与被告Y之夫Z是朋友关系,Z立下遗嘱,将自己价值约6万元的财产在其死亡后遗赠给X。该遗嘱后经公证机关公证。2日后遗赠人Z因病死亡,遗嘱生效,但Y控制了全部财产,拒不给付X受赠的财产。现诉请判令Y给付X接受遗赠的财产。Y辩称,Z所立遗嘱内容侵犯其合法权益;Z生前与X长期非法同居,Z所立遗赠属违反社会公德的无效遗赠行为。

一审法院经审理认为,遗赠属一种民事法律行为,民事行为是当事人实现自己权利、处分自己权益的意思自治行为。当事人的意思表示一旦作出就成立,但遗赠人行使遗赠权不得违背法律的规定。且根据原《民法通则》第7条的规定,民事行为不得违反公共秩序和社会公德,违反者其行为无效。

Z的遗赠行为违反了法律规定和公序良俗,损害了社会公德,破坏了公共秩序,应属无效行为,X要求Y给付受遗赠财产的主张本院不予支持。Y要求确认该遗嘱无效的理由成立。依照原《民法通则》第7条的规定,判决驳回X的诉讼请求。[1] X不服一审判决,提起上诉。二审法院维持原判。

依据原《继承法》第16条第3款的规定,“公民可以立遗嘱将个人财产赠给国家、集体或者法定继承人以外的人”。本案中的Z正是通过遗嘱处分自己的财产,意思表示真实。原《继承法》第22条规定了遗嘱的无效,而本案遗嘱并不存在相应的无效事由。当然,遗赠是一种单方法律行为,与合同作为双方法律行为存在差异。[2] 意识到这一差异,本书列举此案,主要是由于它涉及当事人的意思自治的边界及当下法官的立场。对此种关系,如按照一般规则处理,原告的诉讼请求便应当得到支持。[3] 但是,本案的特殊之处在于,X作为受遗赠人,与Z长期非法

---

① 四川省泸州市纳溪区人民法院民事判决书,(2001)纳溪民初字第561号。

② 参见刘春茂主编:《中国民法学·财产继承》,人民法院出版社2008年版,第363页;陈棋炎、黄宗乐、郭振恭:《民法继承新论》(第7版),台北,三民书局股份有限公司2011年版,第343页。

③ 类似问题在德国司法判例及学说上的立场,参见[德]迪特尔·梅迪库斯:《德国民法总论》,邵建东译,法律出版社2001年版,第527页。

同居,按照社会道德标准衡量,属于不道德的行为。一审法院如果支持原告的诉讼请求,一定会引起不良的社会效果。正是预见到了这一点,法官放弃适用具体规则,改采基本原则,依公序良俗原则认定遗赠无效。

十、合同法原则的体系结构

《民法典》第 4 ~ 8 条将民法基本原则并列规定,使人不易认识其间的关系。[①] 其实,这些基本原则,依其主要功能,大体上可以分别为两类:其一可称为"私人自治"(private autonomy)的手段,其二则可称为"公共管制"(public regulation)的媒介。[②] 现代合同法乃至民法,并非理念型的古典合同法或者以意思自治"一枝独秀"的传统民法,而是或多或少不同程度地结合了公权力对于私人领域的介入,现代民法已非单纯的启蒙时代及法国大革命时期所谓的"慈母之眼",[③]而是更进一步结合了国家的"家父之手"。[④] 有学者提出"管制性民法"(regulatory civil law)的概念,[⑤]可谓注意到了上述现代私法的特征。

"私人自治"在合同法中主要表现在"合同自由"。立法者考虑到中国曾长期实行计划经济,彻底取消了合同自由原则,在向市场经济转轨的过程中,有必要明文规定合同自由原则为基本原则,并在合同法各项制度中切实体现合同自由原则。[⑥] 合同法"建议草案"突出了合同自由原则,并将其作为首要原则。[⑦] 在起草过程中,曾有一种意见认为,在

---

① 近年从合同法或者民法基本原则角度进行的讨论,参见董学立:《民法基本原则研究——在民法理念与民法规范之间》,载《政法论丛》2011 年第 6 期;王轶:《论民法诸项基本原则及其关系》,载《杭州师范大学学报(社会科学版)》2013 年第 3 期。

② 与西方学者交流,对方往往对于中国法规定这么多基本原则表示不解,在理解这些原则时本能地有着将它们归入某种总括观念(an umbrella term)的愿望。此处的分类正是在这种背景下的一种尝试。

③ "在民法慈母般的眼里,每一个人就是整个的国家。"这是每个学习民法之人耳熟能详的名句,出自孟德斯鸠《论法的精神》。以民法为"慈母之眼",可以说是 19 世纪民法法典化时期的基本理念,它假定每个人都是平等的和自由的,每个人有自己的行为能力,能依自己的意志安排自己的事情,称意思自治或者私法自治,并因此而自己负责。

④ 关于法律中的"家父主义"(legal paternalism,或译"家长主义""父爱主义"),可参见 Anthony T. Kronman, *Paternalism and the Law of Contracts*, Yale L. J. 1983 (92): 778 – 784;孙笑侠、郭春镇:《法律父爱主义在中国的适用》,载《中国社会科学》2006 年第 1 期;黄文艺:《作为一种法律干预模式的家长主义》,载《法学研究》2010 年第 5 期;郭春镇:《论法律父爱主义的正当性》,载《浙江社会科学》2013 年第 6 期。

⑤ 参见[德]诺伯特·赖希:《何谓欧洲民法的一般原则?》,金晶译,载《财经法学》2015 年第 6 期。另参见[德]诺贝特·赖希:《欧盟民法基本原则》,金晶译,北京大学出版社 2024 年版。

⑥ 参见梁慧星:《民法学说判例与立法研究(二)》,国家行政学院出版社 1999 年版,第 133 ~ 134 页。

⑦ 参见张广兴:《中华人民共和国合同法的起草》,载《法学研究》1995 年第 5 期。

现代法中，合同自由原则已经衰落，国家出于社会利益的考虑对合同进行干预，是多数国家的通例。该意见主张多规定强制性法律条文，规定可以对当事人追究没收非法所得、罚款、吊销营业执照等行政责任，恢复在1993年修订《经济合同法》时已经取消的合同管理机关。[①] 当然，这种意见因其并不符合中国市场经济改革的需要，故没有被立法者所采纳。

“平等原则”之规定与中国社会的现实情形不无关系。在具有隶属关系的当事人之间发生合同关系，比如企业与企业内部的车间或者班组之间可能签订承包合同，[②]或者农户与集体经济组织之间签订土地承包经营合同。之所以将它列在自愿原则前面规定，是因为它是自愿（合同自由）原则的前提。如今，民事主体法律地位平等已成为常识，“平等原则”将来可以也应该进一步发挥为“平等对待”提供规范基础的功能，在反对性别、种族、残疾等歧视方面发挥作用。果真如此，则此项基本原则也会因此而跨界“公共管制”的媒介。

合同约束力原则，在合同法“建议草案”中并没有作为基本原则，而是在1997年5月14日《合同法（征求意见稿）》第4条补充进来。合同相对性原则则是《民法典》新明确的原则。此二项原则可以看作合同自由原则的自然延伸，二者一脉相承。

“公共管制”以否定绝对的合同自由为出发点，对于私人的意思自治，从外部施以影响，具体手段不一。从《民法典》所确立的基本原则来看，公平原则、诚信原则以及不得违法和公序良俗原则可以归入此类，成为其媒介。

公平原则（《民法典》第6条），要求当事人遵循公平原则合理确定各方的权利和义务。公平原则，作为对于私人自治的限制，在结果上是要实现合同正义。私法自治的出发点是肯定合同当事人是具有完全民事行为能力的理性人，理性人可以对利害得失作出理性的判断，故原则上对于价值的判断采主观立场。可是，立法者之所以强调公平原则，实质上是同时肯定另有客观价值的存在，主观价值与客观价值不宜相去甚远。当然，立法者对于基于客观价值判断公平的做法，持谨慎态度，并没有允许法官直

① 参见梁慧星：《民法学说判例与立法研究（二）》，国家行政学院出版社1999年版，第134页。

② 南京市江浦县工程塑料厂与本厂成型车间承包合同纠纷案，载《最高人民法院公报》1985年第1期。

接依据公平原则否定合同效力；而是针对不同情形，配置不同的具体规则和制度。这样谨慎，自然有其道理。其背后的道理之一在于，合同法以单个的合同为理想的规范模型，设立具体的规则。对于继续性合同，只在个别问题上设立特别规则；对于所谓关系性合同，[①]并没有纳入考量范围。然而，人无时无刻不生活在持续不断的各种具体关系当中，中国人重视"礼尚往来"，"来而不往非礼也"，在单个的法律行为层面看可能是赠与关系，可是，在长期的交往关系中，则是有来有往，存在自然的平衡。因而，立法及司法行为的运作，自不可过度以客观价值干涉主观价值。

诚信原则（《民法典》第7条），在大陆法系被称为"帝王条款"。在《民法典》中，似乎只是"公共管制""三驾马车"中的一驾而已。它在立法中的具体体现有很多，已如前述。

不得违法和公序良俗原则（《民法典》第8条），虽未交代具体的法律后果，而该后果则是由《民法典》第153条所交代，即民事法律行为（合同）无效。此类一般条款，[②]将道德规范与法律后果勾连在一起，在操作层面，则是赋予裁判者以裁量权。

在中国法中，除了上述在法律条文上表现出来的基本原则之外，也存在若干未在法条上明确表现的基本原则，有的学者分别用"实定的法律原则"和"非实定的法律原则"来指称上述两类不同的法律原则，[③]后者在中国法上包括但不限于"鼓励交易原则"[④]以及"信赖保护原则"，[⑤]它们可以从《民法典》的具体规定中体现出来。

就鼓励交易原则而言，可以通过将《民法典》与原《经济合同法》等法律法规进行比较体现出来，比如关于合同成立及生效的要件，关于合同形式要件的放松，关于形式瑕疵可因履行而治愈（《民法典》第490条），关于合同条款的规定（放宽必要条款），将欺诈、胁迫等从合同无效

① 参见[美]麦克尼尔：《新社会契约论》，雷喜宁、潘勤译，中国政法大学出版社1994年版。

② 对于一般条款与基本原则的辨析，可参考王利明：《法律解释学导论——以民法为视角》，法律出版社2009年版，第436页以下。

③ 参见舒国滢：《法律原则适用的困境——方法论视角的四个追问》，载《苏州大学学报（哲学社会科学版）》2005年第1期。

④ 参见王利明：《合同法的目标与鼓励交易》，载《法学研究》1996年第3期；王利明：《民商法研究》（第3辑），法律出版社1999年版，第393页以下。

⑤ 参见朱广新：《信赖责任研究——以契约之缔结为分析对象》，法律出版社2007年版；马新彦：《现代私法上的信赖法则》，社会科学文献出版社2010年版。

事由转变为合同可撤销事由等。

就信赖保护原则而言，对其有所体现的条款有关于要约撤销的限制规则（《民法典》第476条），关于表见代理（《民法典》第172条）和表见代表（《民法典》第504条）的规则，关于撤销权消灭的规则（《民法典》第152条），关于债权人在合理期限内未要求履行则不可以要求履行的规则（《民法典》第580条第1款第3项）等。此外，在实务中，法院还在一些判决中体现出了对于“权利失效”（Verwirkung）规则的采用，[①] 也体现出了信赖保护原则。

① 山东省青岛市崂山区人民法院民事判决书，（2009）崂民二商初字第415号；山东省青岛市中级人民法院民事判决书，（2010）青民二商终字第562号。参见朱铁军：《合同解除权不应滥用》，载《人民司法》2011年第12期。关于权利失效的基本理论构成及比较法，可参见王泽鉴：《民法学说与判例研究》（第1册），台北，1991年自版发行，第335页以下。

02 Chapter

第二章 合同的分类

细目

第一节　合同的分类概述

一、合同分类的意义

《民法典》合同编采“通则”、“典型合同”与“准合同”结构，前二者实属总、分结构，“通则”与“典型合同”的一个显著不同点在于，“通则”规定的是抽象的“债权”和“合同”，而“典型合同”分别规定19种具体合同。“通则”这种特点决定了，无论是对于购买一支笔的合同，还是对于价值数亿元的企业兼并合同，平等对待，均得适用。这也可以说是平等原则的又一种体现，即除了对人的平等之外，还可以体现为对事的平等。那么，作为以《民法典》合同编“通则”为主要研究对象的“合同法总论”，讨论合同的分类，究竟有什么意义呢？

合同分类，即基于一定的标准将合同区分成不同的类型。它本身是“类型化”的法思考在合同法领域的一个典型表现。“合同”作为抽象概念，代表着法思考高度抽象的一极；形形色色的具体合同，则是另外一极。在此两极之间，法学学理依一定的标准，区分不同合同类型，形成类型系列，依一定的逻辑秩序，阐释法体系的构造，并使得该体系呈现一定的内在脉络。当然，这种分类，本身作为一种民法传统，构成了超越时空的民法学理（Dogma）的一环。我国民法理论，在分享这种传统的同时，也基于本国立法的具体特征可能有某种程度的具体表现，也印证了类型不是固定的，类型系列是流动的。

合同的分类，作为类型化法思考的范例，已然构成法律人学习、理解和适用合同法规范不可欠缺的工具。作为中间类型概念，有些合同分类已经被民事立法或者最高人民法院司法解释所采用，比如，“有偿合同”（《民法典》第646条、《买卖合同解释》第32条第2款，另外，《民法典》使用了“无偿”保管、“无偿”委托等用语）、“主（债权债务）合同”

与“从合同”(《民法典》第388条第1款、第566条第3款、第586条、第682条第1款、第687条第2款等)、“预约合同”(《民法典》第495条、《合同编通则解释》第6～8条)、“消费者合同”(《涉外民事关系法律适用法》第42条)等。

合同的类型划分,是基于具体合同的类型特征,而这些类型特征则是法律人基于对法律生活的观察所作的提炼。立法者借助于合同类型的划分而设立法规则(比如《民法典》第646条),便使合同的类型划分具有了规范性。法律人掌握此种分类特征及其与法体系的意义关联,方可有效地适用法律(广义的法律适用可以包括法规范的“适用”、“准用”及“类推适用”)。[①] 比如,对于买卖合同以外的有偿合同,在欠缺直接的法规则时,也可以依《民法典》第646条的规定而准用有关买卖合同的规定。

二、合同的分类

对合同可依不同标准作各种各样的分类,因而同一合同会同时具有不同合同类型的属性。另外,合同的分类在不同的法系、不同的国家,又会有不同的具体表现,最显见的是英美法系国家的合同类型与大陆法系国家的合同类型就存在许多差异,这种差异是由于不同的历史传统所造成的。

当然,合同分类本身不是目的,其目的无非在于帮助人们进一步认识合同的特征,更好地运用合同及《民法典》。这样,本书结合我国法律,主要论述一些具有实际意义的合同分类,具体包括:(1)典型合同与非典型合同;(2)双务合同与单务合同;(3)有偿合同与无偿合同;(4)诺成合同与实践合同;(5)要式合同与不要式合同;(6)一时的合同与继续性合同;(7)主合同与从合同;(8)预约与本约;(9)束己合同与涉他合同。

上述合同类型均属于典型的大陆法系理论上的分类,除此之外,“等价合同”(commutative contract)与“射幸合同”(aleatory contract)的分类(比如《法国民法典》第1108条)意义主要在于:一方面,基于射幸合同的特殊性,即其合同结果于缔结合同时无法确定,故不适用民法上

① 参见韩世远:《合同分类与合同效力:总分结构中类型规范之意义初探》,载《四川大学学报(哲学社会科学版)》2023年第5期。

的等价有偿原则；换言之，对射幸合同通常不得以不等价（lésion or inadequacy of price）为由而予以攻击。[①] 另一方面，在法律效果上，也可能存在差异，比如遇有履行障碍时，对于普通等价合同的法律效果，并非当然可适用于射幸合同。[②] 在我国现行法上，射幸合同主要体现为保险合同以及抽奖、彩票与有奖销售合同，[③]由于此类合同关涉公序良俗、公平竞争等诸重大问题，因而受有严格的限制。本书省略论述。

“要因合同与不要因合同”的分类，是以合同能否与其原因相分离为标准作出的，由于我国法上的合同基本上均属有因合同，无因性理论仅在个别场合获得承认（比如票据行为，[④]另外，对于债权让与及债务承担这种所谓的“准物权行为”应否承认其无因性，尚有不同意见），因而此种分类的实际意义不大，也省略论述。

最后，须予注意的是，尽管本书没有论述，但从我国《民法典》合同编典型合同分编的编排次序上可以反映出来，立法者大体上是采纳了“财产权让与型合同”（买卖合同，供用电、水、气、热力合同，赠与合同，借款合同）、“财产权利用型合同”（租赁合同、融资租赁合同）、“服务提供型合同”（保理合同、承揽合同、建设工程合同、运输合同、技术合同、保管合同、仓储合同、委托合同、物业服务合同、行纪合同、中介合同）以及“其他合同”（保证合同、合伙合同以及非典型合同等）的分类。

第二节　典型合同与非典型合同

一、语义

以法律是否设有规范并赋予一个特定的名称为标准，将合同区分

① See G. H. Treitel, *Remedies for Breach of Contract* 253 – 254 (1988).

② 参见《意大利民法典》第 1469 条。

③ 关于彩票及彩票合同，可参见韩世远：《彩票的法律分析》，载《法学》2005 年第 4 期；韩世远、邢军：《彩票合同四题》，载《清华大学学报（哲学社会科学版）》2005 年第 3 期。

④ 参见谢怀栻：《票据法概论》（增订二版），程啸增订，法律出版社 2017 年版，第 47 页；赵新华：《票据法》，吉林人民出版社 1994 年版，第 50 页。

为典型合同与非典型合同。

典型合同,亦称有名合同(a nominate contract),指法律设有规范,并赋予一定名称的合同。比如,《民法典》合同编典型合同分编中规定的买卖合同等计 19 种合同;此外,《民法典》物权编规定有土地承包经营权合同(第 333 条)、建设用地使用权出让合同(第 348 条)、居住权合同(第 367 条)、地役权合同(第 373 条)、抵押合同(第 400 条)与质押合同(第 427 条),《保险法》第 2 章规定了保险合同(包括人身保险合同与财产保险合同),《旅游法》规定了旅游服务合同,等等,也都属于典型合同。为了与前述合同编所规定的典型合同有所区分,学说上又称后者为广义的典型合同。[①]

非典型合同,亦称无名合同(an innominate contract),[②]是指法律尚未特别规定,亦未赋予一定名称的合同。

非典型合同产生以后,经过一定的发展阶段,具有成熟性和典型性时,合同立法应适时规范,使之成为典型合同。在这种意义上,可谓合同法的历史正是一部非典型合同不断变为典型合同的过程。[③] 比如,在原《合同法》颁布之前,融资租赁合同(finance lease)尚属于非典型合同,此种合同经由原《合同法》的规范,已转化为典型合同;特许经营合同(franchising)在原《合同法》颁布之时尚属非典型合同,随着《商业特许经营管理条例》2007 年 5 月 1 日开始施行,它已转化为典型合同;类似的情形尚有旅行服务合同,随着《旅游法》在 2013 年的修改,它也变成了典型合同;在《民法典》颁布之前,保理合同尚属于非典型合同,此种合同经由《民法典》合同编第十六章予以规范,已转化为典型合同。

二、区分的意义

区分典型合同与非典型合同,关于典型合同的法律规范,自其作为行为规范角度而言,当然可以说具有规范及引导的作用;而自其作为裁

① 中田裕康『契約法(新版)』(有斐閣,2021 年)65 頁。

② 有学者指出,“无名合同”一语,是作为在罗马法上具有特殊的历史含义的所谓“contractus [re]”“innominatus”的译语来使用的,因而在对现行的法律进行概括时,宜避免使用“无名合同”一词。広中俊雄『債権各論講義(第 6 版)』(有斐閣,1994 年)11 頁。

③ 参见崔建远:《合同法》,北京大学出版社 2012 年版,第 22 页。

判规范角度来说，则具有进一步的意义，人们也可以说，区分典型合同与非典型合同最主要的意义在于法律适用，二者在法律适用方面遵循不同的规则，而各自呈现不同的问题点，以下分别说明。

（一）典型合同相关规范的意义

1. 合同自由与典型合同相关规范的设定

根据合同自由原则（参见本书第一章第四节之三），当事人在不违反强制性规范及公序良俗的前提下，可订立任何内容的合同。合同内容与合同类型，可谓是一物之两面，因而，合同内容的自由，也可称为“合同类型自由”，与“物权法定”原则，[①]适成对照。社会生活日新月异，交易活动纷繁复杂，当事人根据实际需要，决定合同的名称与内容，实属合理。但这并不意味着典型合同及其相关规范没有存在的必要，从经验来看，法制先进国家莫不对于若干日常生活上常见的合同类型设有规定，并赋予一定的名称，使之成为典型合同。

法律在合同类型自由主义下创设典型合同，其主要机能可以从任意性规定与强制性规定两个方面观察。[②]

2. 任意性规定：行为之引导与补充

《民法典》合同编中有一些任意性规定，立法目的在于为当事人提供某种引导。比如第 596 条规定，“买卖合同的内容一般包括标的物的名称、数量、质量、价款、履行期限、履行地点和方式、包装方式、检验标准和方法、结算方式、合同使用的文字及其效力等条款”。立法者在此像是一位善意的提醒者，为法律行为当事人在行为之时提供帮助。

当事人对于合同的要素（如当事人名称或者姓名、标的和数量）必有约定，否则合同不成立，但对其他事项（如履行时间、履行地点、质量要求、风险负担等），常有疏于注意的情形，法律为使合同内容臻于完善，从各种复杂的关系中，依以往的经验归纳出若干种典型合同，规定其一般的、合理的内容，作为解释合同的基准。有人甚至认为，此时法律的目的之一，便是减轻当事人订立合同过程中的负担。[③] 使当事人仅

① 《民法典》第 116 条规定：“物权的种类和内容，由法律规定。”

② 参见王泽鉴：《债法原理》（第 2 版），北京大学出版社 2022 年版，第 104～105 页。

③ 参见［德］迪特尔·梅迪库斯：《德国民法总论》，邵建东译，法律出版社 2001 年版，第 327 页。

就重要之点加以合意，其他方面则由法秩序来补充欠缺，就可以降低交易成本，这类准则在德国称为“任意性规定”（dispositives Recht），在英国称为“默示条款”（implied terms），在法国则称为“补充规定”（lois supplétives），通过运用这类规则，使合同的缔结变得更容易，而由此所产生的效用对于当事人进而对于社会全体也随之增大。[①] 总之，任意性规定作为法律提供的默认规范，可以补充当事人约定中的不完善之处。

3. 强制性规定：行为之规范与矫正

《民法典》不仅在“总则”编及合同“通则”分编规定有若干强制性规定，对于典型合同及非典型合同均可适用，更在“典型合同”分编针对具体合同类型，有若干具体的强制性规定。比如，借款的利息不得预先在本金中扣除。利息预先在本金中扣除的，应当按照实际借款数额返还借款并计算利息（《民法典》第670条）。租赁物在承租人按照租赁合同占有期限内发生所有权变动的，不影响租赁合同的效力（《民法典》第725条）。诸此强制性规定，以保护国家利益、社会公共利益（《民法典》第534条）或者第三人利益（比如《民法典》第725条，就租赁物买卖合同而言，承租人可谓第三人）甚至一方当事人利益（比如《民法典》第670条）为目的，对当事人基于合同自由的行为予以必要的规范，并矫正失衡的利益。

（二）非典型合同的法律适用

非典型合同大量存在，实属常态，且原因各异，其签订有的是因为特殊情况的需要，有的是因应现代交易的需要。非典型合同在现代社会经济活动中扮演着日益重要的角色，相应地，人们面临的主要难题在于如何适用法律，《民法典》对此已在第467条第1款作了原则性的规定，即“本法或者其他法律没有明文规定的合同，适用本编通则的规定，并可以参照适用本编或者其他法律最相类似合同的规定”。该规定有两层意思：其一，是适用合同编通则的规定。当然，尽管该条未写明，如有必要，当然还应适用《民法典》第一编“总则”第六章关于民事法律行

① Vgl. *Hein Kötz*, Europäisches Vertragsrecht, Band Ⅰ, 1996, S.10. ハイン・ケッツ/潮見佳男＝中田邦博＝松岡久和（訳）『ヨーロッパ契約法Ⅰ』（法律文化社，1999年）11頁。

为的规定。其二,“并可以参照适用本编或者其他法律最相类似合同的规定”,实即类推适用。此处的“并”字,即“一并”之意,表明裁判者应一并考虑规范的适用和类推适用,没有适用规范仍不能解决问题场合始类推适用之意。比如租赁合同是以“物”为对象(第 703 条),其相关规定便可类推适用于“权利”的租赁。[①]

应说明的是,非典型合同本身是一宽泛概念,依特征差异,其内部又可区分不同类型;不同类型的非典型合同,适用法律的规则不同。[②]

1. 纯粹非典型合同

所谓纯粹非典型合同(Atypische Verträge),是指以法律全无规定的事项为内容,即其内容不符合任何有名合同要件的合同。在我国,比如借用合同或者彩票合同,即属此类。此种合同与现行法律规定的典型合同均不相当,其法律关系首先应当依当事人的约定;其次是适用合同编通则的规定,并可参照适用合同编或者其他法律最相类似合同的规定(《民法典》第 467 条第 1 款)。

2. 合同联立

合同联立(Vertragsverbindungen),是指数个合同(典型的或非典型的)具有互相结合的关系。一种情况是单纯外观的结合,即数个独立的合同,仅因缔结合同的行为(如订立一个书面合同)而结合,相互间不具有依存关系,例如,甲交 A 车于乙修理,并向乙租用 B 车。于此情形,应当适用其固有典型(或非典型)合同的规定,即关于 A 车的修理,应当适用关于承揽的规定;关于 B 车的租用,则适用关于租赁的规定,彼此间不发生任何牵连。另一种情况是数个合同的结合具有一定的依存关系,即依当事人的意思,一个合同的效力或存在依存于另一个合同的效力或存在,例如,甲经营养鸡场,乙向甲借款开设香鸡城,并约定乙所需的鸡均应向甲购买。于此情形,甲、乙间的借款合同与买卖合同具有依存关系,其个别合同是否有效成立,虽应就各个合同判断,但如果其中一个合同不成立、无效、撤销或解除时,则另一个合同亦应当同其命运。[③]

---

① 中田裕康『契約法(新版)』(有斐閣,2021 年)67 頁;韩世远:《合同法学》(第 2 版),高等教育出版社 2022 年版,第 426 页。

② 以下主要参见王泽鉴:《债法原理》(第 2 版),北京大学出版社 2022 年版,第 106 页以下。Vgl. auch *Medicus/Petersen*, Grundwissen zum Bürgerlichen Recht, 12. Aufl. 2021, S. 38 – 40.

③ 参见王泽鉴:《债法原理》(第 2 版),北京大学出版社 2022 年版,第 107 页。Vgl. auch *Medicus/Petersen*, Grundwissen zum Bürgerlichen Recht, 12. Aufl. 2021, S. 38 – 40.

如今关于合同联立更常见的是数个合同系由不同的当事人所达成，其联立或是基于当事人的意思，更多的则是基于目的关联（Zweckzusammenhang）。众所周知的事例是第三方融资支付买卖（fremdfinanzierte Abzahlungskauf）：买受人与出卖人订立买卖合同，同时出卖人居间使买受人与银行订立借款合同，所借款项付给出卖人，以此还却买受人的价款债务。如此买受人所负债务便不再是对出卖人的价款，而只是对银行的还款付息。[①]《德国民法典》第358条以下便规定了相关问题。在我国，新建商品房买卖通常采用此种交易模式。《商品房买卖解释》第20条规定，因商品房买卖合同被确认无效或者被撤销、解除，致使商品房担保贷款合同的目的无法实现，当事人请求解除商品房担保贷款合同的，应予支持。由此可以看出，两个合同之间的关系，既有目的关联，又有抗辩穿透（Einwendungsdurchgriff）：因买卖合同所产生抗辩得因两个合同在法律上的联系而及于借款合同的请求权。另外，一个合同的有效或者存续亦得构成另一个合同的基础条件（《民法典》第533条第1款），故有情事变更原则适用的余地。[②] 比如，X与Y国土资源局在国有建设用地使用权出让合同约定：受让人需无偿代建所在区域内的三条市政规划道路。为此，X与Z开发区管委会签订委托代建协议。后来建设用地使用权出让合同因故被裁判解除，这对于无偿的委托代建协议而言，便可构成情势变更。

3. 混合合同

混合合同（Gemischte Verträge），是指由数个典型（或非典型）合同的部分而构成的合同。混合合同在性质上属于一个合同，与合同联立不同。

＊关于混合合同法律适用的学说　　关于混合合同的法律适用，计有三种学说：(1)吸收说，认为应将混合合同构成部分区分为主要部分与非主要部分，而适用主要部分的典型（或非典型）合同的规定，非主要部分则由主要部分吸收。(2)结合说，认为应分解混合合同的构成部分，分别适用各部分的典型合同规定，并依当事人可推知的意思调和其

① Vgl. *Medicus/Petersen*, Grundwissen zum Bürgerlichen Recht, 12. Aufl. 2021, S. 39.

② Vgl. PWW/Stürner, § 311 Rn. 31(17. Auf. 2022).

歧异,而统一适用。(3)类推适用说,认为法律对混合合同既未设规定,故应就混合合同和各个构成部分类推适用关于各典型合同所设的规定。[1]

关于混合合同的法律适用存在“吸收说”、“结合说”与“类推适用说”,但三种学说均无法圆满地解决混合合同法律适用问题。鉴于此,学说上有见解提出,于当事人未有约定时,应依其利益状态、合同目的及斟酌交易惯例决定适用何说较为合理。混合合同计有四种类型:第一,典型合同附有其他种类的从给付,即双方当事人提出的给付符合典型合同,但一方当事人尚附带负有其他种类的从给付义务。例如,甲租屋于乙(租赁合同),附带负有“打扫”义务(雇佣的构成部分);或甲向乙购买煤气(买卖合同),约定使用后返还煤气罐(使用借贷的构成部分)。对此类混合合同,原则上应当采“吸收说”,仅适用主要部分的合同规范,非主要部分被主要部分吸收。第二,类型结合合同(Typenkombinationsverträgen),即一方当事人所负的数个给付义务属于不同的合同类型,彼此间居于同值的地位,而对方当事人仅负单一的对待给付或不负任何对待给付的合同。例如,甲在某大学附近经营宿舍,学生乙与甲订立所谓包膳宿合同,由甲交付房间及供应早点,乙每月支付费用若干,则此时甲所负的义务分别属于租赁、买卖典型合同的构成部分。于此种混合合同,原则上应采“结合说”,分解各构成部分,分别适用各部分的有名合同规范,并依当事人可推知的意思调和其分歧。第三,双种典型合同,或称有他类对待给付的合同(Veträgen mit anderstypischer Gegenleistung),即双方当事人互负的给付分属于不同的合同类型的合同。例如,甲担任乙的门卫,而由乙免费供给住屋。在此合同中,甲的给付义务属于雇佣合同,乙供给住屋的义务则属于租赁合同。在此种混合合同中,原则上应采“结合说”,分别适用各个典型合同的规定。第四,类型融合合同(Typenverschmelzungsverträgen),或称狭义混合合同,即一个合同中所含构成部分同时属于不同的合同类型的合同。例如,甲以半赠与的意思,将价值 2000 元的物品以 1000 元出售给乙,学说上称为混合赠与(gemischte Schenkung),或者亲友价

[1] 松坂佐一『民法提要　債権各論(第 5 版)』(有斐閣,1993 年)7 頁。

买卖(Verkauf zum Freundespreis)。此时,甲的给付既然同时属于赠与及买卖,原则上应当适用此两种类型的规定,关于物的瑕疵,依买卖的规定,关于乙的不当行为则依赠与的规定处理,总之,原则上适用两种典型合同规范。[①]

第三节　双务合同与单务合同

一、语义

此种分类的标准在于双方当事人是否互负具有对价意义的债务。须予注意的是,此处所谓“具有对价意义”,并非意指双方的给付在客观上具有相同的价值,而是指应当作出的给付相互之间具有依存关系。[②]是否具有对价意义,并非客观地加以确定,而是在当事人的主观上加以决定,即并非指客观上具有同一的价值,而是由当事人主观上决定。不论价款订得如何低,只要当事人准备买卖,其价款便具有对价意义。[③]

（一）单务合同

单务合同(einseitig verpflichtende Vertrag; unilateral contract),又称一方负担合同,指仅一方当事人负担给付义务的合同。例如,赠与、保证、无偿保管、无偿委托等。应注意,此单务合同并非单方法律行为。

一方当事人负有义务,对方当事人不负有义务,固然为单务合同(如赠与);双方当事人均负担义务,如一方当事人负担给付义务,对方当事人仅承担次要义务,由于双方的义务不具有对价意义,故仍属于单

① 参见王泽鉴:《债法原理》(第 2 版),北京大学出版社 2022 年版,第 108 ~ 109 页;Vgl. auch *Medicus/Petersen*, Grundwissen zum Bürgerlichen Recht, 12. Aufl. 2021, S. 38 – 39.

② 松坂佐一『民法提要　債権各論(第 5 版)』(有斐閣,1993 年)7 頁。

③ 我妻栄『債権各論(上巻)』(岩波書店,1954 年)49 頁;遠藤浩 = 川井健等編集『民法(5)契約総論(第 3 版)』(有斐閣,1995 年)45 頁。

务合同（如附负担赠与、使用借贷）。

***使用借贷与消费借贷的合同属性**　使用借贷合同，或称借用合同，在我国《民法典》中并没有专门的规定，关于其属性，应当区分不同情形具体认定。一般认为，出借人尽管负有让对方使用标的物的义务，这种义务与借用人的返还义务并非具有对价的意义，故使用借贷为单务合同。消费借贷也属于单务合同。[①] 不过就附利息的消费借贷的属性，学说不一。一种观点认为，附利息的消费借贷虽属有偿合同，却非双务合同。[②] 其出发点是将消费借贷视为一种要物合同。另一种观点则认为，附利息的消费借贷由于是诺成合同，由此发生出借人的借与义务，由此看来，应属一种双务合同。[③] 后者的结论更被学者从另一角度加以论证：借用人所以支付利息，乃在获得金钱或其他借贷的使用收益，论其实质，与承租人支付租金以获得租赁物的使用收益，应属相同。准此以言，附利息的消费借贷应属双务合同。[④]《民法典》合同编第十二章规定的借款合同即属于消费借贷合同，且为诺成合同，贷款人有向借款人提供借款的义务（《民法典》第 671 条第 1 款），故约定利息场合，该合同为双务合同。[⑤]

（二）双务合同

双务合同（gegenseitiger Vertrag；reciprocal contract），是指双方当事人互负具有对价意义的债务的合同，或者说双方互负居于给付与对待给付关系之义务的合同。例如，买卖、租赁、承揽、有偿保管、有偿委托等。

双务合同的特色在于双方的债务间的牵连关系或牵连性（the interdependence of the obligations；the synallagmatic nature）。依传统民

---

① 遠藤浩＝川井健等編集『民法(5)契約総論（第 3 版）』（有斐閣，1995 年）45 頁。

② 松坂佐一『民法提要　債権各論（第 5 版）』（有斐閣，1993 年）8 頁；我妻栄『債権各論（上巻）』（岩波書店，1954 年）49 頁。

③ 鈴木禄弥『債権法講義(3 訂版)』（創文社，1995 年）372～373 頁。

④ 参见王泽鉴：《债法原理》（第 2 版），北京大学出版社 2022 年版，第 123 页。该说亦为德国学者目前的通说。王泽鉴教授更指出，一个合同的法律性质究为双务合同与否，应就其双方当事人实际上是否负有互为给付关系而定，不应因其是否为要物合同而受影响。

⑤ 同旨参见 Van der Merwe，van Hussteen，Reinecke & Lubbe，*Contract General Principles* 9（Juta & Co. Ltd.，4th ed.，2012）。

法理论,双务合同中立于相互交换的对价关系两个给付义务之间,可以发生以下三种牵连关系:[①]

1. 成立上的牵连关系,即一方的债务因无效或撤销而归于消灭时,对方的债务亦因而消灭的关系,与此相关的理论问题为自始不能与缔约上过失(或者违约责任)。

2. 履行上的牵连关系,即一方债务的履行与对方债务的履行在时期上或顺序上的关系,相应地发生同时履行与异时履行的抗辩权问题。

3. 存续上的牵连关系,即于一方债务后发履行不能场合,对方债务是否归于消灭的问题,与此相关联的是风险负担问题。

总之,双务合同在交易上最为常见,在理论上最属典型,有其相应的法律问题,最值重视。

***不完全双务合同** 在单务合同中,有些合同可能因出现其他情形而变为双务的,也产生由债权人承担的义务。这种合同通常叫作"不完全双务合同"[②](incompletely bilateral contract, or imperfectly synallagmatic contract; unvollkommen zweiseitig verpflichtenden Vertrag)。在不完全双务合同中,双方虽各负有债务,但其债务并不居于给付与对待给付的关系。学说上进一步提出"双方负担合同"(bilateral contract)的概念,以涵盖双务合同与不完全双务合同两个概念。[③] 其典型例子有无偿的委托合同。一方面,受托人负有处理委托人事务的给付义务(《民法典》第919条);另一方面,受托人为处理委托事务垫付的必要费

① 北川善太郎『債権各論(第2版)』(有斐閣,1995年)33~34頁。

② 参见黄右昌:《罗马法与现代》,丁玫勘校,北京大学出版社2008年版,第235页,以使用借贷、保管、委托之类无偿合同,其双方当事人均有诉权,或称为"不十分双务"者有之,以法国学者R. Pothier(1699-1772年)主张此说。就黄右昌先生该书,笔者曾有一篇短文,可供参考。韩世远:《高山仰止的开山之作——读黄右昌先生〈罗马法与现代〉有感》,载《人民司法·应用》2009年第5期。关于"不完全双务合同"之用语,另可参见[意]彼德罗·彭梵得:《罗马法教科书》,黄风译,中国政法大学出版社1992年版,第310页;vgl. auch *Kaser/Knütel*, Römisches Privatrecht, 18. Aufl. 2005, S. 193; *Dieter Medicus*, Schuldrecht Ⅰ, Allgemeiner Teil, 17. Aufl. 2006, S. 175。

③ 参见王泽鉴:《债法原理》(第2版),北京大学出版社2022年版,第121页以下。双方或者多方负担合同(a bilateral or multilateral contract)是指依其条款不止一方负有履行义务的合同。双务合同是双方或多方负担合同的一种具体类型,其特殊性在于,依当事人之意思,一方义务之履行要以对方的履行为交换。Van der Merwe, van Hussteen, Reinecke & Lubbe, *Contract General Principles* 8 (4th ed.,2012). 以上是侧重大陆法系学理中合同的"单务"与"双务",看重是否存在具有对价意义的债务。在普通法系,"unilateral"与"bilateral"(有时被不严格地指代"双务")两个词,则具有不同于大陆法系的内涵,强调是表达一个意思抑或两个意思。换言之,大陆法系关注的是债务的给付,普通法系着眼于合同的成立。Alain A. Levasseur, *Comparative Law of Contracts: Cases and Materials* 7 (Carolina Academic Press, 2008). 就后者而言,悬赏广告即是典型,可译作"单边合同",以示区别。

用，委托人应当偿还该费用并支付利息(《民法典》第921条后段)。一方面，委托人的义务(偿还费用及支付利息)并非受托人的给付义务(处理事务)的对待给付义务；另一方面，费用是否实际发生，亦非固定，在有的合同履行中可能发生，在有的合同履行中可能根本没有发生。这两点使得无偿的委托合同具有特殊性，被称为不完全双务合同。此类不完全双务合同既然不构成对待给付，故仍应视为单务合同。[①] 依德国法学观念，委托人不偿还费用，并不产生同时履行抗辩权，尽管可产生留置权。[②] 黄右昌先生(1885～1970年)采Puchta、Windscheid等人的学说，认为合同之为双务单务，不可不以缔约时为标准。例如，(无偿)保管合同，保管人负担保管物件的义务，而缔约当时，寄存人并不负担义务，至于保管费用，及损害于保管人所生的义务，均为缔约以后的事实，故此等合同，以作为单务合同为当。[③] 除上述无偿委托合同、无偿保管合同(unentgeltliche Verwahrung)之外，不完全双务合同尚包括使用借贷(Leihe)、无息借款合同(unverzinsliche Gelddarlehen)、物的消费借贷(Sachdarlehen)等。[④]

二、区分的意义

区分双务合同与单务合同的实益在于，同时履行问题以及风险负担问题是专门发生在双务合同场合的问题，另外，因违约的解除主要是针对双务合同适用的制度。相较于双务合同，单务合同具有补集性(双务合同以外的合同)，而其内部又具有多样性，故仅凭某合同为单务合同便直接得出某种结论，宜慎之又慎。[⑤]

(一)同时履行抗辩权

双务合同适用同时履行抗辩规则，而单务合同原则上并无适用同

---

① 同旨我妻栄『債権各論(上巻)』(岩波書店，1954年)49頁。

② See G. H. Treitel, *Remedies for Breach of Contract* 249 (1988).

③ 参见黄右昌：《罗马法与现代》，丁玫勘校，北京大学出版社2008年版，第235～236页。

④ Vgl. Handkommentar-BGB/*Schulze*, 9. Aufl. 2017, S. 539.

⑤ 中田裕康『契約法(新版)』(有斐閣，2021年)71頁。

时履行抗辩规则的余地。唯对于不完全双务合同，能否发生同时履行抗辩权，学说上不无争论，原则上以否定说为当，对于附负担赠与能否发生同时履行抗辩权，在我国学说上多持否定意见，《日本民法典》则明定可准用双务合同的规定（包括同时履行抗辩）。本书认为，对于不完全双务合同原则上应当否定同时履行抗辩权的发生，对于附负担赠与，例外地承认同时履行抗辩权的发生，亦无不妥之处，且其结果也符合公平理念。

（二）风险负担

双务合同因不可归责于双方当事人的原因而不能履行时，发生风险负担问题，因合同类型不同而有交付主义（《民法典》第 604 条）、合理分担主义（《民法典》第 858 条第 1 款）等。在单务合同中，因不可归责于双方当事人的原因而使债务人的债务不能履行时，并不发生债权人的对待债务是否存在的问题，不发生对价风险负担问题。

（三）合同解除

因违约而生的一般法定解除主要是针对双务合同而言的，这在许多立法例中有明确的规定。对于单务合同而言，一般法定解除是没有意义的。《民法典》第 563 条第 1 款对于一般法定解除虽未作上述限定，但在解释论上，本书认为可作相同解释。

第四节　有偿合同与无偿合同

一、语义

此种分类是以当事人是否因给付而取得对价为标准。

（一）有偿合同

有偿合同（an onerous contract），是指双方当事人，在从合同的缔结到债务的履行整个过程中，均作出相互具有对价性质的付出（并不仅限于财产的给付，也包含劳务、事务等）的合同。[①] 其是一方享有合同规定的权益，须向对方偿付相应的代价的合同。买卖、互易、租赁、承揽等合同都是有偿合同。

＊对有偿性的理解应从整体把握　　以房屋租赁合同为例，在理解它是一种有偿合同时，应当将双方的义务各自作为一个整体，对其有偿性才有全面和准确的把握。如果人为地把一方的义务分割开来观察（比如将出租人的义务分割为提供房屋的义务、提供制冷服务的义务、提供电梯服务的义务），可能会在对方的义务中找不到恰当的对应部分，如果我们在法律上允许这样做并进而允许该方当事人以有偿合同为由要求进一步的对价（比如空调费），无疑会影响交易安全，且有悖于当事人签订合同时的初衷。承租人可能会产生疑问，“明天出租人说收电梯使用费，承租人是否也要交呢？”

（二）无偿合同

无偿合同（a gratuitous contract），是指只有一方当事人作出给付，或虽为双方作出给付但双方的给付间不具有对价意义的合同。[②]赠与合同属于典型的无偿合同，在理论上，使用借贷也属于无偿合同。而消费借贷、委托、保管，具体根据合同是否约定了利息、报酬的支付，则可能是有偿合同，也可能是无偿合同。

＊狭义无偿合同与无欲合同　　学说上有将无偿合同进一步区分为“狭义无偿合同”与“无欲合同”的，前者指合同的作成，一方当事人

---

① 稻本洋之助ほか『民法講義5 契約』（有斐閣，1978年）15頁；中田裕康『契約法（新版）』（有斐閣，2021年）71頁。

② 松坂佐一『民法提要　債権各論（第5版）』（有斐閣，1993年）8頁。

积极地损失其财产，而相对人则取得与其损失相当的财产。例如，生前赠与，或死后出捐的行为等；后者指一方当事人，并非损失其积极财产，但也未取得相对的利益或任何代价，而使相对人负担给付义务的合同，例如，无偿委托、使用借贷、无息借款等。此种区分并不具有多少实益。

＊有偿合同/无偿合同与双务合同/单务合同　有偿合同与无偿合同，和双务合同与单务合同相比，是在对合同的全过程中经济的平衡与否加以考虑的基础上作出的分类，两种分类并不必然一致对应，有偿合同较之双务合同，是一个更广的概念。[①] 双务合同当然都是有偿合同，因为双务合同的债务本身须具有对价性。但有偿合同并不全是双务合同。有些单务合同也是有偿的，因为债权人已承担了付出，比如在消费借贷之中，债权人只接受与付给债务人的钱物相等值的返还物。[②] 在我国法下，对此可以借款合同为例加以说明。金融机构作为贷款人的借款合同，按照《民法典》第667条以下的规定，为诺成合同，于是，贷款人负有交付借款的义务，借款人负有返还本息的义务，构成双务合同；同时，因借款人须向贷款人偿付利息，此类合同又是有偿合同。但是，如果此类合同中，当事人约定贷款人交付借款为合同的成立要件，那么，该借款合同虽仍为有偿合同，却是单务合同。[③] 为期明了，简单图示如下（见图2-4-1）。由该图可知，双务必系有偿，而单务原则上为无偿，例外亦有为有偿者；反过来说，无偿必系单务，而有偿则原则上为双务，例外亦有为单务者。[④]

---

① 稲本洋之助ほか『民法講義5契約』（有斐閣，1978年）15頁；松坂佐一『民法提要　債権各論（第5版）』（有斐閣，1993年）8頁。

② ［意］彼德罗·彭梵得：《罗马法教科书》（2017年校订版），黄风译，中国政法大学出版社2018年版，第254页。

③ 参见魏振瀛主编：《民法》（第3版），北京大学出版社、高等教育出版社2007年版，第397页。借贷合同包括使用借贷合同（Leihvertrag）与消费借贷合同（Darlehensvertrag），前者在我国司法实务中被称为“借用合同”，后者包括物品消费借贷合同与金钱消费借贷合同，金钱消费借贷合同在《民法典》中称为“借款合同”。可见，我国法关于借贷合同的规定是不完整的，仅规定了其中的“借款合同”，且以之为诺成合同（无论是法人之间的还是自然人之间的）。对于其他借贷合同，是诺成合同还是要物合同，法律欠缺规定。应当注意的是，以有息借贷合同为单务合同，是以借贷合同为要物合同作为前提的。

④ 参见郑玉波：《民法债编总论》（第15版），台北，三民书局出版有限公司1996年版，第30页。

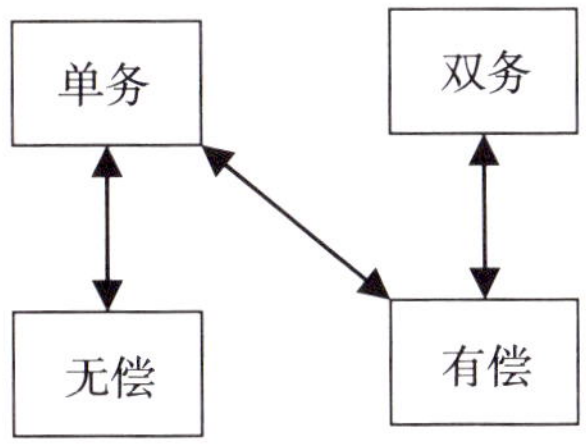

图 2－4－1　单务和双务与有偿和无偿

二、区分的意义

（一）责任的轻重不同

在无偿合同中，债务人所负的注意义务程度较低，在有偿合同中，则注意义务较高。比如，依据《民法典》第 897 条的规定："保管期内，因保管人保管不善造成保管物毁损、灭失的，保管人应当承担赔偿责任。但是，无偿保管人证明自己没有故意或者重大过失的，不承担赔偿责任。"第 929 条第 1 款规定："有偿的委托合同，因受托人的过错造成委托人损失的，委托人可以请求赔偿损失。无偿的委托合同，因受托人的故意或者重大过失造成委托人损失的，委托人可以请求赔偿损失。"《合同编通则解释》第 1 条第 3 款后段就无偿合同确立的"较轻负担解释"规则，亦具有相同精神。

（二）主体资格要求不同

订立有偿合同的当事人原则上应为完全行为能力人，限制行为能力人非经其法定代理人同意不得订立重大的有偿合同。对于纯获利益的无偿合同，如接受赠与等，限制行为能力人和无行为能力人即使未取得法定代理人的同意，也可以订立；但在负返还原物的无偿合同中，仍然须取得法定代理人的同意。

（三）债权人撤销权的构成要件不同

债权人撤销权的构成要件因债务人的行为属无偿行为抑或为有偿行为而有不同。在无偿处分财产权益场合，并不要求债务人的相对人主观上具有诈害意思（《民法典》第538条）；在有偿行为场合，则要求债务人的相对人知道或者应当知道该情形（主观上具有诈害意思，《民法典》第539条），在有转得人的场合，解释上也应要求转得人具有恶意。

（四）能否构成善意取得不同

依《民法典》第311条规定了善意取得制度，其构成要件之一是“以合理的价格转让”，当然是以有偿合同为前提。

（五）买卖规则的准用

对于有偿合同，法律如无特别规定，则参照适用买卖合同的有关规定（《民法典》第646条）。如此，关于出卖人的瑕疵担保义务规则（《民法典》第612条以下）的准用，特别具有重要的意义。而对于无偿合同，依《民法典》第662条的规定，原则上免责。

第五节　诺成合同与要物合同

一、语义

此种分类是以合同成立除意思表示外是否需要其他现实成分为标准作出的。

（一）诺成合同

诺成合同(Konsensualvertrag),是仅依当事人的意思表示一致即可成立的合同,或称“一诺即成”的合同。在我国合同法上,大多数的合同均属于此类合同,如买卖、赠与、借款、[①]租赁[②]等,也可以说是以诺成主义为原则。

（二）要物合同

要物合同(Realvertrag),又称实践合同,指除当事人双方意思表示一致外,尚需交付标的物或完成其他现实给付才能成立的合同(有时也称践成合同)。在我国法上属于要物合同的有定金合同(《民法典》第586条第1款后段)、保管合同(《民法典》第890条主文)。给付定金的一方及寄存人的行为,并不被视为对允诺或者债务的履行,而被看成成立该类合同的必要的组成行为。[③]

依据《民法典》第427条,设立动产质权的质押合同包括“质押财产交付的时间、方式”条款,因而交付质押财产属于出质人的合同上义务而非先合同义务,故应当认为动产质押合同已属于诺成合同,并非要物合同。[④] 质押合同自成立时生效,只是“质权自出质人交付质押财产时设立”(《民法典》第429条),交付质押财产为质权的设立要件,而非质权合同的成立要件。出质人不交付质押财产的,质权人基于生效的质押合同,有请求交付质押财产的权利。

＊“要物”:成立要件? 生效要件? 诺成合同与要物合同的主要区别,在于要物合同以物的交付或其他现实给付的完成为要件,自民

① 参见《民法典》第667条、第671条。德国民法同此立场,借款合同的成立,原则上并不以贷款人给付贷款为前提,不是要物合同,而是诺成合同。Vgl. *Brox/Walker*, Besonderes Schuldrecht, 31. Aufl. 2006, S. 224. 而我国台湾地区相关规定及日本民法则采相反立场。

② 参见《民法典》第703条、第708条。

③ See G. H. Treitel, *Remedies for Breach of Contract* 251 (1988).

④ 在罗马法中,质押则是要物合同。参见[意]彼德罗·彭梵得:《罗马法教科书》(2017年校订版),黄风译,中国政法大学出版社2018年版,第252页。

法理论而言,此所谓“要件”均是指合同的成立要件,[①]不生疑问。值得注意的是,《民法典》第586条第1款后段修正了原《担保法》第90条后段,明确规定:“定金合同自实际交付定金时成立。”另外,第890条规定:“保管合同自保管物交付时成立,但当事人另有约定的除外。”均是以物的交付为合同的成立要件。

＊诺成合同与要物合同的沿革　在罗马法中作为债之渊源的合同须采用要式程式,然在古典法时期以前便有两类例外,分别是“以实物达成的债”和“采用合意达成的债”,由此产生现代的名称“要物合同”和“合意合同”。第一类合同的名称产生于“物”(res),表示各项合同的实质,即返还所接受的物,它的一般概念是,物被借出后,应当原物返还。至于第二类合同,没有什么自己的特点,但可能是在这些合同中“合意”第一次受到重视并被要求。前者包括四种:消费借贷、使用借贷、寄托(保管)、质押。后者也包括四种:买卖、租赁、合伙和委托。[②] 从沿革的角度来看,诺成合同的范围是在逐渐增加的。[③] 而在近现代民法上,均采合同自由原则,对于合同的类型不作强制规定,由于绝大多数合同都从双方达成合意时成立,属诺成合同;而要物合同则必须有法律特别规定,已属特殊合同。

关于要物合同的规定,本来是诺成主义的例外,其理由除了罗马法以来的历史沿革,还被认为与此类合同的无偿性有关。在将物或金钱无偿给予、借出场合,本来含有对对方的好意、爱情等法律难以规范的要素;如果物或金钱现实交付与对方,此种状态便好获得法的保护。如果仅凭口头的合意便发生法的拘束力,则因会否在法律上强制了作为合意基础的好意或爱情,或者对在基础欠缺时达成的合意予以强制,故有所不妥。职是之故,就要物合同,对于无偿行为自物或金钱现实交付时起,始具有拘束力。[④]

① 松坂佐一『民法提要　債権各論(第5版)』(有斐閣,1993年)9頁;広中俊雄『債権各論講義(第6版)』(有斐閣,1994年)12頁;稲本洋之助ほか『民法講義5契約』(有斐閣,1978年)15~16頁;遠藤浩＝川井健等編集『民法(5)契約総論(第3版)』(有斐閣,1995年)47頁;水本浩『契約法』(有斐閣,1995年)4頁。

② [意]彼德罗·彭梵得:《罗马法教科书》(2017年校订版),黄风译,中国政法大学出版社2018年版,第252页。

③ 松坂佐一『民法提要　債権各論(第5版)』(有斐閣,1993年)9頁。

④ 中田裕康『契約法(新版)』(有斐閣,2021年)74頁。

二、区分的意义

（一）合同的成立要件不同

诺成合同以合意为成立要件，要物合同以合意和交付标的物或完成其他现实给付为成立要件。

（二）当事人义务的确定不同

在诺成合同中，交付标的物或完成其他给付，系当事人的给付义务，违反该义务便产生违约责任。在要物合同中，交付标的物或完成其他给付，不是当事人的给付义务，只是先合同义务，违反它不产生违约责任，可构成缔约过失责任。[①]

第六节　要式合同与不要式合同

一、语义

此种分类的标准是，对于合同的成立法律、行政法规规定或者当事人约定是否要求采用特定的形式（参照《民法典》第135条）。

（一）要式合同

要式合同，是指依据法律、行政法规规定或当事人约定，须采用特定形式方能成立的合同。

对于一些重要的交易，法律常常要求当事人必须采取特定的形式

① 参见崔建远：《合同法》（第4版），北京大学出版社2021年版，第27页。

订立合同。比如《民法典》第668条第1款规定："借款合同应当采用书面形式，但是自然人之间借款另有约定的除外。"第736条第2款规定："融资租赁合同应当采用书面形式。"第789条规定："建设工程合同应当采用书面形式。"第851条第3款规定："技术开发合同应当采用书面形式。"第863条第3款规定："技术转让合同和技术许可合同应当采用书面形式。"①政府采购合同应当采用书面形式（《政府采购法》第44条）。以信托合同设立信托，应当采取书面形式（《信托法》第8条第1款）。

要式合同，除法律要求之外，亦可由当事人要求。比如，当事人在合同中约定："对于本合同的任何变更须由双方当事人达成合意，且以书面为之。"据此，当事人事后变更合同，仅有合意，尚未为足，还需要以书面形式表现双方变更合同的合意。

（二）不要式合同

不要式合同，是指对其成立法律或当事人没有要求采取特定形式的合同。合同究竟采取什么形式，取决于当事人的自由意思。当事人可以采取口头形式，也可以采取书面形式或者其他形式。

在古代法上，往往注重交易的外在形式与交易的安全，合同的效力甚至被认为源于特定程式的完成，②因而形成了重视合同程式甚于合同内容的现象，故以要式为原则。近现代民法在重视交易安全的同时照顾交易的便捷，一反古代法的做法，以不要式为原则，以要式为例外，这同时也是合同自由原则的体现。③《民法典》贯彻自愿原则，也是以不要式为原则，以要式为例外。

＊"要式"：成立要件？生效要件？ 通常的理论认为，要式合同

① 后面几个法条中的用语为"应当采用书面形式"，没有出现"必须"字样，如何理解其效力，易生疑问。然学说解释上，通常仍以之为要式合同，参见崔建远主编：《合同法》（第3版），法律出版社2003年版，第380、396、430、435页。

② See Reinhard Zimmermann, *The Law of Obligations: Roman Foundations of the Civilian Tradition*, Juta & Co. Ltd., 1st Edition 1990, Reprinted 2006, p. 82. 罗马法起初以形式本身造就了法律效力，此处的形式是"效力形式"（Wirkform）而非"保护形式"（Schutzform）。遵循形式乃是法律效力之存在及获得承认的真正原因（而不仅仅为一要件）。

③ 在英美合同法上，也有要式合同与不要式合同的区分，详见［美］A. L. 科宾：《科宾论合同》（上册），王卫国等译，中国大百科全书出版社1997年版，第13页以下。

所要求之形式是合同的成立要件。[①] 就我国的法律来看,《民法典》第490条第2款规定:“法律、行政法规规定或者当事人约定合同应当采用书面形式订立,当事人未采用书面形式但是一方已经履行主要义务,对方接受时,该合同成立。”这是对合同书面形式法律效果的例外规定,对此作反面解释,即可认为如果应当采用而没有采用书面形式,合同原则上不成立。可见,《民法典》原则上以要式合同的形式为合同的成立要件。

二、区分的意义

法律或者当事人要求特定的形式要件,均有其特殊的目的(可参考本书第三章第二节之二“合同形式的目的”)。一般来说,合同形式首先涉及举证难易的问题,这一问题目前《民法典》已经放给当事人自主决定了,即采用书面形式还是口头形式或者其他形式,均由当事人自己决定。而《民法典》中要求书面形式的规定,基本上是由于这些合同相对说来显得比较重要,因而应当慎重,要求当事人应当采用书面形式,同时也有第490条等条文进一步弱化形式要件的法律效果。政府采购合同之被要求书面形式,则与其使用财政资金进而应有透明度(transparency)与可说明性(accountability)直接相关。另外一些需要办理批准、登记等手续的,立法的目的多是基于行政管理的需要。总的说来,要式合同与不要式合同的区分,虽然在我国法上已经变得意义不大,但尚不能认为已经没有意义了。

《民法典》既然对于合同以不要式为原则,以要式为例外,区分要式合同与不要式合同的主要意义,就在于要式合同场合如果不符合“形式要件”时会发生一些特别的法律效果,比如合同不成立或者其他效果,而不要式合同则不存在这一问题。

---

① 稲本洋之助ほか『民法講義5 契約』(有斐閣,1978年)16頁;遠藤浩=川井健等編集『民法(5)契約総論(第3版)』(有斐閣,1995年)47頁;佟柔主编:《中国民法》,法律出版社1990年版,第342页。

第七节　一时的合同与继续性合同

一、语义

根据时间因素是否对合同给付义务的内容及范围发生影响，可将合同区分为一时的合同与继续性合同。

（一）一时的合同

一时的合同(Vorübergehende Verträge)，又称一次给付合同或单发合同，指合同的内容，因一次给付即可实现。如买卖、互易、赠与、承揽等。

值得注意的是，债务人所负的给付分期分批地做出，这种情形在交易上颇为常见，就买卖合同而言，既可以就价款分期给付，此即分期付款买卖，也可以就买卖标的物分批给付，比如约定购买水泥 100 吨，分 4 批交付，每批 25 吨。这类合同称为“分期交付合同”(Ratenligferungs verträge)。分期交付合同仍不失为单一的合同，因为合同的总给付是自始确定的，虽采分期给付的方式，但时间因素对给付的内容及范围并没有影响，[①]它与通常的一次给付合同的主要区别，在于排除《民法典》第 531 条规定的“债权人可以拒绝债务人部分履行债务”规则的适用。

（二）继续性合同

继续性合同，是指合同的内容，并非一次给付可以完结，而是继续地实现，其基本的特色是，时间因素(Zeitmoment)在债的履行上居于重

① 参见王泽鉴：《债法原理》(第 2 版)，北京大学出版社 2022 年版，第 129 页。

要的地位,总给付的内容取决于应为给付时间的长度。[①]《民法典》第563条第2款中的“以持续履行的债务为内容”的合同,便属于继续性合同。由于此类债权的主要效力在于履行状态的维持,因而有的学者称为“状态债权”。[②] 比如,甲雇乙为门卫,乙在雇用期间继续地提供劳务,甲继续地支付工资,债的内容随时间的经过而增加。供用电(水、气、热力)、借款、租赁、保管、仓储、委托、物业服务、合伙等,均属于继续性合同。

***继续性合同的沿革** 继续性合同,作为一个法学概念,最初是由德国学者基尔克于1914年以“继续性债之关系”(Dauerschuldverhältnisse)的概念提出来的,此后获得了普遍的接受。[③] 固有意义上的继续性债之关系,具有四个特点:(1)单一的合同;(2)定有期限或不定期限;(3)以继续性作为或不作为为其内容;(4)随时间的经过在合同当事人之间产生新的权利义务。[④]

***继续性供给合同**[⑤] 继续性供给合同,是指当事人约定一方于一定或不定的期限内,向对方继续供给定量或不定量的一定种类及品质的物,而由对方按一定的标准支付价款的合同。这种类型的合同具有四个特点:(1)单一的合同;(2)定期或不定期;(3)给付的范围与各个供给的时间,可自始确定或依买受人的需要加以决定;(4)当事人自始欠缺分期履行一个数量上自始业已确定给付的认识。属于继续性供给合同的,包括电、煤气、自来水、热力或鲜奶等的供给合同。

继续性供给合同也属于继续性债之关系,其与合伙、雇佣、租赁等固有继续性合同的不同,在于其系依当事人的意思于买卖合同(或制作物供给合同)订立之。继续性供给合同与分期交付合同的区别,在于上述第四项特点,即在分期交付合同自始有一个确定的总给付存在,但分

---

① Vgl. *Christodoulou*, Vom Zeitelement im Schuldrecht, Vorstudien aus der Sicht des Dauersschuldverhältnisses, Diss. Hamburg(1968). 转引自王泽鉴:《债法原理》(第2版),北京大学出版社2022年版,第129页。

② 参见苏俊雄:《契约原理及其实用》(第2版),台北,中华书局1978年版,第57页。

③ Vgl. *Otto von Gierke*, Dauernde Schuldverhältnisse, Jher Jb, 65, 355;北川善太郎『債権各論(第2版)』(有斐閣,1995年)35頁。

④ 参见王泽鉴:《债法原理》(第2版),北京大学出版社2022年版,第129页。

⑤ 参见王泽鉴:《债法原理》(第2版),北京大学出版社2022年版,第129~130页。

期履行，每一期的给付，仅系部分给付。反之，在继续性供给合同，其依一定时间而提出的给付，不是总给付的部分，而是具有某种程度经济上及法律上的独立性，不是"部分履行"，而是在履行当时所负的债务。例如，甲向乙购买牛奶10瓶每日送1瓶，是属于分期交付合同。甲与乙约定，每日由乙送牛奶1瓶，直到甲要求停送时为止，则为继续性供给合同。又如，X饭店与Y养鸡场约定，由Y供应肉鸡，随叫随送，随行就市。依此合同，X有"叫货"的权利，而无义务，如不再叫货，即等同于终止合同。针对这种情形，德国学者为之取名为"框架合同"，相应地落实该框架者称为"个别合同"（Einzelvertrag）。[①]

一时的合同与继续性合同，有时不易区分。比如，甲、乙签订为期一年的房屋租赁合同，约定每月房租1000元，每月月初支付当月房租。此种合同，与供用电、水、气、热力合同明显有差异，虽采分期给付，给付的内容从一开始便已确定，是不是应当认定为一时的合同而非继续性合同呢？换言之，究竟应如何理解租金债权是之作为继续性债权呢？

就上述设例，在结论上仍应肯定该房屋租赁合同依然属于继续性合同。一方面，租赁合同期间开始虽然确定，如同有一相对固定的框架，但后面履行过程中，双方的给付与对待给付，仍有不确定或者待确定的因素。比如，可能因为不可抗力，影响房屋使用；或者由于房东未尽保持租赁物合于用益状态的义务，承租人主张少支付房租。另一方面，从租赁合同解除的后果并不发生恢复原状的义务这个角度，可能更好解释。

二、区分的意义

一时的合同与继续性合同区分的主要意义在于，合同无效、被撤销或者确定不发生效力、合同履行以及发生履行障碍场合的处理不完全一样。主要表现在以下几个方面。

① 参见王泽鉴：《债法原理》（第2版），北京大学出版社2022年版，第133～134页。另外可以参见黄立：《民法债编总论》，中国政法大学出版社2002年版，第56页；韩世远：《物业服务合同的解释论——以框架合同为视角》，载《中国政法大学学报》2022年第3期。

（一）合同无效、被撤销或者确定不发生效力

无效的或者被撤销的民事法律行为（合同）自始没有法律约束力（《民法典》第 155 条）。民事法律行为（合同）无效、被撤销或者确定不发生效力后，行为人因该行为取得的财产，应当予以返还；不能返还或者没有必要返还的，应当折价补偿（《民法典》第 157 条前段）。这对于一时的合同而言，不成问题；在继续性合同（尤其是雇佣及合伙），学说上认为应限制无效或撤销的溯及效力，使自当事人主张不生效力、无效或撤销之时起向将来发生效力，过去的法律关系不因此而受影响。[①] 鉴于《民法典》第 155 条及第 157 条的规定并未排斥对继续性合同的适用，自解释论以言，虽无适用的例外，唯对于租赁或合伙之类合同的无效，已经履行的部分不妨作为“不能返还或者没有必要返还”的情形，作为事实合同关系，依合同规范处理。

（二）合同的履行

一时的合同，原则上其债务一经履行，债权关系即归于消灭。继续性合同，在约束的期间内，其履行呈持续状态，债权关系并不立即消灭，被称为“继续的给付”或者“状态给付”；另外，由于将一定期间状态的存续或维持作为继续性合同的目的，因而当事人之间的信赖关系便成为合同的实质性要素。再有，情事变更原则的主要适用对象是继续性合同；在继续性合同的履行中，诚信原则的功能更大。[②]

（三）违约补救

违反继续性合同，原则上应当区别“个别给付”与“整个合同”予以处理。[③] 对个别给付，可径行适用《民法典》有关违约责任等的规定；对整个合同而言，解除时宜无恢复原状义务（称合同的终止，Kündigung），

① 参见王泽鉴：《债法原理》（第 2 版），北京大学出版社 2022 年版，第 130 页。
② 中田裕康『契約法（新版）』（有斐閣，2021 年）75 頁。
③ 参见王泽鉴：《债法原理》（第 2 版），北京大学出版社 2022 年版，第 131 页。

这与《民法典》第566条第1款的精神也是相符的。

（四）解除权的发生

依单方的意思解除合同，由于是对于合同约束力的否定，因而受有严格的限制（《民法典》第562条第2款约定解除权，第563条法定解除权），此项原则对于一时的合同是严格适用的。但是，继续性合同有其自身特点，其一，如果继续性合同为不定期合同（当事人未约定固定的合同期限），因此便一直存续下去，无疑会发生限制当事人自由的后果，故《民法典》第563条第2款规定，"以持续履行的债务为内容的不定期合同，当事人可以随时解除合同，但是应当在合理期限之前通知对方"。学说或以此作为合同自由的一个组成部分，应当承认当事人的解约自由。[①] 其二，无论继续性合同是否约定有固定期限，苟因重大事由而致作为合同基础的信赖关系遭受破坏，或者难以期待当事人继续维持这种结合关系时，法律允许一方当事人有权解除合同，比较适宜。[②] 这样，对于不定期的继续性合同，当事人可以随时解除合同，但是应当在合理期限之前通知对方（《民法典》第563条第2款）。[③] 另外，对于有固定期限的继续性合同，在解释上也应承认合理的司法解除（《民法典》第580条第2款）以及基于重大事由的司法解除。[④]

（五）合同解除的效力

对于合同解除的效力，《民法典》第566条有规定，其中第1款所谓"合同性质"，主要指合同的标的是物还是行为，是移转标的物的所有权还是使用权，是继续性合同还是一时的合同等。[⑤] 一时的合同的解除具

① 北川善太郎『债権各論（第2版）』（有斐閣，1995年）36頁。作为我国的实际案例，可以参见新闻"首起'小灵通包月案'机主败诉"（记者王丽娜），法院认为，原告与被告网通北京分公司签的是不定期合同而非无限期合同，网通在解除合同前已向社会公示了变更合同的意向，并通告了最后期限，期满后停止此项服务并无不妥，故驳回原告的诉求。参见《京华时报》2009年1月19日，A5版。

② 参见王泽鉴：《债法原理》（第2版），北京大学出版社2022年版，第132页。

③ 参见吴奕锋：《论不定期继续性合同随时终止制度　兼评〈民法典合同编（二审稿）〉的规定》，载《中外法学》2019年第2期。

④ 参见韩世远：《继续性合同的解除：违约方解除抑或重大事由解除》，载《中外法学》2020年第1期。

⑤ 参见张广兴、韩世远：《合同法总则》（下册），法律出版社1999年版，第47页。

有恢复原状的可能性,可发生恢复原状义务;继续性合同被解除的,或无恢复原状的可能性,或不宜恢复原状,故通常不生恢复原状义务问题。

除上述区分的意义外,最后还应当强调一点,在现代企业交易中,继续性合同成为一种典型的交易方式,有的学者甚至称为“企业交易中继续性合同的原则化”[①],作为其表现,诸如继续性供给合同(供用电、水、气、热力合同等)、代理店或特约店合同、合并事业合同、继续的保证、特许加盟连锁店合同(franchising chain)、高尔夫会员合同等,从中也可以反映出来,对于企业来说,继续性合同不仅对于转移财产权的合同,而且对于利用财产权的合同、提供服务型的合同,亦已日益占据主流。我国《民法典》虽然规定了供用电、水、气、热力合同,规定了租赁、保管、仓储等合同,但从总体上来说,仍然是以一时的合同作为主要的规范对象;另外,为了给司法裁判处理继续性合同案件提供充分的理论依据,学说上对于继续性合同的研究也有待进一步加强。如此,强调一时的合同与继续性合同的区分,并深入对继续性合同的研究,是有着重大的理论与现实意义的。

第八节 主合同与从合同

一、语义

合同是否以他种合同存在为前提,以此为标准,可以将它们分为主合同与从合同。[②] 而且这种主从关系,仅具有相对的意义。

(一)主合同

主合同,是指不需要以其他合同的存在为前提即可独立存在的合

① 北川善太郎『債権各論(第2版)』(有斐閣,1995年)36頁。

② 参见胡长清:《契约法论》,商务印书馆1931年版,第8页。

同。这种合同具有其独立性。

（二）从合同

从合同，又称附随合同，是指以其他合同（主合同）的存在为其存在前提的合同。[①] 例如抵押合同、质押合同等担保合同，是主债权债务合同的从合同（《民法典》第388条第1款）。另外，保证合同、定金合同相对于主债权债务合同而言也是从合同。从合同的特点在于其从属性，不能脱离主合同独立存在，必须以主合同的有效存在为前提。

二、区分的意义

合同间主从关系的划分，主要的意义在于明确它们之间的制约关系。由于从合同以主合同的存在为前提，这样，主合同不成立，从合同就不能有效成立（最高额保证[②]以及最高额抵押权[③]可算是例外）；主合同变更或转让，从合同也不能单独存在，依具体情况相应地可能发生变更、随同转让或者消灭的效果；主合同被宣告无效或者被撤销，从合同亦无效（参照《民法典》第388条第1款后段；第682条第1款）；[④]主合同解除，从合同依其目的，或继续存在，或归于消灭（参照《民法典》第566条第3款）。

---

① 参见史尚宽：《债法总论》，台北，1990年自版发行，第13页。

② 《民法典》第690条第1款规定："保证人与债权人可以协商订立最高额保证的合同，约定在最高债权额限度内就一定期间连续发生的债权提供保证。"据此，最高额保证合同可能早于作为主合同的借款合同或者某项商品交易合同而成立并生效。

③ 《民法典》第420条第1款规定："为担保债务的履行，债务人或者第三人对一定期间内将要连续发生的债权提供担保财产的，债务人不履行到期债务或者发生当事人约定的实现抵押权的情形，抵押权人有权在最高债权额限度内就该担保财产优先受偿。"该条规定中出现的"将要连续发生的债权"一语，更在直白地表明最高额抵押权合同早于其所要担保的主合同成立并生效。

④ 原《担保法》第5条第1款就担保合同的从属性有统一规定，该法所规定的担保方式包括保证、抵押、质押、留置和定金（该法第2条第2款），除留置为法定担保，其他的担保的成立均需要担保合同。原《担保法》第5条以其第1款便解决了所有担保合同的从属性问题。《民法典》欠缺原《担保法》那样统领人的担保、物的担保及金钱担保的一般规定，反而将既有的一般规定拆分开来，分别在物权编和合同编中规定，更有甚者，拆分处理不周全，就定金合同便欠缺其从属性规则，构成不应有的法律漏洞。如今，该法律漏洞只好借助于类推适用《民法典》第388条第1款或者第682条第1款的方式填补。或谓《民法典》第388条第1款"其他具有担保功能的合同"可以涵盖定金合同，然如若从该条的体系位置（《民法典》第二编"物权"第四分编"担保物权"第十六章"一般规定"）以及该条首句"设立担保物权，应当依照本法和其他法律的规定订立担保合同"的语境来看，系就担保物权而言，定金不属于担保物权，故不应纳入此条的"其他具有担保功能的合同"，否则则构成体系违反，得不偿失。

当事人在担保合同中约定担保合同的效力独立于主合同,或者约定担保人对主合同无效的法律后果承担担保责任,该有关担保独立性的约定无效。主合同有效的,有关担保独立性的约定无效不影响担保合同的效力;主合同无效的,人民法院应当认定担保合同无效,但是法律另有规定的除外(《担保制度解释》第 2 条)。

第九节　预约与本约

一、语义及认定

(一)语义

预约与本约的区分,也是以两个合同相互间的关系为标准,只不过不是以主从关系为标准,而是以手段与目的的关系为标准。

预约(Vorvertrag),或称预约合同,指约定将来订立一定合同的合同;嗣后履行预约而订立的合同称为本约(Hauptvertrag)。因而,预约是一种债权合同,以订立本约为其债务的内容。双方当事人互负此项使本约成立的债务的,称“双务预约”(zweiseitig verpflichtender Vorvertrag);仅当事人一方负担此项债务的,称“单务预约”(einseitig verpflichtender Vorvertrag)。

关于预约,各国法律有设明文规定者,如《奥地利民法典》第 936 条及《瑞士债务法》第 22 条。有不设明文规定者,如德国民法,依合同自由原则而承认当事人自由订立。早在 2003 年《商品房买卖解释》中,便已经出现了“商品房的认购、订购、预订等协议”(第 5 条),并可因此向买受人收受定金(第 4 条),作为订立商品房买卖合同的担保。及至 2012 年《买卖合同解释》,其第 2 条明确规定了“认购书、订购书、预订书、意向书、备忘录等预约合同”,并肯定了因此发生的“订立买卖合同的义务”及其违约救济手段,包括承担预约合同违约责任或者要求解除预约合同并主张损害赔偿。最高人民法院在买卖合同领域通过上述司法解释所作的探索被《民法典》第495条所吸收，并在此基础上“明确将预约合同作为一项基本的民事制度予以规定，使其适用于各种交易活动”。[①] 由此可以认为，我国的预约制度实发端于商品房买卖领域，[②]进而扩展至买卖合同，并最终被《民法典》提升为“一项基本的民事制度”。在合同编通则部分专门规定预约合同，诚属我国法关于预约的重要发展。最高人民法院《合同编通则解释》第6条至第8条进一步围绕预约合同进行规定，丰富相关内涵及评价因素，亦格外引人注目。

***法国民法关于预约的新规定**

1.《法国民法典》2016年以后的新规定

《法国民法典》原第1589条规定了买卖预约，第1590条规定买卖预约的定金。2016年《法国民法典》修正后，在第三卷“取得财产的各种方法”第三编“债的渊源”第一分编“合同”第一节“合同的订立”中新增第三目，用两个条文（新第1123条和新第1124条）规定预备的合同（contrats préparatoires）或者前合同（avant-contrats），功能上相当于预约，但体系位置已提升至合同的一般规则，特别值得关注，以下分别说明。

2.优先协议

《法国民法典》新第1123条规定“pacte de préférence”，英译“pre-emption agreements”，[③]日译“优先条项”。[④] 罗结珍先生译作“优先缔约简约”。[⑤] 不过，“简约”（pactum）作为罗马法上的特定概念，有其特定含义，[⑥]应该慎用。李世刚教授译作“优先协议”，[⑦]尹田教授称“优先性协议”[⑧]，本书从此类译法，称“优先协议”。

---

① 黄薇主编：《中华人民共和国民法典合同编释义》，法律出版社2020年版，第78页；石宏主编：《〈中华人民共和国民法典〉释解与适用[合同编]》（上册），人民法院出版社2020年版，第60页。

② 或谓我国预约合同制度源于1992年《海商法》第231条“预约保险合同”，然查看此条，并结合该法第232条，其所谓“预约保险合同”虽出现了“预约”二字，实非预约，而是一种框架合同，保险合同的内容应依预约保险单证和保险人分别签发的保险单证共同确定，如二者有冲突，则以分别签发的保险单证为准。

③ See John Cartwright & Simon Whittaker（eds.），*The Code Napoléon Rewritten: French Contract Law after the 2016 Reforms*, Hart Publishing 2017, p. 417.

④ F. Ancel and B. Fauvarque – Cosson『フランス新契約法』（齋藤哲志＝中原太郎訳）（有斐閣，2021年）254～256頁。

⑤ 参见《法国民法典》，罗结珍译，北京大学出版社2023年版，第618页。

⑥ 参见黄风编著：《罗马法词典》，法律出版社2002年版，第194页。

⑦ 李世刚：《法国新债法：债之渊源（准合同）》，人民日报出版社2017年版，第134页。

⑧ 尹田：《法国现代合同法》，法律出版社1995年版，第56页。

依《法国民法典》新第 1123 条第 1 款,"优先协议,是指一方当事人承诺,只要他决意订立合同,便首先向优先协议受益人提议该合同的合同。"[①]据此,该受益人对于订立该合同享有优先缔约权(a right of first refusal to enter into the contract),优先于其他人。优先协议常见于商事租赁,要求租赁不动产的所有权人,如决意出售,则向承租人提供优先缔约权。[②]

依同条第 2 款,"违反优先协议而与第三人订立合同的,该协议受益人可以对其受到的损失获得赔偿。该第三人知道存在该协议并且知道受益人有利用该协议意图的,受益人也可以诉请合同无效,或者请求法院使其在已经订立的合同中取代该第三人。"首先,就违反优先协议场合的损害赔偿的算定,由于诺约人对受益人负有优先地提议合同的义务,在违反义务场合,通过损害赔偿,须使受益人处于如果诺约人提议合同缔结则受益人所会处的状态,因而,可以请求由合同所生期待利益的赔偿。对于具有故意违反优先协议之过错的第三人 ,受益人亦得追究合同外责任。[③] 其次,第 2 款依该第三人善意或者恶意之不同,区分两种情形,对于第三人恶意情形,得由受益人诉请合同无效或者取代第三人。受益人选择取代第三人的,须接纳由该第三人既已合意的条款。[④] 第 2 款是为了解决实务上经常出现的问题而提供的解决方案,作为对违反优先协议的制裁,在对协议违反者课以责任之外,规定了受益人在违反协议缔结的合同中的代位权限。在因违反协议而缔结的合同中,受益人可得代位,这早在 2006 年 5 月 26 日破弃院(Cour de Cassation)混合部判决(Cass. Ch. Mixte, 26 mai 2006, n° 03 – 19376: Bull. Viv. Ch. Mixte, n°4)中便已得到承认,新第 1123 条继续沿用了判例上所课的 2 个要件,即在合同缔结时第三人知道优先协议的存在,以及认识到受益人有援用该协议的意图。[⑤]

依同条第 3 款,"第三人可以书面通知受益人,要求其在该第三人所确定的且须合理的期限内,确认优先协议的存在以及他是否准备利

① 本文所涉《法国民法典》新增条文,均系作者在罗结珍先生译本基础上,依前述英译本及日译本重译,特此说明。

② See Solène Rowan, *The New French Law of Contract*, Oxford University Press, 2022, p. 80.

③ F. Ancel and B. Fauvarque – Cosson『フランス新契約法』(齋藤哲志 = 中原太郎 訳)(有斐閣,2021 年)164 ~ 165 頁。

④ See Solène Rowan, *The New French Law of Contract*, Oxford University Press, 2022, p. 80.

⑤ F. Ancel and B. Fauvarque – Cosson『フランス新契約法』(齋藤哲志 = 中原太郎 訳)(有斐閣,2021 年)164 頁。

用该协议。”该款规定乃是意在保护第三人的新机制，而此前法国破弃院拒绝了要求知道优先协议的第三人调查受益人是否有意行使其优先权。如今该新机制可以降低第三人的不确定性以及违反优先协议的风险。[①] 该新机制其实就是赋予第三人以催告权。

依同条第4款，“该书面通知应当写明，如果优先协议受益人在该期限内未作答复，他便不再有权主张在该第三人所订合同中代位，或者主张该合同无效。”

3. 单方预约

《法国民法典》新第1124条规定“promesse unilatérale”，即“单方预约”[②]（英译“unilateral promises”；日译“一方预约”）。依第1124条第1款，“单方预约是一项合同，一方当事人即诺约人同意给予另一方即受益人就订立某项合同进行选择的权利，而该合同的要素已经确定，其成立仅欠缺受益人的同意。”据此，受益人得选择依事先与诺约人同意的条款成立合同，例如购买不动产的单方预约，据此受益人有一项排他性权利，得于一段确定的期间内，依约定的条款购买财产。[③]

依同条第2款，“在允许受益人进行选择的期限内，对该预约的撤销，无碍于所预订合同的成立。”受益人得寻求特定履行，这确保了单方预约的有效性，并与破弃院一系列有争议的案例划了分界线，在诸此案件中受益人在预约撤销后做出了选择，破弃院则拒绝判予特定履行而仅判予损害赔偿。这也招惹来了批评，被认为是“引发争议的判决，毒害了法国合同法”。这种批评是基于单方预约是完整形成的合同，因而与其他被违反的合同一样，属于可得特定履行的（be specifically enforceable）。[④]

依同条第3款，“违反单方预约而与第三人成立的合同，该第三人知道该预约存在的，无效。”对于受益人而言，并无取代第三人地位的余地，这与恶意违反优先协议的情形适成对照。这种差异被归因

---

① See Solène Rowan, *The New French Law of Contract*, Oxford University Press, 2022, p. 81.

② 参见《法国民法典》，罗结珍译，北京大学出版社2023年版，第619页。罗结珍先生在其译注中特别强调“单方预约”不称为“单方允诺”，有法国学者认为“单方允诺”是一个来自德国法的概念，法国有反对引进“单方允诺”概念的意见，认为法国法律现有概念已经足够表达相同的法律现象。法国债法改革以后的条文表述中仍然没有使用“单方允诺”。这一点殊值重视。

③ See Solène Rowan, *The New French Law of Contract*, Oxford University Press, 2022, p. 81.

④ See Solène Rowan, *The New French Law of Contract*, Oxford University Press, 2022, p. 81.

于地位取代对于单方预约并不必要，因为受益人有权进行选择，这与优先协议受益人完全不同，后者并无成立合同的权利，而仅有优先缔约权。[①]

预约的目的在于成立本约。当事人之所以不直接订立本约，理由多样：既可以是法律上的事由，也可以是事实上的事由，造成订立本约尚不成熟，于是先订立预约，使相对人受其拘束，以确保本约的订立。比如，甲拟向乙借款，乙表示须等一个月后始有资金，于是甲与乙订立借款合同的预约，约定一个月后再订立本约；又如，甲拟向乙承租某屋，乙因一年后始能收回该屋，于是先与甲订立租赁合同的预约；再如，甲、乙、丙等人拟合伙经营某共同事业，因尚须邀请他人加入，为确保将来合伙能够成立，便先订立合伙的预约。[②]

（二）认定

当事人的约定，究竟属于预约抑或本约，理论上虽容易区别，但实际中往往不易判断，应探求当事人的真意来认定。订立预约在交易上系属例外，有疑义时，宜认定为本约。另外，当事人为订立合同，除预约外，尚有其他方式可资采用，包括：(1)确定的要约，即订立较长的承诺期间，使相对人可随时承诺而成立合同；(2)选择权合同，即赋予当事人可依其单方的意思表示，使一定合同发生效力的权利（形成权）；(3)订立附条件或期限的合同。当事人所订立的究属哪一种存有疑义时，应当解释当事人的意思及交易目的来认定。[③]

预约亦约，其成立与否应依相关规范进行判断。相关规范包括《民法典》第495条第1款，《合同编通则解释》第6条、第3条等，当事人就其成立如果另有约定，当然也应尊重其特别约定。就一般法层面，预约的要件包括：(1)约定的订立合同的义务；(2)本约的可确定性。以下

---

① See Solène Rowan, *The New French Law of Contract*, Oxford University Press, 2022, p. 82.

② 参见王泽鉴：《债法原理》（第2版），北京大学出版社2022年版，第135页。

③ 参见王泽鉴：《债法原理》（第2版），北京大学出版社2022年版，第136页。在英美法上，有其独特的选择权合同(option contract)，是一种伴有对价的预约，从比较法来看，它是一种与大陆法系的一些国家的要约的拘束力相对应的制度。在英美法允许自由撤销要约的背景下，通过提供形式上的或象征性的对价而取得选择权(option)，从而可以使要约人受其要约的拘束，这便是选择权合同。

分别说明。为担保在将来一定期限内订立合同交付了定金,属于推定的预约,其成立要件亦不例外。

1. 约定订立合同的义务

预约合同亦如其他合同,其成立可以采取要约、承诺方式或者其他方式(《民法典》第 471 条)。要约须符合"内容具体确定"和"受约束的意旨"两项条件(《民法典》第 472 条),承诺是受要约人同意要约的意思表示(《民法典》第 479 条),进而在因此形成的合意中,双方均有其受约束的意旨,自不待言。以"仲崇清案"为例,[①]意向金的收授本身即表明双方均有受约束的意旨。预约合同的法律效果在于订立本约的义务,这一点从《民法典》第 495 条第 1 款已可显示,该条第 2 款更是直白,称"预约合同约定的订立合同义务"。立法机关释义指出,预约合同最本质的内涵是约定在将来一定期限内订立合同。预约合同的标的为在将来一定期限内订立本约,当事人就此项标的达成合意,预约合同即成立。[②]

预约合同场景中的缔约义务,与情事变更场景中的再协商义务有一点是共通的,即就其内涵不应泛泛而谈,而应依诚信原则,在个案场景中具体解释确定。[③] 以"仲崇清案"为例,依双方签订的《商铺认购意向书》,原告负有向被告支付购房意向金 2000 元的义务,并因此取得小区商铺优先认购权;被告负有在小区正式认购时优先通知原告前来选择认购的义务。上述约定作为单务预约,不同于使双方当事人均负缔约义务的双务预约,仅使一方负担与对方订立本约的义务;[④]在德国,或称此为"选择权合同"(Optionsvertrag,此语也指通过合同使一方当事人

---

① 仲崇清诉上海市金轩大邸房地产项目开发有限公司合同纠纷案(《中华人民共和国最高人民法院公报》2008 年第 4 期),相关内容可从中华人民共和国最高人民法院公报官网(http://gongbao.court.gov.cn/)搜索获取,此处不再细述其详情。为表述方便,书中使用案件简称。

② 参见黄薇主编:《中华人民共和国民法典合同编释义》,法律出版社 2020 年版,第 78 页。

③ 参见韩世远:《再协商义务及其本土化》,载《月旦民商法杂志》2024 年第 3 期。

④ 关于单务预约与双务预约的区分,以及其与单方预约及双方预约的不同,潮見佳男『債権各論(第 2 版)』(新世社,2009 年)56~57 頁;中田裕康『契約法(新版)』(有斐閣,2022 年)116 頁参照。单方预约与单务预约的共同之处在于仅使一方当事人取得成立本约的主动权(initiative),双方预约和双务预约则使双方取得该主动权。椿寿夫「予約法の課題」椿寿夫『予約法の総合的研究』(日本評論社,2004 年)22~23 頁。

有权得依其单方表示成立本约的情形)。[①] "仲崇清案"中原告的选择权体现在:他在被通知开盘时可选择购买,也可选择不购买,且不丧失意向金;在选择购买场合,买卖合同尚须双方另行签订,尚不能仅依原告的意愿当然成立,此时被告便负有承诺的义务。整体上被告在此交易中的缔约义务至少可以体现在:(1)在正式认购时通知原告前来认购的义务;(2)确保有商铺可供原告选择的义务;(3)在原告选定中意商铺时依卖方标注价格签订本约的义务;(4)原告在预约所示价格区间提出自己较现实标注价格更低报价时,对于这新一轮的讨价还价,被告依诚信原则磋商的义务。

预约约定的缔约义务通常是行为义务,而非结果义务。学者就预约效力总结的"必须磋商说"和"必须缔约说",[②]如果可被接纳的话,转换视角也可以说是就缔约义务性质的把握不同所致。作为行为义务,人们只能要求义务人尽其心力以成其事,并不能够强求必定实现某特定结果。《合同编通则解释》第7条正是从缔约义务作为一种行为义务角度,细化了缔约义务不履行的认定标准,尤其是是否违背诚信原则的认定标准。

2. 本约的可确定性

预约要约"内容具体确定"指向的是预约约定的内容,即缔约义务内容具体确定。《合同编通则解释》第6条第1款在"约定在将来一定期限内订立合同"之外,特别增加了"能够确定将来所要订立合同的主体、标的等内容的",这进一步明确了本约的可确定性要件。[③]据此,预约须能从其规定中可得确定预期本约的主义务(muss er die Hauptpflichten desbeabsichtigten Hauptvertrags bestimmbar festlegen),欠缺该最低限度的内容,则预约无从生其效力(unwirksam)。[④] 申言之,合

① Vgl. *Werner Flume*, Das Rechtsgeschäft, 4. Aufl., Springer-Verlag 1992, S. 615. 在英美法中,亦有所谓option(选择权)与option contract(选择权合同)。"选择权"是指在一定期间内以某一价格抛售或者购入商品的权利,或者以某一价格租赁的权利,或谓其具有在法律上不得撤销要约的性质,尤其用于股票等的买卖。"选择权合同",或称"选择权付与合同",则是指给与选择权的合同,为此通常以支付选择权费(option premium)作为对价。田中英夫『英米法辞典』(東京大学出版会,1991年)608頁。

② 参见韩强:《论预约的效力与形态》,载《华东政法学院学报》2003年第1期。该文并未就这两种观点标明出处,因而这种提炼更像是一种"理念型",而非"现实态"(尤其是所谓"必须缔约说")。

③ 就预约内容的确定性区分为预约"自身"的和"本约"的,可参见汤文平:《论预约在法教义学体系中的地位:以类型序列之建构为基础》,载《中外法学》2014年第4期。

④ Vgl. *Kurt Schellhammer*, Schuldrecht nach Anspruchsgrundlagen, 11. Aufl., C. F. Müller 2021, S. 794.

同的重要事项未经当事人自己确定，便承认预约具有完全的效力，也与私人自治原则矛盾。[①] 以下试比较《合同编通则解释》第 6 条第 1 款与《民法典》第 495 条第 1 款，揭示其中新增的评价因素。

《民法典》第 495 条第 1 款是关于预约构成要件的规定，其中基本的评价因素包括“当事人”和“在将来一定期限内订立合同”（预约合同的标的）。关于民事法律行为的有效要件，我国法（原《民法通则》第 55 条，《民法典》第 143 条）虽未明确要求行为内容确定，学说就法律行为之标的，依民事法律行为之本质，其内容不确定，不能据以划定双方当事人权利义务范围，故采当然解释，认为要求行为内容须确定。[②] 对于《合同编通则解释》第 6 条第 1 款，放在此语境下或许更易于理解。首先，预约本身内容具体确定，即明确约定一方或者双方负有缔结合同的义务。其次，上述缔约义务尚需要进一步具体化，而不能宽泛得无从把握，故需要就预期本约要求一定程度的确定性。本约的可确定性既服务于预约“内容具体确定”以使其缔约义务之履行有所依托，又可就双方围绕本约取得的共识得以固定。1972 年台上字第 964 号判例谓：“买卖预约，非不得就标的物及价金之范围先为拟定，作为将来订立本约之张本，但不能因此即认买卖本约业已成立。”[③]即此之谓。

“将来所要订立合同的主体”，作为预约合同标的的内容，固然可以与预约合同的主体一致，[④]司法解释新增此评价因素的意义不限于此，尚可指二者有差异的情形，这当然可以是预约当事人负有与第三人缔约义务的情形（预约作为向第三人履行的合同），[⑤]或称此为“涉他预约”。比如公司设立发起人与供应商签订预约，使供应商负有在约定的期限内与将要设立的目标公司签订货物供应合同的义务。

“能够确定将来所要订立合同的标的”，在解释上可以认为，对于预约所要求的最低限度的内容是可确定本约的主义务；或者说，对于作为债权性预约的确定性，如若诉求本约的缔结，应达到能使裁判者可确定

① 藤田寿夫「予約とその確定性」椿寿夫『予約法の総合的研究』（日本評論社，2004 年）165 頁。

② 参见梁慧星：《民法总论》（第 6 版），法律出版社 2021 年版，第 179 页。

③ 参见王泽鉴：《债法原理》，北京大学出版社 2009 年版，第 115～116 页。

④ 关于主体是否为法律行为独立的构成要件，学说不无争议，可参见杨代雄：《民法总论》，北京大学出版社 2022 年版，第 353 页以下。

⑤ 此种情形也出现在了德国学者关于预约的著述中，参见［德］维尔纳·弗卢梅：《法律行为论》，迟颖译，法律出版社 2013 年版，第 736 页。

本约重要事项的程度。[1] 换言之,俾法院于诉讼时,得依解释而确定本约的内容。[2] 在德国司法实践中,买卖价款不应超过某一确定的上限,这被认为尚不足够确定(RG 124,83);当事人如果尚不知道他们准备设立的公司是何种类型,亦是如此(RG 106,176);但是,当事人可以保留就各个问题点留待日后解决(BGH NJW 2006,2843)。[3] 在我国,以"仲崇清案"为例,在预约中约定了本约的基本内容,即预购商铺面积为150平方米,均价为每平方米7000元(可能有1500元的浮动),但意向书对楼号、房型未作具体明确约定。对此,法院认可了预约的效力。换言之,该预约就本约的确定性已足够。

3. 预约作为一项合同,并不以支付对价为必要

换言之,预约的要点在于当事人就将来成立合同(本约)达成合意,而为此是否一方向另外一方支付对价,并不影响该合意作为一份独立的合同。

二、区分的意义

区分预约与本约的意义,主要体现在预约所具有的特殊功能以及效力方面。

(一)预约的功能

预约之有意义,一般仅在当事人尚不能够签订本约,但他们又想有些合同约束的场合。[4] 或称当事人意在固定交易机会。[5] 除了交易预约外,担保性预约亦颇值重视。日本合同实务呈现的是利用保证预约、让与担保预约、抵销预约、再买卖预约等方式实现担保功能的做法。[6] 比

① 藤田寿夫「予約とその確定性」椿寿夫『予約法の総合的研究』(日本評論社,2004年)165頁。

② 参见王泽鉴:《债法原理》,北京大学出版社2009年版,第117页。

③ Vgl. *Kurt Schellhammer*, Schuldrecht nach Anspruchsgrundlagen, 11. Aufl., C. F. Müller 2021, S. 794.

④ BGH NJW 2006, 2843. Vgl. *Kurt Schellhammer*, Schuldrecht nach Anspruchsgrundlagen, 11. Aufl., C. F. Müller 2021, S. 793. 从以本约为原则、以预约为例外的合同解释规则出发,对预约独立存在价值表示质疑的观点,可参见陈聪富:《预约、本约与意向书之区辨——对预约独立存在的质疑》,载《月旦民商法杂志》2024年第3期。

⑤ 参见韩强:《论预约的效力与形态》,载《华东政法学院学报》2003年第1期。

⑥ 伊藤進「担保的予約の総括的検討」椿寿夫『予約法の総合的研究』(日本評論社,2004年)550頁以下。

如Y向X借入2000万日元时,赋予X一项预约完结权:1年后如不能返还,则将Y的某不动产以2000万日元的价格卖与X,并且将该预约完结权通过预告登记予以保全(日本《不动产登记法》第105条第2号)。[①] 日本法在实务中的应用发展对中国法具有启发性,具体操作上当然要能够与中国实定法相匹配,或许将来会逐渐增多对预约担保功能的开发利用,充实"其他具有担保功能的合同"(《民法典》第388条第1款)内涵。

（二）预约的效力

预约的效力,主要指预约对当事人的约束力以及当事人不履行预约在法律上可以发生的效果。进一步说,依有效成立的预约,发生订立本约的义务,该义务或约束一方当事人,或约束双方当事人。当事人不履行此义务,构成违约,由此发生如下基本问题:其一,对方当事人可否请求违反预约的当事人继续履行预约以成立本约?其二,如果对方当事人主张损害赔偿,该损害赔偿责任在法律上如何定位(履行利益、信赖利益抑或其他)?当然,如果当事人在预约中约定特别法律效果以应对一方违约,比如约定违约金或者违约定金,[②]自无不可。此处着重分析违反预约的一般法律效果。

1. 可否请求继续履行

《民法典》第495条第2款就违反预约的法律效果提到了"对方可以请求其承担预约合同的违约责任",虽然没有直接使用"继续履行",但"违约责任"是上位概念,显然,该款规定为非违约方主张"继续履行"预约预留了解释的空间。不过,《合同编通则解释》就预约的违约责任只在第8条规定了赔偿损失,并没有涉及可否请求"继续履行"。起草者所做的解释是,正是因为当事人对于是否订立本约合同仍然保留最终决策权,在一方违反预约合同导致未能订立本约合同的情况下,如

① 能見善久＝加藤新太郎編集『判例民法5 契約I(第2版)』(第一法規,2013年)143頁。

② 学者指出,在预约合同定金数额的约定上,应不受原《担保法》关于定金数额不得超过主合同标的额的20%的限制。这是因为,在预约合同订立时,本约合同标的的数额很可能还未明确;同时,预约合同自身的合同标的在于订立本约合同,通常并无明确的标的数额约定。参见王利明:《预约合同若干问题研究——我国司法解释相关规定述评》,载《法商研究》2014年第1期。

果强制该当事人订立本约合同,就可能背离当事人订立预约合同的初衷,也有架空预约合同制度之嫌。为此,该司法解释未将强制履行作为违反预约合同的救济措施予以规定,而仅规定守约方可请求违约方承担违反预约合同的赔偿责任。[①]

⋆当事人是否"保留最终决策权" 当事人是否保留最终决策权,需要通过具体解释预约方能确定,不应泛泛而论,一概推定预约当事人均保留有最终决策权。以"仲崇清案"为例,依双方约定:"如原告未在约定期限内认购,则视同放弃优先认购权,已支付的购房意向金将无息退还。如原告按约前来认购,则购房意向金自行转为认购金的一部分"。显然原告有选择认购与否的权利,而没有必须选购的义务;一旦原告选择认购,则被告负有与之缔约的义务,未看出其有拒绝的权利。这属于典型的单务预约,而非双务预约。依此约定,预约将最终决策权保留给了原告(预约权利人),而没有保留给被告(预约义务人)。在原告选择认购场合,被告如拒绝接受认购,则构成违反预约约定的缔约义务,预约并未赋予其权利违约。因而,如果声称被告有"最终决策权",其权利基础既非预约合同,又难找到法律规定,实难索解。另外,从双方利益分析,原告支付意向金给被告,被告收取后便处于可支配使用该笔金钱的有利状态;被告给予原告的只是"优先认购权",并没有其他积极的付出。在这种利益状态下,如果说只要本约未签订,被告也像原告一样,拥有最终决策权,这种判断显然既不符合当事人的真实意思(原告支付的意向金在该案中并非定金,更非解约定金),也在客观上有失公平。因而,泛泛地说当事人"保留最终决策权",其实是混淆是非,有害无益。[②]

在德国及我国台湾地区,预约债务人负有订立本约的义务,权利人得诉请履行,法院应命债务人为订立本约的意思表示,债务人不为意思表示者,视同自判决确定时已为意思表示。本约成立后,债权人即有请求给付的权利,基于诉讼经济原则,债权人得合并请求订立本

① 参见最高人民法院民事审判第二庭、研究室编著:《最高人民法院民法典合同编通则司法解释理解与适用》,人民法院出版社 2023 年版,"合同法律适用应当把握的思维方法(代序)"第 12 页。

② 参见韩世远:《预约亦约:缔约协议的法解释论》,载《环球法律评论》2024 年第 6 期。

约及履行本约。[1] 在日本，则承认预约当事人的“预约完结权”，在一方当事人基于预约发出订立本约的要约时，如对方对此要约不主动承诺，《日本民法典》为了避免请求强制履行（第 414 条第 2 款但书）的麻烦，规定只要有预约完结的意思表示，则不以对方的承诺为必要，即可成立本约。[2] 本约如为要物合同或者要式合同，仅有意思表示，尚不能成立本约，自不待言。对于预约的效力，上述比较法均提示了相似的方案，即肯定预约合同债权人可以主张继续履行。

反对就预约适用“继续履行”责任的意见，通常顾忌债务人所负担的债务的特点，认为该“债务的标的不适于强制履行”（《民法典》第 580 条第 1 款第 2 项）。换言之，成立本约需要双方配合，一旦一方不配合，法院不能够强迫该当事人配合，否则与强制缔约无异。这种担忧，虽有一定的道理，但仍不无探讨的余地。

其一，预约一如其他合同，是在肯定当事人意思自由并保障自由意思成果前提下的产物，自己决定及自己负责，是执行预约的基本前提，诚实信用地兑现自己的诺言，本身是按自己的真实意愿办事，谈不上违背自己的意愿；而恰恰是出尔反尔者，违背了自己当初的意愿。法律如果对此做法听之任之，便无异于助纣为虐。

其二，上述比较法考察已经显示，预约甚至可以在不借助于违反预约者配合的情况下继续履行，这一点与《民法典》合同编奉行“鼓励交易”原则以及《合同编通则解释》第 3 条第 1 款将合同成立的基本要求降至当事人、标的和数量，可以很好地契合，至少对于本约的标的和数量在预约中业已确定的情形，应该不存在太大障碍；至于当事人订立预约时所考虑的其他特别事项，纵然预约违约方不予配合，只要可以依诚信原则及合同解释、漏洞填补规则，可得确定，似无碍于继续履行预约成立本约。

总之，对于当事人主张继续履行预约，虽应依具体情况具体判断，但原则上宜持肯定立场。

---

① 参见王泽鉴：《债法原理》（第 2 版），北京大学出版社 2022 年版，第 137 页。

② 我妻栄『債権各論（上巻）』（岩波書店，1954 年）51～52 頁；北川善太郎『債権各論（第 2 版）』（有斐閣，1995 年）35 頁。《日本民法典》第 556 条第 1 款规定：“买卖一方的预约，自他方表示完结买卖的意思时起，发生买卖的效力。”第 559 条规定：“本节的规定，于买卖以外的有偿契约准用之。但其契约的性质不适于准用时，不在此限。”

2. 违反预约的损害赔偿

预约合同生效后，当事人一方不履行订立本约合同的义务，对方请求其赔偿因此造成的损失的，人民法院依法予以支持。前款规定的损失赔偿，当事人有约定的，按照约定；没有约定的，人民法院应当综合考虑预约合同在内容上的完备程度以及订立本约合同的条件的成就程度等因素酌定（《合同编通则解释》第 8 条）。

（1）主张损害赔偿是否必须以解除预约合同为前提

2012 年《买卖合同解释》第 2 条后段曾规定："……对方请求其承担预约合同违约责任或者要求解除预约合同并主张损害赔偿的，人民法院应予支持。"该规定容易给人一种印象：主张损害赔偿应以解除预约合同为前提。这种印象并不正确。

违约损害赔偿与因违约而解除，二者制度功能不同［因违约而解除，其本来的功能在于非违约方"合同义务的解放"，由此派生的功能尚包括非违约方"交易自由的回复"及违约方"合同利益的剥夺"，详见本书后续出版的第九章第二节之一（四）2 部分］。损害赔偿，可以与解除合同并用，也可以在未解除合同的场合主张。

（2）履行利益的赔偿

预约作为独立的合同，在其被违反时，相应的损害赔偿首先应考虑履行利益的赔偿。

预约的履行利益，即如果预约合同得到履行债权人所可获得的利益，简言之，可体现为本约的成立。然而，这只是定性描述，一旦诉讼，预约的非违约方须对其遭受的损害进一步作定量分析，要对损害以金钱单位加以衡量。而预约中的义务（成立本约）本身难以抽象地作金钱评价，要想定量，就必须与本约的内容相联系。换言之，违反预约的损害赔偿，有必要结合本约加以认定。

当然，违约损害赔偿在这里的主要目的是要以金钱替代债务人履行债务，应当是以被违反的合同（预约）为参照，是对于履行预约合同义务的替代（填补赔偿），而非对于履行本约中合同义务的替代。从逻辑上讲，应当明确区分违反预约的责任和违反本约的责任。由于成立本约与履行本约是两个不同的阶段，在就违反预约请求损害赔偿时，若以本约履行所可获得的利益（本约的履行利益）为参照系，可能面临因果链环过分远隔的质疑。因而，有见解认为，"无论如何，此处的损害赔偿不能完全等同于违反本约合同的赔偿。由于本约合同还没有成立，未产生可得利益，所以违反预约合同不应当赔偿可得利益的损失”。[①] 其中，违反预约的损害赔偿不能完全等同于违反本约的赔偿，在结论上值得赞同。但仅仅走到这一步，还是没有提供一条明确的可供操作的标准。本书认为，仅仅看到预约的履行利益与本约履行利益的逻辑差异还是不够的，还应当看到二者的内在联系，并在此基础上探寻出路。

在肯定预约作为独立合同的前提下，如果考虑到当事人缔结预约以及其后的本约，所追求的经济目的实质上是统一的，预约本身并非当事人的最终目的，当事人的最终目的在于本约及其履行，追求本约合同目的的实现，因而，形式逻辑的说服力远弱于经济实质的说服力。另外，意识到“可得利益”之模糊定性所能提供的帮助实在有限，它本身已包含在“履行利益”范畴之内，故可以不必特别借助此概念。在结论上，可以认为：其一，预约债权人可以参照本约履行利益，主张损害赔偿，但是，损害赔偿的范围应小于违反本约损害赔偿的范围；其二，违反预约损害赔偿范围的限缩，不是借助于对“可得利益”的概念界定，而应通过减轻损害（《民法典》第 591 条）、与有过失（《民法典》第 592 条第 2 款）以及损益相抵（《买卖合同解释》第 23 条）等规则而实现。比如，一方预订宾馆客房后，因其自己原因无法按时入住而主张退房，其对宾馆承担的赔偿责任之所以应低于正常房费，不是由于本约没有成立未产生可得利益（如何界定这里的“可得利益”也是问题），而是在于一方面要参照本约的履行利益，另一方面也应依减轻损害规则（宾馆应积极安排替代交易）、损益相抵规则（由于客人没有入住，宾馆无须为履行支付相关水电、人工费用，因而受有利益）等合理确定赔偿范围。

以上是就履行利益赔偿中的填补赔偿作为分析对象，那么在违反预约场合，是否存在迟延赔偿问题呢？理论上虽不排除有主张迟延赔偿的可能，实践中当然要以当事人举证证明确有相应损害存在为前提。而在当事人主张填补赔偿场合，通常也会排斥迟延赔偿。

（3）信赖利益赔偿

在履行利益不易举证场合，不妨由权利人主张以信赖利益为替代

① 王利明：《预约合同若干问题研究——我国司法解释相关规定述评》，载《法商研究》2014 年第 1 期。

方案（详见本书后续出版的第十章第五节）。应当注意，这时的信赖利益赔偿，只是作为履行利益赔偿的替代方案，它与预约合同是否解除没有必然的联系。那么，它是不是一种缔约过失责任呢？结论也应是否定的，以下具体说明。

(4)能否作为本约的缔约过失责任

由于预约是以订立本约为最终目的，处于本约的"先合同"阶段，违反预约的损害赔偿，可否作为本约的缔约过失责任呢？对此，在结论上宜持否定意见，从请求权基础的检索顺序角度看，有合同作为请求权基础时，通常无须再舍近求远，不必求诸缔约过失责任。

当然，由此问题，可以获得另外一重启发。在比较法上，有信赖利益赔偿以可能的履行利益赔偿额作为上限的规则，否则，便说明当事人之间的交易是"赔本"的交易，允许超过履行利益的信赖利益赔偿，无异于让债权人将自己错误决策导致的损失转嫁到债务人头上，因而是不正当的。我国立法虽没有明确的类似规则，但违反预约的损害赔偿，如果算是相对于本约而言的"先合同"阶段的"信赖利益"赔偿的话，不允许它超过本约的履行利益，也可由此获得进一步的印证。

第十节　束己合同与涉他合同

一、语义

这是以合同内容是否实质性地涉及第三人为标准所作的分类。

（一）束己合同

束己合同，或称"为订约人自己订立的合同"，指订约当事人订立合同是为自己设定权利和义务，使自己直接取得和享有某种利益、承受某种负担的合同。束己合同严格遵循合同相对性原则（《民法典》第465条第2款），第三人既不因合同而享有权利，也不因合同而负担义务，合同仅在其当事人之间有其拘束力。

（二）涉他合同

涉他合同，是指合同的内容实质性地涉及了第三人的合同。涉他合同包括“向第三人履行的合同”（又称“为第三人利益的合同”）与“由第三人履行的合同”两种基本类型。

1. 向第三人履行的合同

向第三人履行的合同，是指当事人为第三人设定了合同权利，由第三人取得利益的合同。《民法典》第522条实际上承认了这类合同，其典型例子比如保险合同，合同当事人是投保人与保险人，受益人却可以不是投保人而是第三人；又如，货物运输合同，合同当事人是托运人和承运人，收货人很多时候不是托运人，而是其他第三人。

2. 由第三人履行的合同

由第三人履行的合同，或称担保第三人履行的合同，是指以担保第三人的履行为合同标的的合同。该合同属于广义的担保行为之一种，其目的在于确保他人的履行。[①]《民法典》第523条承认了这类合同。作为由第三人履行的合同的例子，比如连环买卖合同，上游合同的买受人成为下游合同的出卖人，他可以在下游合同中约定由上游合同的出卖人直接向下游合同的买受人交付买卖标的物。

二、区分的意义

区分束己合同与涉他合同，一方面可以反映出两类合同的目的有所差异，另一方面可以反映出合同的效力范围上有差异。涉他合同虽对合同相对性原则有所突破，却不能认为已经完全背离该原则。因为第三人并没有成为合同的一方当事人，发生违约的场合，我国法仍然奉行合同相对性原则（《民法典》第465条第2款），由债务人向债权人承担违约责任，至于债务人与第三人之间的关系，则要另案处理。

① 参见韩世远：《由第三人履行的合同刍议》，载《浙江工商大学学报》2008年第4期。

不过,值得注意的是,最高人民法院《民间借贷解释》第22条,[①]为追求实质公正,允许将民间借贷合同当事人之外的第三人列为共同被告或者第三人,或者共同承担责任,显然已经突破了合同相对性原则。

① 《民间借贷解释》第22条规定,“法人的法定代表人或者非法人组织的负责人以单位名义与出借人签订民间借贷合同,有证据证明所借款项系法定代表人或者负责人个人使用,出借人请求将法定代表人或者负责人列为共同被告或者第三人的,人民法院应予准许。法人的法定代表人或者非法人组织的负责人以个人名义与出借人订立民间借贷合同,所借款项用于单位生产经营,出借人请求单位与个人共同承担责任的,人民法院应予支持”。

03

Chapter

第三章

合同的订立

细目

第一节　合同的订立与成立

一、概念

《民法典》合同编第二章标题为“合同的订立”，法律同时也使用合同的“成立”（《民法典》第 483 条、第 490 条、第 491 条等），因而，有必要先说明合同的“订立”与“成立”这两个用语。

简单地说，合同的订立（Vertragsabschluss）是一个动态概念，合同的成立（Zustandekommen von Vertag）是一个静态概念。合同的订立，是指两个或两个以上的当事人为意思表示、达成合意最终成立合同的过程。合同的成立，则是指经由上述订立过程而形成合同的结果，它不是一个动态过程，而是一个静态状态或者一个时间流的横断面。如果把合同比作一个有机体，合同的订立是描述该有机体的孕育过程，合同的成立则是指代该有机体的诞生。[①]

二、合同成立的一般要件

（一）当事人

成立合同自然少不了合同主体，在《民法典》合同编中称为“当事人”，也就是在合同关系中权利义务的承载者，是平等主体的自然人、法人或者非法人组织。合同当事人不会只有一方，而是要有两方或者多方。

应当注意区别合同当事人与缔约主体。缔约主体，即实际订立合

① 相似的观念亦可见诸日本法学，唯其所区分者，系合同的“缔结”与合同的“成立”，比如藤田寿夫「契約締結と予約」椿寿夫编『予約法の総合的研究』（日本評論社，2004 年）136 頁。

同的人。实际订立合同的人，依合同订立方式之不同，既可以是亲自订立（Persönlicher Abschluss）场合的合同当事人本人，也可以是通过辅助人订立（Abschluss durch Hilfspersonen）场合[①]的合同当事人的代理人。代理人包括委托代理人和法定代理人（《民法典》第163条）。在代理人订立合同场合，当然是以被代理人的名义，故被代理人是合同当事人。

（二）对必要合同内容达成合意

1. 合意

合同的成立通常须基于当事人的合意。合意（*consensus ad idem*；a meeting of minds），即合同当事人双方相互作出的意思表示达成一致。

成立合同所必要的“合意”，虽通常理解为是就合同的必要内容所达成，唯不应以此为限，尚有进一步的意涵：当事人对于其意思表示受法律拘束亦有合意。[②] 后面这一点，看似突兀，实则不然。若着眼于通过要约、承诺缔结合同，而要约应符合“表明经受要约人承诺，要约人即受该意思表示约束”（《民法典》第472条第2项），即不难理解。表达这一层意涵，则可解释，何以有“依法成立的合同，对当事人具有法律约束力”（《民法典》第119条）的规定，何以有的合同成立时并不生效但却已经具有了法律约束力。[③] 这是由于合同的法律约束力表面看是法律的赋予，实质上却有着当事人的意思（合意）作为基础。

（1）合意的判断：主观说抑或客观说？

当法官判断当事人是否达成合意时，是要取决于当事人实际的意思（actual intention）抑或表象的意思（apparent intention）？这一问题在合同法的发展中引起了重大的原理争论，即主观说与客观说之争。主观说（subjective theory of assent）看重当事人实际的或者主观的意思。当然，主观说非谓仅有主观的同意本身即足以成立合同，即便按照主观说，对于同意仍须有若干表征；但是，双方对于协议实际的同意则是必

① 此种合同订立方式的区分，Vgl. *Medicus/Petersen*, Grundwissen zum Bürgerlichen Recht, 12. Auflage, 2021, S. 26. 该书第6版中译本，见［德］迪特尔·梅迪库斯：《请求权基础》，陈卫佐、田士永、王洪亮、张双根译，法律出版社2012年版，第34页。

② See Jan M. Smits, *Contract Law: A Comparative Introduction* 63 (2014).

③ 该问题的提出，参见赵旭东：《论合同的法律约束力与效力及合同的成立与生效》，载《中国法学》2000年第1期。

须的,否则,便没有合同。客观说(objective theory of assent)则着眼于当事人通过其行为所表现出来的外在的或者客观的表象。依客观说,对于合同的成立,当事人内心的同意(mental assent),诚非必要。[①]

我国合同法以表示主义为原则,仅在合同因欺诈、胁迫等原因而成立时采取意思主义,所以,合意原则上应指双方当事人表示内容的一致,对合同条款在客观上意思表示一致。[②] 合同原则上依合意的达成而成立,仅在要物合同(如保管合同,见《民法典》第890条)或者要式合同场合有所例外,在合意之外,还要求标的物的交付或其他给付的完成,或者符合特定形式要件。合意内容与内心效果意思不一致时,不是合同是否成立的问题,而是能否影响合同效力的问题,可根据重大误解等制度处理。

⋆比较考察 英国普通法通常所关注的只是合意的客观表征(the objective appearance),而非其实际情况(the actual fact),详言之,不论某人的真实意图会是什么,只要一个通情达理之人会认为他同意了对方提出的条款且对方基于此种信念而与他达成了一份合同,他就要受拘束。此种客观主义(objective principle)是以商业便捷的需要为基础的。唯于例外场合,法律关注实际的合意(actual agreement),特别是如果乙实际上知道甲并无意与他缔结合同,或按所说的条款缔结合同,即使有合意的客观表征,也不成立合同。[③] 在美国,19世纪末客观说便已居于主导地位。时至今日,法院已普遍接受客观说。[④]

"合意",在德国流派的大陆民法理论上亦注意区分"内心的意思"与"意思表示之意义"。在现今理论上,所谓合意,终究言之,系指经由

---

① See E. A. Farnsworth, *Contracts* 114 – 115 (4th ed., 2004). 美国联邦第二巡回上诉法院法官汉德(Learned Hand, 1872 – 1961)是位著名的客观论者(objectivist),曾有如下名言:"严格以言,合同与当事人个人或个体的意思无关。合同,即由法律之力对于当事人的某些行为,通常是会伴随且表达某种已知意思的语言文字,所附加的债。然而,纵使经由二十位主教证明,一方当事人在使用诸此语言文字时,意指有别于法律所会对其认定的通常意思的其他意思,该主体依旧要受[通常意思]拘束,除非存在共同错误(mutual mistake)或者其他类似事由。"Hotchkiss v. National City Bank, 200 F. 287, 293 (S. D. N. Y. 1911), aff'd, 201 F. 664 (2d Cir. 1912), aff'd, 231 U. S. 50 (1913). See also R. A. Hillman, *Principles of Contract Law* 46 – 49 (3rd ed., 2014).

② 参见崔建远:《合同法》(第4版),北京大学出版社2021年版,第62页。

③ See G. H. Treitel & E. Peel, *The Law of Contract* 1 (12th ed., 2007).

④ See E. A. Farnsworth, *Contracts* 115 (4th ed., 2004).

解释所确定的“表示内容的一致”，而非指内心意思之一致而言。[①] 合意是否成立，与表意人的内心效果意思没有关系，最终是要根据表示行为的客观的意义加以判断；而成立的合意的内容与表意人的内心效果意思的不一致，只能够作为错误之问题。[②]

(2)合意的范围：全部合意抑或部分合意？

合同成立所要求的合意，是对合同的全部内容完全一致抑或对合同的必要之点一致，《民法典》并未规定。[③] 应当注意区分情形，分别判断。

首先，应注意区分几个概念。在民法理论上，合同内容可区分为必要之点与非必要之点。必要之点，或称必要内容或本质的部分，[④]是指某一合同所不可缺的元素(essentialia negotii，“要素”)，比如，买卖合同中的标的物及价款，租赁合同中的租赁物和租金。对于诸此要素，须由当事人确定，而无从依制定法补充[⑤]。非必要之点，或称非必要内容，包括“常素”与“偶素”，前者指经常构成某种合同的内容的元素，比如，出卖人的瑕疵担保；后者指某种法律事实因当事人的特别表示而成为合同的内容，比如，附条件或附期限。

当事人就合同的全部内容达成合意，合同当然成立，没有疑问。当事人如就必要内容(要素)没有达成合意，合同不成立，亦属当然。存在疑问的是，当事人就必要内容达成合意，而对于非必要内容未合意或未达成合意，合同能否成立？在我国台湾地区“民法”(第153条第2款)，当事人对必要之点合意，而对于非必要之点未经表示者，推定合同成立；对必要之点合意，但对业经表示之非必要之点未为合意时，合同不成立。[⑥] 这种处理方法具有启发性。《民法典》贯彻“鼓励交易”精神，并奉行“合同自愿”原则。据此，如果当事人就非必要之点已明确要求须达成合意合同始为成立，则当然要尊重当事人的意思。尽管在法律

---

① 参见王泽鉴：《债法原理》(第2版)，北京大学出版社2022年版，第177页。

② 我妻荣『債権各論(上巻)』(岩波書店,1954年)56頁。

③ 我国台湾地区“民法”第153条第2项规定：“当事人对于必要之点，意思一致，而对于非必要之点，未经表示意思者，推定其契约为成立，关于该非必要之点，当事人意思不一致时，法院应依其事件之性质定之。”

④ 中田裕康『契約法(新版)』(有斐閣,2021年)102頁。

⑤ Vgl. *Medicus/Petersen*, Grundwissen zum Bürgerlichen Recht, 12. Auflage, 2021, S. 28.

⑥ 参见王泽鉴：《债法原理》(第2版)，北京大学出版社2022年版，第176～177页。

上为非必要之点,因当事人的特别意思此点亦可算是意定的必要之点,就此点未达成合意,合同不成立。比如在工程施工合同的谈判中,承包人要求须就工程竣工的时间达成一致。如果欠缺此点,纵然就其他的合同要点(价款等)已有合意,只要双方意见不一,合同仍不成立。[①] 如果当事人未对非必要之点强调须经合意,只要必要之点已经合意,按照"鼓励交易"之精神,可推定合同成立。对于非必要之点,可通过合同解释,填补合同漏洞。

《合同编通则解释》第 3 条第 1 款和第 2 款规定:"当事人对合同是否成立存在争议,人民法院能够确定当事人姓名或者名称、标的和数量的,一般应当认定合同成立。但是,法律另有规定或者当事人另有约定的除外。""根据前款规定能够认定合同已经成立的,对合同欠缺的内容,人民法院应当依据民法典第五百一十条、第五百一十一条等规定予以确定。"该规定体现了上述精神,据此可知,原则上当事人名称或者姓名、标的和数量,被作为了合同的必要之点(或称"主要条款"、[②]"必要条款",[③]详见本章第二节之四)。

合同法"建议草案"曾参考 PICC 第 2. 1. 14 条"特意待定的合同条款"(contract with terms deliberately left open),于草案第 27 条规定"条款待定的合同","若双方都有意订立合同,则即使双方将合同某一条款留待日后商定或者由第三人决定,该合同亦应成立。若此后双方就未定条款未能达成协议,或者第三人未作出决定,但存在其他在当时情况下合理的方法来确定此条款,则合同仍应成立"。其立法理由为:"我们借鉴了《国际商事合同通则》的有关规定,依照尽力促使交易达成的原则,认为只要当事人有意订立合同,即使他们故意将某条款留待日后协定或由第三人确定,合同仍应成立。若当事人没有明示其订约意图也可从其他方面推定,如整个协议的确定程度,以及协议是否已部分履行等。"由此或可印证上述结论。

综上所述,一般对于合同的必要内容达成合意,合同就可成立;非必要之点,如经当事人特别表示,亦须达成合意,才能成立合同。

---

① Vgl. *Medicus/Petersen*, Grundwissen zum Bürgerlichen Recht, 12. Auflage, 2021, S. 29.

② 参见崔建远:《合同法》(第 4 版),北京大学出版社 2021 年版,第 67 页。

③ 参见王利明:《合同法通则》,北京大学出版社 2022 年版,第 162 页。

2. 不合意

合同当事人对合同的必要内容未达成一致的意见(意思不一致),即为“不合意”。当事人没有达成合意,因而合同不成立。不合意有公然不合意与隐存不合意两种情形。

公然不合意,亦称为意识的不合意或明显的不一致,即当事人明知欠缺意思一致。隐存不合意,亦称为无意识不一致或隐蔽的不一致,即当事人不知其不一致。前者如甲向乙表示欲以 1500 元购某一型号的清华紫光扫描仪,乙则表示仅有某型号之惠普(HP)扫描仪,价格 2000 元。后者情形主要有二:(1)当事人经长期谈判,信其合同之成立,不知关于某项业经提出的问题,实际上并未合意。(2)当事人的意思表示客观上具有多义性,不能由解释排除其歧异。[①]

“民事法律行为不成立,当事人请求返还财产、折价补偿或者赔偿损失的,参照适用民法典第一百五十七条的规定。”(《总则编解释》第 23 条)

（三）小结及特别要件的效力

就合同成立的一般要件而论,具有合同主体及其就必要内容达成合意,即为已足,合同即可成立。

然对于一些特别的合同,可能还需要具备其他要件,始能成立合同。比如,对于要物合同,在合意之外尚须有物的交付;在要式合同场合,除了合意之外,还应当符合特定的方式,比如,采用合同书的形式。如果不符合诸此特别要件,作为其法律后果,除非当事人另有约定或者法律另有规定,原则上宜认定为合同不成立。

比如,甲与乙签订一份借款合同,甲借给乙 1 万元。丙同意充当保证人,但未在合同上签字,也未另外签订书面保证合同。后乙不还款,且下落不明。甲遂起诉丙承担保证责任。丙应否承担保证责任呢?对此,宜认定保证合同不成立。这是因为,《民法典》第 685 条之规定对保证合同要求了书面形式。据此,保证合同属于要式合同,当事人未以书

① 关于此点,英国普通法上的经典判例为 Raffles v. Wichelhaus, Court of Exchequer, 1864. 2 Hurl. &C. 906, 159 Eng. Rep. 375. 德国教科书中常举的例子为,某瑞士商人与一法国商人在第三国签订合同,以法郎计算,最后不能认定其究为瑞士的法郎还是法国的法郎。

面形式订立保证合同的，保证合同不成立。[①]

在合同纠纷案件中，主张合同关系成立的一方当事人对合同订立的事实承担举证责任。

三、合同成立的法律意义

（一）合同约束力的发生：当事人不得任意变更或解除合同

合同成立，当事人要受其约束，无论其合同是否已经生效，学说上称此为合同的约束力（Vertragsbindung）。所谓合同的约束力（受合同之拘束），是指除当事人同意或有解除原因外，不容一方任意反悔请求解约，无故撤销。换言之，即当事人不能单方面废止合同。《民法典》第119条规定："依法成立的合同，对当事人具有法律约束力。"就是对合同约束力的肯定。

与上述所谓"合同约束力"应严予区别的，是所谓"合同的效力"（Geltung des Vertrages），即基于合同而发生的权利义务。[②] 此种意义上的合同效力，可称为狭义上的合同的效力，自然要以合同有效成立为前提。如从广义上把握，合同的效力就是合同经过法律评价所反映出来的效果，具体包括合同有效、无效、可撤销及效力未定诸种情形。广义上的合同效力，当然也要以合同的成立为前提，始有对合同的法律评价问题。狭义的合同的效力与合同的成立可以同时发生，也可以不同时发生，详容后述［本书第四章第一节之一（三）］。

（二）债权或期待权的发生

合同成立后，通常同时生效，并因此在当事人之间发生债权债务关

① 我国法院采此立场者，不乏其例。比如北京市第一中级人民法院民事判决书(2012)一中民终字第6243号"门某某与李某某民间借贷纠纷上诉案"。自比较法观察，英国法的规定似有相似的功能。依据英国1677年《反欺诈法》(English Statute of Frauds 1677)，保证(a guarantee)须"以书面予以证明"(must be "evidenced in writing")，意味着保证合同本身虽非必须为书面的，但请求权人须得以书面证据(比如被告签署的信件，或者提到该保证的电子邮件)，证明该保证合同的存在。这意味着，一旦欠缺书面证据材料，就算是一个大公司的CEO在餐桌上答应为他人债务充当保证人，且有三位同餐桌的人可充当证人，该CEO亦不受保证约束。See Jan M. Smits, *Contract Law: A Comparative Introduction* 103 (2014).

② 参见王泽鉴：《债法原理》(第2版)，北京大学出版社2022年版，第179页。

系。如果当事人没有履行其约定或约定不明，则可以随时（请求）履行（《民法典》第511条第4项）；如果约定有期限，则到期时可以（请求）履行。在这些场合，债权人享有实在的债权。在附期限的合同场合，亦同。

如果合同是附条件的，由于条件成就与否并不确定，这时当事人之间只是存在期待权。

（三）债权的不可侵犯性

债权因合同的成立而存在，与其他民事权利一样具有不可侵犯性。行为人因过错侵害他人民事权益，应当承担侵权责任（《民法典》第1165条第1款）。另外，在附条件合同场合，当事人为自己的利益不正当地阻止条件成就的，视为条件已经成就；不正当地促成条件成就的，视为条件不成就（《民法典》第159条）。

四、所谓“意向书”或其他先合同文件

所谓“意向书”（letter of intent）或者其他先合同文件（precontractual instruments），或者以诸如“heads of agreement”，“memorandum of understanding”，“protocol d'accord”，“protocol”，“letter of understanding”，“memorandum of intent”和“term sheet”之类概念，①引发众多歧义，以致在美国有人称之为一种“魔鬼的发明”，无论如何须予回避。② 在我国，上述“意向书”之类用语，并非严格意义上的法律概念，对于其具体内容，宜具体分析，难以一概而论。问题的关键在于，此类在达成正式合同之前的一些文件，是否发生具有法律约束力的义务，进而在违反此类义务场合发生相应的法律责任。

相应地，国外有的学者分别使用两类不同的概念，以示区别，一类

① See Ralph B. Lake and Ugo Draetta, *Letters of Intent and Other Precontractual Documents: Comparative Analysis and Forms* 5 (1994). See also E. A. Farnsworth, *Farnsworth on Contracts*, 231 (3rd ed., Vol. 1, 2004).

② "After discussing developments in the Texaco-Pennzoil situation, New York attorney Stephen R. Volk stated that 'a letter of intent is an invention of the devil and should be avoided at all costs.'" Comment, *Devil's Advocate: Salvaging the Letter of Intent*, 37 Emory L. J. 137 (1988).

概念是先合同合意(precontractual agreement)或者预约(precontract),另一类概念是先合同文件(precontractual instrument or precontractual document)。前者相对于一个后来的合同,用来表示那种能够产生合同义务及责任的文书;后者虽然也是一种文书,但只是先合同阶段出现的,并没有产生合同义务和责任。除此之外,还有所谓“初步合意”(preliminary agreement),既可以包括产生义务的文件,也可以包括非产生义务的文件。[1]

在我国,一份文件能否产生合同义务及责任,关键要看该文件能否作为一份合同(包括预约)。对此,应当按照我国法律关于合同成立的一般要件进行分析和判断。

第二节　合同的形式与内容

一、概要

合同是内容与形式的统一体,换言之,合同的形式与内容,实为合同的一体两面。

(一)合同的形式

凡合同必然要采取一定的形式,近现代合同法以合同自由为原则,而“形式自由”为合同自由的题中应有之义,不言自明。因而,近现代法上,普遍以形式自由作为一般原则,称为不要式原则(the principle of informality),唯于例外情形,要求特定的形式。

我国原有三部合同法,与此不同,原则上要求合同采取书面形式,[2]我国参加联合国 CISG 时,也对于 CISG 中不限定合同形式的规定(第

① See Ralph B. Lake and Ugo Draetta, *Letters of Intent and Other Precontractual Documents*: *Comparative Analysis and Forms* 58 - 59 (1994).

② 原《经济合同法》第 3 条、原《涉外经济合同法》第 7 条以及原《技术合同法》第 9 条。

11 条）作了保留。[①] 原《合同法》第 10 条抛弃了我国原有合同法的规则，与原《民法通则》第 56 条相一致，回归到合同形式自由的原则上来。《民法典》第 135 条前段明确规定，民事法律行为可以采用书面形式、口头形式或者其他形式。

*合同形式的沿革与走向　　在古罗马法上，曾经特别强调形式的重要性，法的拘束力来源于特定形式的完成（比如，握取行为“mancipatio”），当事人实际的内心意思如何，并不重要，只要符合了既定的形式要求，买卖即可发生所有权移转的效果。后来，为适应交易经济的需要，合同的形式逐渐多样，出现了诸如问答合同、诺成合同。近现代法以合同形式自由为原则，出于证据、防止欺诈等的考虑，对于特定的行为，例外地要求采取特定的形式（比如，《法国民法典》原第 1341 条，英国 1677 年《欺诈防止法》等）。时至今日，又有许多国家出于保护消费者的实际需要，在涉及消费者的交易中，往往强调采用特定的形式，比如，要求经营者有义务就交易内容作成书面形式，交付给消费者，时代的潮流大有峰回路转之势，法国人称之为“形式主义的复兴”（renaissance du formalisme）。[②]

（二）合同的内容

合同内容通常表现为合同条款（参见《民法典》第 470 条第 1 款），合同条款实即合同内容与合同形式的连接点。从合同订立角度出发，本节仅着眼于合同条款，分析合同的内容。对于合同的内容，当然还可以从权利义务关系角度分析，这部分内容将在本书后续出版的第五章第三节展开。

二、合同形式的目的

当事人按照法律的特别规定，或者按照他们自己的特别约定，采取特定的合同形式缔约时，往往要为此花费相当的时间和精力，比如，在

---

① 中国政府在认可 CISG 时宣布，它不受第 1 条第 1 款（b）项和第 11 条的约束，也不受公约内与第 11 条内容有关的规定的约束。值得注意的是，中国政府已经于 2013 年 1 月撤回了对于 CISG 第 11 条的保留。

② Vgl. *Hein Kötz*, Europäisches Vertragsrecht, 2. Auflage, 2015, S. 108.

采取书面形式场合,要事先起草合同书,之后要由双方当事人签字或盖章。因而,法律仅在出于特定目的的场合,始要求合同形式;当事人约定采取特定的形式,也必有特定的目的。总体而言,法律规定或当事人约定合同形式,其目的大致如下,而一项具体的合同形式要求又往往是出于下述多种目的的组合。

(一)证据目的(Beweiszweck)

如当事人仅在口头上达成合意,日后不免就是否有效地缔结了合同、何时成立的合同、以何内容成立的合同等事项发生争执。而一旦当事人将其合意作成书面形式,特别是经签字或盖章的合同书形式,虽不能说可以完全杜绝日后发生争执,显而易见,可大量避免此类争执的发生。除在当事人之间,合同书面形式在政府采购场合更可被用来向第三人(主管部门、社会公众等)证明交易的透明度及可说明性(参见本书第二章第六节)。

(二)警告目的(Warnzweck)

对在法律上具有相当重要性的意思表示,通过要求形式要件,实际上是最后给当事人一次深思熟虑的机会,以免作出草率的决定。[①] 比如对于保证合同(suretyship),《民法典》第685条规定,保证合同可以是单独订立的书面合同,也可以是主债权债务合同中的保证条款。第三人单方以书面形式向债权人作出保证,债权人接收且未提出异议的,保证合同成立。凸显了保证合同的书面形式。保证作为“人的担保”(personal security),是由保证人和债权人约定,当债务人不履行到期债务或者发生当事人约定的情形时,保证人履行债务或者承担责任(《民法典》第681条)。为他人充当保证人,本身具有风险性。法律通过要求书面形式,可以发挥警告功能(cautionary or warning function),警告保证人是否要缔结一项对其而言在财务上具有危险性的法律行为。

---

① 在电脑程序中,对于删除文件之类会产生严重后果的操作,往往会作出提示,要求确认是否真的想作这种操作。二者实际上有着相似的功能。

（三）境界线目的

形式的规定，往往还具有在合同交涉与合同缔结之间划定警戒线（Trennungslinie）的目的。[①] 在诸如不动产买卖之类的合同场合，当事人通常会经过长时间的合同交涉，其间当事人可能会达成一些合意，是否具有法律上的拘束力，就此易生争执；在对合同作出书面要求的场合，其答案则显而易见，当事人很容易就明白，在签订正式的书面合同之前，自己在交涉过程中单纯的口头的或信件上的意思表示并不具有法上的拘束力；反过来，相对人对于这种意思表示，也应明白是不可信赖的。

（四）信息提供目的（Informationszweck）

现代立法，出于保护消费者之类弱者的目的，往往特别要求经营者就交易内容作成书面形式交付给消费者，称为"合同书面的作成交付义务"，[②]尤其是就其中的关键事项，要求必须用明确的文字表示出来。在这种场合，书面形式还具有信息提供的目的。[③] 在我国，作为合同书面形式具有信息提供功能（information function）的事例，可以举出《旅游法》（2018 年修订）的例子，该法第 58 条规定了包价旅游合同应当采用书面形式，并且列举了该合同所应包括的内容。该法第 59 条规定，旅行社应当在旅游行程开始前向旅游者提供旅游行程单。旅游行程单是包价旅游合同的组成部分。通过这些规定，旅游者在签订旅游合同并受其约束之前（或者在旅游行为开始前）便可获得充分的与旅游相关的信息。

（五）其他目的

除上述目的外，特定的合同形式（特别是合同书）要求还可具有其

① Vgl. *Hein Kötz*, Europäisches Vertragsrecht, 2. Aufl. 2015, S. 109.
② 比如，日本《割赋贩卖法》第 4 条；《访问贩卖法》第 4 条；《宅建业法》第 37 条。
③ Vgl. *Hein Kötz*, Europäisches Vertragsrecht, 2. Aufl. 2015, S. 110.

他目的或功能，包括：对合同缔结及其内容的确认，合同对外的公示，特定企业对同种类合同的内容的管理，因书面化而可以使其内容对外展示等。另外，内容经过公证的书面合同还可因此具有执行担保的功能；而且，将缔结的合同书面化，作为一种胜利成果，对于当事人也还可有心理上的意义。[①] 在重要的合同场合，要求双方的法定代表人在合同书上签字盖章，还可以具有仪式的要素。[②]

三、合同形式的类型

在我国法上，当事人订立合同，可以采用书面形式、口头形式和其他形式（《民法典》第 469 条第 1 款）；法律、行政法规规定或者当事人约定采用特定形式的，应当采用特定形式（《民法典》第 135 条后段）。

（一）书面形式

书面形式是合同书、信件、电报、电传、传真等可以有形地表现所载内容的形式（《民法典》第 469 条第 2 款）。由该定义的例举可以反映出有三项要点：其一，当然要求以文字"表现"合意内容；其二，所谓"有形地"表现所载内容，即指视觉能够看到。其三，"等"字表明例举并未穷尽。

书面形式的最大优点在于有据可查，易于举证。因而，对于关系复杂而又非即时清结的合同、当事人认为重要的合同，最好采用书面形式订立，有的法律也强制规定某些合同必须采用书面形式订立。

***法律、行政法规规定采用书面形式的情形**　（1）涉及不动产的场合。《民法典》第 348 条（建设用地使用权出让合同）、第 354 条（建设用地使用权转让、互换、出资、赠与或者抵押合同）、第 367 条（居住权合同）、第 373 条（地役权合同）、第 400 条（抵押合同）、《城市房地产管理法》第 15 条第 1 款（土地使用权出让合同）、第 41 条（房地产转让合

① 北川善太郎『債権各論（第 2 版）』（有斐閣，1995 年）19 頁。
② 比如，约定在人民大会堂举行合同签字仪式。

同）、第 50 条（房地产抵押合同）、第 54 条（房屋租赁合同）、《草原法》第 14 条（草原承包合同）等。（2）涉及船舶、汽车、飞机等特殊动产的场合。《海商法》第 9 条第 2 款：“船舶所有权的转让，应当签订书面合同。”第 12 条第 2 款：“船舶抵押权的设定，应当签订书面合同。”（3）涉及成立组织体的场合。《合伙企业法》第 4 条规定：“合伙协议依法由全体合伙人协商一致、以书面形式订立。”（4）涉外合同。比如，中外合资经营企业合同、中外合作经营企业合同、中外合作勘探开发自然资源合同等，有的虽然法律没有明文要求书面合同，但法律明确要求履行报批手续，由此可知，当然需要采用书面合同。（5）其他比较重要的合同场合。比如，《政府采购法》第 44 条（政府采购合同）、《劳动法》第 19 条、《商业银行法》第 37 条（贷款合同）、《民法典》第 685 条（保证合同）、第 400 条（抵押合同）、第 427 条（质押合同）、《建筑法》第 15 条（建筑工程承包合同）、《著作权法》第 27 条（著作权转让合同）、《专利法》第 10 条第 3 款［专利（申请）权转让合同］、《广告法》第 30 条（广告合同）等。

1. 合同书

合同书，是指记载有当事人合意的合同内容并被签名盖章的文书。[①] 合同书须由文字凭据构成，且要求该文字凭据符合以下要点：其一，须有由文字表现的凭据，可以是手写的、打印的或印刷的；其二，文字凭据载有合同权利义务，至少载有足以构成合同的最低限度的权利义务内容；其三，有当事人或其代理人的签名、盖章或者捺指印，或有其他能够证明文字凭据真实性的标记。

在合同实务中，采用合同书签订合同最为普遍。就合同书的功能而言固然很多，其中主要的有以下三种：其一，意思确认功能。这是合同书作成前的功能，具有防止轻率的意思表示的意义，亦称警告功能。其二，明确合意内容的功能。其三，证明功能。合同书作成后，日后可用作证据。[②]

《民法典》对合同书所要求的签名、盖章或者捺指印是三者仅具其一即可，这一立场可以从法条用语使用的“或者”二字反映出来（第 490

① 北川善太郎『債権各論（第 2 版）』（有斐閣，1995 年）19 頁。
② 中田裕康『契約法（新版）』（有斐閣，2021 年）139～140 頁。

条第 1 款、第 493 条),这是原则立场,并不排除特别立法可以要求同时具备签字与盖章,比如,《合伙企业法》第 19 条第 1 款。另外,关于法人或非法人组织订立合同时印章的使用,《合同编通则解释》第 22 条作了专门规定,殊值注意。

*合同确认书　按照我国对外贸易企业的习惯做法,双方以函电方式达成协议后,中方企业往往还要提出一式两份的销售确认书,邮寄对方交换签字后,才作为合同正式成立的依据。[①] 这种确认书,便是一种合同书。《民法典》第 491 条第 1 款规定:当事人采用信件、数据电文等形式订立合同要求签订确认书的,签订确认书时合同成立。

2. 信件

如果当事人要约承诺之缔约过程是通过书信往来的方式进行的,只要当事人就合同的主要内容达成了合意,即使没有将其合意书写在合同书上,只要法律或者当事人对于合同形式没有特别要求,仍可认定合同成立,且由于该合同的主要内容可从书写于纸面的文字反映出来,因而仍属书面合同。

3. 电报、电传与传真

电报(telegraph)是通过电线或者电波传输电码(electrical signals)的通信方式,由信息终端将其写出或者打印在纸上;电传(teletype)则是通过电话线缆或无线电中继系统来传送和接收打印信息和数据;传真(fax)是用电话线传送数字信号并再现文件原貌。原《合同法》立法者在该法第 11 条将它们统一归入数据电文,而作为书面形式的一种具体类型。如今《民法典》立法者将电报、电传与传真继续保留在书面形式中,将其他形式的数据电文单列,“视为”书面形式(见下文)。此三者由于在技术上最终将信息写在或者打印在纸上,故立法者将之作为书面形式。

4. 数据电文

合同的书面形式还可表现为数据电文。数据电文,是指以电子、光学、磁或者类似手段生成、发送、接收或者储存的信息(《电子签名法》第

① 参见胡康生主编:《中华人民共和国合同法释义》,法律出版社 1999 年版,第 65 页;石宏主编:《〈中华人民共和国民法典〉释解与适用[合同编]》(上册),人民法院出版社 2020 年版,第 52 页。

2 条第 2 款）。能够有形地表现所载内容，并可以随时调取查用的数据电文，视为符合法律、法规要求的书面形式（《电子签名法》第 4 条）。数据电文不得仅因为其是以电子、光学、磁或者类似手段生成、发送、接收或者储存的而被拒绝作为证据使用（《电子签名法》第 7 条）。由于《电子签名法》使用了“视为”，《民法典》第 469 条第 3 款与之保持了一致。“视为”乃是法律上的拟制，是将原本不同的事物作为同样的事物，并使之发生同样的法律效果。

数据电文，原来常见的有电报、电传和传真，现在新兴的则有电子数据交换（Electronic Data Interchange，EDI）和电子邮件（E-mail）。电子数据交换，是指将商业或者行政事务处理按照一个商定的标准，形成结构化的事务处理或信息数据格式，从计算机到计算机的电子传输方法；[①]或者说是指电子计算机之间信息的电子传输，而且使用某种商定的标准来处理信息结构。[②] 电子邮件，是通过电子计算机系统以及国际互联网络实现的信息传递方式。电子数据交换和电子邮件是进入现代信息社会后办公无纸化的典型表现，具有快捷、简单、经济、高效等特点。

互联网的普及也相应地带来一些法律问题，比如，网络安全和网络责任等，这些问题为世界各国所普遍面临，其解决有待进一步摸索和积累经验。其中的一个问题便是，数据是由谁发出的难以确认，解决这一难题的技术称为“电子认证”，以所谓“电子签名”为其代表；此类签名与普通的纸面上的签字盖章并不一样，如何在法律上加以规范，是一项新的课题。从世界范围来看，美国、欧盟、联合国贸法会以及亚洲的马来西亚（1997）、新加坡（1998）、韩国（1998）都有这方面的立法出台。[③] 2004 年 8 月 28 日我国立法机关通过了《电子签名法》，该法已自 2005 年 4 月 1 日起施行，在 2015 年和 2019 年曾两次修正。

可靠的电子签名与手写签名或者盖章具有同等的法律效力（《电子签名法》第 14 条）。电子签名需要第三方认证的，由依法设立的电子认证服务提供者提供认证服务（《电子签名法》第 16 条）。2005 年 1 月 28 日信息产业部通过了《电子认证服务管理办法》，并已自 2005 年 4 月 1 日起

---

① 联合国国际标准化组织（UNISO）对 EDI 所下定义。

② 联合国国际贸易法委员会《电子商务示范法》第 2 条（b）项。

③ 内田貴「電子認証・電子署名をめぐる法制度整備のあり方（上）（下）」NBL675 号（1999 年）6 頁，NBL676 号（1999 年）28 頁。

施行(2015 年修订)。同日起施行的还有国家密码管理局发布的《电子认证服务密码管理办法》。电子签名人或者电子签名依赖方因依据电子认证服务提供者提供的电子签名认证服务从事民事活动遭受损失,电子认证服务提供者不能证明自己无过错的,承担赔偿责任(《电子签名法》第 28 条)。

(二)口头形式

口头形式,是指当事人只以语言为意思表示订立合同,而不用文字表达合意内容的合同形式。这种口头协议既可面谈作出,也可通过电话交谈或者"微信"语音等作出。

口头形式的最大优点在于简便易行,基本上不需要什么交易成本,日常生活中广泛使用,特别是即时清结的交易,通常均采用这种方式。

口头形式的缺点在于不易举证,唯其有此缺点,对于不能即时清结的合同、标的额较大的合同或者当事人认为比较重要需要慎重的合同,便不宜采用这种方式。

合同采取口头形式并非不能产生文字凭证。比如到商店购物,付款时可要求付款凭证及开具发票,这类文字材料虽可用以证明合同的成立,但其本身并非合同成立的要件。

(三)其他形式

1. 推定形式

"当事人未采用书面形式或者口头形式,但是实施的行为本身表明已经作出相应意思表示,并符合民事法律行为成立条件的,人民法院可以认定为民法典第一百三十五条规定的采用其他形式实施的民事法律行为"(《总则编解释》第 18 条)。另外,《民法典》第 469 条第 1 款也出现了采用"其他形式"订立合同。学说称此种情形为"推定形式",例如,某商店安装自动售货机,顾客将规定的货币投入机器内,买卖合同即成立。[①]

① 参见崔建远:《合同法总论》(上卷),中国人民大学出版社 2024 年版,第 497 页;王利明:《合同法研究》(第 1 卷),中国人民大学出版社 2011 年版,第 510 ~ 511 页。

2. 混合形式

事物的“混合”本身就有其长处，可优势互补，发挥特殊的功能。针对合同而言，不同的典型合同或者非典型合同的内容混合于同一合同内，成为混合合同[参见本书第二章第二节之二(二)3]；不独内容可以混合，合同的形式同样也可以混合。合同的部分内容可以采用书面形式，其余的部分则可以采用口头形式，这是合同自由、方式自由的题中应有之义。而且，这种混合形式可以结合不同方式的优点，更好地为当事人服务。①

四、合同形式与合同内容的连接点：合同条款

（一）明示条款与默示条款

合同的内容首先要取决于当事人缔结合同时所使用的语言文字，这些构成合同的明示条款(express terms)。唯不以此为限，有时即便当事人未明确表示相关合同内容，依法律的规定或者依交易习惯，仍有将某些内容当作合同内容的余地，此称为合同的默示条款(implied terms)。②

明示条款并不以书面文字记载者为限，口头合同亦得有其条款。换言之，合同条款并不以书面条款为限，亦得表现为口头条款。至于口头条款的内容是什么(当事人到底说了些什么)，则为事实证明问题，属证据法所要讨论的对象，故此处不作展开。

（二）主要条款与非主要条款

《民法典》第470条第1款规定：“合同的内容由当事人约定，一般包括以下条款：(一)当事人的名称或者姓名和住所；(二)标的；(三)数量；(四)质量；(五)价款或者报酬；(六)履行期限、地点和方式；(七)违约责任；(八)解决争议的方法。”上述合同条款被学者称为提示性条款(倡导

① 参见韩世远：《试论合同的形式》，载《杭州师范学院学报(社会科学版)》2002年第2期。

② See Treitel/Peel, *The Law of Contract* 208 (12th ed., 2007).

性条款)。[①]该条使用了"一般包括"而未使用"必须包括"的用语,表明上述条款并不是每一个合同所必须包括的主要条款。[②]

合同的主要条款,或称合同的必备条款,是指欠缺此类条款合同即无法成立的条款。依《合同编通则解释》第 3 条第 1 款,当事人对合同是否成立存在争议,人民法院能够确定当事人姓名或者名称、标的和数量的,一般应当认定合同成立。但是,法律另有规定或者当事人另有约定的除外。据此,合同的主要条款(必备条款)具体所指的是当事人名称或者姓名、标的和数量条款。[③] 它们是合同成立必须具备的要素(一般性要素,不包括某一合同类型区别于其他合同类型的个别性要素)。[④]这些条款是一般合同成立必须具备的条款。对其理解不能机械,不应认为在我国法上任何合同的成立,只要具备上述三项内容,即为已足;而应理解为,它们只是成立合同必要但并不一定充分的条件。除此之外,如果法律另有规定或者当事人另有约定,额外要求必备条款,也是有可能的;依事物的性质,本身也可能有额外的要求,比如,对于买卖合同而言,价款便属于不可缺少的要素。在当事人未约定价款且无法依法律的一般规定加以补充场合(买卖的标的物是没有市场价格的特定物),只能认定合同不成立。上述司法解释之所以没有将"价款或者报酬"列入,不是因为它对于买卖合同不重要,而是因为作为一般规则,它无法适用于像赠与、无偿保管之类无偿合同。

合同主要条款以外的其他条款,可以概括称为合同的非主要条款。依《合同编通则解释》第 3 条第 2 款,对合同欠缺非主要条款,人民法院应当依据《民法典》第 510 条、第 511 条等有关规定予以确定。

五、合同形式缺陷的后果

法律、行政法规规定或者当事人约定采用特定形式的,应当采用特定形式(《民法典》第 135 条后段)。违反此种要求的法律后果如何?对

① 参见崔建远:《合同法》(第 4 版),北京大学出版社 2021 年版,第 64 页。

② 参见王利明:《合同法研究》(第 1 卷),中国人民大学出版社 2011 年版,第 215 页。

③ 参见最高人民法院研究室编著:《最高人民法院关于合同法司法解释(二)理解与适用》,人民法院出版社 2009 年版,第 15 页。

④ 最高人民法院民事审判第二庭、研究室编著:《最高人民法院民法典合同编通则司法解释理解与适用》,人民法院出版社 2023 年版,第 65 页。

此,《民法典》虽未作出明确的一般规定,但从整个体系观察,仍可反映出相应的规则。

（一）一般后果：合同不成立

其一,在《民法典》第 135 条之前,第 134 条规定的是民事法律行为的成立;在第 135 条之后,第 136 条规定民事法律行为自何时起生效。由此体系位置的脉络,将第 135 条作为民事法律行为成立的事项,最为自然合理,相应地,违反第 135 条后段的法律后果是法律行为不成立。其二,《民法典》第 490 条第 2 款规定:“法律、行政法规规定或者当事人约定合同应当采用书面形式订立,当事人未采用书面形式但是一方已经履行主要义务,对方接受时,该合同成立。”这是对合同书面形式法律效果的但书(例外)规定,[①]对此作反面解释,即可认为如应采用而没有采用书面形式,合同原则上不成立。[②] 其三,上述结论也符合通常学理,通常的理论认为,要式合同所要求之方式是合同的成立要件。[③]

（二）特别后果：合同无效

我国原来的司法实践中,对于不符合法律规定的合同形式的合同,往往认定为无效。[④] 从比较法来看,有些大陆法系国家的立法也是将合同欠缺法定形式的效果规定为无效。[⑤]《民法典》原则上将要式合同的

---

① 【但书】法律条文中“但”或“但是”以下的部分,指出本条的例外或限制。参见中国社会科学院语言研究所词典编辑室编:《现代汉语词典》(第 5 版),商务印书馆 2005 年版,第 268 页。

② 此款规定来自原《合同法》第 36 条,对其理解显然并不统一。通常见解认为,法律、行政法规规定或者当事人约定采用书面形式订立的合同,当事人应当采用书面形式订立合同。在未采用书面形式之前,应当推定合同不成立。参见胡康生主编:《中华人民共和国合同法释义》,法律出版社 1999 年版,第 68 页;江平主编:《中华人民共和国合同法精解》,中国政法大学出版社 1999 年版,第 28 页;梁慧星:《民法总论》,法律出版社 2007 年版,第 162 页;张谷、王爽:《〈合同法〉:合同和合同书》,载《北京科技大学学报(社会科学版)》1999 年第 4 期;王利明主编:《民法学》,复旦大学出版社 2004 年版,第 644 页。另外,对此处反面解释表示质疑的观点,见王轶:《民法原理与民法学方法》,法律出版社 2009 年版,第 231 ~ 232 页。

③ 稲本洋之助ほか『民法講義 5 契約』(有斐閣,1978 年)16 頁,遠藤浩 = 川井健ほか編『民法(5)契約総論(第 3 版)』(有斐閣,1987 年)47 頁。

④ 参见胡康生主编:《中华人民共和国合同法释义》,法律出版社 1999 年版,第 18 页。

⑤ 比如,《德国民法典》第 125 条;《瑞士债务法》第 11 条第 2 款;《荷兰民法典》第 3 编第 39 条;《希腊民法典》第 159 条第 1 款;《意大利民法典》第 1325 条第 4 项;《葡萄牙民法典》第 220 条;《波兰民法典》第 73 条第 1 款;《匈牙利民法典》第 217 条第 1 款。Vgl. *Hein Kötz*, Europäisches Vertragsrecht, Band I, 1996, S. 130 – 131. See also Jan M. Smits, *Contract Law: A Comparative Introduction* 115 (2014).

方式作为合同的成立要件。不过,《民法典》第 502 条第 2 款前段和中段又规定:“依照法律、行政法规的规定,合同应当办理批准等手续的,依照其规定。未办理批准等手续影响合同生效的,不影响合同中履行报批等义务条款以及相关条款的效力。”这说明在有些特别法中仍将合同的特别方式作为合同的生效要件。

（三）其他特别后果

除上述法律效果外,还可有其他特别后果。比如,《民法典》第 707 条规定,租赁期限 6 个月以上的,应当采用书面形式。当事人未采用书面形式,无法确定租赁期限的,视为不定期租赁。

六、形式瑕疵因履行而治愈

当事人采用合同书形式订立合同的,自当事人均签名、盖章或者按指印时合同成立。在签名、盖章或者捺指印之前,当事人一方已经履行主要义务,对方接受时,该合同成立(《民法典》第 490 条第 1 款)。此规则要点如下:其一,该款中所谓“履行”只应理解为“履行的提交”,一方当事人提交履行,说明他是按照合同义务的要求而行为;对方接受可表明其对合同的肯定,基于不许出尔反尔(estoppel)的道理,[①]受领方是不能够再反悔的。其二,履行的是“主要义务”,亦即一方的主给付义务,比如买卖合同中出卖人交付标的物并转移其所有权的义务。其三,合同形式瑕疵既因此而治愈,此后是否签名、盖章或者捺指印,均不再影响合同成立的结论。

法律、行政法规规定或者当事人约定合同应当采用书面形式订立,当事人未采用书面形式但是一方已经履行主要义务,对方接受时,该合同成立(《民法典》第 490 条第 2 款)。相关要点,参照第 490 条第 1 款。

---

① See G. H. Treitel & E. Peel, *The Law of Contract* 439 (12th ed., 2007); E. A. Farnsworth, *Contracts* 90 – 99 (4th ed., 2004).

＊形式瑕疵治愈与越过预约成立本约　“成都讯捷”案[①]的亮点之一是裁判者未借助于预约的履行，而依其他评价因素的具备，认定本约（房屋买卖合同）的成立，这也被《合同编通则解释》第6条第3款所肯定和吸收，即当事人订立的认购书、订购书、预订书等已就合同标的、数量、价款或者报酬等主要内容达成合意，符合该解释第3条第1款规定的合同成立条件，虽然有约定在将来一定期限内另行订立合同，但是当事人一方已实施履行行为且对方接受的，人民法院应当认定本约合同成立。司法解释起草人在释义中称此为“预约合同向本约合同的转化”，同时又承认，严格来说，用这一表述来描述此种情形并不妥当，因为在上述情形下，并非预约合同转化成了本约合同，而是当事人通过行为订立了本约合同。[②]

“成都讯捷”案中，最高人民法院的裁判者援引了原《合同法》第36条和第37条（现整合为《民法典》490条），[③]即合同形式瑕疵因履行而治愈。查这两个条文在起草时所参考的比较立法例，乃是美国《统一商法典》第2－201条第3款、第2－204条第3款等。[④] 此类规则，乃意在防范通过伪证主张本不存在的口头协议（to prevent upholding non-existent oral agreements by virtue of perjured testimony），故对于超过若干金额之交易，原则上要求书面形式并要有对方的签字，或者通过对方对口头协议的部分履行（partial performance of the oral agreement），否则，该协议不可执行，《统一商法典》便是基于这种政策考量。[⑤]

就中国法而言，以房屋买卖为例，首先会遇到《城市房地产管理法》（2019年修正）第41条对于合同形式及内容的要求，即“房地产转让，

---

① 成都讯捷通讯连锁有限公司与四川蜀都实业有限责任公司、四川友利投资控股股份有限公司房屋买卖合同纠纷案（2015年第1期），相关内容可从“中华人民共和国最高人民法院公约”官网（http://gongbao.court.gov.cn/）搜索获取，此处不再细述其详情。

② 参见最高人民法院民事审判第二庭、研究室编著：《最高人民法院民法典合同编通则司法解释理解与适用》，人民法院出版社2023年版，第107页。

③ 有学者指出，《合同编通则解释》第6条第3款后段不完全相同于《民法典》第490条，后者要求“已经履行主要义务”，前者要求的门槛低，“已实施履行行为”足矣，不必是“已实施履行主要义务的行为”。参见崔建远：《合同法总论》（上卷），中国人民大学出版社2024年版，第248页。司法解释为何有此表述上的变化，该变化是否真的更符合现实需要，尚有待进一步讨论及检验。

④ 参见全国人大常委会法制工作委员会民法室编：《〈中华人民共和国合同法〉与国内外有关合同规定条文对象》，法律出版社1999年版，第24页。相关条文可参照［美］美国法学会、美国统一州法委员会：《美国〈统一商法典〉乃其正式评述》，孙新强译，中国人民大学出版社2004年版，第52页以下。

⑤ See Bradford Stone, *Uniform Commercial Code*, 5th ed.，法律出版社2004年影印版，p. 22。

应当签订书面转让合同,合同中应当载明土地使用权取得的方式”。如同“成都讯捷”案最高人民法院裁判者借助于原《合同法》第36条,《合同编通则解释》起草者借助于《民法典》第490条第2款,认为即使当事人未采用书面形式订立房屋买卖合同(本约合同),但如果一方已经履行了主要义务,对方接受时房屋买卖合同(本约合同)即告成立,并认为《商品房买卖合同司法解释》第5条规定的“出卖人已经按照约定收受购房款”,自应属于“一方已经履行主要义务,对方接受”所指的情形。[①]然在“成都讯捷”案语境中,恐怕不应从购房款之收受角度,而应从房屋之交付占有使用角度,解释该案符合“一方已经履行主要义务,对方接受”,原因如下:其一,原告支付1000万元“预计购房定金”是在双方签订《购房协议书》之前,《购房协议书》是对收受定金事实的确认,这也符合定金合同之为要物合同的基本规定(参照《民法典》第586条第1款)。如果以此为准,那么在被告收受1000万元定金之时,便认定房屋买卖合同成立,显然不合于双方当事人的意思,预约合同也无存在的必要。其二,即便从购房款收受角度解读,还应注意,在美国《统一商法典》下,因部分履行而承认口头合同之存在,这一规则亦有其限制,即仅就实际履行的部分承认合同。比如A口头约定卖给B十台机器,每台500美元。四台机器已经交付并被B接受。B以反欺诈立法规则对A抗辩。这时,部分履行(B接受部分货物)可以有效替代由B签署书面文件,B的履行或者签署文件均可构成相信A的口头证据承载着真实的交易,然而,该合同仅对于已被接受的四台机器是有效的,其背后的政策是,对于四台机器的接受并不足以证实合同就是买卖十台机器,有关十台机器唯一的证据是A的未获证实的(进而可能虚假的)陈辞。[②]若依此规则构造中国的解释论,就意味着对于6750万元的交易,只支付了1000万元定金,充其量只能承认14.8%(1000÷6750)的交易。在“成都讯捷”案中,被告交付房屋的行为,在排除租赁等原因的基础上,恰恰构成就该房屋之交易达成过口头合意的证据,因此,不必严格遵循立法要求的书面形式。

在“成都讯捷”案中,一审裁判与最高人民法院的再审判决均认定

① 参见最高人民法院民事审判第二庭、研究室编著:《最高人民法院民法典合同编通则司法解释理解与适用》,人民法院出版社2023年版,第106页。

② See Bradford Stone, *Uniform Commercial Code*, 5th ed.,法律出版社2004年影印版,p.25。

了房屋买卖合同的存在，所不同者在于，一审是将双方当事人所签订的《购房协议书》解释为房屋买卖合同，而最高院则将《购房协议书》解释为预约，作为本约的房屋买卖合同（或者裁判文中所称“房屋买卖法律关系”）有别于预约。对于房屋买卖合同的存在，一审法院明确援引了原《合同法解释（二）》第1条第1款，再审判决虽未援引该司法解释，但从其裁判维持一审判决来看，也认可了一审的分析推理。《合同编通则解释》第6条第3款也明确要求“符合本解释第三条第一款规定的合同成立条件”，总体上是延续上述分析推理。该分析推理似乎只是置重于该司法解释的主文部分，即一般情况下合同成立的必备要素，并未在意其后的但书，即“但是，法律另有规定或者当事人另有约定的除外”。在“成都讯捷”案中，当事人是否已另有约定？在特别约定事项未达成合意场合，是否应依合同成立的最基本要素已具备便认定（本约）合同成立？“当事人一方已经实施履行行为且对方接受的”，只能发生因履行而治愈合同形式瑕疵的效果，并不发生无须过问当事人意思、只要具备该司法解释第3条第1款主文所列合同要素便当然成立本约合同的效果。能否成立本约合同，仍应检索该第3条第1款但书所列事项。当事人既已明确约定有待协商事项，特别是像“成都讯捷”案那样对于由谁负担土地出让金未达成一致场合，应认为对于买卖合同的要素尚未达成一致。无视当事人明确的意思，硬性认定在当事人之间成立房屋买卖合同，看似体现了“鼓励交易”原则，实有包办之嫌，并不符合当事人的真实意愿及利益状态。

第三节　要　约

一、要约的概念

要约（英：offer；德：Angebot），是希望和他人订立合同的意思表示，该意思表示应符合下列规定：（1）内容具体确定；（2）表明经受要约人承诺,要约人即受该意思表示约束(《民法典》第 472 条)。[①]

要约是一种与承诺结合后成立一个法律行为(合同)的意思表示,要约本身并不构成一个独立的法律行为。不过,要约既属法律行为的要素,其所具有的瑕疵,亦得影响法律行为的效力,自不待言。[②] 另外,要约既属意思表示,则《民法典》总则编关于意思表示的规定(第 137 条以下)对于要约亦能适用。

二、要约的构成要件

对《民法典》第 472 条的规定作学理阐释,要约的要件包括如下四点:(1)要约是特定人所为的意思表示;(2)具有缔结合同的主观目的并表明一经承诺即受拘束的意旨;(3)内容具体确定;(4)向要约人希望与之缔结合同的相对人发出。依次说明如下。

(一)特定人所为的意思表示

要约的目的在于缔结合同,只有要约人特定,受要约人始能承诺并成立合同,故要约人须为特定人。所谓特定人,即外界能客观确定的人,至于是自然人、法人还是非法人组织,是本人还是代理人,则在所不问。设置自动售货机之设置之所以可视为一种要约,原因在于其自动售货机的设置,须为特定人所为;消费者虽可不必了解何人为真正要约人,但只要按指示投币入机,完成承诺行为,合同便可成立,履行便可由机器自动完成。因而,要约虽为特定的人作出的意思表示,就该特定的人而言,虽不能从要约本身中确知是谁,亦无妨碍。[③]

(二)受拘束的意旨

1. 受拘束的意旨

要约是希望和他人订立合同的意思表示,要约应当“表明经受要约人

① 参考 CISG 第 14 条第 1 款;PICC 第 2·2 条;《德国民法典》第 145 条;我国台湾地区“民法”第 154 条。

② 稲本洋之助ほか『民法講義 5 契約』(有斐閣,1978 年)20 頁。

③ 我妻栄『債権各論(上巻)』(岩波書店,1954 年)57 頁,稲本洋之助ほか『民法講義 5 契約』(有斐閣,1978 年)20 頁,史尚宽:《债法总论》,台北,1954 年自版发行,第 18~19 页。

承诺，要约人即受该意思表示约束”（《民法典》第 472 条第 2 项）。这一点被称为“受拘束的意旨”（英：intention to be bound；德：Bindungswille des Offerenten），它与要约人是否受其要约拘束之问题无关，也无关乎合同磋商过程中生发出来的先合同义务。①

要约人受拘束的意旨是要约的实质特征，然如此种意思表示的客观含义与要约人的主观意图不一致时，应如何处理？比如，在对方当事人承诺时，要约人却声称其“要约”实属玩笑，并非真的想缔结合同，《民法典》对此虽无直接规定，但关于合同成立，《民法典》原则上采“表示主义”，自应依客观标准解释（参见 CISG 第 8 条）。②

＊受拘束意旨的客观解释与受要约人的主观状况 对于要约人（A）的要约（包括受拘束的意旨）做客观解释，纵与其真意相左，要约人亦要受其要约的拘束，此为一般规则。唯应探讨的是，如受要约人（B）主观上知道要约人的真意，要约人是否还要受上述客观解释结论的拘束？在英国普通法上，依 B 的主观状态，相应地区别三种情形：第一，B 的确以为 A 欲受拘束，此时作客观解释，令 A 受此解释结论的拘束，且不要求 A 也要知道 B 的主观状况，不成问题；第二，纵有上述客观表征，但 B 知道 A 并没有欲受拘束的意旨，则并不能适用客观解释标准来保护 B；第三，B 并未对 A 的意旨形成什么看法，即 B 既不认为 A 有受拘束的意旨，也不知道 A 没有此种意旨，对此，司法见解不一，一种见解认为 A 不受拘束，另一种见解则相反。学说认为前项见解较为妥当，此时客观解释规则并不适用，因为 B 的主观状态既然如此，B 便不会因为 A 的受拘束之意旨的客观表征而受损害。③ 这种做法值得借鉴。客观解释规则经由此种修正，并非绝对，且此种修正恰恰是根据客观解释规则的规范目的作出的，故应赞同。

---

① Vgl. *Schlechtriem* in：Schlechtriem/Schwenzer（herausgegeben），Kommentar zum Einheitlichen UN-Kaufrecht，4. Auflage，2004，S. 235. See also Peter Schlechtriem ed.，*Commentary on the UN Convention on the International Sale of Goods* 111（2nd ed.，in translation 1998）.

② 英国普通法亦持相同立场，如要约人（A）的言辞或行为能让一个通情达理之人相信他有受拘束的意旨，即使他实际上没有这种意旨，他仍要受拘束。See G. H. Treitel & E. Peel，*The Law of Contract* 9－10（12th ed.，2007）. 中文资料可参见何宝玉：《英国合同法》，中国政法大学出版社 1999 年版，第 58 页。

③ See G. H. Treitel & E. Peel，*The Law of Contract* 10－11（12th ed.，2007）.

另外,一方愿受拘束的意旨如附有条件,则并不能认为它是要约,因为所附条件能否实现无法确定;反之,如受拘束的意旨附有期限,则仍不妨认为它是要约。[①]

2. 要约与要约邀请

要约邀请(英:invitation to treat;拉:*invitatio ad offerendum*;德:Aufforderung zur Abgabe eines Antrags),是希望他人向自己发出要约的表示(《民法典》第 473 条第 1 款前段)。要约与要约邀请的差异,理论上虽好说清,但实际上颇难辨认,故《民法典》特于第 473 条第 1 款后段规定:拍卖公告、招标公告、招股说明书、债券募集办法、基金招募说明书、商业广告和宣传、寄送的价目表等为要约邀请。比如,在网站上发布招聘广告,通常用人单位是要经过面试或其他考核,方决定是否录用,此种招聘广告,即属要约邀请。

要约是旨在订立合同的具有法律意义的意思表示行为,行为人在法律上须承担责任;而要约邀请则是当事人订立合同的预备行为,行为人在法律上无须承担责任。因此,要约邀请在性质上是一种事实行为,本身不具有法律意义。[②] 究属要约抑或为要约邀请,本身是一个解释问题(Auslegungsfrage)。[③] 为了便于解释,宜掌握要约与要约邀请的主要区别。凡不以自己主动提出订立合同为目的的行为,尽管貌似要约,也不应视为要约。这是要约与要约邀请的主要区别。具体表现在以下两方面:

(1)要约是当事人自己主动愿意订立合同的意思表示;而要约邀请是当事人表达某种意愿的事实行为,其内容是希望对方主动向自己提出订立合同的意思表示。

(2)要约中含有当事人表示愿意承受要约拘束的意旨,要约人将自己置于一旦对方承诺,合同即告成立的无可选择的地位;而要约邀请人对于相对人的意思表示,仍有决定承诺与否的自由。

---

① See Peter Schlechtriem ed., *Commentary on the UN Convention on the International Sale of Goods* 111 (2nd ed., in translation 1998).

② 《民法典》第 473 条第 1 款前段与原《合同法》第 15 条第 1 款前段相比有变化,不再像后者那样将要约邀请界定为“意思表示”,而仅为一种“表示”。立法者顺应理论与实践多年来的发展,以要约邀请为事实行为,而非意思表示。参见石宏主编:《〈中华人民共和国民法典〉释解与适用[合同编]》(上册),人民法院出版社 2020 年版,第 25 页。日本通说亦认为,要约邀请在严格意义上并非意思表示,而是“意思的通知”。中田裕康『契約法(新版)』(有斐閣,2021 年)82 頁。

③ Vgl. Jauernig/Jauernig, 2007, § 145 Rn. 3.

判断一个意思表示是要约抑或是要约邀请，应当依据客观标准，也就是理性人的标准。申言之，让一位理性人处在意思表示接收人的位置，他会如何理解？理性人会认为对方作出的是一个要约吗？不可否认，这个标准有些模糊。正如英国法史学家 John Baker 所言："尽管有无数次的司法探寻试图找到他，理性人依旧尚未被俘获。"这意味着这个标准需要参照判例法予以实质化。[①]《民法典》第 473 条对要约邀请的典型情形作了列举，但只能算是提供了基本的参照，并不能够因此免去对于具体情形的解释判断。另外，参考实际案例，在报纸上刊登国有土地使用权挂牌出让公告、[②]在报纸上刊登招聘广告（通常用人单位是要经过面试或其他考核方式决定是否录用）、在网站发布公开拍卖推介书[③]之类行为，属于要约邀请。另外，在网页上标价展示商品，虽然通常可以解释为要约，但如果经营者在网页上明确规定其展示为要约邀请、消费者下订单为要约，此种特别约定仍得有效，且因此而改变在网页标价展示商品行为的性质。

（三）内容的确定性（Bestimmtheit des Angebots）

要约的内容须具体确定，此诚系要约的基本性质使然：如果要约可以通过对方一句简单的"我接受"而成立合同，它必须具备足以约束当事人的基本要素。如果甲告诉乙欲卖给乙自己收藏的两幅画，这通常还不足以构成一个要约，因为双方首先要确定，到底是要买卖哪两幅画。要约内容如果太过模糊，便不足以成立合同。

尽管《民法典》对于何谓要约"内容具体确定"未作进一步的规定，在学理上宜认为，所谓要约"内容具体确定"，[④]应是指一旦要约被对方接受，即可以形成合同，产生具有执行力的合同义务。因而，要约应具备足以使合同成立的必要条件，或者说，具备成立合同的最低限度的内

① See Jan M. Smits, *Contract Law: A Comparative Introduction* 43 (2014).

② 时间集团公司诉浙江省玉环县国土局土地使用权出让合同纠纷案，载《最高人民法院公报》2005 年第 5 期。

③ "当事人在网站发布公开拍卖推介书的行为，实质上是就公开拍卖事宜向社会不特定对象发出的要约邀请。在受要约人与之建立合同关系，且双方对合同约定的内容产生争议时，该要约邀请对合同的解释可以产生证据的效力。"参见成都鹏伟实业有限公司与江西省永修县人民政府、永修县鄱阳湖采砂管理工作领导小组办公室采矿权纠纷案，载《最高人民法院公报》2010 年第 4 期。

④ 在 CISG 第 14 条第 1 款中称"十分确定"（sufficiently definite）。

容(the minimum content)。这部分内容,学理通常称为合同的“要素”内容(参见本章第一节之二)。只要要约具备了构成合同的“要素”内容,便可基于承诺成立合同,并不要求面面俱到。

作为合同要素的内容究竟指什么?抽象地说应依合同解释加以确定。[①] 具体而言,所要成立的合同为典型合同场合,合同编各典型合同章开头的条文规定的为该合同的必要内容,非典型合同则另行解释确定。[②] 总之,应依具体的合同类型具体把握,买卖、租赁、承揽、委托等,或者宾馆住宿等非典型合同,各有差异。比如对于买卖而言,除了当事人名称或者姓名、标的和数量之外,还应当包括价格。

＊价格与要约　　值得注意的是买卖合同要约中未确定价格的情形,在CISG起草过程中,关于未规定价格合同是否便不存在,以及采取什么方法确定价格以填补漏洞,曾发生激烈的争论。现在依CISG第14条第1款[③]第二句,如果一个建议没有规定价格(至少“暗示地”)或规定如何确定价格(至少“暗示地”),便不构成要约。而CISG第55条又规定:“如果合同已有效的订立,但没有明示或暗示地规定价格或规定如何确定价格,在没有任何相反表示的情况下,双方当事人应视为已默示地引用订立合同时此种货物在有关贸易的类似情况下销售的通常价格。”显然在CISG第14条与第55条之间存在冲突,为了解决二者的冲突,人们曾提出过各种各样的方法。就价款或者报酬没有约定或者约定不明确,是否妨碍合同的成立生效,《民法典》合同编通则以及《合同编通则解释》第3条第1款并未像CISG那样把价格作为合同的必备内容,这是鉴于《民法典》合同编通则确立的一般规则也要适用于像赠与、无偿保管之类无偿合同,但并不意味着价款对于买卖合同而言不是合同的要素。虽然如此,中国法从“鼓励交易”出发,原则上仍可认定买卖合同成立,将价款的欠缺或不明确作为合同漏洞,为了弥补这种买卖合同漏洞,当事人可以协议补充;不能达成补充协议的,按照合同有关

① 平井宜雄『債権各論Ⅰ上契約總論』(弘文堂,2008年)146頁。

② 中田裕康『契約法(新版)』(有斐閣,2021年)103頁。

③ CISG第14条第(1)款:“向一个或一个以上特定的人提出的订立合同的建议,如果十分确定并且表明发价人在得到接受时承受约束的意旨,即构成发价。一个建议如果写明货物并且明示或暗示地规定数量和价格或规定如何确定数量和价格,即为十分确定。”

条款或者交易习惯确定(《民法典》第510条)。仍不能解决问题时,依法律的补充性规定,按照订立合同时履行地的市场价格履行;依法应当执行政府定价或者政府指导价的,依照规定履行(《民法典》第511条第2项)。如果仍不能解决问题,比如,在不存在市场价格场合,则应当认定当事人未达成合意。价格既为买卖合同的要素,欠缺合意,则买卖合同不成立。

另外,所谓要约的内容具体确定,并非特别要求须明确地表示出来,只要它们是可以确定的(determinable; bestimmbar),[①]即为已足。在作出要约时,用以确定其内容的必要事实业已存在,固然可以;即使这些事实尚未发生,但于将来可得发生(比如交付时),亦无妨其构成要约,比如,要约依交付时的市场价格出售未来一年的全部收成或产品。这种情形,在继续性合同、长期合同中尤为常见。

(四)向相对人发出

如果一项意思表示虽符合前三项要件,但未向任何人表达过,比如,某人将其允诺写在纸上,置于抽屉中,便称不上是一个要约;如果此人将其文件发出,但没有被相对人收到,是否仍算是一项要约呢?此时不妨认为要约成立,唯不生其效力。

要约的相对人,包括特定的人和不特定的人。依相对人的不同,要约相应地可被区分为特定要约(specific offers)与公众要约(public offers)。前者通常指向某个或某些特定的人发出的要约;后者亦称向公众发出的要约、向不特定的人发出要约,一般是指向社会公众发出的要约,如商店柜台里陈列的标价商品、自动售货机、市内公共交通运输、悬赏广告等。《民法典》第473条第2款规定:“商业广告和宣传的内容

① Vgl. Jauernig/Jauernig, 2007, § 145 Rn. 2. 另外,值得注意的是,美国《统一商法典》第2-305条专门规定了“价格待定条款”(Open Price Term),明确肯定商事买卖合同可以在价格尚未确定的情况下成立,并特地为此规定了如何确定价格的规则。对此,宜意识到,它并未违背“价格是买卖合同的要素”这一基本前提,而是通过立法提供默认规则予以补充。

符合要约条件的，构成要约。”承认了公众要约。[①]

三、要约的形式

《民法典》对要约的形式没有特别要求，[②]从第481条第2款的规定中，可以反映出该法对要约采用了“对话方式”与“非对话方式”的区分，并赋予了不同的法律效力。理论和实践中一般认为，要约可以采取口头形式或书面形式。口头形式，就是要约人以直接对话、电话或“微信”语音等方式向受要约人进行要约。书面形式，就是采取交换信函、电报、电传、传真、电子数据交换、电子邮件等方式进行要约。借助网络通信技术缔结合同越来越常见，以“微信”为例，彼此语音表示意思场合，可以视为口头形式；如果是文字形式，以属于书面形式。如果二者混杂，则属于混合形式。

在实践中，要约可采多种多样的具体方式，这些具体方式有时候需要注意与要约邀请相区别，择其要者，分述如下。

（一）要约的具体方式

1. 商品标价陈列

商品标价陈列，在大陆法系通常被认为是要约行为，[③]而在英美普通法则通常被认为是要约邀请。我国合同法理论认为商品标价陈列行为是一种要约。

商品标价陈列构成要约，应仅限于柜台里陈列的或货架上放置的标价商品。而对于商店临街橱窗里的陈列商品，即使附有标价，也不宜视为

---

① 查阅合同法“建议草案”第8条（要约的定义）的起草理由，其明确表示，“本法认为，是否向‘一个或一个以上的特定人’发出，并不是构成要约的关键因素，因此本条采用了‘相对人’的概念（这与英美法系的一些判例原则相一致，即要约可以向多个人发出，但只由特定的人做出承诺）。”可佐印证。适成对照的是德国民法学说对此持谨慎态度，认为向不特定多数人发出的意思表示（die an einen unbestimmten Kreis von Personen gerichted Erklärungen）尚非要约，因其表意人无法任意多次地提供所述给付。Vgl. *Medicus/Petersen*, Allgemeiner Teil des BGB, 11. Auflage, 2016, S. 155; *Medicus/Petersen*, Grundwissen zum Bürgerlichen Recht, 12. Auflage, 2021, S. 27.

② 《民法典》第469条是对合同形式的规定，合同形式并非当然地与要约形式相对应。

③ 参见《瑞士债务法》第7条第3款；我国台湾地区“民法”第154条第2项。持相同立场者尚有法国法和荷兰法，不过，德国法与之相反。See Jan M. Smits, *Contract Law: A Comparative Introduction* 50 (2014).

要约，其原因在于，这种行为更多地具有招徕顾客的广告宣传性质，[①]因而通常宜视为要约邀请。[②]

对于自由超市中的商品标价陈列，如解释为要约，则顾客挑选商品的行为，并不当然构成承诺，否则，就会得出荒唐的结论：顾客一拿商品，就必须购买。显然有悖于一般交易习惯和生活常识。合理的解释是，顾客将选中的商品交付给收款台的行为，才是承诺。

2. 自动售货机的设置

自动售货机的设置，宜解释为要约，属于向不特定人发出的要约（公众要约），已如前述。顾客依指示投币的行为，属于承诺。

自动售货的要约，应以机器能正常运作或有存货为条件（解除条件），故自动售货机故障或无存货时，要约失其效力，顾客虽投入货币，仍不能成立合同，就其投入的货币，得依不当得利规定请求返还。[③]

3. 悬赏广告

悬赏广告（英：advertisements of rewards；德：Auslobung），是悬赏人以广告的形式声明对完成特定行为的人给付广告所示报酬的意思表示行为。对其性质，素有争论。一说认为属单独行为（英：one-sided legal transaction；德：einseitiges Rechtsgeschäft[④]）；另一说认为属要约（“契约说”[⑤]或“合同说”）。后者为我国司法审判的通常见解，[⑥]且曾在既往的司法规则中有体现。[⑦]

《民法典》第499条规定：“悬赏人以公开方式声明对完成特定行为的人支付报酬的，完成该行为的人可以请求其支付。”依其体系位置，对此条规定应按“要约说”理解适用。

行为人在不知悬赏广告的情况下完成行为的情形，以及对于限制

① 王家福主编：《中国民法学·民法债权》，法律出版社1991年版，第284页。

② Vgl. *Hein Kötz*, Europäisches Vertragsrecht, 2. Auflage, 2015, S. 28.

③ 参见王泽鉴：《债法原理》（第2版），北京大学出版社2022年版，第154页。

④ Vgl. Jauernig/Mansel, 2007, § 657 Rn 1; Palandt/Sprau, 2009, § 657 Rn 1. 平野裕之『債権各論Ⅰ契約法』（日本評論社，2018年）50頁，藤岡康宏ほか『民法Ⅳ——債権各論（第4版）』（有斐閣，2019年）[磯村保]35頁。

⑤ 参见郑玉波：《民法债编总论》，陈荣隆修订，中国政法大学出版社2004年版，第53～54页；潮見佳男『基本講義 債権各論Ⅰ（第3版）』（新世社，2017年）35頁，山野目章夫『民法概論4 債権各論』（有斐閣，2020年）26頁。

⑥ 李珉诉朱晋华、李绍华悬赏广告酬金纠纷案，载《最高人民法院公报》1995年第2期。最高人民法院印发《民事案件案由规定》（2020年修改），将“悬赏广告纠纷”归入第四部分“合同、无因管理、不当得利纠纷”的第十项“合同纠纷”当中。

⑦ 最高人民法院研究室编著：《最高人民法院关于合同法司法解释（二）理解与适用》，人民法院出版社2009年版，第41页。

行为能力人、无民事行为能力人完成广告中指定行为的情形，可否请求支付报酬？立法者在制定《民法典》第499条时对该等问题并非没有意识；有意识地不论行为人的主观意识及行为能力，统一规定“完成该行为的人可以请求其支付”报酬，故属于特别规定。其背后的道理可自两方面理解：其一，对于以（悬赏广告所要求的）行为作出的承诺，作客观解释，这时并不过分关注行为人的主观状态，而重在现实问题的妥当解决；其二，鉴于行为人知与不知悬赏广告，以及是否有行为能力，利益状态相当，自无异其效果的道理，故法律上可作出特别规定，许以报酬支付请求权。

（二）构成要约与否需要具体分析的情形

1. 公用事业

公用事业包括的领域很广，包括诸如自来水、电力、煤气、公交、文化娱乐旅游设施、水陆空运输服务、邮政、通信服务等。对此类事业及服务设施的设定，应作为要约还是要约邀请，做法不一。有人认为它们本身就是向社会公众发出的要约，无正当理由不能拒绝社会公众的承诺；有人则认为公用事业处于长期承诺状态。[①]

在我国，对公共事业中的若干行业，如市内公共交通、邮政服务，学说通常认为市内公共汽车站和沿街邮筒的设置行为是一种要约行为。而对于市外旅客运输合同，一些学者则认为旅客购票行为是要约，而承运人出售车票是承诺。[②] 这种观点亦可通过《民法典》第814条得到印证。除此种特别情形外，在通常情况下，邮政、电信、电业、煤气、天然气、自来水、铁路、公共汽车等公用事业单位负有缔约义务，非有正当理由，不得拒绝用户的缔约请求。医院及医生非有正当理由不得拒绝诊疗、检验或调剂处方。出租车司机负有缔约义务，非有正当理由，不得拒载。[③] 出租车开启“空车”标志，究为要约抑或要约邀请，意见不一。

---

① 比如，法国法规定，从事城市电力、煤气、自来水的供应等公用事业，处于长期承诺状态，所以这类企业不得拒绝公众的要约，这项规则也适用于所有根据定式合同从事交易或服务的行为。参见王家福主编：《中国民法学·民法债权》，法律出版社1991年版，第287页。

② 参见王家福等：《合同法》，中国社会科学出版社1986年版，第308页。同此见解者尚有余延满：《合同法原论》，武汉大学出版社1999年版，第94页。

③ 参见崔建远主编：《合同法》（第3版），法律出版社2003年版，第45页。

如以之为要约，乘客上车为承诺，在乘客指示目的地之前，即便认定合同成立并据此发生司机的民事责任，也无法确定责任内容，这种“要约”也不符合《民法典》第472条中的要约“内容具体确定”要件，故应解为要约邀请。所谓出租车司机负有缔约义务，当指其不得拒绝乘客要约的义务。

2. 商业广告和宣传

商业广告和宣传的目的在于宣扬传播商品的优越性，吸引顾客选购其商品，属要约邀请（《民法典》第473条第1款）。此外，法律也不排除或禁止广告人利用商业广告和宣传进行要约的可能性。如商业广告和宣传中既含有合同得以成立的确定内容，又含有广告人希望订立合同的愿望以及愿意承受拘束的意旨，则构成要约。在实务中，如商业广告和宣传中含有“保证现货供应”，“先来先买”，或含有确切的期限保证供货等词语，即表明其中含有一经承诺即受拘束的意旨，这种商业广告和宣传便构成要约。因而，《民法典》第473条第2款规定：“商业广告和宣传的内容符合要约条件的，构成要约。”

（三）要约邀请的具体情形

依据《民法典》第473条第1款后段的规定，拍卖公告、招标公告、招股说明书、债券募集办法、基金招募说明书、商业广告和宣传、寄送的价目表等为要约邀请。

1. 拍卖公告

拍卖人刊登或发出拍卖公告，在拍卖当时对拍卖物的宣传和介绍，以及拍卖人宣布拍卖物的价格，都属于要约邀请，竞买人出价属于要约，“竞买人的最高应价经拍卖师落槌或者以其他公开表示买定的方式确认后，拍卖成交”（《拍卖法》第51条）。因而拍卖人落槌或以其他公开表示买定的方式确认，属于承诺。故“采取现场拍卖、网络拍卖等公开竞价方式订立合同，当事人请求确认合同自拍卖师落槌、电子交易系统确认成交时成立的，人民法院应予支持”（《合同编通则解释》第4条第2款前段）。

2. 招标公告

招标公告的目的在于促使或诱引更多的人提出要约，以便招标人有较多的余地选择最佳的投标人订立合同；相应地，投标则是一种要约。而招标人在投标期截止后，从众多的投标书中开标评定出中标人，即构成对投标的承诺。故“采取招标方式订立合同，当事人请求确认合同自中标通知书到达中标人时成立的，人民法院应予支持”（《合同编通则解释》第4条第1款前段）。

3. 招股说明书、债券募集办法、基金招募说明书

招股说明书是设立股份公司向社会公开募集股份时必须使用的一种手段，由发起人和承销机构予以公告，性质上属于要约邀请；认股人认股则为要约。

债券募集和基金招募是另外两种募集资金的手段，其募集办法或者招募说明书性质与招股说明书类似，不再展开。

4. 寄送的价目表

向公众或者特定的人寄送或发出的商品价目表，是商品生产者推销商品的一种方式，其中虽含有行为人希望订立合同的意思，但并不含有行为人表明一经承诺即受拘束的意旨，而只是希望对方提出要约经自己承诺后才成立合同。

除此之外，通常招聘启事属于要约邀请。[①]

四、要约的法律效力

（一）要约的生效时间：“到达主义”原则

要约到达受要约人时生效（原《合同法》第16条第1款）。该规定没有区分要约以对话方式作出的与要约以非对话方式作出的，而是统一规定，均采“到达主义”。《民法典》第474条规定，要约生效的时间适用该法第137条的规定。也就是说，以对话方式作出的意思表示，相对人知道其内容时生效（第137条第1款）。以非对话方式作出的意思表示，到达相对人时生效。以非对话方式作出的采用数据电文形式的意思表示，相对人指定特定系统接收数据电文的，该数据电文进入该特定系统时生效；未指定特定系统的，相对人知道或者应当知道该数据电文

① 参见江西省南昌市东湖区人民法院民事判决书，(2006)东民初字第71号。

进入其系统时生效。当事人对采用数据电文形式的意思表示的生效时间另有约定的，按照其约定（第137条第2款）。就第137条第1款中的"知道"，学理解释分歧。有的以之为采取了解主义，有别于"到达主义"。[①] 然在因要约为有相对人的意思表示而采"客观主义"解释场合（参照第142条第1款），相对人"知道"要约内容的实际结果与要约"到达"无异，将其理解为是对于广义"到达主义"的具体化，固无不可。[②]更何况立法者亦明确承认，在以对话方式进行的意思表示中，"表意人作出意思表示和相对人受领意思表示是同步进行的，没有时间差"，[③]故而"到达主义"仍是其背后的基本方针。从比较法来看，要约生效的时间在大陆法系通常采"到达主义"，在英美法系同样也是如此，[④]这一点值得注意。

1. 以对话方式作出的要约（对话者间的要约）

以对话方式作出的要约，其到达时即为相对人知道，故此处无须再有"应当知道"，到达和相对人知道不过一体两面。因而，"知道"主义（或者"了解主义"）不过是"到达主义"的另一面的表现，实质则一样。

如此解释，并非没有根据。《联合国国际货物销售合同公约》第24条明定，要约、承诺或其他意思表示之"送达"（reaches）对方，系指用口头通知对方（made orally to him）或通过其他方法送交对方本人。该公约第15条第1款规定，"发价于送达被发价人时生效"。这里的发价（要约）不仅包括非口头的要约，也包括口头要约（以对话方式作出的要约）。我国原《合同法》第16条第1款借鉴该规定，统一采"到达主义"规范对话方式和非对话方式的要约，法条简洁，规则统一，易学易用，简单明了。

---

① 崔建远：《合同法》（第4版），北京大学出版社2021年版，第40页；崔建远：《合同法总论》（上卷），中国人民大学出版社2024年版，第305页。

② 韩世远：《合同法学》（第2版），高等教育出版社2022年版，第42页。杨代雄教授亦注意到了解主义对表意人过于苛刻，主张基于法律目的考量，将第137条第1款中的"相对人知道其内容"解释为表意人在当时情境中可以合理地相信相对人已经知道意思表示的内容，或者说此处的"知道"是规范性知道，与意思表示的规范性解释异曲同工。杨代雄：《民法总论》，北京大学出版社2022年版，第297页。

③ 黄薇主编：《中华人民共和国民法典总则编释义》，法律出版社2020年版，第363～364页。

④ 在美国合同法上，要约在到达受要约人前是不生效的。See E. Allan Farnsworth, *Contracts* 137 (2nd ed., 1990). 在英国合同法上，要约在被收到前不能够生效，因为在受要约人了解它之前不会因为信赖它而有所行动。不过，在确定某一合同是否由某一特定法院管辖时，则认为邮寄的要约是在其投邮的地点做成的。See Treitel/Peel, *The Law of Contract* 18 (12th ed., 2007).

要约人与相对人可得直接对话场合(如面谈或打电话),要约到达与相对人的知道可谓是同时的,原则上即行生效。明了《民法典》第137条第1款的实质仍是“到达主义”,并非单纯学理问题,同时亦具有实践价值。就要约统一采纳“到达主义”,避免对于当事人主观状态的探寻及证明,便于交易,符合现实需要。

2. 非以对话方式作出的要约(隔地者间的要约)

此时,自要约的发出至要约的到达相对人而生效,会有一定的时间间隔,此间的不利益(比如要约信件的意外丢失而致不达,或不能确知要约到达的时间),悉由要约人负担。

所谓要约“到达”受要约人,并不苛求一定要交付到受要约人或其代理人手中,只要要约送达到受要约人所能控制并应能了解的地方,如受要约人的住所和信箱,即为到达受要约人。①

另外应予注意的是,所谓要约“到达”受要约人,唯在要约的发出经要约人同意场合始得发生。相应地,一份要约业经某有资格的主体拟定,但却没有发送,未经其授权,后来被其意定的收件人占有,则该要约并没有“到达”,因而是不生效的(ineffective)。在要约生效之前,即使受要约人已经知道了它的内容,也是不能够承诺的。②

如意思表示向公众作出,构成了公众要约,则该公众要约何时“到达”受要约人?对此,应区分公众要约的不同特点,分别判断。如公众要约是采用邮寄的方式向社会公众广泛发送,比如,邮寄符合了要约要件的商业广告,则其“到达”仍应依通常的判断标准衡量;如符合了要约规定的商业广告是在报纸上刊登出来的,或是通过电视、广播等媒体播出,或是通过网页展示,或是通过在商店对商品标价展示,则应依表意人的意思而定。如公众要约中对于其生效定有具体的日期(比如,“从10月15日起我们要约……”),则要约自该特定日期生效;如要约中没有这类表述,依据《民法典》第139条“以公告方式作出的意思表示,公告发布时生效”的规定,相当于作出该公众要约时(报纸发行时、广播电

① Vgl. auch *Hein Kötz*, Europäisches Vertragsrecht, 2. Auflage, 2015, S. 29. 依CISG第24条的规定,要约“到达”(reaches)对方,系指用口头通知对方或通过任何其他方法送交对方本人,或其营业地或通信地址,如无营业地或通信地址,则送交对方惯常居住地。

② See Peter Schlechtriem ed., *Commentary on the UN Convention on the International Sale of Goods* 115 (2nd ed., in translation 1998).

视播出时、网页展示时、商品标价展示时）即为受要约人知悉，要约即生效力。

以非对话方式作出的采用数据电文形式的意思表示，相对人指定特定系统接收数据电文的，该数据电文进入该特定系统时生效；未指定特定系统的，相对人知道或者应当知道该数据电文进入其系统时生效（《民法典》第137条第2款中段）。前一情形仍为“到达主义”的具体表现。后一情形，不仅要求要约客观“进入”系统，还要求相对人主观上“知道或者应当知道”，构成“到达主义”的例外。

当事人对采用数据电文形式的意思表示的生效时间另有约定的，按照其约定（《民法典》第137条第2款中段及后段）。

（二）要约法律效力的内容

要约发出后，会在要约人与受要约人之间形成要约关系。所谓要约关系，是指自合同要约开始，至合同成立与否确定为止，所发生的债权关系，作为其法律效果，要约的形式拘束力和实质拘束力（承诺适格）最为重要。[①]

1. 形式拘束力

单独的要约本身并不具有使相对人受拘束的效力，但接到要约的相对人为了决定是否承诺，通常会做一些准备，如果承认要约人可随意撤销要约，则不免会对相对人造成不当损害。[②] 因而，对要约的撤销有必要作一些限制。

所谓要约的形式拘束力，是指要约一经生效，要约人即受到要约的拘束，不得撤销或对要约加以限制、变更和扩张。对此，学说上亦称要约的不可撤销性。

***要约形式拘束力的比较法**　罗马法本不承认要约拘束力，德国普通法亦然。德国民法制定时，就该问题争论激烈，最后认为，要保护相对人的信赖及促进交易的便捷，要约宜具有拘束力，于《德国民法

① 北川善太郎『債権各論（第2版）』（有斐閣，1995年）8頁。

② 我妻栄『債権各論（上巻）』（岩波書店，1954年）59～60頁。

典》第 145 条规定："向他人发出订立合同的要约的人，受要约的约束，但要约人已排除要约的约束力的，不在此限。"奥地利民法、瑞士债务法以及希腊民法亦采此原则。当然，要约拘束力规则并非强制性规定，而是任意性规定，当事人可以事先依其意思加以变更或者排除。

在英国普通法，要约原则上不具拘束力，在承诺前，可随时撤回，要约人纵不为撤回之表示，亦然。因为要约人既未获得对价(consideration)，则不单方面受其拘束。相对人如欲使要约具有拘束力，须通过所谓"选择权合同"(an option contract)，向对方支付对价，取得选择权，使要约人在约定期限内不得撤回其要约。不过，此举过于烦琐，不适合日常普通的交易。不过，值得注意的是，美国《统一商法典》放弃了上述英国普通法的立场，于第 2－205 条规定，"确定的要约"(firm offers)，在其规定的期限内，或者未规定期限场合在合理的期限(最多不超过三个月)内，不得撤销。

如果说德国法与英国普通法分别代表着要约拘束力问题的两极，那么，法国法及可归属于法国法传统的其他国家(比如比利时)的法律则居于某种中间位置。在法国法，要约是否有拘束力，由要约人决定。要约人未表示要约有拘束力时，在相对人承诺前，可以撤销或者变更要约。《法国民法典》在 2016 年修法前对此虽无明文规定，但判例学说持肯定意见。法国破弃院自 1919 年以来所确立的判例法是，要约在承诺前可以撤销，但若因此使受要约人的合法期待落空，则属于撤销的滥用，故得依《法国民法典》第 1382 条构成侵权。比如要约带有承诺期限，或者受要约人有理由认为要约会在合理期限内有效存在。在这两类情形中，其结果并不是说撤销无效，而是要约人须赔偿受要约人所遭受的损失(比如为查看货物而支付的交通费，或者受要约人因取消其他交易而损失的利润)。[1] 2016 年修法后，《法国民法典》新第 1115 条规定了要约的撤回；同时又在新第 1116 条限制了要约的撤回。原则上使要约人负有维持要约的义务，并明确了对违反该义务的惩罚后果：依一般法对要约人发生合同外责任(新第 1116 条第 3 款)。[2] 由此也可以说转而追随了 CISG 的处理方案。

① See Jan M. Smits, *Contract Law: A Comparative Introduction* 53 (2014).

② F. Ancel & B. Fauvarque-Cosson/齋藤哲志 = 中原太郎(訳)『フランス新契約法』(有斐閣，2021 年)177 頁。

总的来说，要约人受其要约的拘束之观念在德国法系以及斯堪的纳维亚确定了下来，然而罗马法系（法国民法除外）以及普通法系则采取了相反的做法。

要约是否具有拘束力以及要约是否可以撤销，这是合同缔结法统一化过程中遇到的最为困难的问题之一，因为不同国家的做法并不一样。另外，在要约人于一段期间内拘束自己之可能性以及在要约撤销后支付损害赔偿之义务上，也存在差异，沟通不同见解是必要的。CISG第16条等规定反映出了调和不同见解的意图，然而，折中调和的代价却是明晰性的欠缺。[①] 第16条第1款乃是以要约可撤销原则为基础的，不过，它对这一原则作了限制。[②] 总的来说，CISG并没有像德国民法那样承认要约的拘束力。PICC第2.1.4条、PECL第2:202条以及DCFR第II-4:202条追随了CISG的做法。

我国原来的民法理论承认要约的形式拘束力，[③]目的在于保护受要约人的利益，维护交易安全。不过，《民法典》合同编并没有明文规定要约的形式拘束力，而是参考《联合国国际货物销售合同公约》（第15条和第16条）、《国际商事合同通则》（第2.1.3条和第2.1.4条）及《欧洲合同法原则》（第2:202条），规定了要约的撤回及撤销，惟对此作了若干的限制。[④]

综上可见，要约的形式拘束力并非要约必须具备的性质，为了适应商业活动的实际需要，法律允许要约人在一定条件下，即在受要约人承诺之前有限度地撤销要约或变动要约的内容。此外，要约人可以在要约中声明是否受要约拘束。虽然《民法典》原则上并没有规定要约的形式拘束力，但如要约人确定了承诺期限或者以其他形式明示要约不可

---

① See Peter Schlechtriem ed., *Commentary on the UN Convention on the International Sale of Goods* 118－119 (2nd ed., in translation 1998).

② CISG第16条规定："1.在未订立合同之前，要约得予撤销，如果撤销通知于受要约人发出接受通知之前送达受要约人。2.但在下列情况下，要约不得撤销：（1）要约写明接受要约的期限或以其他方式表示要约是不可撤销的；或（2）受要约人有理由信赖该项要约是不可撤销的，而且受要约人已本着对该项要约的信赖行事。"

③ 中央政法干部学校民法教研室编著：《中华人民共和国民法基本问题》，法律出版社1958年版，第201页；佟柔、赵中孚、郑立主编：《民法概论》，中国人民大学出版社1982年版，第170页；王家福主编：《中国民法学·民法债权》，法律出版社1991年版，第290页。

④ 合同法"建议草案"的起草理由谓："关于要约的拘束力，本草案不采纳德国法'因要约拘束'之规定，而采纳《公约》于'接受时受约束之意旨'以使要约得以撤销。"

撤销,或者受要约人有理由认为要约是不可撤销的,并已经为履行合同做了准备工作,则不再可以撤销要约,要约在很大程度上也就具备了形式拘束力。

2. 实质拘束力

要约一经受要约人承诺,合同即为成立,这是要约的本体的效力,学说上亦称为要约的实质的效力或者承诺适格。[①] 此种相对人得对要约为承诺的地位,学说上有的认为是一种期待权,有的认为是一种形成权。[②] 这纯属理论上的争论,不具实益。

(三)要约的存续期间

要约人因其要约而使受要约人有了选择的余地,相应地,要约人则会处于一种不安定的状态。故相对人何时可为承诺,自须有时间上的限制,以便尽早确定社会经济生活关系,这便是要约的存续期间(承诺期限)问题。

1. 定有承诺期限的场合

要约定有承诺期限的,承诺应当在要约确定的期限内到达要约人(《民法典》第 481 条第 1 款)。承诺期限届满,受要约人未作出承诺的,要约失效(《民法典》第 478 条第 3 项)。另依学理解释,约定承诺期限的,可在要约后延长,但不得缩短。

关于约定期间的计算,有两个问题须予说明:(1)要约人仅表明截止期限,如"应于 2025 年 5 月 10 日前承诺",则其所指的究竟是承诺通知的发出还是到达时间?对此应探求要约人的意思加以确定,有疑义时,依《民法典》第 481 条第 1 款的规定,应解释为后者。(2)要约人仅规定一定承诺期间,如"应于一周内承诺",则其起算究竟是自要约发出时还是自要约到达时?一说认为应自通知发出时起算较合一般人的意思;另一说则认为,要约既因到达而生效力,自应以到达时为准。[③] 对此问题,首先应解释要约人的意思加以确定,有疑义时,应自通知发送时

① 我妻栄『債権各論(上巻)』(岩波書店,1954 年)61 頁。

② 比如,稲本洋之助ほか『民法講義 5 契約』(有斐閣,1978 年)22 頁,松坂佐一『民法提要 債権各論(第 5 版)』(有斐閣,1993 年)14 頁。Vgl. auch Jauernig/*Jauernig*, 2007, § 145 Rn. 4.

③ 参见史尚宽:《债法总论》,台北,1954 年自版发行,第 21 页。

起算，较为合理，因为要约何时到达相对人，并非要约人所能掌握的。[①]

2. 未定有承诺期限的场合

要约未订有承诺期限的，应依法律的规定。

（1）要约以对话方式作出的，应当即时作出承诺（《民法典》第481条第2款第1项）。所谓“即时”，指尽其客观上可能的迅速而言，应根据一般交易观念加以确定。比如，以电话为要约，电话突然中断，马上再拨通而为承诺的，应认为仍属即时作出承诺。再如甲邀乙至餐馆就餐并磋商合同，甲在席间提出要约，乙在离席前作出承诺的，也应认为系即时承诺。

（2）要约以非对话方式作出的，承诺应当在合理期限内到达（《民法典》第481条第2款第2项）。换言之，在依通常情形能够收到承诺所需的一段合理期间内，要约对要约人有拘束力。在确定何谓合理期限时，通常要考虑要约人的期待、要约到达于受要约人的必要时间、受要约人考虑接受承诺与否的必要时间（有些场合包括咨询、试验样品等）以及承诺发出至到达要约人所需要的必要时间。一些会延误作出答复的情事（比如，受要约人离开办公场所、生病、罢工等），如果是要约人所知道的，在决定要约的存续期间时，也是要考虑进来的。[②] 不仅如此，期限的长短最终要取决于对双方利益的衡量，要考虑交易的环境，特别是商品或者服务是基于波动的价格而提供的场合，受要约人考虑的时间必须缩短，以免他投机取巧而损害要约人利益。[③] 在合同实践中，确定要约的存续期间时，要根据每个要约的具体情况而定，一般要考虑要约内容的繁简，发送要约或者承诺通知所采取的方法迅速与否以及是否受到非常事件的影响等因素。

***要约拘束力的例外——冷静期制度**　出于保护消费者的目的，一些国家或者地区的立法规定了冷静期制度（cooling-off）。比如，日本的《分期付款买卖法》《访问贩卖法》《宅地建物取引业法》等一系列的法律，在符合一定要件的前提下，对消费者作出的要约的拘束力承认有例外，承认不需要说明理由的要约的撤销，进而在合同成立场合，

① 参见王泽鉴：《债法原理》（第2版），北京大学出版社2022年版，第166页。

② See B. S. Markesinis, W. Lorenz & G. Dannemann, *The German Law of Obligations* 50 (Vol. 1, 1997).

③ Vgl. *Hein Kötz*, Europäisches Vertragsrecht, 2. Auflage, 2015, S. 30.

承认无须说明理由的合同解除。这类要约的撤销以及合同的解除,被作为消费者的冷静权。冷静权发生在合同成立前的要约的撤销和合同成立后的解除,其法的性质并非一元的,论其实质,乃是从消费者保护的立场出发,与合同自由并存的一种对于私法自治的介入。冷静权除法律规定之外,亦得由合同条款加以约定。[①] 我国《直销管理条例》第25条第2款已有30日"冷静期"的规定。《消费者权益保护法》第25条规定了经营者采用网络、电视、电话、邮购等方式销售商品场合消费者七日内无理由退货的权利,[②]亦属于典型的冷静期制度。

五、要约的撤回和撤销

(一)要约的撤回

要约的撤回(英:withdrawal of an offer;德:Widerruf),是指要约人在要约发生法律效力之前,使要约不发生法律效力的行为。要约发出后,要约人因另有考虑而欲撤回要约,以阻止要约发生效力,这是常有的事情。由于要约(作为意思表示)的撤回是在该意思表示到达相对人前或者与意思表示同时到达相对人,因而对于受要约人不会造成什么困惑或者伤害,故要约的撤回在比较法上得到了普遍的认可,包括像德国法系这样确立要约形式拘束力规则的国家。《民法典》第475条规定:"要约可以撤回。要约的撤回适用本法第一百四十一条的规定。"第141条规定:"行为人可以撤回意思表示。撤回意思表示的通知应当在意思表示到达相对人前或者与意思表示同时到达相对人。"[③]要约一经有效撤回,其结果就像要约未曾发生过一样,相对人纵然承诺,也不成立合同。

"到达",如前所述,系指相对人已居可了解的地位即为已足,并非

① 北川善太郎『債権各論(第2版)』(有斐閣,1995年)9頁。

② 《消费者权益保护法》第25条规定:"经营者采用网络、电视、电话、邮购等方式销售商品,消费者有权自收到商品之日起七日内退货,且无需说明理由,但下列商品除外:(一)消费者定作的;(二)鲜活易腐的;(三)在线下载或者消费者拆封的音像制品、计算机软件等数字化商品;(四)交付的报纸、期刊。除前款所列商品外,其他根据商品性质并经消费者在购买时确认不宜退货的商品,不适用无理由退货。消费者退货的商品应当完好。经营者应当自收到退回商品之日起七日内返还消费者支付的商品价款。退回商品的运费由消费者承担;经营者和消费者另有约定的,按照约定。"

③ 参见CISG第15条第2款;《德国民法典》第130条;《瑞士债务法》第9条;《荷兰民法典》第3:37条;PECL第1:303条。

须使相对人取得占有，故通知已送达于相对人的居住所或营业所，即为达到，不必交付相对人本人或其代理人，亦不问相对人是否阅读，该通知即可发生意思表示的效力。

撤回要约的通知如果迟到，其效力如何？《民法典》对此未作规定。依学说见解，后到的撤回通知，不发生撤回的效力，要约仍为有效，相对人得为承诺。[①] 另依我国台湾地区“民法”第 162 条的规定，撤回要约之通知，其到达在要约到达之后，而按其传达方法，依通常情形应先时或同时到达者，相对人应向要约人即发迟到之通知，相对人怠于为前项之通知者，其要约撤回之通知，视为未迟到、仍发生撤回要约的效力。在这种情况下，受要约人即使承诺，也不能成立合同。不过，能否以迟到的撤回通知转化为撤销要约的通知，使之发生撤销要约的效力？该问题的确值得进一步研究。

公众要约的撤回，应当区别情况而为决定。如果公众要约采用的是分别投寄的方式，则撤回要约的意思表示应当在其到达受要约人之前或者与之同时到达受要约人。而对于采用报纸、广播、电视作出的公众要约或者商品标价展示，由于一经作出，即视为到达受要约人而生效，故不存在撤回的可能，只能由要约人撤销。

要约一经撤回，即失其效力。要约撤回本身不得作为撤回的对象，要约人如欲追求此一目的，须重新发出要约。要约撤回后而为的承诺，可作为一个新的要约，由此开始新一轮的缔约程序。

（二）要约的撤销

要约的撤销（英：revocation of an offer；德：Widerruf），是指要约在生效之后，要约人欲使其丧失法律效力的意思表示。要约的撤销与撤回的区别在于，后者发生在要约生效之前，前者发生在要约生效之后；共同点在于，二者均发生于承诺生效之前。承诺生效之后，合同即告成立，这时要约人便不能撤回或撤销其要约。

关于要约可否撤销，考虑到现实经济活动中有此需要，而我国已签字并核准的 CISG 也承认要约可以有条件地撤销；另外，既然合同成立

① 参见王泽鉴：《债法原理》（第 2 版），北京大学出版社 2022 年版，第 158 页。

后都允许当事人协议解除合同,那么在合同成立之前的要约行为也应可以撤销。依《民法典》第 476 条的规定,要约可以撤销。[①] 另依《民法典》第 477 条,撤销要约的意思表示以对话方式作出的,该意思表示的内容应当在受要约人作出承诺之前为受要约人所知道;撤销要约的意思表示以非对话方式作出的,应当在受要约人作出承诺之前到达受要约人。如前所述,其背后的指导方针依旧是"到达主义","知道"在客观主义解释下与"到达"无异。

1. 要约撤销权的行使

(1)通过撤销通知到达受要约人而撤销要约

正如要约的撤回,要约的撤销也须通过通知行为到达受要约人而发生。所谓"到达",可以参考 CISG 第 24 条的规定。受要约人可能由第三方获悉要约人意欲撤销其要约,但仅此情事并不发生要约的撤销。[②] 另外,适用于公众要约撤回的规则也应适用于其撤销。如果不受《民法典》第 137 条的规范,公众要约因公布而生效,则须允许以相同的方式撤销它。

(2)要约撤销权的终止

通常来说,一旦合同缔结,亦即当承诺因到达要约人而生效以后,撤销权即终止。合同成立后,当事人便不能够再撤销其缔结合同的意思表示,其意思表示(要约)已经融入了合同。对撤销权予以保留的,论其性质,属于约定的合同解除权,须明确地表述出来或者可以通过合同解释而明确地确立下来。

不过,依《民法典》第 477 条的规定,要约的撤销因承诺通知的"作出"而被阻却。由于没有到达要约人的承诺在第 480 条但书的例外情形始得生效,因而原则上来说(比如,除非保留了效力更强的撤销权),撤销仅因合同的成立而阻却,而承诺通知的发出,作为一项规则,甚至在合同成立之前即终止了撤销权。撤销权因承诺通知的发出而终止,这一规则起源于普通法,并成为 1964 年《海牙统一国际商品买卖合同缔结法》(Convention relating to a Uniform Law on the Formation of

① 参考 CISG 第 16 条;《意大利民法典》第 1328 条。

② 英国法的立场与此不同,*Dickinson* v. *Dodds* (1876) 2 Ch D 463。

Contracts for the International Sale of Goods)[①]第5条在撤销通常可能原则与保护受要约人之必要之间达成的折中方案的组成部分。[②] 依《民法典》第477条，承认通知的“作出”即终止了要约的撤销，这比普通法上的投邮主义意义更广，因为不仅通过信件或者电报的方式作出承诺通知可以达到这一目的，也包括其他通信方式，如电传、传真。

公众要约的撤销权也因承诺通知的发出而终止。

(3)要约撤销无效的后果

承诺一旦作出，再对要约的撤销便属无效，即使作为一条规则在承诺通知到达要约人之前合同尚不成立。在承诺通知到达对方之前，存在一个悬而未决的状态。如果承诺根本没有到达目的地，则没有合同成立，除非是属于《民法典》第480条但书规定的承诺无须到达要约人的情形。但是，不应当让要约人不确定地坚守其要约，如果他未为其要约定有存续期间，则可以解释要约而为之确定一个期间；如有必要，《民法典》第481条第2款第2项所规定的合理期限可以适用。

(4)撤销权的强度

撤销要约的通知应当在受要约人作出承诺前到达受要约人或为其所知(《民法典》第477条)。换言之，撤销权因承诺的作出而终止，但这并不是一个强制性规则。因而，要约人可以发挥其意思自由，比如，规定其要约“在收到答复之前是没有拘束力的”。

(5)举证责任

受要约人有责任证明其承诺通知是在撤销通知到达之前发出的；另外，要约人须证明撤销通知到达受要约人的时间。

2. 对撤销要约的限制

《民法典》第476条但书规定了不得撤销要约的情形。[③]

(1)明示要约不可撤销

首先，要约人如果在其要约中确定了承诺期限，则在该期限内，要约是不可撤销的。此项规则，无论对话者间的要约还是隔地者间的要

① 王泽鉴教授对此曾作专门介绍，参见王泽鉴：《民法学说与判例研究》(第1册)，台北，1991年自版发行，第111页以下。

② Vgl. *Ernst von Caemmerer*, Die Haager Konferenz über die internationale Vereinheitlichung des Kaufrechts vom 2. bis 25. April 1964, in: Rabels Zeitschrift für auslaendisches und internationales Privatrecht (RabelsZ), 29. Jahrgang 1965, S. 122.

③ 参见CISG第16条第2款；PICC第2.4条；《意大利民法典》第1328条、第1329条；《日本民法典》第521条、第524条。

约,均得适用。

***CISG 中的承诺期限问题** 规定期限的重要意义,在讨论 CISG 草案的维也纳会议上成为一项争点,因为在普通法国家规定承诺的期限通常只意味着期限过后要约失效。而在维也纳的草案及建议中认为,不问要约人欲受拘束的意旨,对确定的期限的表述应是意味着直到此时要约是不可撤销的;这一相反的意见最终占据上风,即对一固定时间的限定之事实,只是表明受拘束之意旨。即便是在这一公式被采纳之后,维也纳的一些代表团仍然坚持认为,确定承诺的期限本身表明了不可撤销性。相应地,一些著作的作者持有这样的观点,规定有承诺期限的要约是不可撤销的,直到该期限终了。这一规定的历史表明事实并非如此;另外,为了促进第 7 条第 1 款规定的统一解释,避免挑起与其他法系的法学家们所坚持的观点的冲突,则是明智之举。对承诺期限的规定,应为一种可以被推翻的对于此期限内受拘束之意思的推定;确定了期限即表明要约人在该期限届满前受其要约的拘束,这一解释因而可以通过证明这一期限仅意在表明于此期间后要约即行失效而推翻。第 16 条第 2 款第 1 项是一项解释规则,在这方面是对第 8 条的补充。一方面,如果当事人所属的法系认为定有时间限制的要约是有拘束力的,则有可能认为要约人意欲其要约具有此一效果(第 8 条第 1 款)并且受要约人亦是如此理解的。另一方面,如果当事人是来自普通法国家,第 8 条第 2 款,并结合第 16 条第 2 款第 1 项,它们本身并非总会表明要约人意欲于此期间内受有拘束,除非有其他情事表明此一效果。可是,来自普通法国家的要约人向大陆法的或者具有大陆法系传统国家的受要约人发出要约,则可能会发现他自己在他提示的期间内受有拘束,即使他并不想让自己的要约具有此一效果,因为有第 16 条第 2 款第 1 项的解释规则以及第 8 条第 2 款要求按照受要约人的理解。不过,来自普通法国家的受要约人则被建议不要盲目地认为确定承诺期间本身表明要约人于此期间内使自己受有拘束。① 这些背景对于理解《民法典》的规定,应有所帮助。

① See Peter Schlechtriem ed., *Commentary on the UN Convention on the International Sale of Goods* 120 – 121 (2nd ed., in translation 1998).

其次，要约人以其他形式明示要约不可撤销。受拘束之意旨可以通过明确的用语表述（“确定的要约”，“将保持有效性”），也可以通过在特定的交易中被理解为表达受拘束之意旨的用语表达，比如，在国际贸易中使用的“open offer”“option”“guarantee”。[①]

（2）对要约的信赖

《民法典》第476条第2项规定源自CISG第16条第2款（b）项，其所表达的原则早已在1964年《海牙统一国际商品买卖合同缔结法》第5条第2款中规定，即一个人不应以自相矛盾的方式行为，它使得要约人因其引发的信赖而受有拘束。

《民法典》第476条第2项有两项要件：一是受要约人有理由认为要约是不可撤销的（存在合理信赖）；二是已经为履行合同做了合理准备工作（基于信赖而行为）。首先，受要约人信赖要约不可撤销，应在个案场景中加以证明其合理性（须为“有理由”信赖）。如果要约本身并没有充分地表明受拘束的意旨，则并不能适用第476条第2项。其次，受要约人须已因信赖该要约而“行为”（CISG：the offeree has acted in reliance on the offer；《民法典》第476条第2项：为履行合同做了合理准备工作），这可以表现为开始生产、准备材料或者为此目的而订立合同，或者在有些情事中表现为雇佣工人，只要依据受要约人自己的特殊情形，这些行为是合理信赖的结果。“行为”并非只是积极的作为，也可以包括不作为，比如，有证据证明受要约人不再寻求其他要约。与原《合同法》第19条第2项相比，此处新增“合理”二字，立法者称此举是“为了更好平衡要约人与受要约人之间的利益”。[②] 其实，受要约人因信赖要约而做的准备工作，属于其履行合同债务的成本，该成本高低，只是自己内部的情事，与要约人利益无涉。职是之故，新增“合理”二字，并无实际意义，也无须当事人证明，更不应因此而影响要约是否可撤销的判断。

---

① See Peter Schlechtriem ed., *Commentary on the UN Convention on the International Sale of Goods* 120－121（2nd ed., in translation 1998）.

② 石宏主编：《〈中华人民共和国民法典〉释解与适用［合同编］》（上册），人民法院出版社2020年版，第32页。无论CISG第16条还是PICC第2.1.4条，均不要求受要约人行为须“合理”，第476条第2项新增的“合理”二字是否画蛇添足，尚有待实践检验。有此担忧是因为，纵然准备履行合同的行为不合理（比如俗话说的“二两生铁动大炉”），只要受要约人能实现合同目的，根本不会损害要约人的利益，又何劳立法者来“平衡”双方利益？谁来证明是否“合理”？因证明了受要约人准备行为不合理而承认要约人可以撤销要约，就更切合双方利益吗？

《民法典》第476条但书第1项与第2项之间的关系，作为一个理论问题，尚不明确，但这通常并不会带来实践中的困难。如果所作出的要约附有时间限制，通常应适用第1项，据此，是否基于合理信赖而做了准备工作，则无关紧要。如果所确定的期限并不明确，或者根本没有确定期限，因而可能会就是否存在受要约拘束的意旨发生分歧，这时则可适用第2项，以避免探究真意所可能存在的不确定性。

3. 不可撤销性的效力

《民法典》第476条规定的要约可以撤销的"除外"（要约之不可撤销性），究竟具有何种效力，殊值分析。问题的关键在于，该项但书规定究属禁止性规定抑或保护性规定。如作为一种禁止性规定，则要约人撤销要约的行为无效，实质上类似于强制缔约；如果作为一种保护性规定，则法律并不禁止撤销要约的行为，但要使受要约人获得充分的法律保护。

以上两种理解，以后一种理解为当。这样，虽符合《民法典》第476条但书规定的情形，在受要约人发出承诺之前，要约人撤销要约的通知到达受要约人的，仍可发生撤销要约的效果，如因此致受要约人遭受损害，依要约人对"不可撤销性"之违反的客观事实，可认定其有缔约上的过失，使之负损害赔偿责任。作此种理解的理由在于，其一，私法领域中的禁止性规定仅在具有特别重大事由场合，比如，损害公共秩序或善良风俗场合，始有其合理性；如仅涉及当事人之间的利益冲突，只要能够使当事人之间的利益获得平衡，仍应尽可能地贯彻自由原则，而对《民法典》第476条作保护性规定理解，符合这种思想。其二，《民法典》对于违约场合规定了减损规则（第591条），本着相同精神，于缔约过程中，亦不应允许受要约人在受撤销要约之意思通知后，仍执意缔结合同。

当然，上述结论只是在损害赔偿可以充分保护受要约人场合始具妥当性，如作为缔约过失责任的损害赔偿则不足以充分保护受要约人，比如，受要约人不可能找到替代性的缔约机会，对于缔结合同获得履行利益具有特别的利益，在作利益衡量的基础上，则不妨认定要约人的撤销要约行为无效，受要约人仍可作出承诺并成立合同。要约人不履行时，可以追究其违约责任，自不待言。

六、要约的失效

要约的失效(英:lapse of an offer;德:Erlöschung),亦称为要约的消灭,即要约丧失其法律效力。对要约人而言,是解除要约人必须依对方的承诺而成立合同的义务;对受要约人而言,是终止其享有承诺的能力。要约消灭后,成立合同的基础即丧失,受要约人即使表示承诺,也不能因此成立合同。《民法典》第478条对要约失效的情形作了规定。[①]

(一)要约被拒绝

受要约人拒绝要约的,于拒绝通知到达要约人时要约失效,即使要约载有承诺期限而拒绝是在该期限届满前表示的,亦是如此。[②] 对要约的拒绝(a refusal),既可以是明示的,也可以是默示的。拒绝要约的通知到达要约人时,要约失效。

受要约人拒绝要约后,如表示后悔,可撤回拒绝的通知,但须于拒绝要约的通知到达要约人之前或同时到达,才产生撤回拒绝的效力。拒绝通知的生效时点在原《合同法》第20条第1项是明确的,《民法典》第478条第1项修改虽使语言简练,但内涵反而不明确了。对于要约的拒绝本身是一项意思表示,原则上应依"到达主义"确定其效力。这也是《公约》及模范法的通例。[③] 拒绝要约的通知不存在撤销问题,受要约人在该通知到达要约人(要约失效)后,又改变想法仍愿订立合同的,并将此意思表示传达给对方的,其意思表示只能算是新要约。

(二)要约被依法撤销

要约人依法撤销要约,要约因此而失效,就像未曾作出过要约一样。

---

① 参见CISG第17条、第19条;《德国民法典》第146~149条;《意大利民法典》第1329条第2款、第1330条;《日本民法典》第525~526条;我国台湾地区"民法"第155~158条。

② Vgl. *Hein Kötz*, Europäisches Vertragsrecht, 2. Auflage, 2015, S. 29-30.

③ 参见CISG第17条、PICC第2.1.5条及PECL第2:203条。

（三）承诺期限届满而受要约人未作出承诺

凡要约中确定有承诺期限的，承诺应当在要约确定的期限内到达要约人（《民法典》第 481 条第 1 款）。第 478 条第 3 项所谓“未作出承诺”，不应当理解为未发出承诺，应当是指承诺未到达要约人，否则，即与第 481 条第 1 款相矛盾。承诺在承诺期限内未到达要约人，原则上要约失效，唯个别场合存有例外（《民法典》第 487 条）。

要约没有确定承诺期限的，要约以对话方式作出的，若非即时作出承诺，且当事人未另有约定的，要约失效；要约以非对话方式作出的，承诺若非在合理期限内到达，要约失效（《民法典》第 481 条第 2 款）。

（四）受要约人对要约的内容作出实质性变更

承诺的内容应当与要约的内容一致。受要约人对要约的内容作出实质性变更的，为新要约。有关合同标的、数量、质量、价款或者报酬、履行期限、履行地点和方式、违约责任和解决争议方法等的变更，是对要约内容的实质性变更（《民法典》第 488 条）。[①]

甲向乙发电子邮件表示拟以 100 万元将自己的房屋卖给乙，乙两天后答复愿以 95 万元购买，甲拒绝；乙转变想法，向甲表示同意 100 万元购买，这时，买卖合同并不因此而成立，因为甲最初的要约已因乙的第一次答复（构成新要约）而失效，此后，乙并不能够再行承诺进而成立合同。不过，他愿以 100 万元购买的意思表示仍然构成一个新的要约，只是甲可自由决定是否接受。

（五）当事人死亡或丧失能力时要约的效力

《民法典》对此未作规定，合同法“建议草案”起草理由谓：“有不少国家都在法律中明文规定了行为人失去行为能力也是要约失效的一个理由，但我国《民法通则》对这个问题已作了有关的规定，因此本草案未

① 参见《德国民法典》第 150 条第 2 款；UCC 第 2－207 条；CISG 第 19 条；PICC 第 2.1.11 条。

将其列入要约失效的理由。”要约是否因要约人或受要约人的死亡或丧失行为能力而归于失效，情况颇为复杂，各国法律规定不尽相同。

***比较考察** 在德国民法上，合同的成立，不因要约人在承诺前死亡或丧失行为能力而受影响，但可推定要约人有其他意思的，不在此限（《德国民法典》第 153 条）。在日本民法上，要约不因要约人发出要约后死亡或丧失行为能力而妨碍其效力，但要约人表示了反对意思，或要约的相对人知悉要约人死亡或行为能力丧失的事实者除外（《日本民法典》新第 97 条第 3 款，第 526 条）。[①] 而 2016 年修法后的《法国民法典》第 1117 条第 2 款规定，要约人无行为能力或者死亡，或者受要约人死亡场合，要约失效。该新增规定终结了此前判例中的不寻常的界线，即有承诺期限的要约不因要约人的死亡而失效并继续约束其继承人。如今要约因要约人死亡而失效；相似的原则亦适用于受要约人死亡场合，要约失效，受要约人的继承人无从取得相关权利。[②] 在英美法上，在要约人死亡的情况下，如受要约人接到其死亡的通知，就不能再为承诺；如不知其死亡而为承诺，则分两种情况处理：（1）如果合同必须由要约人本人来履行，则合同不成立；（2）如果合同可由死者的继承人来履行，合同则仍为有效。在受要约人死亡的情况下，如果受要约人在作出承诺之前死亡，按照对价理论，要约对要约人自然不生拘束力。非受要约人本人所作的承诺，如由其继承人或其他人所为的承诺等，统属无效。如果受要约人在作出承诺之后死亡，除该合同必须由受要约人本人履行外，合同仍然成立。

我国学说认为，要约人或受要约人的死亡可以有条件地作为要约失效的原因，一般应符合如下特定条件之一：（1）合同具有人身履行的性质；（2）要约中含有或推定含有明显的反对意思；（3）要约的相对人知悉要约人死亡或丧失行为能力的事实。在要约人或受要约人为法人时，一般认为，只要法人归于消灭，要约也自然随之消灭。[③]

---

① 中田裕康『契約法（新版）』（有斐閣，2021 年）89 頁。

② S. Rowan, *The New French Law of Contract* 72 (Oxford University Press, 2022).

③ 参见王家福主编：《中国民法学·民法债权》，法律出版社 1991 年版，第 296 页。

第四节　承　诺

一、承诺的概念

承诺(英:an acceptance;德:Annahme),是受要约人同意要约的意思表示(《民法典》第479条)。

《民法典》规定的“承诺”其实有两种类型:一是需要受领的意思表示(empfangsbeduerftige Willenserklärung),二是不需要受领的意思表示(nichtempfangsbedürftige Willenserklärung)。[①] 它们虽然都是意思表示,都属于广义上的承诺,但二者之间的差异性大于共同点。《民法典》对于“承诺”的规定,不是以包括上述两种类型的广义的承诺,而是以“需要受领的意思表示”为预想模型,“不需要受领的意思表示”被作为“除外”(第480条但书)。这样,与其分析抽象的、广义的承诺,不如针对《民法典》规范的特点,分别讨论两类“承诺”。故本节所分析的是狭义的“承诺”,即作为需要受领的意思表示的承诺。作为不需要受领的意思表示的承诺,于后述“意思实现”中分析,以之为“依要约承诺以外的方式成立合同”,[②]因为它有别于依要约和(狭义的)承诺方式成立合同。或谓此种表述自相矛盾,[③]其实,只要结合《民法典》的特点,不以“广义的承诺”为参照,尚不得认为这种表述自相矛盾。

---

① Vgl. auch Jauernig/Jauernig, 2007, S. 111.

② 这种表述的使用,至少可以见于我妻栄『債権各論(上巻)』(岩波書店,1954年)69頁以下,星野英一『民法概論Ⅳ 契約』(良書普及会,1986年)34頁,三宅正男『契約法(総論)』(青林書院,1978年)24頁以下,水本浩『契約法』(有斐閣,1995年)25頁,内田貴『民法Ⅱ　債権各論』(東京大学出版会,2001年)42頁,中田裕康『契約法(新版)』(有斐閣,2021年)92頁;王家福主编:《中国民法学·民法债权》,法律出版社1991年版,第301页;韩世远:《合同法总论》,法律出版社2004年版,第115页以下。

③ 参见崔建远:《意思实现理论的梳理与评论》,载《河北法学》2007年第5期;崔建远主编:《合同法》(第4版),法律出版社2007年版,第74页。崔建远教授此处是以“广义的承诺”为参照,而在其论述“承诺”时,强调“承诺必须向要约人作出”[参见崔建远:《合同法》(第4版),北京大学出版社2021年版,第43页],显然没有包括作为“承诺”的“意思实现”,是否也是一种自相矛盾呢?

二、承诺的构成要件

一项有效的承诺应符合下列要件。

（一）由受要约人作出

依要约实质拘束力原则，唯有受要约人才能获得承诺的资格。受要约人为特定人时，承诺应由该特定人作出；受要约人为不特定人时，承诺可由该不特定人中的任何人作出。受要约人的承诺行为，可由其本人或其授权的代理人作出。除此之外，任何第三人作出同意要约的意思表示，都不能视为承诺，不能因此而成立合同。

（二）向要约人作出

承诺是对要约的同意，据此成立的合同应由要约人作为一方当事人。因此，承诺应向要约人作出，始能达缔约目的。非向要约人作出同意表示不构成承诺。向要约人的代理人作出承诺，视为向要约人作出。要约人死亡后，要约并非当然失效，在一定条件下，如合同的履行不具有特定人身性质，受要约人仍可向要约人的继承人作出承诺。

（三）与要约的内容一致

承诺是受要约人愿意按照要约的全部内容与要约人订立合同的意思表示，它应当是无保留的，不应对要约加入任何新的因素（有时称此为“镜像规则”，mirror-image rule[①]）。不过，严格的“镜像规则”要求承诺须与要约完全一致，就像物体与其镜中的成像一样，不允许对要约作出任何变更。如绝对地贯彻这一规则，未免过于极端，不利于实际交易，因而，《民法典》原则上采纳这一规则，同时作了修正，允许存在例外。

如果受要约人在答复中对要约的内容作出实质性变更，便不构成

① Vgl. Staudinger/Magnus, 2005, Art. 19, Rn. 7.

承诺,而是视为对原要约的拒绝,是一项新要约(《民法典》第 488 条前段),或称反要约。承诺对要约的内容作出非实质性变更的,除要约人及时表示反对或者要约表明承诺不得对要约的内容作出任何变更的以外,该承诺有效,合同的内容以承诺的内容为准(《民法典》第 489 条)。此一规则借鉴自 CISG 第 19 条第 2 款,学者称为"last shot rule"。[①] 有关合同标的、数量、质量、价款或者报酬、履行期限、履行地点和方式、违约责任和解决争议方法等的变更,是对要约内容的实质性变更(《民法典》第 488 条后段)。[②]

(四)在承诺期限内到达要约人

1. 到达主义

《民法典》第 481 条第 1 款规定:"承诺应当在要约确定的期限内到达要约人。"[③]承诺的生效虽采到达主义,有必要说明的是,承诺的作出并非毫无效力,因承诺的作出,依《民法典》第 477 条,便排除了要约的撤销。

***承诺的生效:发信主义与到达主义**　　就承诺的生效时期,存在两种主流见解:一为发信主义,另一为到达主义。

提到发信主义,人们容易想到英美法。其实,将英美法中的承诺生效规则完全等同于发信主义,并不准确。英国法(以及包括美国法在内的普通法域)区分对话方式(instantaneous communication)与非对话方式(non-instantaneous communication)。在对话方式场合(面对面讲话或者通过电话交谈),适用到达主义(the receipt theory,或称收到主义)。对此,丹宁勋爵(Lord Denning)曾经举过一个有名的例子:"假如说,我冲着河对岸或者庭院对面的某人大喊着发出要约,可由于头顶刚好掠过飞机,淹没了他的回答,我没有听清,那么这时并不成立合同。如果他想要成立合同,他就必须等到飞机飞走后喊回来他接受,以使我能够听到他所

---

① Vgl. Staudinger/Magnus, 2005, Art. 19, Rn. 22.

② 原《合同法》的规定参考了 UCC 第 2-207 条,CISG 第 19 条。

③ 查合同法"建议草案"起草理由,有谓:"鉴于我国对承诺的生效传统上采取'到达主义',故本法从大陆法及《联合国国际货物销售合同公约》的规定。"

说的内容，直到我得到了他的答复，我才受约束。”[①]在非对话方式场合（比如邮寄信件），英国法则不采到达主义，反而是采发信主义（the expedition theory），在英格兰亦称投邮规则（the postal rule）或者邮箱规则（the mailbox rule）。该规则确立于1818年的Adams v Lindsell案，那时使用邮政服务越发稀松平常。投邮规则的结果是，承诺是在投邮时而非要约人收到时生效。对此，应予注意的是：第一，投邮规则意味着，即便承诺的信件从未抵达收件人，比如在邮递过程中丢失了，合同依然成立。与到达主义相反，投邮规则由于把承诺迟到或者丢失的风险分配给了要约人，故有利于受要约人。这一规则的历史原因在于，确立该规则时，邮政服务还不太可信，证明一个人寄了一封信要比证明对方收到它相对容易些。第二，投邮规则的实际效果是，它限制了要约人撤销要约的可能性。由于按照英国法，在承诺前要约总是可以撤销的，一旦承诺的信件投邮后承诺便生效了，留给撤销要约的可用时间便缩小了，尤其是要约的撤销须以其到达受要约人方为有效。对此规则的经典说明见于 Byrne & Co v Leon van Tienhoven & Co（1880）案，van Tienhoven 于10月1日在英国加的夫市（Cardiff）寄出信件，向纽约的Byrne发出要约出售马口铁。Byrne于10月11日收到信件，并立即发电报承诺。可是，在10月8日van Tienhoven已经邮寄了另一封信，撤销其要约，原因是马口铁的价格上涨了25%。法院认为，对于撤销不适用投邮规则，结果自然是合同成立。[②] 另外，《日本民法典》原第526条第1项规定：“隔地者间的契约，于发承诺通知时成立。”没有采到达主义，而采发信主义。2017年改正时，以支撑承诺发信主义的社会状况业已变迁为由，则变为遵循意思表示的一般原则（第97条第1款），亦即改采了到达主义。[③]

到达主义，即承诺须于到达要约人时，才发生法律效力。德国法等对包括承诺在内的意思表示的生效时间采到达主义（参照《德国民法典》第130条第1款）。CISG（第18条第2款）、PICC（第2.1.6条第2款）及PECL（第2:205条）均采到达主义。

---

① Entores Ltd v Miles Far East Corporation，1955. 丹宁勋爵此例若放在中国法下，恐应结合《民法典》第142条第1款所采客观主义立场，作不同解释。可参见本章第三节之四对到达主义原则的解读。

② See Jan M. Smits, *Contract Law: A Comparative Introduction* 60－61（2014）.

③ 中田裕康『契約法（新版）』（有斐閣，2021年）84～85頁。

要约没有确定承诺期限的，要约以对话方式作出的，应当即时作出承诺，但当事人另有约定的除外；要约以非对话方式作出的，承诺应当在合理期限内到达（《民法典》第 481 条第 2 款）。

2. 承诺期限的起算

对于承诺期限的起算，《民法典》第 482 条规定："要约以信件或者电报作出的，承诺期限自信件载明的日期或者电报交发之日开始计算。信件未载明日期的，自投寄该信件的邮戳日期开始计算。要约以电话、传真、电子邮件等快速通讯方式作出的，承诺期限自要约到达受要约人时开始计算。"①

3. 迟到的承诺

承诺在承诺期限届满后或在合理期限过后始到达要约人的，构成迟到的承诺。具体可区分若干类型，如图 3－4－1 所示。

- 迟到的承诺
  - 必然迟到的承诺（《民法典》第 486 条）
    - 超过承诺期限发出承诺
    - 在承诺期限内发出承诺，按照通常情形不能及时到达
  - 意外迟到的承诺（《民法典》第 487 条）→ 在承诺期限内发出承诺，按照通常情形能够及时到达

图 3－4－1　迟到的承诺

《民法典》关于迟到的承诺分别在第 486 条和第 487 条两个条文中予以规定，一个规定必然迟到的承诺，另一个规定意外迟到的承诺。这在外在形式上，《民法典》的上述规定与 CISG 第 21 条以及 PECL 第 2：207 条有所差异，但实质内容大致相似。

《民法典》第 486 条和第 487 条在功能上相当于第 481 条（承诺期限）及第 484 条（承诺的生效）的但书。② 按照第 481 条和第 484 条的推

① 参见 CISG 第 20 条第 1 款；PICC 第 2.8 条第 1 款。合同法"建议草案"的起草理由谓："承诺的期限主要是为要约人的利益而设，则承诺期限的起算，也应与此一致。因此我们做出有利于要约人的规定，首先使其有权决定承诺期限的起算时间，其次推定承诺期限从要约由邮局发出时起算。""以电话、电传、传真等快速通讯方法发出的要约，由于该要约发出后即刻就到达受要约人，该到达的时刻既然为要约人控制，亦为受要约人所知，以双方均能知道的时刻作为承诺期限起算的时刻，更能体现公正平等原则。本款照顾了受要约人的利益，是对前款的平衡。"

② 同旨参见 Ingeborg Schwenzer, Christiana Fountoulakis & Mariel Dimsey, *International Sales Law: A Guide to the CISG* 163 (2nd ed., 2012)。

论，未按时到达要约人的承诺无效。而依第486条和第487条的规定，迟到的承诺在有些场合仍然可以有所补救进而成立合同。

无论是必然迟到的承诺还是意外迟到的承诺，是否补救，均取决于要约人，且二者在法律构造上有所区别，以下分别说明。

（1）必然迟到的承诺

受要约人超过承诺期限发出承诺，或者在承诺期限内发出承诺，按照通常情形不能及时到达要约人的，为新要约；但是，要约人及时通知受要约人该承诺有效的除外（《民法典》第486条）。该条规定有两层意思，其一，迟到的承诺原则上为新要约；其二，迟到的承诺得因要约人及时通知受要约人而获得补救，进而有效。[①] 从文字表面来看，是迟到的承诺因要约人及时的补救通知而有效，这种解释可称为"原要约承诺模式"，这种解释模式也是CISG第21条第1款所采的模式。不过，透过现象看本质，本质上是受要约人的一个意思表示（迟到的承诺），再加上要约人的一个意思表示（及时通知），进而使合同成立。对此，仍有另外一种解释的可能，即迟到的承诺实为新要约，要约人及时通知可解释为对新要约的承诺，同样可以达到成立合同的结论。这种解释可称为"新要约承诺模式"。而后面一种解释，可能更为自然，更为符合当事人的真实意思。因为承诺的迟到本来为受要约人所知道或者应当知道，受要约人理应知道这样的承诺是无效的，按"原要约承诺模式"解释，就是受要约人明知其不可为而为之，是不自然的，也不符合其真实的意思。受要约人真实的意思是，他在作出一个意思表示，并且希望这个意思表示实现其效果。如此，像"新要约承诺模式"解释成为新要约，经由原要约人承诺后成立合同，当然是更为自然和更为符合当事人真实意思的。[②] 不过，对第486条如果按"新要约承诺模式"解释，则该条中的"但书"便没有多少实际意义了。本书立场是，对第486条作解释论展开，不宜脱离其可能的文

① 这第二层意思单纯地从法条文字表述来看，似乎并不清楚；不过，通过参见比较法（CISG第21条第1款；PECL第2:207条），实不难理解。不过，客观地说，第28条的文字表述有欠精当，但作解释论展开时，仍有必要揭明，上述第二层意思亦符合该条文规范目的。

② CISG第21条第1款虽属于此处所说的"原要约承诺模式"，对其作解释时，仍有学者愿意透过现象看本质，指出"受要约人须始终明白，他承诺晚了，因而他知道，他的承诺实际上是一个反要约，且需要一个承诺加以确认"。See Fritz Enderlain & Dietrich Maskow, *International Sales Law: United Nations Convention on Contracts for the International Sale of Goods; Convention on the Limitation Period in the International Sale of Goods* 103 (1992).

义，故仍应采“原要约承诺模式”；但若对该条作立法论分析，考虑改采“新要约承诺模式”，更具合理性。

受要约人即使是在承诺期限内发出承诺，如果按通常情形不能及时到达要约人，比如受要约人在承诺期限届满前一天以邮寄信件方式承诺，而该信件的正常邮递通常需要3天时间，故该信件到达要约人时必然迟到。此种情形，原《合同法》并未规定，属于法律漏洞，学说建议基于原《合同法》第28条的规范目的，通过对该条作目的性扩张的方式，加以填补。[①] 如今，《民法典》第486条已明确规定了第二种情形（在承诺期限内发出承诺，按照通常情形不能及时到达要约人的），已经填补了原《合同法》的漏洞。

对于必然迟到的承诺，是否成立合同，决定权在于要约人。如果他希望成立合同，则需要及时通知受要约人其承诺有效；如果他不再希望成立合同（比如由于价格波动），则无须任何举动。

合同成立的时间在实践中会是一个问题，可能的方案包括：其一，迟到的承诺到达时；其二，要约人的通知到达受要约人时（对新要约的承诺到达新要约人时）。从《民法典》第486条字面分析，其但书既言“该承诺有效”，就意味着该迟到的承诺仍然发生承诺的法律效果（成立合同），故第一种方案可以成立。

（2）意外迟到的承诺

受要约人在承诺期限内发出承诺，按照通常情形能够及时到达要约人，但因其他原因致使承诺到达要约人时超过承诺期限的，可以称为“意外迟到的承诺”（或者“偶然迟延的承诺”）。依《民法典》第487条，除要约人及时通知受要约人因承诺超过期限不接受该承诺的以外，该承诺有效。[②]

意外迟到的承诺场合，受要约人会以为自己订立了合同，因为他并不知道承诺在传递过程中被耽搁了。因此，第487条的原则立场是“该承诺有效”。

意外迟到的承诺毕竟是迟到的承诺，为了顾及要约人的利益，立法

① 参见韩世远：《合同法总论》（第4版），法律出版社2018年版，第144～145页。关于目的性扩张与扩张解释的区别，请阅读梁慧星：《论法律解释方法》，载《比较法研究》1993年第1期；杨仁寿：《法学方法论》，中国政法大学出版社1999年版，第155页。

② 参见我国台湾地区“民法”第159条（承诺迟到之通知）。

依旧将决定权交给要约人。要约人如果依旧希望成立合同，只要默不作声即可；要约人如果不再希望成立合同，则须及时通知受要约人因承诺超过期限不接受该承诺。对于要约人而言，第 487 条所规定的“及时通知”属于一项不真正义务（eine Obligenheit），[①]其违反的后果是承诺有效，合同成立。

＊承诺的自由与承诺的强制　承诺的作出应当是自由的，这是合同自由原则的当然要求，除个别国家的立法明确规定以外（比如，《奥地利民法典》第 869 条规定承诺必须是“自由地、严肃地、确切地及易理解地”作出的），大多数国家的立法并未明文规定，而视为当然自明之理。唯在现代社会，对于上述当然自明之理发展出了一些例外，使一方当事人负有缔约义务（a duty to contract），称强制缔约。最典型的代表是关于电力、煤气、火车、航空等公用事业（public utilities），于诸此场合，消费者（或旅行者）一般来说“有权”要求这些服务的提供者接受其利用这些服务的要约。另外，有些国家的竞争法出于维护市场正常竞争秩序的需要，也以特别立法的形式规定了一些缔约义务，比如，德国《反不正当竞争法》（1989 年修订）第 26 条便禁止在市场上居于优势地位的企业的通过歧视行为或限价行为以排挤弱小企业进入市场。在我国，邮政、电信、电业、煤气、天然气、自来水、铁路、公共汽车等公用事业单位，负有缔约义务，非有正当理由，不得拒绝用户的缔约请求（参见《民法典》第 810 条、《电力法》第 26 条第 1 款、《电信条例》第 31 条等）。

三、承诺的方式

承诺的方式，是指承诺人以何种方式将承诺的意思传达给要约人。如当事人有特别指定，通常应依其指定；如没有特别指定，则可依交易习惯或具体情形，采用适当的方式承诺。

在要约特别指定承诺方式场合，比如，要约要求“承诺须以返回所附表格的方式作出”，或者要求“须以挂号信回复”，由此引发一项实务

① Vgl. *Medicus/Petersen*, Grundwissen zum Bürgerlichen Recht, 12. Auflage, 2021, S. 28.

上重要的问题：如果受要约人没有严格遵从上述要求，而是以电子邮件表示承诺，是否发生承诺的效果呢？换言之，要约所要求的承诺方式是不是唯一有效的承诺方式呢？答案自然取决于如何解释要约。通常，受要约人理应按照要约要求的方式承诺，但是，如果要约人限定特定承诺方式的唯一原因是想确保迅速的回应，受要约人使用其他能够实现相同目的的其他方式，亦得构成有效的承诺。如果所要求的是“邮寄信件”，以更快的方式自然也可以；[①]如果要求“挂号信函”，普通平信也是可以接受的。[②]

《民法典》第480条规定：“承诺应当以通知的方式作出；但是，根据交易习惯或者要约表明可以通过行为作出承诺的除外。”[③]这是关于承诺方式的基本规定，据此，承诺通常以承诺通知（Annahmeerklärung）的方式作出，唯不以明示者为限，亦得包括以行为表示承诺意思，于例外场合，承诺尚得表现为沉默或者不作为。[④]

（一）明示的承诺

承诺是一种意思表示，须采取一定的方式，使要约人知道此种同意缔约的意思，始发生效力。《民法典》规定“承诺应当以通知的方式作出”，但对于究竟以什么方式通知，并没有具体的限定，因而，承诺通知既可以采用口头方式，也可以采用书面方式，只要能够明确表达同意接受要约的意思（承诺意思）即可。且承诺没有必要一定要与要约的方式保持相同，对于以信件形式作出的要约，也可采取电报甚至电话的方式承诺。这种以通知的方式作出的承诺，称为明示的承诺。承诺原则上采此方式。

（二）默示的承诺

承诺是受要约人同意要约的意思表示，意思表示可有明示与默示

---

① 英国判例 Tinn v Hoffman（1873）。

② 英国判例 Yates Building Co Ltd v R. J. Pulleyn & Sons（York）Ltd，1975. See Jan M. Smits，*Contract Law：A Comparative Introduction* 55－56（2014）。

③ 参见《德国民法典》第151条第1款；CISG第18条。

④ Vgl. *Hein Kötz*，Europäisches Vertragsrecht，2. Auflage，2015，S. 35.

两种方式(《民法典》第140条第1款),自然也就会有“明示的承诺”与“默示的承诺”之分。[①] 且可以认定为依默示的意思表示进行承诺的场合,并不少见,比如,按照要约的内容实际送货,或者对与要约同时送来的物品付款等,属对要约人的因承诺而成立之合同的履行行为,作出此等行为即属默示的承诺。[②] 依前述结论,默示的承诺可表述为依可推断之行为发出的承诺(Annahme durch schlüssiges Verhalten)。[③] 默示的承诺可作广义与狭义的区分。自广义而言,凡从特定的行为(甚至不作为)中间接地推知行为人承诺的意思表示,均属之,无论此意思表示是否需要通知要约人。自狭义而言,默示的承诺仅限于需要将默示作出的承诺的意思表示通知要约人的情形,承诺无须通知的情形排除在外。[④] 此处主要是在狭义上使用“默示的承诺”这一概念。

关于默示的承诺,《民法典》没有特别区分明示的承诺与默示的承诺而异其规则,有关承诺的一般规则,对二者均有适用。默示的承诺,虽然没有用语言或者文字的形式,向要约人表达承诺意思,但通过向要约人作出特定的行为,也同样表达了承诺的意思,因而,仍然需要承诺的“通知”。

在要式合同场合,如果只是存在默示的承诺,原则上合同不成立,不过,受要约人所作出的如属履行行为,且符合“履行主要义务”且对方接受时,仍可因此修正形式要求,依《民法典》第490条,合同成立。

“默示的承诺”与“意思实现”的区别,容于后述。

（三）沉默

沉默,即既不表示同意,又不表示反对,故又称“不作为的默示”。普遍接受的准则是,单纯的沉默(in blossom Schweigen)并不构成对于要约的承诺,即使要约人在其要约中表明沉默将被作为承诺,亦是如

---

① 王泽鉴:《债法原理》(第2版),北京大学出版社2022年版,第169页。

② 我妻栄『債権各論(上巻)』(岩波書店,1954年)64頁。

③ Vgl. *Hein Kötz*, Europäisches Vertragsrecht, 2. Auflage, 2015, S. 38.

④ 参见韩世远:《默示的承诺与意思实现——我国〈合同法〉第22条与第26条的解释论》,载《法律科学(西北政法学院学报)》2003年第1期。

此。[①] 否则,如果把一切沉默都看成意思表示,就会引起秩序的混乱。[②]《民法典》对此虽未明文规定,[③]但应作如此解释。原因在于,要约人主动建议订立合同,受要约人承诺与否是自由的,不予理会也是自由的。承诺作为一种意思表示,除了承诺的意思之外,尚须经过表示,始具法律意义。

对于上述原则,存有例外场合,沉默仍具有意思表示(承诺)的意义。依《民法典》第140条第2款,"沉默只有在有法律规定、当事人约定或者符合当事人之间的交易习惯时,才可以视为意思表示"。首先,法律有时直接规定了沉默视为承诺,比如《民法典》第638条第1款后段。其次,当事人可约定沉默具有表示的意义。比如,当事人双方事先已约定,一方如未在某一既定期限内作出拒绝的表示,就视为承诺。最后,如果当事人之间有交易习惯,也可能存在例外。对于商事关系中的沉默,可否或者应否基于交易习惯或者惯例、双方当事人之间的往常做法等交易环境因素,进一步承认若干例外,应持肯定立场。

* **商事关系中的沉默:法国与德国**　从比较法来看,法国破弃院在1988年裁判过一起案件,案中双方当事人一致同意,买方可以通过报价方式行使选择权,购买卖方的露天游乐场,卖方接下来会在14天内给予答复。买方表示愿出10万法郎(合15,000欧元),行使了该选择权,此后,再未收到卖方的任何回复。法院认为,在本案中,沉默构成了承诺。显然在这类案件中,沉默并非一个孤立的存在,它通常伴随着一系列的周边环境,比如当事人之间先前的交涉、长期的商业关系以及双方当事人业已习惯了的商业惯例(a course of business)、对迅速回复的现实需要等。法国人称此为"依环境而定的沉默"(英:circumstantial silence;法:*silence circonstancié*)。另外一个例子是商业实践中所谓的确认书(英:confirmatory notes;德:Bestätigungsschreiben)。如果当事人经过讨价还价几乎准备签订合同了,一方会就双方口头同意的事项给对方发一份"确认",总结要点,且可能会附上自己的格式文本。德国判例法确

---

① Vgl. *Hein Kötz*, Europäisches Vertragsrecht, 2. Auflage, 2015, S.39.

② 参见中央政法干部学校民法教研室编著:《中华人民共和国民法基本问题》,法律出版社1958年版,第76页。

③ 合同法"建议草案"第15条第2款曾规定:"沉默或者不作为本身不构成承诺。"系借鉴了CISG第18条第1款及PICC第26条第1款的规定。

定地认为，如果对方不同意此文件，则须立即拒绝，以免受其约束。[①]

四、承诺的生效时间

承诺生效时合同成立（《民法典》第483条主文），当事人通常自此时开始负有履行合同的义务，因而承诺生效的时点意义重大。在我国法上，承诺通知的生效时间原则上采到达主义（《民法典》第484条第1款及第137条），无论明示的承诺还是默示的承诺，均应当适用该规则。承诺通知于到达要约人支配的范围内时生效，这与大陆法系多数国家所采取的“到达主义”原则是相一致的，也符合我国参加的CISG。另外，依“到达主义”，承诺传递中的风险应当由受要约人承担，承诺函电遗失将使承诺不生效。

五、承诺的撤回

承诺的撤回，是承诺人阻止承诺发生法律效力的一种意思表示。由于承诺一经送达要约人即发生法律效力，合同也随之成立，受要约人应受合同的约束，不得撤销承诺。所以，撤回承诺的通知须先于或同时与承诺到达要约人，才能发生阻止承诺生效的效果（《民法典》第485条及第141条）。[②]

六、“格式之争”问题

在现代商业实践中，发生有所谓“格式之争”（battle of forms）的特殊问题，“此一问题发生在一方当事人发出一个表格，声称合同依据他的条款，而另一方当事人返还一个表格答复道：该合同依据他的条款！”[③]“格式之争”的问题有两层：其一，合同是否成立；其二，如果合同

① See Jan M. Smits, *Contract Law: A Comparative Introduction* 56 – 57 (2014). 另参见[德]迪特尔·梅迪库斯：《德国民法总论》，邵建东译，法律出版社2001年版，第355～357页。

② 参见《德国民法典》第130条；CISG第22条；PICC第2.10条。

③ M. Furmston, *Cheshire, Fifoot & Furmston's Law of Contract* 220 (17th ed., 2017).

成立，又该如何处理内容相左的条款[①]是一项重要的现实问题。

无论英美法系还是大陆法系，传统的缔约理论均认为承诺须是（或至少应该被要约人理解为是）毫无保留的，有保留地同意之表示并不构成承诺，尽管它可构成一个反要约。[②] 依据这种传统缔约理论，“格式之争”的解决之道即所谓“最后用语规则”（last word doctrine，或称 last shot principle；der Theorie des letzten Wortes）。换言之，每一个后续的表格都应被当作一个反要约，这样最后的表格被看作收到者以沉默的方式接受（沉默通常不具有表意功能，亦是该方案的弱势）。[③] 与此不同，德国判例拒绝追随“最后用语规则”，认为双方当事人的一般交易条件，在它们相互冲突的范围内，并不构成合同的组成部分，由此产生的合同漏洞，则依法律的任意规定（dispositives Recht）确立的规则予以填补，[④]或称此为“其他部分有效说”（Restgütigkeitstheorie）。[⑤] 此外，国际层面的相关模范法就此也有规定，值得关注（PICC Art. 2. 1. 22；PECL Art. 2. 209；DCFR Ⅱ Art. 4. 209）。

自《民法典》第 488 条及第 489 条的规定来看，其对“格式之争”采取了有限制的“最后用语规则”，即在承诺对要约的内容作出非实质性变更的场合，以承诺的内容成立合同；如果变更属于实质性的，依一般规则合同并不成立，其承诺为新要约。不过，结合《合同编通则解释》第 3 条第 1 款的规定，如果能够确定当事人姓名或者名称、标的和数量，一般应当认定合同成立。如此解释，符合鼓励交易原则。就实质性变更部分的内容，不宜采“最后用语规则”，应该认为双方未达成合意，依合同解释及漏洞填补规则处理。

---

① 中田裕康『契約法（新版）』（有斐閣，2021 年）104 頁。

② See Arthur Taylor von Mehren, *The "Battle of the Forms": A Comparative View*, A. J. C. L. Vol. 38, 274 (1990).

③ M. Furmston, *Cheshire, Fifoot & Furmston's Law of Contract* 220 (17th ed., 2017).

④ Vgl. *Hein Kötz*, Europäisches Vertragsrecht, 2. Aufl. 2015, S. 45.

⑤ Vgl. *Peter Schlechtriem*, Internationales UN-Kaufrecht, 4. Aufl. 2007, Rn 92.

第五节　依要约承诺以外的方式成立合同

《民法典》第471条规定，“当事人订立合同，可以采取要约、承诺方式或者其他方式”。此所谓“其他方式”指一些特别的成立合同的方式，包括交叉要约以及意思实现等情形。其中，交叉要约欠缺形式上的承诺，后者省略了承诺通知，均属简化了的缔约程序，并不妨碍合同的成立，且尚在意思自治范畴。事实的合同关系则超越了意思自治的范畴，依事实过程即认有合同关系的成立，与前两者有显著的差异，应否承认，学说不一。

一、交叉要约

（一）语义

交叉要约（cross-offers），是指合同当事人采取非直接对话的方式，相互提出两个独立但内容一致的意思表示。交叉要约一般发生在异地之间且要约时间几乎为同时的场合。如甲向乙发出以一定价格购买其房屋的要约，该要约尚未到达乙时，乙恰巧也向甲发出以相同价格出售该房屋的要约。虽然两个要约内容一致，但后一要约尚不得视为对前一要约的承诺。

交叉要约的发生，在实务中颇为少见，比较立法例亦属少见，职是之故，认为将交叉要约作为合同成立的一种方式意义不足者，亦属有之。[①] 不过，该问题在法学理论上仍值得思考和分析。

① 民法（债権法）改正検討委員会編『詳解債権法改正の基本方針Ⅱ』（商事法務，2009年）72頁以下，中田裕康『契約法（新版）』（有斐閣，2021年）94～95頁。

（二）效力

交叉要约是否成立合同，各国规则不一。[①] 我国法律并没有规定，就此学说上有肯定说[②]与否定说，[③]以肯定说为当。从理论上说，这种场合不仅有两个意思表示在客观上的合致，也有主观上的合致。认定合同的成立，不仅可因应交易的需要，也符合当事人的意思。[④] 交叉要约每每发生于反复且迅速地进行的定型化交易（主要是商事交易），自实务的便利而言，实有承认其效力的必要。[⑤] 由于后一要约并非前一要约的承诺，因而，交叉要约成立合同属于依要约承诺成立合同的例外。

根据交叉要约成立合同，合同成立的时间仍然是一个问题。由于后一要约并非承诺，学说上认为应当解释为两个意思表示到达时合同成立。[⑥] 两个意思表示若非同时到达，则合同成立的时间以后一要约到达的时间为准。

***同时表示**　　在当事人采用直接对话的方式，在时间上无先后之分，同时作出内容相同的意思表示的情形，亦属有之，称为同时表示。同时表示在法律上的效力与交叉要约相同，也产生合同成立的效果。同时表示是一种有别于要约承诺的订约方式。

---

① 比如在英国普通法上，交叉要约并不能够成立合同，因为“交叉要约并非相互的承诺”，此一规则的道理在于确保确定性。See G. H. Treitel, *The Law of Contract* 35 (10th ed., 1999); M. Furmston, *Cheshire, Fifoot & Furmston's Law of Contract* 74–75 (17th ed., 2017). 中文资料可参见杨桢：《英美契约法论》（修订版），北京大学出版社2000年版，第44页。在美国法上，交叉要约亦不成立合同。尽管每个允诺人都在寻找对方的允诺以与自己的交换，没有一个是作为与对方允诺的交换而作出其允诺的，因而，没有一个允诺是被交换的，故没有一个能够被作为另一个的对价，也就没有一个有对价的支撑，也就没有合同。See E. Allan Farnsworth, *Contracts* 68 (4th ed., 2004).

② 参见崔建远：《合同法》（第4版），北京大学出版社2021年版，第56页；王利明：《合同法研究》（第1卷）（修订版），中国人民大学出版社2011年版，第274页；朱广新：《合同法总则》，中国人民大学出版社2008年版，第81页。

③ 参见柴振国等：《合同法研究》，警官教育出版社1999年版，第74页；隋彭生：《合同法要义》（第4版），中国人民大学出版社2015年版，第54页。

④ 我妻栄『債権各論（上巻）』（岩波書店，1954年）70頁。

⑤ 稲本洋之助ほか『民法講義5 契約』（有斐閣，1978年）21頁。

⑥ 我妻栄『債権各論（上巻）』（岩波書店，1954年）70頁。

二、意思实现

（一）语义

意思实现，系德语“Willensbetätigung”的移译，日语中亦称“意思実現”。《德国民法典》第 151 条（不需向要约人表示的承诺）对此作了规定，[①]“根据交易习惯，承诺无须向要约人表示，或者要约人预先声明无须表示的，即使没有向要约人表示承诺，承诺一经作出，合同即告成立。应根据要约或者当时情况可以推知的要约人的意思，来确定要约约束力消灭的时间”。依德国学者通说见解，在该条中承诺的意思必须通过某种方式表达出来，亦即必须使该意思显示于外部，但受要约人无须针对要约人表达或显示其承诺意思，承诺意思也无须到达要约人那里。[②]《德国民法典》的这一规定亦影响了《日本民法典》[③]和我国台湾地区“民法”[④]，其相应的民法文献称此种规定为“意思实现”。[⑤]

意思实现的特征在于：其一，承诺无须通知；其二，受有严格限制，要求是根据交易习惯或者根据要约人预先的声明；其三，合同自出现认定承诺意思的事实或行为时（承诺意思实现时）成立。依学者通常所举事例，比如，客人用电报预订旅店房间，旅店老板将客人的姓名登记入预订客房名单；或者受要约人向要约指定的第三人发送商品；又如，将要约人实物要约寄来的书籍签名于书页以示所有，均属依意思实现而成立合同。

意思实现所表述的规则在 CISG（第 18 条第 3 款）、PICC（第 2. 1. 6

---

① See B. S. Markesinis, W. Lorenz & G. Dannemann, *The German Law of Obligation* 57 (Vol. 1, 1997).

② 参见［德］迪特尔·梅迪库斯：《德国民法总论》，邵建东译，法律出版社 2001 年版，第 280 页。

③ 《日本民法典》原第 526 条（契约成立时期）规定：(1) 隔地人间的契约，于发承诺通知时成立。(2) 依要约人的意思表示或交易上的习惯，不需承诺通知时，则契约于已有可认为是承诺意思表示的事实时成立。2017 年修法后，此条第 2 款内容未变，独立成为第 527 条。

④ 我国台湾地区“民法”第 161 条（意思实现）规定：(1) 依习惯或依其事件之性质，承诺无须通知者，在相当时期内，有可认为承诺之事实时，其契约成立。(2) 前项规定，于要约人要约当时，预先声明承诺无须通知者，准用之。

⑤ 我妻栄『債権各論（上巻）』（岩波書店，1954 年）70 頁，星野英一『民法概論 IV 契約』（良書普及会，1986 年）34 頁，水本浩『契約法』（有斐閣，1995 年）26 頁，王泽鉴：《债法原理》（第 2 版），北京大学出版社 2022 年版，第 171 页以下；孙森焱：《新版民法债编总论》（上册），台北，1999 年自版发行，第 27 页以下；黄立：《民法债编总论》，中国政法大学出版社 2002 年版，第 70 页。

条第 3 款)及 PECL(第 2:205 条第 3 款)中也是可以见到的。

“意思实现”在原《合同法》之前的立法中并没有规定,这一概念只是出现在民法著述中。[①] 原《合同法》第 22 条(《民法典》第 480 条)肯定了承诺无须通知的情形的存在,原《合同法》第 26 条第 1 款规定,承诺不需要通知的,根据交易习惯或者要约的要求作出承诺的行为时生效(《民法典》第 484 条第 2 款)。自此,意思实现在我国大陆立法中有了根据。

就意思实现的本质,各学说颇有分歧。有的认为它并非意思表示;[②]有的认为它属于一种广义的意思表示;[③]有的认为其本质仍可作为一种意思表示。[④] 本书认为,意思实现仍然是一种意思表示,可归属于无须受领的意思表示。其一,《民法典》第 484 条第 2 款条文使用了“承诺不需要通知”表述,显然将“意思实现”亦作为一类承诺,而“承诺是受要约人同意要约的意思表示”(第 479 条),由此,自解释论的立场,意思实现至少在我国立法上是一种意思表示。其二,作出“承诺的行为”仍应以承诺意思(Annahmewille)为必要,否则意思实现将成为事实行为,所谓可认为承诺之事实,应解为系承诺的意思依一定的事实而实现。[⑤] 进而,相对人为限制行为能力人、无行为能力人或无意思行为能力人场合,不至于仅依客观上可认为承诺的事实,即可有效成立合同。不过,由于“承诺不需要通知”,故这种“承诺”是一种不需要受领的意思表示,有别于作为需要受领的意思表示的“狭义的承诺”,本书以意思实现为“依要约承诺以外的方式成立合同”,指的是其有别于依要约和“狭义的承诺”方式成立合同。

---

① 参见王利明、郭明瑞、吴汉东:《民法新论》(下册),中国政法大学出版社 1988 年版,第 382 页;王家福主编:《中国民法学·民法债权》,法律出版社 1991 年版,第 302 页;施天涛:《经济“游戏”的规则——合同法的发展与完善》,贵州人民出版社 1995 年版,第 42 页以下;崔建远:《合同法》,法律出版社 1998 年版,第 58 页。

② 三宅正男『契約法(総論)』(青林書院,1978 年)25 頁。三宅教授认为,依意思实现之合同成立,不仅是属于依要约承诺以外的方式成立合同,甚至超出了意思表示合致的框架,只是一种成立合同的便法。因此,对由此发生的合同成立及其效力,法律行为的一般理论并不当然适用,唯在有些场合可以类推适用而已。

③ 参见孙森焱:《新版民法债编总论》(上册),台北,1999 年自版发行,第 27 页。

④ 松坂佐一『民法提要　債権各論(第 5 版)』(有斐閣,1993 年)11 頁。

⑤ 参见王泽鉴:《债法原理》(第 2 版),北京大学出版社 2022 年版,第 172 页。

（二）意思实现与默示的承诺

意思实现与默示的承诺，不易区分，以致有的学者以二者所指为相同之事，需要辨明的是：二者是否有所不同？区分是否有意义？

关于默示的承诺与意思实现，学说的分歧大致区分为两类：区别存在说与区别否定说。

1. 区别存在说

承认意思实现与默示的承诺有区别的学说中，又有如下不同解释：

（1）传统的理解是，承诺是一种意思表示，意思表示可分解为三项要素：效果意思、表示意思与表示行为。[①] 而在意思实现场合，由于不存在表示意思（想将承诺的意思向外部表示的意思），因而与意思表示不同，因意思实现的合同成立有别于意思之合致，属独立的合同成立方式。[②] 比如，有学者认为，如果行为不是向要约人作出的，如宾馆依要约而保留房间的行为，属于意思实现；而如果行为是向要约人作出的，如订货的发送，属于默示的承诺。[③]

（2）认为表示意思并非意思表示的要素之一，[④]因而，意思实现与承诺的意思表示的差异并非在于表示意思之有无；只是在对于要约人没有作出通知这一点上，与承诺的意思表示有差异。从而，根据要约的要求送货上门的行为，其中含有承诺的意思表示，不属此所谓意思实现。[⑤]

2. 区别否定说

关于意思实现的法律性质，学说上有“默示的承诺说”，依照该说，意思实现与依要约承诺成立合同的方式是没有必要区别的。有见解认为默示的承诺与意思实现乃至事实合同关系并非截然分开的，认为在很多场合它们

① 四宮和夫＝能見善久『民法総則（第9版）』（弘文堂，2018年）223頁。

② 鳩山秀夫『増訂　日本債権法各論』（岩波書店，1926年）59頁，水本浩『契約法』（有斐閣，1995年）27頁，史尚宽：《债法总论》，台北，1954年自版发行，第31页。

③ 星野英一『民法概論Ⅳ契約』（良書普及会，1986年）34頁，中田裕康『契約法（新版）』（有斐閣，2021年）93頁。

④ 我妻栄『新訂　民法総則』（岩波書店，1965年）242頁。相同见解，另可参见陈国柱主编：《民法学》（修订版），吉林大学出版社1987年版，第73页；寇志新：《民法总论》，中国政法大学出版社2000年版，第211页以下；邵建东：《表示意识是否意思表示的要素——德国联邦最高法院储蓄所错误担保案判决评析》，载梁慧星主编：《民商法论丛》第17卷，香港金桥文化出版公司2000年版，第340～358页。

⑤ 我妻栄『債権各論（上巻）』（岩波書店，1954年）71頁。

所指射的是同一的法律关系。[①]

在讨论默示的承诺与意思实现的关系时，首先应对使用的概念作出界定（见图 3－5－1）。如果是使用广义的默示的承诺，则无疑意思实现也应当列入其中。如果使用狭义的默示的承诺概念，意思实现则有别于默示的承诺。此处拟在狭义上使用默示的承诺概念。

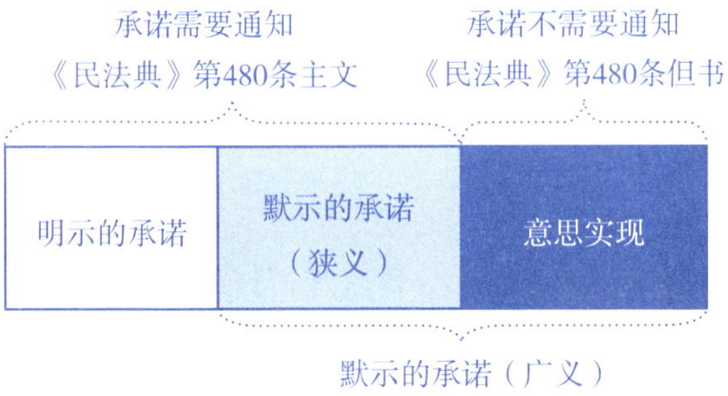

图 3－5－1　承诺与意思实现

3. 区别的实益

意思实现与默示的承诺二者区别的意义在于，以发送订购物品为例，应认为默示的意思表示，必须于物品送达要约人时，合同始告成立。其发送之事实虽已实现而未到达，则不能发生承诺之效力。反之，意思实现则以客观上有可认为承诺之事实存在为必要，有此事实，合同即为成立。[②]或谓"意思实现"规定的存在意义，在于提早合同成立的时间。[③] 在前者场合，在合同成立前，不生价款风险问题；在后者场合，则有价款风险问题，如无特别约定，依《民法典》第 607 条第 2 款，标的物交付给第一承运人后，风险由买受人承担。

---

① 水本浩『契約法』（有斐閣，1995 年）27～28 頁。余延满先生认为，意思实现并非一种有别于要约与承诺的合同订立方式，只不过承诺有其特殊性而已。参见余延满：《合同法原论》，武汉大学出版社 1999 年版，第 121 页。另外，沈达明与梁仁洁先生认为，所谓默示的意思表示，是指表意人以某种行动或态度所显示的意思。学理称之为意思的证实（Willensbetätigung）。参见沈达明、梁仁洁编著：《德意志法上的法律行为》，对外贸易教育出版社 1992 年版。龙卫球先生亦有相似见解，认为默示的意思表示，又称"意思证明"（Willensbetätigung），指以社会的非习用方法为表达，他人根据具体情况才可推知表达外观意思的情形。参见其著《民法总论》，中国法制出版社 2001 年版，第 508 页。

② 参见孙森焱：《新版民法债编总论》（上册），台北，1999 年自版发行，第 29 页。对 CISG 第 18 条第 3 款的分析，亦有相似结论，参见沈达明、冯大同编著：《国际贸易法新论》，法律出版社 1989 年版，第 61 页。

③ 潮見佳男＝中田邦博＝松岡久和編『概説国際物品売買条約』（法律文化社，2010 年）60 頁。

4. 二者的差异

默示的承诺属于须经受领的意思表示，作出“承诺的行为”只是默示的承诺的成立，如欲发生承诺的效力，还须关于该“承诺的行为”的通知到达要约人。意思实现则属于无须受领的意思表示，是承诺须经受领原则的例外情形，故于“承诺的行为”作出时生效，合同成立，无须另行作出承诺的通知，亦非于承诺的通知到达时生效。[①]

（三）构成要件

1. 根据交易习惯或者要约的要求承诺不需要通知

合同因意思实现而成立，不必通知，对当事人的利益而言至关重要，故须限于特别情事。依《民法典》第 480 条，其情形有二：其一为根据交易习惯，承诺不需要通知，如宾馆房间内冰箱中的饮料或食品，客人可自由取用，最后统一结算。其二为根据要约的要求，承诺不需要通知，如甲要求乙绘制风景油画五幅，表明将于某日上门取货。

2. 受要约人作出可以认有承诺的意思表示的行为

所谓“通过行为作出承诺”，实即作出可反映承诺意思的行为，大致区分为两类：履行行为与受领行为。此所谓履行行为，即受要约人有履行其合同义务的行为，如前例中乙按要约要求绘制油画的行为；所谓受领行为，即受要约人行使合同权利的行为，如前例中宾馆客人消费冰箱中饮料或食品的行为，又如拆阅现物要约寄来的杂志的行为。

单纯的沉默，除非法律另有规定，或者当事人之间有特别的约定或者符合交易习惯，否则，不可以作为“作出承诺的行为”。即使要约中表示如果不作出承诺与否的通知，即视为承诺，受要约人也没有作出承诺与否的通知的义务，在不为通知之场合，合同也不成立。[②]

＊意思实现与承诺行为人真实意思　　在此种所谓“意思实现”方式缔约场合，应否考虑作出承诺行为人的真实意思呢？一类见解认为，意思实现以客观上有可认为承诺之事实存在为必要，有此事实，合同即

① 参见韩世远：《默示的承诺与意思实现》，载《法律科学》2003 年第 1 期。
② 水本浩『契約法』(有斐閣,1995 年)27 頁。

成立。至于承诺人是否认识该事实行为为承诺之意思表示，主观上是否有承诺之意思，在所不问，例如，使用要约人送到之物品，虽主观上无为承诺而成立合同的意思，应认为合同成立。[①] 另有见解认为，承诺之事实，应以有承诺意思为必要，此就“承诺”之本质而言，应属当然，否则意思将成为事实行为；相对人主观上无承诺意思，仅依客观上可认为承诺之事实，即可成立合同，使其负担合同上的义务，与私法自治原则似有违背，而且不足以保护相对人利益，此在现物要约最为显然；又相对人为限制行为能力人，无行为能力人或无意思能力人时，是否能仅依客观上可认为承诺的事实，即可成立合同，亦有疑问。提出所谓可认为承诺之事实，应解为系承诺的意思依一定的事实而实现之，不必通知要约人，系承诺意思表示须经受领，始生效力之例外，为德国学说所称“无须受领之意思表示”。[②]

上述两类见解各有侧重，第一类见解是客观说，侧重于客观方面，注意的是交易的安全、便捷以及交易秩序的稳定，第二类见解是主观说，追求的是实质的公平与合理。两者均有其合理性。[③] 在我国《民法典》的解释适用上，属法政策选择的问题。本书认为，如采客观说，以其配合意思表示瑕疵、撤销制度（比如误以送来的商品为自己所有而予消费场合，虽然合同成立，却可类推重大误解而予撤销）以及赔偿制度，亦不失为一种解决方案。

三、事实的合同关系

（一）德国的学说与判例

“事实的合同关系”（faktischen Vertragsverhältnissen）之概念，是1941年由德国学者豪普特（Günter Haupt）提出的。[④] 依豪普特教授的见解，如着眼于新的社会现象，可发现有些合同关系的内容并不能够归

① 王伯琦：《民法债篇总论》，台北，编译馆1985年版，第29页；孙森焱：《新版民法债编总论》（上册），台北，1999年自版发行，第17页。

② 王泽鉴：《债法原理》（第2版），北京大学出版社2022年版，第172页。

③ 就此问题在日文文献中的探讨，参见中田裕康『契約法（新版）』（有斐閣，2021年）93～94頁。

④ Vgl. *Günter Haupt*, Über faktische Vertragsverhältnisse, 1941, S. 5－37.

结为当事人的合意，而就合同关系的成立而言也存在同样的现象。[①] 在若干情形下，因事实过程而成立的生活关系可以作为合同关系，进而适用合同法的有关规定。这种因事实过程而成立的合同关系，称为“事实的合同关系”，其特点在于，其成立的要件事实并非要求当事人的合意（在有些场合当事人甚至有完全相反的意思），而是另有其独特的要件事实。对于事实的合同关系，难以归纳出统一的法律构成要件，豪普特教授将其类型化为以下三类：

第一类，是基于社会接触而产生的事实的合同关系，包括缔约上过失责任、司机对好意同乘人的责任、使用借贷期满后在标的物返还前的利用关系。

第二类，是基于团体关系而产生的事实的合同关系，其典型为事实上的合伙或公司（合伙合同或公司设立行为无效或被撤销场合）、事实上的劳动关系或雇佣关系（劳动合同无效或被撤销场合）。

第三类，是基于社会给付义务而产生的事实的合同关系，其典型为公用交通（电车、公共汽车等）的利用关系、供给电、气、水的法律关系等，拉伦茨（Larenz）教授称之为因社会类型行为发生的债之关系。

此一理论一经提出，便在德国法学上产生空前的震动，引起激烈的争论。[②] 在一个相当长的时期内，就此理论在德国没有定论。[③]

事实的合同关系理论后来被德国联邦法院在“停车场事件”的判决（Hamburger Parkplatz-Fall，1956 年 7 月 14 日）[④]中采用，在此后，又曾作出若干采用事实的合同关系理论的判决。时至今日，德国学理虽有所谓“欠缺意思表示的法律行为”（Rechtsgeschäft ohne Willenserklärung）之概念，[⑤]但在德国，甚至包括拉伦茨本人，已放弃该理论。[⑥] 通过“社会类型行为”的承诺（Annahme durch „sozialtypisches Verhalten“）之论证方式，因其与私法自治之基本原则格格不入，故法学

① 五十川直行「いわゆる『事実的契約関係理論』について」法学協会雑誌 100 巻 6 号（1983 年）101 頁。

② 王泽鉴教授关于事实的合同关系专门作有介绍，参见王泽鉴：《民法学说与判例研究》（第 1 册）（第 12 版），台北，1991 年自版发行，这篇论文到目前为止，关于这一问题，在中文资料中仍是最全面、最翔实的。

③ Haupt 教授于 1941 年 1 月 29 日在德国莱比锡大学作的教授就任公开演讲，提出事实的合同关系理论，但遗憾的是，他在战后 1946 年去世，这一理论的进一步发展则是依靠其他学者，其中一位非常关键的人物是拉伦茨教授。Vgl. *Karl Larenz*, Die Begründung von Schuldverhältnissen durch Sozialtypisches Verhalten, [1956] NJW 1897.

④ BGH vom 14. 7. 1956, BGHZ 21, 319 = NJW 1956, 1475; dazo *Petersen* Jura 2011, 907(907f).

⑤ *Herberger/Martinek/Ruessmann/Weth*, juris Praxiskommentar BGB, Schuldrecht, Band 2. 1, 2. Aufl. 2004, S. 6.

⑥ Vgl. *Karl Larenz*, Allgemeiner Teil des deutschen Bürgerlichen Rechts: Ein Lehrbuch, 7 Aufl. 1989, § 28 II.

文献不予接受是对的。[1] 不过,该理论在瑞士的学理中被接纳,甚至1984 年出现在了瑞士联邦法院的判决中。[2]

(二)对“事实的合同关系”的若干分析和提示

事实的合同关系理论与私法自治原则、法律行为论上的意思理论、信赖理论、格式条款理论等私法的基本问题有着密切的关联,且深受不当得利、侵权行为、无因管理等制度的影响,[3]在德国尚无定论;在日本,学说对于应否引入该理论也是见仁见智,议论不一。在我国法上,是否应当引入该理论,宜慎重检讨。

依事实的合同关系理论,合同关系(而非合同)可不基于当事人的合意成立,这一理论的提出,打破了当时“意思理论”一统天下的局面,可谓现代合同法理论发展的一个重要里程碑,与之堪称伯仲者,为美国合同法学说上的“关系理论”。

在现代社会中,近代法所赋予私法主体的平等、自由等基本属性已有很大改观,格式合同的大量使用、交易能力不平等和某些行业垄断的存在,成为不争的事实,个人意思的实际射程与传统理论中的理想模型已有相当差距,由此引发一些现实问题,仍按传统“意思理论”,只能作拟制的解释,必然具有相当不自然的缺陷,甚至有些现象根本无法依意思理论作出解释(典型的是德国的停车场案),面对这种意思理论解释乏力的现实,按照“事实的合同关系”理论,的确可以比较灵活地解决这些新的现实问题。

我国固有的法律框架并没有接纳“事实合同关系”,而是按照侵权行为、无因管理、不当得利、缔约过失等制度解决问题,如“窃电”现象,可按照侵权法规则处理,构成犯罪的,还可以按照刑法追究刑事责任,不一定非按事实的合同关系理论处理。另外,在实务中虽然在有些裁判文书出现“事实合同关系”,其具体内涵未必一致。在以实际施工人主张权利保护场合,可否据“事实合同关系”突破书面合同的相对性,最

---

① *D. Leenen/M. Häublein*, BGB Allgemeiner Teil, 3. Auflage, 2021, S. 178.

② BGE 110 II 244. See Ingeborg Schwenzer, *Development of Comparative Law in Germany, Switzerland, and Austria*, in Mathias Reimann and Reinhard Zimmermann ed., *The Oxford Handbook of Comparative Law* 93 (2006).

③ 森孝三「事実的契約関係」遠藤浩＝林良平＝水本浩監修『現代契約法大系(第1巻)』(有斐閣,1983年)217頁。

高人民法院也持谨慎态度。[①]

默示的意思表示、意思实现、事实的合同关系三者之间，是一种什么关系，还有待将来作进一步的研究。有人认为，“在中国，事实缔约是个普遍现象”，[②]如果我们注意区分事实的合同关系与默示的意思表示，恐怕就不会这样认识了。

第六节　合同成立的时间与地点

一、合同成立的时间

（一）合同成立时间的意义

合同成立的时间，也就是合同成为客观实在的时间，在法律上有其意义，主要表现在以下几个方面：(1)原则上是缔约过失与违约的分界时点；(2)在违约损害赔偿的可预见性规则(《民法典》第584条)中，以违约一方订立合同时为判断时间，合同成立的时间为该“订立合同时”的最后时点；(3)在以德国法学为代表的“不能论”中，合同成立的时间为判断自始不能与嗣后不能的分界时点。

（二）合同成立时间的判断规则

合同成立的时间，因其成立方法的不同而不同。依要约承诺方式成立的合同，又因其为口头形式、书面形式及是否须经批准或登记之不同而

① 比如，在最高人民法院的一份判决书有如下表述：“即便罗尚雄和钢建公司已经达成借用资质合意并已经对案涉项目进行施工，但是在遵义开投公司对此不知情且不认可情况下，罗尚雄和遵义开投公司无法直接建立事实合同关系。因此，遵义开投公司和罗尚雄之间缺乏绕过承包人钢建公司而建立合同关系的合意，相关履行行为也未建立事实合同关系。罗尚雄、钢建公司关于罗尚雄和遵义开投公司建立事实上合同关系的主张缺乏事实依据。”参见罗尚雄、贵州钢建工程有限公司等建设工程施工合同纠纷民事二审民事判决书，最高人民法院(2021)最高法民终394号，2021年6月30日。

② 参见崔建远：《合同法》(第4版)，北京大学出版社2021年版，第61页；崔建远：《合同法总论》(上卷)，中国人民大学出版社2024年版，第419页。

存在差异。以意思实现方式成立合同以及以交错要约方式成立合同，合同成立的时间亦各有其特殊性。

1. 口头形式

承诺生效时合同成立(《民法典》第483条)。承诺的生效原则上采到达主义(《民法典》第137条)。诸如现场拍卖、网络拍卖等(参见《合同编通则解释》第4条第2款)，可解释为口头形式成立合同。

2. 书面形式

采用数据电文形式订立合同的，承诺到达的时间，依《民法典》第137条第2款，收件人指定特定系统接收数据电文的，该数据电文进入该特定系统时为到达时间；未指定特定系统的，相对人知道或者应当知道该数据电文进入其系统时为到达时间。当事人另有约定的，依其约定。

采用合同书形式订立合同的，在诺成合同场合，自当事人均签名、盖章或者按指印时合同成立。在签名、盖章或者捺指印之前，当事人一方已经履行主要义务，对方接受时，该合同成立(《民法典》第490条第1款)。在要物合同场合，交付标的物时合同成立；如果交付标的物在前，则签名、盖章或者捺指印时合同成立。

当事人采用信件、数据电文等形式订立合同要求签订确认书的，签订确认书时合同成立(《民法典》第491条第1款)。就此应注意，签订确认书之要求的提出应在合同成立之前(参照原《合同法》第33条)，且应获得了对方的认可，或至少对方未明确表示反对。如此，实系基于双方的意思要求签订确认书(约定的要式行为)。

3. 意思实现

承诺不需要通知的，根据交易习惯或者要约的要求作出承诺的行为时生效(《民法典》第484条第2款)。换言之，意思实现时合同成立。

4. 交叉要约

第二个要约到达时，合同成立。

二、合同成立的地点

（一）合同成立地点的意义

1. 合同成立地点在诉讼法中的意义

对于合同纠纷案件的地域管辖，依《民事诉讼法》第23条、第34条等规定，合同签订地可由当事人协议选择为诉讼管辖地点。

2. 合同成立地点在国际私法中的意义

《涉外民事关系法律适用法》第41条规定："当事人可以协议选择合同适用的法律。当事人没有选择的，适用履行义务最能体现该合同特征的一方当事人经常居所地法律或者其他与该合同有最密切联系的法律。"当事人当然可以选择合同成立地的法律；如果没有选择，所谓适用与该合同有最密切联系的法律，可包括合同成立地法、合同履行地法、标的物所在地法等，具体地要按照国际私法的有关规则判断确定。

（二）合同成立地点的判断规则

1. 口头形式

承诺生效的地点为合同成立的地点（《民法典》第492条第1款）。承诺生效的地点通常也就是承诺到达的地点。

2. 书面形式

采用数据电文形式订立合同的，收件人的主营业地为合同成立的地点；没有主营业地的，其住所地为合同成立的地点。当事人另有约定的，按照其约定（《民法典》第492条第2款）。

当事人采用合同书形式订立合同的，最后签名、盖章或者按指印的地点为合同成立的地点，但是当事人另有约定的除外（《民法典》第493条）。采用合同确认书形式的（《民法典》第491条第1款），也适用此一规则。

依既往的司法规则，采用书面形式订立合同，合同约定的签订地与实际签名或者盖章地点不符的，人民法院应当认定约定的签订地为合同签订地；合同没有约定签订地，双方当事人签名或者盖章不在同一地点的，人民法院应当认定最后签名或者盖章的地点为合同签订地。

3. 意思实现

根据交易习惯或者要约的要求作出承诺的行为的地点，换言之，意思实现的地点为合同成立的地点。

4. 交叉要约

第二个要约到达地，为合同成立地点。

第七节 缔约过失责任

一、概要

除非是在命令合同(《民法典》第494条)或强制缔约场合，当事人就缔结合同与否是自由的，中断磋商也是自由的。对于商店而言，顾客可自由挑选和查看商品、询问价格及其他有关情况，即使最终不购买；这对于房屋的出租人或出卖人而言也是一样。应特别探讨的是，当事人为缔结合同而从事接触磋商之际，因一方当事人未尽必要注意义务，致对方当事人遭受损害的问题。对此，现代债权法基于诚信原则，发展出了一套先合同义务理论，违反此种先合同义务，则可以构成"缔约过失"，并发生相应的责任(缔约过失责任)。

缔约过失(*culpa in contrahendo*)，作为德国法学家耶林(Rudolph von Jhering，1818－1892)160余年前的法学上之伟大发现，[①]无疑在世界范围内产生了巨大的影响。就我国大陆而言，缔约过失先是作为法学继受的产物被引进，[②]1981年《经济合同法》(第16条第1款)及1986

① 参见[德]耶林：《论缔约过失(合同无效或者没有完成订立时的损害赔偿)》，沈建峰译，载梁慧星主编：《民商法论丛》第54卷，法律出版社2014年版，第1～69页；[德]鲁道夫·冯·耶林：《论缔约过失》，沈建峰译，商务印书馆2016年版。

② 有关缔约过失责任的详细中文文献首先出现于我国台湾地区，典型的如王泽鉴：《缔约上之过失》，载其著《民法学说与判例研究》(第1册)，台北，1975年自版发行，第77页以下；刘得宽：《民法诸问题与新展望》，中国政法大学出版社2002年版，第482页以下。我国大陆有关缔约过失责任的主要文献包括，尹鲁先：《缔约上过失责任初探》，载《法学研究》1990年第1期；王家福主编：《中国民法学·民法债权》，法律出版社1991年版，第37页以下及第338页以下；崔建远：《缔约上过失责任论》，载《吉林大学社会科学学报》1992年第3期；王利明：《违约责任论》，中国政法大学出版社1996年版，第594页以下。

年《民法通则》(第61条第1款)部分地吸纳了这一思想,至1999年《合同法》,则专门作出一般规定(第42条、第43条),至此,缔约过失责任作为学说继受的成果,正式被立法全面采用。《民法典》在第157条、第500条、第501条等中规定了缔约过失。另外,值得注意的是,我国台湾地区"民法"债编于1999年4月21日通过修正,增订第245条之1"缔约过失责任";2002年1月1日德国债务法现代化法施行,于第311条第2款及第3款,将以德国判例法为主发展的缔约过失责任规则明文规定为一般规则。[①] 这些立法动向,彰显出耶林法学上之伟大发现在现代社会中的生命力和重要性。

***是否承认第三人缔约过失责任**　《合同编通则解释》起草过程中,围绕是否承认及规定第三人缔约过失责任曾存有不同意见。分歧的缘起与《德国民法典》第311条第3款有关,它规定:"以第241条第2款所规定的义务为内容的债务关系,也可以对自己不应成为合同当事人的人发生。该第三人特别地要求对自己的信赖,且因此而大大影响合同磋商或合同订立的,尤其发生此种债务关系。"合同编通则解释草案曾规定:若合同的订立基于对第三人的特别信赖或者高度依赖于第三人提供的知识、经验、信息等,第三人实施违背诚信原则的行为给当事人造成损失时,第三人应承担缔约过失责任。比较二者可知后者受到了前者的影响。该条草案最终未获保留,最终呈现的是《合同编通则解释》第5条第三人实施欺诈、胁迫行为的赔偿责任。就该场合的第三人赔偿责任的性质,起草者称多数意见认为是第三人缔约过失责任;[②] 也有只称其"合同订立中的第三人责任"的。[③]

《民法典》第500条和第501条(原《合同法》第42条和第43条)重点参考的是PECL(第2:301条 Negotiations Contrary to Good Faith 和第2:302条 Breach of Confidentiality)及PICC(第2.1.15条 Negotiations in bad faith 和第2.1.16条 Duty of confidentiality),因而其缔约责任

---

① Vgl. MünchKommBGB/*Emmerich*, 2007, § 311 Rn. 50.

② 参见最高人民法院民事审判第二庭、研究室编著:《最高人民法院民法典合同编通则司法解释理解与适用》,人民法院出版社2023年版,第87页。同旨参见谢鸿飞等:《中华人民共和国民法典合同编通则司法解释释义》(社科院版),中国法制出版社2023年版,第59页。

③ 王利明、朱虎主编:《民法典合同编通则司法解释释评》,中国人民大学出版社2024年版,第48页以下。

(liability for negotiations)的主体是意欲订立的合同的一方当事人(a party),并不包括第三人(就中国法而言,无权代理人的赔偿责任或许可算一例外)。而在这两部模范法中,就第三人欺诈或者胁迫等问题(PECL 第 4:111 条;PICC 第 3.2.8 条),在承认得因此而撤销合同的同时,尤其是 PECL 也明确承认有撤销权的当事人得请求包括损害赔偿在内的其他救济,相应的赔偿根据是 PECL 第 4:117 条,而赔偿义务人只是撤销权人的对方当事人,而非第三人。另外,针对一方当事人因对方当事人提供的信息不准确而签订合同的情形,即便未构成重大错误,也允许该当事人请求对方赔偿损失,除非提供信息方当事人有理由相信信息是准确的(PECL 第 4:106 条)。比如,对方当事人聘请审计事务所就目标公司财务进行审计,结果审计报告有错误。即便如此,在 PECL 中也未赋予当事人向作为第三人的审计事务所请求损害赔偿的权利,而是将此作为一种"信息风险"(the risk of information)而在当事人之间进行分配。如果没有欺诈,不准确的信息在某种意义上是订立合同过程中的意外,在有些案件中,没有道理要求任何一方知道该信息不准确;于此场合,即便是一方将此信息提供给另一方,让损失停留在它发生的地方似乎是公平的(除非合同因此根本性地不同,这时得依第 4:103 条共同的根本性错误撤销)。[①] 顺此线索观察,在这两部模范法中,并未承认第三人的缔约过失责任。其一,中国合同法既系模仿模范法而来,在合同法立法设计中,未采纳承认第三人缔约过失责任,自有其依据,难谓构成法律漏洞。其二,围绕第 311 条第 3 款之规范典型的专家民事责任问题,梁慧星先生早年曾译介过三篇日本学者的专题研究论文,[②]尤其是浦川道太郎先生的论文详细介绍了当年德国专家的信息提供者责任的状况,反映出德国学说中以 Canaris 为代表的信赖责任说(以契约缔结理论发展上区别于契约责任、侵权行为责任的第三责任类型)和以 von Bar 为代表的侵权责任说[主张将专家的信息提供者责任置于侵权行为法的发展线上,尝试通过肯定"保护他人财产的社会生

① See Ole Lando and Hugh Beale (eds.), *Principles of European Contract Law*, Parts I and II, Kluwer Law International 2000, p. 248.

② [日]能见善久:《论专家的民事责任——其理论架构的建议》,载梁慧星:《民法学说判例与立法研究》(二),国家行政学院出版社 1999 年版,第 293 页以下;[日]下森定:《论专家的民事责任的法律构成与证明》,载梁慧星:《民法学说判例与立法研究》(二),国家行政学院出版社 1999 年版,第 308 页以下;[日]浦川道太郎:《德国的专家责任》,载梁慧星:《民法学说判例与立法研究》(二),国家行政学院出版社 1999 年版,第 328 页以下。

活上义务”（Verkehrspflichten zum fremden Vermogens）来解决此问题]。[①] 由此可知，在合同法起草者头脑中，并非对德国法中的第三人缔约过失责任的展开一无所知。其三，在德国债务法现代化法生效以后，《德国民法典》新增第311条第3款，此后无论是作为欧洲民法典草案的DCFR，还是《法国民法典》的修正以及《日本民法典》的修正，似乎均未吸纳德国法中的第三人缔约过失责任，这一点也应该引起重视。总之，德国法中的第三人缔约过失责任在比较法上是非常小众的存在，在中国应否引入并在合同法一般法的发展线上展开，抑或就相关问题以特别侵权法的路径发展，还有待进一步研究。

二、缔约过失的类型

因缔约过失，致生损害于他人，形态繁杂，为期明了，应依特定的标准，组成类型（Fallgruppenbildung），并进而构成体系。原《民法通则》已在合同无效、被撤销的情况下承认了缔约过失责任，此后许多学者认为应将缔约过失责任的适用范围扩及于合同不成立。[②] 对于德国和日本判例学说上主张的缔约过失责任也适用于有效成立的合同领域，我国原有学说往往不予接受，其理由在于，原《民法通则》规定因欺诈、胁迫或乘人之危而订立的合同无效，因行为人对合同内容有重大误解而成立的合同和显失公平的合同可以变更或撤销，有的法规中含有瑕疵担保责任，所以，对于具有专门知识的卖方与无经验的买方订立的合同可以区分实际情况，分别用无效、变更或撤销、瑕疵担保等制度加以解决，尚看不出采取缔约过失责任制度将合同解除的必要。缔约过失责任不适用于有效成立的合同领域。[③]

时至今日，中国合同法的立法及司法运用情形已经有了相当的变化，学理研究也在不断深入，对于上述通说见解，实有必要进行反思。缔约过失案型的提炼因标准的不同而异。比如德国人根据损害与所要订立合同的关系将缔约过失区分为三大类型：(1)损害与合同的签订没

① [日]浦川道太郎：《德国的专家责任》，载梁慧星：《民法学说判例与立法研究》(二)，国家行政学院出版社1999年版，第338页。

② 参见崔建远：《合同责任研究》，吉林大学出版社1992年版，第282页。

③ 参见崔建远：《合同责任研究》，吉林大学出版社1992年版，第294～295页。

有关系，比如买受人在出卖人的房屋内遭受人身伤害；(2)因未发生有效合同而致生损害，比如为订立合同而白花了费用；(3)损害系因签订了不利的合同所致，比如出卖人就标的物的可用性不谨慎地误导了买受人。[①] 本书认为，依所欲缔结的合同是否有效成立，可将缔约过失分为以下四种类型：(1)合同未成立型；(2)合同成立型；(3)合同无效型；(4)合同有效型。以下分别说明。

(一)合同未成立型

此一类型，包括未将通常的缔约过程(要约承诺)进行完毕，也可包括虽进行完毕但合同因欠缺其他要件而不成立。《民法典》第500条第1项规定的"假借订立合同，恶意进行磋商"，"恶意磋商"(negotiating in bad faith)是这一类型中最主要的；《民法典》的这一规则显然参考了PICC和PECL的规定。所谓"恶意"，特别是指一方当事人在无意与对方达成协议的情况下，开始或继续进行谈判。[②] 其实，所谓"假借订立合同"，即没有达成合同之真意之谓。在原来的合同法草案中，对于恶意磋商曾要求"以损害对方利益为目的"，[③]《民法典》没有再作此一要求。由此，也可以理解为，此处的"恶意"并非以损害他人为目的的故意。合同未成立型缔约过失责任的请求权基础是《民法典》第500条，不必另行类推适用《民法典》第157条。

但与PECL相比较，《民法典》规定的"恶意磋商"似有不足之处，即只规定了恶意进行磋商，而未规定恶意终止磋商。另外，恶意进行磋商在解释上宜认为包括恶意开始磋商和恶意继续磋商两种情形。

1. 恶意开始磋商(entering into negotiations contrary to good faith)

如果一方当事人从开始磋商时便没有真正想达成一份合同，便属于恶意开始磋商，对于对方因此而枉费的费用，应当负赔偿责任。

例如，甲想做与乙一样的生意，便与乙开始磋商，称自己想做乙的销售人员，乙支付了甲的差旅费和缔约前甲想要参加的短期培训所需费用若干；当甲知道了乙的销售和生产方法方面的信息后，便终止了与

---

① Vgl. PWW/Stürner, 2022, § 311 Rn. 35.

② PICC 第2.1.15条第3款。

③ 《合同法(草案)》(1998年8月20日)第40条第1款。

乙的磋商,开始自己做该类生意。则甲应当赔偿乙为其支付的差旅费和培训费。[①] 再如,甲了解到乙有转让餐馆的意图。甲根本没有购买餐馆的想法,但他仅为阻止乙将餐馆卖给竞争对手丙,却与乙进行了长时间的谈判。当丙买了另一家餐馆时,甲中断了谈判,乙后来仅以比丙的出价更低的价格将餐馆转让。对此,甲应向乙偿付这两种价格的差价。[②]

2. 恶意继续磋商(continuing negotiations contrary to good faith)

如果一方当事人并非自始恶意磋商,而是随着磋商的进展,后来决意不与对方达成合同,但仍继续与对方进行磋商,则属于恶意继续磋商。

例如,在前例中,如果事实是甲开始时的确想做乙的销售人员,而作为乙的竞争对手做同种生意的决定则是在甲乘车到乙处之后但在短期培训之前作出的,但为了掌握乙的生产及销售信息,仍继续与乙磋商并参加培训。则甲应对自其决意不达成合同后但继续磋商而使乙支出的费用负责。[③] 换言之,甲可以不赔偿差旅费,但要赔偿培训费。

3. 恶意终止磋商(breaking off negotiations contrary to good faith)

虽非恶意进行磋商,但如恶意终止磋商,也可因此发生责任。

例如,乙向甲表示可为甲的产品编写软件程序,在磋商过程中,乙为了向甲提供草稿、演算结果和其他书面文本而支出了相当的费用;在按照预期快要达成合同的时候,甲邀请了能够利用乙提供的资料的丙,前来参加软件程序编写的竞标,丙的报价比乙的低,甲便终止了与乙的磋商,转而与丙签订了合同。则甲要对乙为准备上述文本资料而支出的费用负责。[④] 又如,甲向乙保证,如果乙努力取得经验并准备投资150,000美元,则向乙授予专营许可。此后的两年间,乙为订立该合同做了大量准备工作,且一直深信将会得到甲的专营许可。当订立协议的一切准备工作就绪时,甲通知乙必须投资更多的金额。乙拒绝了这

① See Ole Lando and Hugh Beale ed., *Principles of European Contract Law*, Parts I and II, (2000), Article 2:301 Comments C, Illustration 1.

② 参见PICC第2.1.15条之注释2。

③ See Ole Lando & Hugh Beale eds., *Principles of European Contract Law*, Parts I and II, (2000), Article 2:301 Comments D, Illustration 2.

④ See Ole Lando & Hugh Beale eds., *Principles of European Contract Law*, Parts I and II, (2000), Article 2:301 Comments E, Illustration 3.

种要求，同时乙有权要求甲补偿其为准备订立合同所发生的费用。[①]

***恶意磋商与心里保留**　《民法典》第 500 条第 1 项规定了“恶意磋商”，对于“恶意磋商”有见解认为其“实质上就是一种真意保留的意思表示”。[②] 所谓真意保留，或称心里保留，指单方面作出与自己内心真实意思不一致的意思表示。比如，甲向没有钱的大学生乙信口宣称，愿将自己价值 1 万元的电脑以 5000 元出卖于乙，其实甲是自以为乙无钱购买才作此夸口，如乙果真答应购买，并借来 5000 元给甲，这时甲通常是不能以自己并非真意出卖电脑为由拒绝交付电脑，除非乙明知或可得知甲并非真意出卖其电脑。就心里保留的意思表示，原则上法律行为有效成立，仅在例外场合无效，这也是调和表示主义与意思主义的结果（参见《德国民法典》第 116 条、第 118 条；《日本民法典》第 93 条；我国台湾地区“民法”第 86 条）。须注意的是，对于心里保留，《民法典》并没有明文规定。

自前文论述，可知所谓恶意磋商，指本没有缔结合同的真意，仍开始或继续进行磋商，另外，也包括恶意终止磋商的情形。无论哪种情形，最终都没有成立合同，这是其特点，由此给对方造成的损害，应由恶意方赔偿，是为缔约上过失责任。如果合同成立，恶意磋商方没有缔结合同的真意只能算是自己的特殊动机，我国法对于意思表示原则上采表示主义，仅于欺诈或胁迫等个别场合采意思主义。恶意磋商人自然不能以其没有缔结合同的真意为由，主张否定合同的效力。如果该方当事人不履行合同，则会发生违约责任，并非缔约过失责任。

（二）合同成立型

特指合同已经符合成立要件，尚未生效，一方当事人悖于诚信，不使合同生效的情形。

依照法律、行政法规的规定经批准或者登记才能生效的合同成立后，有义务办理申请批准或者申请登记等手续的一方当事人未按照法

① 这是 PICC 第 2.15 条之注释 3 中举的例子。该案例的原型是著名的 1965 年美国威斯康星判例霍夫曼诉红鹰连锁店案（Hoffman v. Red Owl Stores），可参见韩世远：《违约损害赔偿研究》，法律出版社 1999 年版，第 183 页脚注 3。

② 参见解志国：《论缔约过失责任》，载《人民法院报》2001 年 1 月 4 日，第 3 版。

律规定或者合同约定办理申请批准或者未申请登记的，属于《民法典》第500条第3项规定的“其他违背诚信原则的行为”，[1]依《合同编通则解释》第12条第1款，报批义务人不履行报批义务，对方请求其继续履行报批义务的，人民法院应予支持；对方主张解除合同并请求其承担违反报批义务的赔偿责任的，人民法院应予支持。

（三）合同无效型

此所谓合同无效型，既包括合同自始无效的情形，也包括合同被撤销或者合同因不被追认而确定归于无效的情形。合同无效或被撤销后，有过错的一方应当赔偿对方因此所受到的损失，各方都有过错的，应当各自承担相应的责任。法律另有规定的，依照其规定（《民法典》第157条后段）。

1. 合同无效

合同无效有诸多原因，是否发生缔约过失责任，应视无效原因具体判断。比如建设工程施工合同因违反《招投标法》的规定而无效，然已经完成的建设工程质量合格，施工方请求对方赔偿损失。

2. 合同被撤销

比如在因欺诈或者胁迫而撤销合同场合，受欺诈人或受胁迫人可主张撤销合同；如果他们因签订合同而受损害，比如为缔约而支出了费用，或丧失其他缔约机会，可要求有过错的欺诈人或者胁迫人进行赔偿。

3. 效力未定合同不被追认

效力未定的合同，在不被追认而确定不发生效力场合，依具体情形可以认定缔约上过失成立的，可发生缔约过失责任。

4. 附生效条件不成就

如果合同附有生效条件，后来该条件没有成就，在缔约阶段存在违反先合同义务的情形，也可能发生缔约过失责任。

---

① 参见深圳标榜投资发展有限公司与鞍山市财政局股权转让纠纷案，《最高人民法院公报》2017年第12期。

（四）合同有效型

对于合同有效型缔约过失责任，我国原有学理虽多不予承认，然此成见渐趋冰释，开始接纳有效合同领域的缔约过失责任。[①] 其实，在现代社会生活中，最初罗马法上典型的自始客观不能合同无效的情形（后来被作为缔约过失的典例）是非常少见的；而大量存在的，则是合同有效型的缔约过失问题，特别是与消费者保护相关联，这一类型的缔约过失责任，在国内外的判例和学说上得到了丰富的展开。

***制度的沿革**　　在罗马法上，只是在自始客观不能（比如，不融通物买卖及不存在物的买卖）的买卖合同场合，承认依买卖合同上的诉权请求信赖利益或消极的合同利益的损害赔偿。及至耶林 1861 年提出缔约过失，则对罗马法上的个例予以扩张，将“合同无效——消极合同利益的赔偿”之图式予以一般化，在德国普通法上居于通说地位，并影响至《德国民法典》的若干规定（尽管没有一般规定）。[②] 而关于合同有效场合的缔约过失问题，在学说上是由德国学者莱昂哈德（Dr. Franz Leonhard）于 1896 年最早提出，[③]由于当时德国民法草案已经起草完毕，因而此一见解并未对《德国民法典》发生影响。《德国民法典》生效后的 10 年间，德国民法学通说将消极合同利益之赔偿限定于法定的案型。不过，在 1910 年，莱昂哈德再度主张合同有效场合的缔约过失，[④] 1912 年 4 月 26 日被德国法院判决采纳，自此以后，肯定合同有效缔结场合的缔约过失一直成为通说见解。[⑤]

《民法典》第 500 条第 2 项虽未言及合同成立与否，其实已经为合

---

① 参见崔建远：《合同法总论》（上卷），中国人民大学出版社 2024 年版，第 683 页。

② 宮本健蔵『安全保障義務と契約責任の拡張』（信山社，1993 年）57 頁。该书是宫本健藏教授所赠。宫本先生是笔者在日本法政大学研究期间的指导教授之一，精于债权法，尤以对安全照顾义务的研究而著名。附记数言，以为纪念。See also Reinhard Zimmermann, *The Law of Obligation*: *Roman Foundations of the Civilian Tradition* 240 – 241, 686 – 697 (2006).

③ Vgl. *Franz Leonhard*, Die Haftung des Verkäufers für sein Verschulden beim Vertragsschlusse, Göttingen 1896. Dieterich'sche Verlags-Buchhandlung.

④ Vgl. *Franz Leonhard*, Verschulden beim Vertragsschlusse, Berlin, 1910. Verlag von Franz Vahlen.

⑤ 宮本健蔵『安全保障義務と契約責任の拡張』（信山社，1993 年）58 頁。

同有效型缔约过失责任留有了法律上存在的空间。

1. 违反情报提供义务的情形

故意隐瞒与订立合同有关的重要事实或者提供虚假情况(《民法典》第500条第2项),[①]给对方造成损失的,应承担损害赔偿责任。两类行为中,前者属于不作为,后者则属于积极的作为,但均属违反情报提供义务的行为。像这样的法律规定,只是作了抽象的界定,可操作性显然有限,如何为此类规则的适用提供更为细致的标准,尚属问题。[②]

应当注意的是,违反情报提供义务的情形,虽发生在合同缔结阶段,却可与合同不成立、无效、可撤销及有效诸类型相伴而存在。诸此类型,尤以合同有效型具有典型性,故在有效合同型中说明。例如,商品房预售场合,出卖人未告知买受人所购房屋属管道层,购房人事后要求赔偿。

***缔约过失与欺诈**　《民法典》第500条第2项所规定的违反情报提供义务的行为,当然可以构成欺诈。在我国法上,因欺诈而为的意思表示或成立的法律行为,是被撤销的对象(《民法典》第148条和第149条),欺诈制度主要解决因此所为意思表示的效力问题,而《民法典》第500条第2项的目的则在于对因此而遭受损害之人提供救济手段,二者目的有别,并行不悖。

2. 因撤销权的消灭而变为完全有效合同的情形

撤销权作为一种形成权,并非永久存在,我国法规定了撤销权的消灭(《民法典》第152条),撤销权消灭后,合同变为完全有效的合同,合同关系得以稳定。须予分析的是,受损害方当事人(撤销权人)所遭受的损害,是否因此而无法救济?换言之,其损害赔偿请求权是否随撤销权的消灭一同消灭?比如,受欺诈人自知道或应当知道欺诈(撤销事由)之日起一年内没有行使撤销权,其撤销权归于消灭,受欺诈人如因欺诈而受损害,其损害赔偿请求权(其发生基础为《民法典》第500条第

① 原《合同法》第42条第2项参考了《意大利民法典》第1338条。参见胡康生主编:《中华人民共和国合同法释义》,法律出版社1999年版,第72～73页。

② See Hein Kötz, *Precontractual Duties of Disclosure: A Comparative and Economic Perspective*, 9 EUR. J. L. & ECON. 5–19 (2000).

2 项），应当另行适用 3 年的诉讼时效（《民法典》第 188 条第 1 款），并不当然随撤销权的消灭而消灭。

三、缔约过失之赔偿责任的归责事由

法律令某人赔偿他人因一定事故于其权益所遭受的损害，这时在损害赔偿义务人与损害事故之间，必须有某种关系，此项法律规定，才会显得合理。[①] 这种存在于赔偿义务人与损害事故之间的关系，便是归责的根据，通常谓之归责事由。

就缔约过失责任而言，毫无疑问，一方当事人的故意或者过失会是其承担赔偿责任的归责事由，这可以从《民法典》第 500 条中出现的"恶意"、"故意"以及第 157 条中出现的"过错"用语获得印证。值得探讨的是，"缔约过失责任"是否均属于过错责任？抑或"缔约过失"已因长久之使用而具有一种速记符号的功能，随着这一理论的不断发展，它已突破了过错责任的范畴，包括了若干无过错责任的类型？

就《德国民法典》所规定的若干缔约过失的情形来看，第 122 条错误的撤销场合"撤销人的损害赔偿义务"，并非对于有过错的义务违反的责任，而是一种独立的信赖责任或者外观责任（unabhängige Vertrauens-oder Anscheinshaftung）。[②] 此种情形在中国法上被包括在"重大误解"的概念之中，[③]当事人一方有权请求人民法院或者仲裁机构予以撤销（《民法典》第 147 条），而赔偿责任的发生，在中国法上则明确要求了"过错"要件（《民法典》第 157 条）。

《德国民法典》第 179 条第 2 项"无权代理"，亦属"不以故意或过失为要件"之著例，[④]是规定了无权代理人的法定担保义务，以保护交易安全及相对人之信赖。[⑤] 我国《民法典》第 171 条第 3 款规定了无权代理人对善意相对人的责任，同条第 4 款规定了无权代理人在相对人恶意场合的责任承担。依我国通说见解，前者"系由法律规定直接发生的

---

① 参见王泽鉴：《民法学说与判例研究》（第 5 册），台北，1992 年自版发行，第 271 页以下。
② Vgl. *Karl Larenz*, Lehrbuch des Schuldrechts, I. Band: Allgemainer Teil, 14. Aufl. 1987, S. 107.
③ 参见梁慧星：《民法总论》（第 6 版），法律出版社 2021 年版，第 189 页。
④ 拉伦茨语，参见王泽鉴：《民法学说与判例研究》（第 5 册），台北，1992 年自版发行，第 272 页。
⑤ 拉伦茨语，参见王泽鉴：《民法学说与判例研究》（第 5 册），台北，1992 年自版发行，第 284 页。

一种特别责任，不以无权代理人有故意过失为要件，属于一种无过失责任”[1]。对于《民法典》第171条细化了的无权代理人的责任，在解释上，仍应理解为是一项无过失责任。第171条第4款“相对人知道或者应当知道行为人无权代理的，相对人和行为人按照各自的过错承担责任”的规定，只不过是对于过失相抵规则的具体运用，尚不应由此认为无权代理人的责任构成要以“过错”为要件。

另外，《德国民法典》第122条规定，意思表示因非诚意表示无效或因错误或传达不实而撤销时，表意人应赔偿他方因信其表示为有效而受之损害。撤销行为不具任何违法性，因为撤销权为法律所授予，但因撤销系一种消极形成权，在于解除意思表示对表意人之拘束力，相对人蒙受不利，法律斟酌双方利益，乃令撤销权人赔偿相对人之信赖利益，以为行使撤销权之代价。本条所规定是法定担保义务，不是过失责任，也不是缔约过失。[2] 这类情形，在中国法上也是纳入“重大误解”概念的，而相应的赔偿责任，依通说见解，仍属缔约过失责任，属于过错责任范畴。

拉伦茨教授在言及缔约过失时，一方面从“缔约过失”字面分析，指出此为有责违反义务行为所负之责任，故为过失责任；另一方面又认为，学说判例所以创设此种不具诉请履行性之给付义务（无主给付义务之债之关系），其目的乃在保护相对人之信赖利益。进而得出结论认为，缔约过失制度结合了过失责任原则与信赖责任原则两种思想，属于损害赔偿之归责原则交互作用、协力合作的一个典型。[3]

当然，我们也应当注意到，缔约过失所示之“过失”，本是一个主观因素；而先合同义务违反，则是一个自客观角度用的描述。先合同义务的存在是判断行为人是否具有缔约过失的前提，如果行为人没有告知义务，即使故意不告知对方某情事，亦不构成缔约过失，自不待言。

应分析的是，此处的过失，究竟是采主观意义之过失，还是采客观意义之过失？对此固然应当具体分析，唯自一般论而言，现代国外的判例及学说多采所谓过失标准客观化或典型化，认为行为人如欠缺同职

① 梁慧星：《民法总论》（第6版），法律出版社2021年版，第249页。

② 拉伦茨语，参见王泽鉴：《民法学说与判例研究》（第5册），台北，1992年自版发行，第283页。

③ 参见王泽鉴：《民法学说与判例研究》（第5册），台北，1992年自版发行，第284～285页。

业、同社会交易团体分子一般所应具有之智识能力时，即应受到非难。这种过失标准的客观化或典型化也正是拉伦茨教授所谓的“过失责任原则已受到担保责任原则之修正”。[①]

综上所述，缔约过失责任，在中国法上，整体上仍受过错责任原则支配，唯在个别场合，可有无过错责任的情形。作为归责事由，过错居主导地位；而信赖观念也发挥一定的作用，或对过错原则发生影响甚至修正，甚至个别场合取而代之成为独立的归责事由。这样，我们在理解缔约过失责任时，便不应再固守“无过错便无缔约过失责任”之立场，承认个别场合可有无过错之“缔约过失”责任的存在。

四、缔约过失责任的性质

缔约过失责任的性质虽然在历史上曾有争论，[②]今天看来，应当认为属于一种独立的责任，与违约责任及侵权责任均有不同。

（一）缔约过失责任与违约责任的差异

1. 前提义务的差异。缔约过失责任以先合同义务为成立的前提，违约责任以合同债务为成立的前提；先合同义务是法定义务，合同债务主要是约定义务，核心是给付义务。

2. 构成要件的差异。缔约过失责任，在德国法上虽然有近似无过错责任的类型，[③]但我国原则上要求以缔约人的过错为成立要件，仅于个别场合得存在例外。违约责任的成立，《民法典》采严格责任原则，一般并不要求以合同债务人及有关第三人的过错为要件。

3. 责任方式及属性的差异。虽然债务人违反先合同义务，就所生之损害应负赔偿责任，并适用债务人违反给付义务的原则，[④]缔约过

① 参见王泽鉴：《民法学说与判例研究》（第5册），台北，1992年自版发行，第286页。

② 缔约过失的法律基础若何，德国学说判例曾提出各种观点，意见颇不一致，归纳言之，可分为三类，即侵权行为说、法律行为说及法律规定说。

③ 正如拉伦茨指出的，《德国民法典》第122条的规定，论其性质，系属信赖责任，不以行为人的故意过失为要件。

④ 在德国和日本的判例上，承认解除合同也是缔约过失责任的方式，本田純一「『契約締結上の過失』理論について」『現代契約法大系　第1卷』（有斐閣，1983年）207頁，宮本健蔵『安全保障義務と契約責任の拡張』（信山社，1993年）63頁。然对此并非没有异论，円谷峻『契約の成立と責任（第2版）』（一粒社，1991年）241～242頁。

失责任毕竟主要体现为赔偿责任。而违约责任的方式，既有赔偿责任，也有违约金责任、强制履行、减少价款或者报酬等方式。另外，缔约过失责任不具有约定性，属于法定债之关系。而违约责任具有约定性，当事人既可以约定违约金，也可以约定损失赔偿额的计算方法。

（二）缔约过失责任与侵权责任的差异

1. 前提义务的差异。缔约过失责任以先合同义务的存在为前提，作为先合同义务的注意义务，通常要比侵权法所要求的注意义务更重。

2. 归责事由的差异。缔约过失责任通常以缔约人的过错为成立要件，侵权责任则既有过错责任，也有大量的无过错责任。

3. 责任环境的差异。缔约过失责任要求缔约人双方为订立合同而接触磋商，以双方当事人存在特别结合关系为前提。而侵权责任则不需要这个前提和基础。

4. 赔偿范围的差异。缔约过失责任的赔偿范围，通常是信赖利益；侵权责任的赔偿范围，则是固有利益或完全性利益。

五、缔约过失赔偿责任的构成

缔约过失之赔偿责任的成立，一般需要如下四项要件：缔约人一方违反先合同义务、相对人受有损失、违反先合同义务与损失之间有因果关系、违反先合同义务人有过错。

（一）先合同义务的违反及判断标准

缔约过失责任的基础在于违反通知、阐明、保护及照顾等义务。当事人是否负有此等义务，应视具体缔约磋商接触情形，依诚信原则而决定，至于行为人是否违反此项义务，应视行为人是否已尽交易上必要的注意义务而确定。在此方面，必须特别斟酌缔约当事人彼此间的信赖关系及各当事人在交易上通常所应承担的危险及不利益。

先合同义务并非自缔约双方一开始接触即产生，而是随着向有效成立合同关系的逼进而逐渐产生的，是随着债之关系的发展而逐渐产生的。先合同义务自何时产生？在一般情况下，认为自要约生效开始产生先合同义务比较适宜。

（二）相对人受有损失

相对人受损失，应指财产损失，既可以是财产的直接的减少，也可以是机会损失，前者可称为所受损害，后者可称为所失利益。

（三）违反先合同义务与损失间的因果关系

此处的因果关系，是指事实上的因果关系，即违反先合同义务的行为与损失之间的“无此即无彼”的关系。

（四）违反先合同义务方的归责事由

缔约过失责任的构成，要求违反先合同义务方须具有归责事由，亦即过错。至于过错的程度，在我国法律上区分情形有不同的要求，恶意磋商与情报提供义务违反，均要求先合同义务违反方为“故意”（《民法典》第 500 条第 1 项、第 2 项）；除此之外，一般要求“过错”（《民法典》第 157 条），不以故意为限。

而在无权代理人的担保责任与信赖责任场合，则不以过错为要件（《民法典》第 171 条第 3 款）。

六、先合同义务

（一）缔约阶段的利益冲突及其协调

陌路之人，素昧平生，彼此之间，只要尽一般的社会注意义务，不侵犯对方权益（所谓消极义务范畴），即为已足。然在缔约阶段，缔约双方利益冲突，时常有之。此所谓利益冲突，并非指买方卖方之间因价格高低发生的利益的此消彼长，而是如耶林所观察到的，诸如合同因错误、误传等无效，合同因要约人死亡、标的物自始客观不能而不成立或失效，这些生活事实中，一方当事人可能因信赖合同成立而遭受损失（支出缔约费用等），这些损失可否要求对方赔偿。另外，也包括在缔约阶段，一方当事人的人身或者财产可能遭受损害，一方的商业秘密被泄露或被不当使用等情形。

对于这些利益冲突，道德规范固然可以发挥一定的调整作用，在道德不足场合，必须借助于法律规范，以法律上的义务与责任，调整当事人之间的利益状态。其中，侵权法在一般场合适用过失责任原则，特殊场合适用无过失责任；又侵权法仅停留在消极义务范畴，受害人依之寻求救济，不克成事，时常有之。

对于上述案型，法律不予救济，难谓合理，在此价值判断的基础上，如何在法理上作合理的逻辑构成，便是法学家们要回答的问题。在回答这一问题时，耶林完成了其法学上之伟大发现。耶林认为，在一方对于合同因错误而无效存有过失之场合，有必要保护相对人，从此一价值判断出发，在上述典型案型中，抽出一般规则，通过类推，可扩张适用于符合相同要件的案型（比如，自始不能、要约的撤销等），对生成中的合同关系，肯定有合同责任之适用。[①] 即谓“当事人因自己过失致使契约不成立者，对信其契约为有效成立的相对人，应赔偿基于此项信赖而生的损害”。[②] 并认为此种责任的基础，在于其后所缔结的合同（目的契约说）。耶林的理论尽管尚有不尽完善之处，但他所提出的新观念，确是革命性的，并以此为开端，开启了债法的新纪元。

（二）信赖关系的发生及其认定

耶林以个别案例为突破口，生成理论意识，在将生活关系提升为法律关系的过程中，所借助的基本概念之一，便是“信赖”，或者说信赖关系。正因为有了某种信赖关系，才使从事合同缔结的当事人，从合同交易外的消极义务范畴，进入合同上的积极义务范畴，其因此而承担的首

① 北川善太郎「契約締結上の過失」契約法大系刊行委員会（編）松坂佐一＝西村信雄＝舟橋諄一＝柚木馨＝石本雅男先生還暦記念『契約法大系 I 契約総論』（有斐閣，1962 年）233 頁。

② 王泽鉴：《民法学说与判例研究》（第 1 册），台北，1991 年自版发行，第 79 页。

要义务，便是在缔约时善尽必要的注意义务。正是通过信赖关系，在缔约当事人之间的利益关系与法律义务和责任之间，架起了沟通的桥梁。

信赖关系的发生，是随着缔约过程的开始而逐渐出现的，其认定也应依具体情形而定，通常自要约到达相对人时，可认定有信赖关系的发生。而其加深，则可通过双方的具体行动体现出来，如必要的准备工作的开始。

应当注意的是，法律所保护的，应为合理的信赖，而非所有的信赖。

（三）先合同义务概念的生成与展开

缔约过程中的任何一种“过错”，都以存在义务为前提；而违反了这些义务，才会使人提出行为人是否有过错的问题。[①] 在耶林的理论中，可以看出，已经强调了“积极义务范畴”，其中首要的义务便是于缔约时善尽必要的注意义务。后来学说，进一步发展耶林的“积极义务范畴”，提出了“先合同义务”之概念，[②]并作为一种附随义务，其基础是诚信原则。依笔者的理解，本来“买者当心”（*caveat emptor*）是天经地义之理，[③]是否告知相对人相关情事，实属道德规范的事情，法律仅要求“勿害人”，而不要求“去助人”。现在法律要求出卖人于缔约时负有告知义务，此种先合同的附随义务既属法律要求的积极义务，实属道德规范转化为法律规范，在这个转化过程中，自然与诚信直接关联。先合同义务需以诚信原则为依托，诚信原则又通过先合同义务及其他附随义务而具体化。

先合同义务的内涵，也在不断发展，日趋丰富。其间的轨迹，大致可以描述为，先由典型个案提炼出具体的义务，随着个案的增加，义务的类型不断丰富，先合同义务的概念也由此而展开。当然，抽象地谈先合同义务，并不具多大意义，必须与具体的时空、具体的事件相关联。

① 参见［德］迪特尔・梅迪库斯：《德国民法总论》，邵建东译，法律出版社 2001 年版，第 342 页。

② 具体是谁人提出，尚需要考证。

③ 比如，在中国古代社会中，对于民间的买卖，大抵作为一种“细事”而“任依私契，官不为理”，因而，当事人应当在买卖合同中明确约定标的物品质问题，否则，通常是由买受人承担相应的不利后果。德国亦有古谚曰：“Augen auf, Kauf ist Kauf”（睁开眼睛，买卖就是买卖）；“Wer die Augen nicht auftut, der tue den Beutel auf”（谁不睁开眼，谁就瞎花钱）；“Wer naerrisch kauft, muss weislich bezahlen”（糊涂地购买，仍须清楚地付账）。See Reinhard Zimmermann, *The Law of Obligations: Roman Foundations of the Civilian Tradition* 307 (2006); vgl. auch *Heinrich Honsell*, Roemisches Recht, 6. Aufl. 2006, S. 137.

就中国而言,先合同义务自然也要在中国的土地上实现其转化,成为中国本土的生活规范,展开其内涵,丰富其类型。在其本土化的过程中,中国法律体系、理论构造等,是相当重要的因素。

（四）中国法上的先合同义务

缔约过失责任的成立,是以先合同义务的存在为前提的。先合同义务之观念,在中国首先是学说继受的结果,后来为立法所肯认。中国法所规定的,主要是合同订立过程中的义务(《民法典》第 500 条及第 501 条中均有“当事人在订立合同过程中”的限定),具体包括诚信缔约义务、告知义务、保密义务以及其他先合同义务(警告义务、保护义务等)。另外,就所谓“社会生活安全义务”是否纳入先合同义务的范畴,并作为解释中国法的分析工具,进而承认得基于此项概念发生缔约过失责任,也有探讨的必要。

1. 合同订立过程中的义务

(1)诚信缔约义务

该义务体现在《民法典》第 500 条第 1 项,假借订立合同,恶意进行磋商者,则应当承担损害赔偿责任。

根据既往的司法规则,依照法律、行政法规的规定经批准或者登记才能生效的合同成立后,有义务办理申请批准或者申请登记等手续的一方当事人未按照法律规定或者合同约定办理申请批准或者未申请登记的,属于《民法典》第 500 条第 3 项规定的“其他违背诚信原则的行为”;如今依《合同编通则解释》第 12 条第 1 款也可发生赔偿责任。

另外,依 1995 年原劳动部《违反〈劳动法〉有关劳动合同规定的赔偿办法》,用人单位故意拖延不订立劳动合同,即招用后故意不按规定订立劳动合同以及劳动合同到期后故意不及时续订劳动合同的,如因此对劳动者造成损害的,应赔偿劳动者损失(第 2 条第 1 项)。此种赔偿责任,可以认为是违反诚信缔约义务的赔偿责任。

(2)告知义务

体现在《民法典》第 500 条第 2 项,故意隐瞒与订立合同有关的重要事实或者提供虚假情况者,应当承担损害赔偿责任。

＊告知义务的比较法考察 自比较法来看，在英国普通法上，作为一般规则，一方合同当事人并没有义务揭示为其所知但并不为对方知晓的重要事实(no duty of disclosure)。英国学者特雷特尔在解释这一规则时指出，尽管有时这一规则适用的结果可能显得过于严厉苛刻，但如果真的存在了一般的揭示义务，则要想确切地说明在任何特定的案件中何为须予揭示者，将会是相当困难的。① 当然，对于上述一般规则，存在若干例外。② 在一英国判例中，被告由于没有揭示他通过拍卖出售给原告的甘椒已经海水浸泡受损之情事，而被认定为构成欺诈，因为这时的惯例要求揭示这一情事。③

德国法与英国法相似，当事人没有义务揭示可能影响自己的谈判地位的事实；探究缔结合同的利弊，是当事人各自的事情。然而对此同样存在例外，依法院见解，如一方当事人没有揭示对于对方当事人显属非常重要的事实，只要诚实信用与一般惯例要求揭示这些事实，那么该当事人便属于欺诈。④

在日本，学者多数说认为，单纯之沉默，通常虽非诈欺，然如对于法律上、契约上或交易习惯上有告知义务之事项而不告知，斯为诈欺。⑤

在我国，当事人并没有一般性的告知义务或揭示义务，《民法典》第500条第2项的规定，也不宜理解为关于一般性的告知义务的规定，只是属于特别规定，告知义务所针对的是“与订立合同有关的重要事实”。这样，就引发如下问题，告知义务之有无，其边界如何确定？这一问题并无具有普遍意义的统一答案，而须依个案具体分析。一则看法律有无规定，交易习惯如何。二则作利益衡量，是否应发生告知义务。当然，当事人之间的交涉能力是否平等，也是需要考虑的。

A. 交涉能力不平等场合

(A)经营者与消费者(B2C)

《消费者权益保护法》一般性地规定了经营者对消费者的告知

---

① See G. H. Treitel & E. Peel, *The Law of Contract* 424(12th ed., 2007).

② See G. H. Treitel & E. Peel, *The Law of Contract* 426 - 436(12th ed., 2007).

③ *Jones* v. *Bowden* (1813) 4 Taunt. 847 = 128 E. R. 565.

④ See B. S. Markesinis, W. Lorenz & G. Dannemann, *The German Law of Obligations* 209 (Vol. 1, 1997).

⑤ 参见胡长清：《中国民法总论》，中国政法大学出版社1997年版，第247页。

义务。[①] 除此之外,《旅游法》规定了旅行社对旅游者的告知义务;[②]原建设部《商品房销售管理办法》规定了房地产开发企业对买受人的告知义务;[③]原工业和信息化部《软件产品管理办法》(已失效)规定了软件生产经营单位对用户的告知义务[④]等。

(B)用人单位与劳动者

《劳动合同法》规定了用人单位对劳动者的告知义务以及劳动者的说明义务;[⑤]《职业病防治法》亦规定了相应的告知义务。[⑥]

在实践中,有的企业使用的化学品不标明化学成分、毒性和防护等说明,只用代号来代替。而打工者往往缺乏劳动保护知识,常常在不知不觉中身体受损害或中毒,甚至有的中毒身亡还不知道怎么回事,有的

---

① 《消费者权益保护法》并没有特别限定是先合同义务、合同义务还是后合同义务,在解释上三种类型均有可能,三种类型并行不悖。具体地,对可能危及人身、财产安全的商品和服务,应当向消费者作出真实的说明和明确的警示,并说明和标明正确使用商品或者接受服务的方法以及防止危害发生的方法(第18条第1款后段)。经营者发现其提供的商品或者服务存在缺陷,有危及人身、财产安全危险的,应当立即向有关行政部门报告和告知消费者,并采取停止销售、警示、召回、无害化处理、销毁、停止生产或者服务等措施(第19条前段)。经营者向消费者提供有关商品或者服务的质量、性能、用途、有效期限等信息,应当真实、全面,不得作虚假或者引人误解的宣传(第20条第1款)。经营者对消费者就其提供的商品或者服务的质量和使用方法等问题提出的询问,应当作出真实、明确的答复(第20条第2款)。经营者提供商品或者服务应当明码标价(第20条第3款)。经营者应当标明其真实名称和标记(第21条第1款)。租赁他人柜台或者场地的经营者,应当标明其真实名称和标记(第21条第2款)。

② 《旅游法》第62条规定:“订立包价旅游合同时,旅行社应当向旅游者告知下列事项:(一)旅游者不适合参加旅游活动的情形;(二)旅游活动中的安全注意事项;(三)旅行社依法可以减免责任的信息;(四)旅游者应当注意的旅游目的地相关法律、法规和风俗习惯、宗教禁忌,依照中国法律不宜参加的活动等;(五)法律、法规规定的其他应当告知的事项。在包价旅游合同履行中,遇有前款规定事项的,旅行社也应当告知旅游者。”

③ 房地产开发企业应当在订立商品房买卖合同之前向买受人明示《商品房销售管理办法》和《商品房买卖合同示范文本》;预售商品房的,还必须明示《城市商品房预售管理办法》(原建设部《商品房销售管理办法》第23条)。受托房地产中介服务机构销售商品房时,应当如实向买受人介绍所代理销售商品房的有关情况(原建设部《商品房销售管理办法》第27条第1款)。房地产开发企业、房地产中介服务机构发布商品房销售宣传广告,应当执行《广告法》《房地产广告发布暂行规定》等有关规定,广告内容必须真实、合法、科学、准确(原建设部《商品房销售管理办法》第14条)。房地产开发企业、房地产中介服务机构发布的商品房销售广告和宣传资料所明示的事项,当事人应当在商品房买卖合同中约定(原建设部《商品房销售管理办法》第15条)。

④ 《软件产品管理办法》第20条规定:“以许可证贸易形式经营软件产品的,软件产品经营单位应当与生产单位签订书面许可合同。软件产品经营单位在销售软件产品时,应当告知用户阅读许可证协议,并要求用户在阅读后做出是否同意的表示。”第21条规定:“软件产品经营单位销售的软件产品应当符合本办法第四条的规定,并以书面或者文档的形式告知用户提供技术服务的单位、服务内容、服务方式和费用。没有注明提供服务的单位的,视为软件产品销售单位提供有关技术服务。没有注明额外收取服务费的,视为软件产品价格包含服务费。”

⑤ 《劳动合同法》第8条规定:“用人单位招用劳动者时,应当如实告知劳动者工作内容、工作条件、工作地点、职业危害、安全生产状况、劳动报酬,以及劳动者要求了解的其他情况;用人单位有权了解劳动者与劳动合同直接相关的基本情况,劳动者应当如实说明。”第60条第1款:“劳务派遣单位应当将劳务派遣协议的内容告知被派遣劳动者。”

⑥ 《职业病防治法》第33条第1款规定:“用人单位与劳动者订立劳动合同(含聘用合同,下同)时,应当将工作过程中可能产生的职业病危害及其后果、职业病防护措施和待遇等如实告知劳动者,并在劳动合同中写明,不得隐瞒或者欺骗。”第2款规定:“劳动者在已订立劳动合同期间因工作岗位或者工作内容变更,从事与所订立劳动合同中未告知的存在职业病危害的作业时,用人单位应当依照前款规定,向劳动者履行如实告知的义务,并协商变更原劳动合同相关条款。”

误将中毒当作感冒、头痛、贫血等治疗。

依《职业病防治法》第58条的规定，“职业病病人除依法享有工伤保险外，依照有关民事法律，尚有获得赔偿的权利的，有权向用人单位提出赔偿要求”。此处的用人单位的民事赔偿责任，可以是基于侵权的赔偿责任，但也不排除基于缔约过失的赔偿责任。

(C)保险业者与投保人

保险经纪公司、保险公估机构以及保险代理机构应当制作规范的客户告知书，并在开展业务时向客户出示。[①]

(D)医疗机构及医务人员与患者

《精神卫生法》规定了医疗机构及医务人员对患者或其监护人的告知义务；[②]原卫生和计划生育委员会《放射诊疗管理规定》放射诊疗工作人员对患者和受检者进行医疗照射时的告知义务。[③]

(E)律师与委托人

律师在特殊情况下对委托人负有告知义务。[④]

B. 非属交涉能力不平等场合

(A)担保场合

抵押人转让抵押财产的，应当及时通知抵押权人(《民法典》第406条第2款前段)。同一房地产设定两个以上抵押权的，抵押人应当将已经设定过的抵押情况告知抵押权人(《城市房地产抵押管理办法》第9条第1款)。

(B)期货投资、证券投资

期货公司在为客户开立期货经纪账户前，应当向客户出示《期货交易风险说明书》，由客户签字确认，并签订期货经纪合同[原中国证券监

---

① 原中国保险监督管理委员会《保险经纪机构监管规定》第34条、《保险公估机构监管规定》第37条、《保险专业代理机构监管规定》第34条。

② 具体参见该法第37条、第39条及第40条等。

③ 具体参见该规定第25条。

④ 在我国，同一律师事务所的律师分别担任同一案件原、被告双方代理人的行为，将被认定为双重代理，应依据《律师违法行为处罚办法》的规定，对律师事务所予以处罚；代理律师有过错的，可视情节，依据《律师违法行为处罚办法》第6条第16款的规定予以处罚。但是，考虑到我国社会经济发展的不平衡现状，根据目前一些经济欠发达的边远地区的县(市)只有一家律师事务所的实际情况，严格执行前款规定将会给当事人造成较重经济负担和种种不便。为了有利于维护当事人的合法权益和广大群众的利益，依司法部意见，在县(市)里只有一个律师事务所的情况下，律师事务所可以接受委托，担任同一案件双方当事人的代理人，但必须事前告知双方当事人，征得双方当事人的书面同意，并指派不同的律师进行代理(司法部《关于同一律师事务所的律师不宜担任同一案件原被告代理人的批复》(2001年8月9日司复〔2001〕12号)。

督管理委员会《期货公司监督管理办法》(2019 年)第 64 条第 1 款]。

期货公司在与客户订立期货经纪合同时,未提示客户注意《期货交易风险说明书》内容,并由客户签名或者盖章,对于客户在交易中的损失,应当依据《民法典》第 500 条第 3 项的规定承担相应的赔偿责任。但是,根据以往交易结果记载,证明客户已有交易经历的,应当免除期货公司的责任(《期货纠纷解释》第 16 条)。

基金销售机构应当向投资人充分揭示投资风险,并根据投资人的风险承担能力销售不同风险等级的基金产品(《证券投资基金法》第 98 条)。基金销售机构未尽到适当性(suitability)义务,则可触发《民法典》第 500 条第 3 项,引发赔偿责任。[1]

(C)保险合同

订立保险合同,保险人就保险标的或者被保险人的有关情况提出询问的,投保人应当如实告知(《保险法》第 16 条第 1 款)。订立保险合同,采用保险人提供的格式条款的,保险人向投保人提供的投保单应当附格式条款,保险人应当向投保人说明合同的内容(《保险法》第 17 条)。

(D)运输合同

托运人办理货物运输,应当向承运人准确表明收货人的姓名、名称或者凭指示的收货人,货物的名称、性质、重量、数量,收货地点等有关货物运输的必要情况(《民法典》第 825 条第 1 款)。因托运人申报不实或者遗漏重要情况,造成承运人损失的,托运人应当承担赔偿责任(《民法典》第 825 条第 2 款)。

《危险化学品安全管理条例》规定,托运危险化学品的,托运人应当向承运人说明所托运的危险化学品的种类、数量、危险特性以及发生危险情况的应急处置措施,并按照国家有关规定对所托运的危险化学品妥善包装,在外包装上设置相应的标志(第 63 条第 1 款)。运输危险化学品需要添加抑制剂或者稳定剂的,托运人应当添加,并将有关情况告知承运人(第 63 条第 2 款)。托运人不得在托运的普通货物中夹带危险化学品,不得将危险化学品匿报或者谎报为普通货物托运(第 64 条

① 比如西安市碑林区人民法院民事判决书,(2023)陕 0103 民初第 11853 号。另参见最高人民法院民事审判二庭编著:《〈全国法院民商事审判工作会议纪要〉理解与适用》,人民法院出版社 2019 年版,第 411 页以下。

第 1 款)。

(E)赠与合同

赠与的财产有瑕疵的,赠与人不承担责任。附义务的赠与,赠与的财产有瑕疵的,赠与人在附义务的限度内承担与出卖人相同的责任(《民法典》第 662 条第 1 款)。赠与人故意不告知瑕疵或者保证无瑕疵,造成受赠人损失的,应当承担赔偿责任(《民法典》第 662 条第 2 款)。

(F)保管合同

寄存人交付的保管物有瑕疵或者根据保管物的性质需要采取特殊保管措施的,寄存人应当将有关情况告知保管人。寄存人未告知,致使保管物受损失的,保管人不承担赔偿责任;保管人因此受损失的,除保管人知道或者应当知道且未采取补救措施外,寄存人应当承担赔偿责任(《民法典》第 893 条)。

(G)合伙合同

新合伙人入伙,除合伙协议另有约定外,应当经全体合伙人一致同意,并依法订立书面入伙协议。订立入伙协议时,原合伙人应当向新合伙人如实告知原合伙企业的经营状况和财务状况(《合伙企业法》第 44 条)。

告知义务除了可以基于法律的规定发生外,还可以基于诚信原则及合同的目的、性质、交易习惯发生。[①]

(3)保密义务

当事人在订立合同过程中知悉的商业秘密或者其他应当保密的信息,无论合同是否成立,不得泄露或者不正当地使用;泄露、不正当地使用该商业秘密或者信息,造成对方损失的,应当承担赔偿责任(《民法典》第 501 条)。这种保密义务属于继续性义务,并不因合同缔约过程的结束而结束。

保密的对象是“应当保密的信息”,它包括但不限于订立合同过程中知悉的“商业秘密”。换言之,“商业秘密”只是例举(关于“商业秘

① 这从我国既有的裁判案例也可以反映出来,比如,法院认为:“零点公司作为专业调查公司,熟知本行业的惯例,签约时应当本着诚实信用的原则,负有向对方告知本行业惯例的义务,以便对方决定是否需要‘买断’调查服务权。零点公司没有履行告知义务,对此应负缔约过失责任。”参见北京中锐文化传播有限责任公司诉北京零点市场调查与分析公司不正当竞争纠纷案,载《最高人民法院公报》1999 年第 3 期。

密”的内涵，可参照《反不正当竞争法》第 9 条第 4 款[①]）。与此不同，原《合同法》第 43 条仅规定了“商业秘密”，在实务中产生了难题，对此，可通过“冯勇诉微软（中国）有限公司侵犯商业秘密纠纷案”，[②]加以说明。

原告 X 诉称，其在使用电脑过程中发现微软拼音输入法 1.5 版、2.0 版、3.0 版均有很多错误，经反复研究后，整理归纳形成成熟的技术成果，并与被告 Y 自 2001 年 9 月底起就其关于微软拼音输入法中的错误和瑕疵及其正确的注音方法进行交涉与谈判，分别在 2001 年 9 月 26 日、27 日，10 月 15 日和 12 月 13 日向微软发送传真，从已发现的拼音输入法错误注音的汉字中选出 35 个汉字，把错误的地方一一指出并标注出正确注音方法发送给 Y。12 月 13 日，X 再传真 10 个有正确注音的汉字给 Y，同时做出保留权利的声明，此后双方多次接触，如何计酬双方始终未能达成一致。此后，Y 擅自违法使用 X 的知识产权成果，即用补丁形式在网上使用 X 指出的 35 个汉字的正确方法（Y 在文件中却只承认使用了 10 个汉字）修改和掩盖其错误，使其产品质量得以完善和提高。X 认为其成果具有不为公众所知悉的特点，具有实用价值和经济利益，并对其采取了应有的保密措施。Y 在与 X 的谈判过程中知悉该商业秘密中的一部分，按照原《合同法》第 43 条“不得泄露或者不正当地使用”的规定，Y 的行为对 X 的合法权利造成损害，应承担赔偿责任。为此请求判令 Y 承担损害赔偿责任 10,000 元（以 2001 年 12 月 13 日传真中的 10 个字的注音，按每字 1000 元计算而来），赔礼道歉并承担本案诉讼费用。

本案双方当事人争议的焦点为：（1）X 的“微软拼音输入法的错误的发现和改正方法”是否属于商业秘密；（2）Y 是否构成缔约过失责任。

一审法院依 1993 年《反不正当竞争法》第 10 条第 3 款对于“商业秘密”的定义，认为 X 对拼音输入法中字的注音罗列与公开出版物上字的注音进行对比，从而发现其中部分注音不当，这种校正工作虽然工作

① 所谓商业秘密，依《反不正当竞争法》第 9 条第 3 款，“本法所称的商业秘密，是指不为公众所知悉、具有商业价值并经权利人采取相应保密措施的技术信息、经营信息等商业信息”。又依原国家工商行政管理局《关于商业秘密构成要件问题的答复》（工商公字〔1998〕第 109 号），其构成要件有三：一是该信息不为公众所知悉。即该信息是不能从公开渠道直接获取的；二是该信息能为权利人带来经济利益，具有实用性；三是权利人对该信息采取了保密措施。概括地说，不能从公开渠道直接获取的，能为权利人带来经济利益，具有实用性，并经权利人采取保密措施的信息，即为《反不正当竞争法》所保护的商业秘密。

② 湖北省武汉市中级人民法院民事判决书，（2003）武知初字第 70 号。

量较大,但属简单的智力活动,不包含任何创造性智力劳动。发现错误及将该错误的正确注音查找出来本身并不构成技术信息,也不称其为商业秘密。由于不属于商业秘密,故不存在适用原《合同法》第43条的前提。最终,一审法院认为,"X主张的'微软拼音输入法的错误的发现和改正的方法'不属法律保护的商业秘密,微软公司以补丁形式进行的补正未致X信赖利益损失,也未违反诚信原则。X的诉讼请求不予支持。"

X不服一审判决上诉,在二审中,Y基于X对IT产业的热心,奖励其9888元,调解结案。

《反不正当竞争法》在当时所规范的是经营者与经营者之间的关系,①该法中的"商业秘密"概念自然也是在此特殊场景中的特别概念。原《合同法》与之不同,原《合同法》并不区分商事合同与民事合同(或者消费者合同),而是对它们统一规范。② 这一特点对于理解原《合同法》第43条的规范目的特别重要,我们没有正当理由认为该条只是以商事合同为设想的场景而不包括民事合同或者消费者合同。换言之,不管是什么样的合同主体,均应保护其缔约过程中的秘密信息。

上述看法,如果考察原《合同法》第43条起草时所参考的比较法,也可获得印证。原《合同法》第43条的比较法应该是PICC第2.1.16条"保密义务"(duty of confidentiality)③以及PECL第2:302条"违反信任"(breach of confidentiality)。④ 这两个模范法文件所使用的概念均是"秘密信息"(confidential information)。依PICC对其条文所作注释的解释:一方当事人可能对透露给对方的信息不被泄露或者不被用于其他目的具有利益,一旦该方当事人明确表示该信息是要保密的,情况便清楚了,对方因知悉此信息便默示地同意了该信息是保密性的。⑤ 由此

---

① 1993年《反不正当竞争法》第2条第2款规定:"本法所称的不正当竞争,是指经营者违反本法规定,损害其他经营者的合法权益,扰乱社会经济秩序的行为。"

② 参见梁慧星:《从"三足鼎立"走向统一的合同法》,载《中国法学》1995年第3期。

③ PICC第2.1.16条(保密义务)规定:"在谈判过程中,一方当事人以保密性质提供的信息,无论此后是否达成合同,另一方当事人有义务不予泄露,也不得为自己的目的不适当地使用这些信息。在适当的情况下,违反该义务的救济可以包括根据另一方当事人泄露该信息所获得之利益予以赔偿。"

④ PECL第2:302条(违反信任)规定:"如果在磋商过程中一方当事人透露了秘密信息,无论事后是否达成了合同,另一方当事人均有义务不透露该信息或为自身目的使用该信息。对违反此义务的救济,可包括赔偿所受损失以及返还另一方当事人取得的收益。"

⑤ PICC Art. 2.1.16, Comment 2.

可见，何谓“秘密信息”，首先取决于当事人的意思。相应地，“秘密信息”的范围显然并不局限于所谓的“商业秘密”（trade secret）或者“know-how”。正是由于原《合同法》第43条与上述比较法在用语上的差异，给实务造成了不必要的麻烦。[①]

意识到上述问题，作为解释论上的对策，对于原《合同法》第43条中的“商业秘密”应结合该条文的规范目的，作扩张解释，不以1993年《反不正当竞争法》第10条第3款为限，而是应首先考虑当事人的意思，任何当事人在磋商过程中明示或者默示表示不得泄露或者不正当地使用的信息，均可包括在内。[②] 如今，《民法典》第501条修正原《合同法》第43条，将保密义务的对象明定为“应当保密的信息”，“商业秘密”只是一项举例，已经填补了原来立法上的漏洞。

除《民法典》第501条外，其他法律法规也有一些关于保密义务的规定，择其要者，列举如下：

经营者及其工作人员对收集的消费者个人信息必须严格保密，不得泄露、出售或者非法向他人提供。经营者应当采取技术措施和其他必要措施，确保信息安全，防止消费者个人信息泄露、丢失。在发生或者可能发生信息泄露、丢失的情况时，应当立即采取补救措施（《消费者权益保护法》第29条第2款）。

旅游经营者对其在经营活动中知悉的旅游者个人信息，应当予以保密（《旅游法》第52条）。

注册会计师对在执行业务中知悉的商业秘密，负有保密义务（《注册会计师法》第19条）。

商标代理机构应当遵循诚实信用原则，遵守法律、行政法规，按照被代理人的委托办理商标注册申请或者其他商标事宜；对在代理过程中知悉的被代理人的商业秘密，负有保密义务（《商标法》第19条第1款）。

律师对在执业活动中知悉的委托人和其他人不愿泄露的有关情况和信息，应当予以保密。但是，委托人或者其他人准备或者正在实施危害国家安全、公共安全以及严重危害他人人身安全的犯罪事实和信息

① See HAN Shiyuan, *Culpa in Contrahendo in Chinese Contract Law* 6 Tsinghua China L. Rev. 157, 160 (2014).

② 参见韩世远：《合同法总论》（第4版），法律出版社2018年版，第182页。

除外(《律师法》第 38 条第 2 款)。

医疗机构及其医务人员应当对患者的隐私和个人信息保密。泄露患者的隐私和个人信息,或者未经患者同意公开其病历资料的,应当承担侵权责任(《民法典》第 1226 条)。此种场合,保密义务亦可作为基于法律规定的先合同义务或者合同义务,故可以发生侵权责任与缔约过失责任或者违约责任竞合。

(4)其他先合同义务

《民法典》第 500 条第 3 项为此留有了发展的余地,尽管并未进一步具体化。

①警告义务

设若 X 与 Y 商谈购买 Y 之房屋,X 定于某日前往 Y 处查看房屋。Y 在数日前已将该栋房屋让售他人,唯未将此事适时通知 X,致 X 徒劳往返。若 Y 已适时通知,X 即无须前往察看房屋,旅费可不必支出,其所受的损失,即因 Y 违反通知义务,故 Y 应负赔偿责任。[①]

②保护义务

尽管在《民法典》中没有出现“保护义务”用语,从我国既有的法律法规来看,已经有了归属于这类义务的规定。比如,《职业病防治法》第 34 条第 2 款规定:“用人单位应当对劳动者进行上岗前的职业卫生培训和在岗期间的定期职业卫生培训,普及职业卫生知识,督促劳动者遵守职业病防治法律、法规、规章和操作规程,指导劳动者正确使用职业病防护设备和个人使用的职业病防护用品。”第 35 条第 1 款规定:“对从事接触职业病危害的作业的劳动者,用人单位应当按照国务院卫生行政部门的规定组织上岗前、在岗期间和离岗时的职业健康检查,并将检查结果书面告知劳动者。职业健康检查费用由用人单位承担。”第 35 条第 2 款规定:“用人单位不得安排未经上岗前职业健康检查的劳动者从事接触职业病危害的作业;不得安排有职业禁忌的劳动者从事其所禁忌的作业;对在职业健康检查中发现有与所从事的职业相关的健康损害的劳动者,应当调离原工作岗位,并妥善安置;对未进行离岗前职业健康检查的劳动者不得解除或者终止与其订立的劳动合同。”

---

① Vgl. *Karl Larenz*, Lehrbuch des Schuldrechts, I. Band: Allgemeiner Teil, 14. Aufl. 1987, S. 106 – 107. 另参见王泽鉴:《民法学说与判例研究》(第 1 册),台北,1991 年自版发行,第 88 页。

依《劳动法》第 72 条后段，“用人单位和劳动者必须依法参加社会保险，缴纳社会保险费”。

2. 是否承认“社会生活安全义务”？

设若某人进入商场时，刚推开门，商场的玻璃门掉了下来，将其手划伤。商场是否构成缔约过失？对此有见解肯定缔约过失责任与侵权责任的竞合，由受害人选择主张。[①] 为订约目的而向潜在的顾客开放自己的营业场所的经营者对于进入其经营场所的顾客的权利与利益的干涉可能性大大增加。这种缔约前的保护义务作为行为义务，是交往安全义务的一种，其法律后果是维持利益或固有利益的赔偿。[②] 另有见解强调缔约过失责任的发生须以当事人之间有缔约上的联系（缔约关系）为前提，否则，无从发生合理信赖（信赖关系），也无从出现由诚信原则产生的义务。设例中双方没有形成缔约关系，甚至很难确定受害人具有购货之意思或订约意图，故不构成缔约的过失。该见解进一步主张，即使某人进入商场后，因为商场中的路面很滑而摔伤，或者因为商场悬挂的物品掉下砸伤，也不能认为商场构成缔约过失，其原因在于受害人进入商场并不意味着他已经和商场发生了缔约上的联系，他与商场并没有发生任何实际的接触，很难确定他具有明确的缔约意图。更何况进入商场的人很复杂，随便逛逛的很多，不能说进入商场就是要缔约。故设例中受害人的损失只能按侵权责任而不能按缔约过失责任处理。[③]

缔约之际未尽保护义务致他方身体健康遭受损害，通常亦会构成侵权行为责任。德国判例学说认为受害人得依缔约过失请求损害赔偿，其主要原因，在于避免雇佣人依《德国民法典》第 831 条的规定，证明其对受雇人的选任监督已尽相当注意而免责。而在当事人间若有债之关系存在，债务人依《德国民法典》第 278 条的规定，对其使用人之过失，应与自己过失同视，不得举证免责，对受害人较为有利。此举在德国亦有争论，亦有见解主张此时的缔约过失仍具有独立存在之价值。至于其他国家或地区，于此类案件多依侵权行为法处理。就我国台湾

---

① 参见崔建远主编：《新合同法原理与案例评释》（上册），吉林大学出版社 1999 年版，第 118 页；崔建远：《合同法总论》（上卷），中国人民大学出版社 2024 年版，第 681 页。

② 王洪亮：《缔约过失构成与类型》，法律出版社 2023 年版，第 274 页。

③ 参见王利明：《违约责任论》，中国政法大学出版社 2000 年版，第 708 页。

地区“民法”而论，王泽鉴先生也只是表示，“缔约过失责任于此种情形是否应予适用，似仍有斟酌研究余地”。[①]

本书认为，我国法上应否承认“社会生活安全义务”，还应当进一步讨论，对于缔约过失，在解释论上暂时尚无从发现其发生依据，故不以其违反为发生缔约过失事由。

七、缔约过失的法律后果

缔约过失的法律后果，最主要者为损害赔偿责任。《民法典》的规定也是如此(第500条、第501条)。除此之外，还可能包括继续履行先合同义务、返还不当得利、合同解除以及其他法律后果(减价、履行拒绝权、停止侵害等)。以下分别说明。

(一)损害赔偿

1. 赔偿范围

缔约过失类型不一，由此关于缔约过失的赔偿范围，单纯从信赖利益的角度进行统一的把握，已不可能。必须区分类型，具体分析。

(1)信赖利益的赔偿

在合同不成立型及合同无效型中，受损害方所可以请求的，是合同缔结前(无加害行为时)所处的状态，故以信赖利益为原则，学说对此普遍承认。

信赖利益损害，可区分为所受损害与所失利益。[②]

所受损害可包括：为签订合同而合理支出的交通费(比如，赴订约地或为察看标的物所支出的车费)、鉴定费(比如，公司收购方聘请审计人员的费用)、咨询费(比如，向律师咨询、请律师草拟合同文本等)、勘察设计费(比如，为签订建设工程合同而事先请人勘察设计场合)、利息(比如，为履行合同而向银行贷款)等；所失利益主要指丧失与第三人另订合同的机会所产生的损失。

---

① 参见王泽鉴：《民法学说与判例研究》(第1册)，台北，1991年自版发行，第88～89页。

② 崔建远教授称为“直接损失与间接损失”，参见崔建远：《合同责任研究》，吉林大学出版社1992年版，第294页。

假如，西瓜卖主甲与买主乙拟以每公斤0.90元的价格成交1万公斤西瓜的买卖合同时，丙提出愿以更高价格购买，乙转而向他人购买了西瓜，而丙借故拖延最终没有签订合同，甲无奈以每公斤0.75元的价格将一万公斤西瓜卖与他人。[①] 由于丙的恶意磋商，使甲丧失与乙订立合同的机会，就此所受损失，可按缔约过失由丙予以赔偿。

***信赖利益赔偿与履行利益赔偿**　当在信赖利益赔偿的名义之下纳入了丧失与第三人另订合同的机会所生损失，信赖利益赔偿便非常接近履行利益的赔偿，尽管人们通常并不会直接考虑履行利益的赔偿。

不过，美国判例法确有灵活的做法，在合同无效场合，法院采取一些技巧，使合同无效的后果对于无辜的一方不至于那么严苛。其中之一便是，如果对于使当事人的合意不具有可执行性的事实，一方当事人是可被谅解地不知情（善意），而另外一方则相反，则不知情的一方可以请求违反该合意（违约）的损害赔偿。相关判例为Weinsklar Realty Co. v. Dooley, 228 N. W. 515 (Wis. 1930)。该案中一方当事人并不知道另外一方在星期天签署合同违反了成文立法。与未获资质者达成合意的当事人，基于其可被谅解地不知道对方不符合资质要求的事实，也可获得违约赔偿。相关判例为Hedla v. McCool, 476 F. 2d 1223 (1973)。案中业主可以对因不具有资质的建筑师所提供有缺陷的方案而造成的迟延获得赔偿，而对于对方欠缺资质业主并不知情。尽管一方可被谅解的不知情并非对方导致，法院会考虑对方是否有错误陈述。不过，如果对方也是可被谅解的不知情，则法院便不会这般不利于对方地执行合意（按违约计算损害赔偿）。[②] 上述比较法对于我国法律实践亦具有借鉴意义，可从功能比较的角度作相似的价值定位，考虑我国法解释论的逻辑构成。对于诸如涉外股权转让合同或者采矿权转让合同成立后，负有报批义务的一方恶意或者不诚信地不促成合同生效的，对方请求赔偿场合，法院亦可考虑参考违约赔偿标准，作为计算信赖利益赔偿的变通方案，或者作为计算丧失其他缔约机会的变通方案。

---

① 参见《假装买货却又不买应负缔约过失责任》一文所介绍案例，载《人民法院报》2000年10月18日。

② See E. Allan Farnsworth, *Contracts* 343 – 344 (4th ed., 2004).

如何界定缔约过失场合损害赔偿的范围,《民法典》并未提供清晰的标准或者指引。该法第 584 条规定了可预见性规则,但该规则只是针对违约损害赔偿所设。在实务中,法院通常采取将损害项目相加的方法计算损害赔偿。因而,在理论上依然有必要采取可预见性或者相当性作为一般的限定方法。[①] 目前,在我国理论上可以见到提倡可预见性的见解,主张信赖利益的赔偿,原则上不得超过当事人在订立合同时所应当预见的因合同不成立、无效或被撤销所可能造成的损失,也不得超过合同有效或者合同成立时相对人所可能得到的利益(履行利益)。[②] 值得注意的是,《民法典》第 171 条第 3 款针对无权代理场合的赔偿责任,明确规定"赔偿的范围不得超过被代理人追认时相对人所能获得的利益",采纳了以履行利益限定信赖利益的规则。

(2)完全性利益的赔偿

若因违反保护义务,使相对人的人身或财产遭受损害,而此种情形亦可构成缔约过失责任时,则加害人所应赔偿的,是受害人于其人身或财产上所有权所受一切损害,即所谓完全性利益(inherent interests),可能远远超过履行合同所生的利益,从而不发生以履行利益为界限的问题。

目前我国学术界有分歧的是,在缔约磋商过程中对于生命、健康或者其他人格权益所造成的伤害应否由缔约过失制度所涵盖。有的学者主张这类案件只能依侵权加以主张[③],认为《民法典》第 1198 条已经规定了"安全保障义务"。另有学者对此持不同意见,认为这样对于受害人太过复杂和不便。[④] 这一争论,涉及更为基本的话题:合同法与侵权法的关系是什么?边界在哪里?[⑤] 这也可以理解为一项法政策问题。时至今日,我们没有看到中国的立法者将保障生命、健康或者其他人格权益的任务只分配给了侵权法,因而承认责任竞合,允许受害人选择基

---

① See HAN Shiyuan, *Culpa in Contrahendo in Chinese Contract Law*, 6 Tsinghua China L. Rev. 157,167 (2014).

② 参见张广兴:《债法总论》,法律出版社 1997 年版,第 56 页;同旨参见王利明:《违约责任论》(修订版),中国政法大学出版社 2000 年版,第 743 页。另外也有不同见解,参见崔建远:《合同法总论》(上册),中国人民大学出版社 2008 年版,第 372 ~ 373 页。

③ 参见王利明:《合同法研究》(第 1 卷),中国人民大学出版社 2011 年版,第 368 ~ 369 页。

④ 参见崔建远:《合同法总论》(上册),中国人民大学出版社 2008 年版,第 373 页。

⑤ 新近的研究文献,参见张家勇:《合同法与侵权法中间领域调整模式研究——以制度互动的实证分析为中心》,北京大学出版社 2016 年版。

于侵权的请求权或者基于缔约过失的请求权，或许更为自然。[①]

2. 受害人与有过失

如受害人因自己的过失，误认为合同成立或生效，根本不得请求赔偿。在法律发展史上确有过此种规定，然此种规定过于僵硬，缺乏弹性，有时可能产生不适当的后果，对有过失的缔约人过于宽容，因此，在缔约过失责任，受害人与有过失者，仍应适用过失相抵规则。

在我国法上，对于合同的无效、被撤销或者确定不发生效力后，双方都有过错的，各自承担相应的责任（《民法典》第157条），便是对缔约过失场合过失相抵规则作的规定。应当注意的是，在解释上宜认为，受害人对其缔约上使用人的与有过失，亦应负责。另外，在缔约过失致生损害场合，依诚信原则，对受害人也应认定有减损义务的存在，受害人应及时采取措施以避免损失的扩大，否则就扩大的损失不得请求赔偿（类推适用《民法典》第591条）。

（二）继续履行先合同义务

依既往的司法规则，依照法律、行政法规的规定经批准或者登记才能生效的合同成立后，有义务办理申请批准或者申请登记等手续的一方当事人未按照法律规定或者合同约定办理申请批准或者未申请登记的，属于《民法典》第500条第3项规定的“其他违背诚信原则的行为”。对方请求其继续履行报批义务的，人民法院应予支持（《合同编通则解释》第12条第1款）。

既往司法规则曾有“判决相对人自己办理有关手续”责任形式，实属首创。[②] 此种救济在方向性上不同于以往的信赖利益损害赔偿，而是朝向“将合同进行到底”，通过办理有关手续，使合同生效。不过此举亦有其不足，即在报批义务人拒不配合的情况下，相对人的自行报批行为往往难以备齐批准所需的文件，最终很难获得批准，导致这一规定难以

① See HAN Shiyuan, *Culpa in Contrahendo in Chinese Contract Law*, 6 Tsinghua China L. Rev. 157,168 (2014).

② 最高人民法院研究室编著：《最高人民法院关于合同法司法解释(二)理解与适用》，人民法院出版社2009年版，第75页。

落地。[①]

办理申请批准或者申请登记等手续的义务，无论是基于法律规定还是基于合同约定，对于业已成立尚未生效的合同而言，只应属于先合同义务。如果该义务是基于法律规定，其可作为先合同义务容易理解，无待作更多说明；如果该义务是基于合同约定，而该约定又与尚未生效的合同在外在形式上是一体的，则有进一步解释说明的必要。

由于该合同整体尚未生效，故该约定的义务无法有效地约束当事人。然而，这种符合形式逻辑的结论，显然不符合当事人的意思；当事人的真实意思是要使此约定能够在合同生效前约束一方当事人，使之因此办理相关手续，进而使合同生效。如果合同生效了，此类义务也就因目的达到而无继续存在的必要。至此，依当事人的真实意思，此种约定应当是在合同生效前约束当事人的特别约定。如果说当事人可以有效约定在合同终了后发挥作用的条款（《民法典》第 567 条规定的“结算和清理条款”），类似的道理也应当能够在合同生效前场合成立。如果我们可以把前者称为“后合同条款”，则后者自然可以称为“先合同条款”。此类条款，依当事人的意思，具有独立性，独立于合同的其他条款；作为一项独立的约定（或者说独立的合同），原则上因当事人达成合意即已生效（适用《民法典》第 502 条第 1 款主文）。我国司法解释实际上也承认了此类先合同条款的独立性，比如，《外商投资解释（一）》第 1 条第 2 款规定：“前款所述合同因未经批准而被认定未生效的，不影响合同中当事人履行报批义务条款及因该报批义务而设定的相关条款的效力。”对于该独立约定而言，上述义务可谓独立的“合同义务”，[②]但对于其要服务的目标合同而言，该义务当然只是先合同义务。有的学者甚至以此作为缔约过失责任与违约责任竞合的事例。[③]

办理申请批准或者申请登记等手续的义务属于行为义务，就其继续履行，一种方案是可由法院判决义务人履行。然而此类判决，在执行上常遇到困难。实践中此类以行为为标的的判决，被实务界人士认为基本上

---

① 参见最高人民法院民事审判第二庭、研究室编著：《最高人民法院民法典合同编通则司法解释理解与适用》，人民法院出版社 2023 年版，第 150 页。

② 参见万鄂湘主编：《最高人民法院关于审理外商投资企业纠纷案件若干问题的规定（一）条文理解与适用》，中国法制出版社 2011 年版，第 25～27 页。

③ 参见吴光荣：《行政审批对合同效力的影响：理论与实践》，载《法学家》2013 年第 1 期。

没有强制执行的可能。[①] 故既往司法解释采纳另外一种方案，即直接规定解决方案为“判决相对人自己办理有关手续”，这其实是由相对人代替义务人履行义务，而由义务人负担相关费用及赔偿相关损失。

明白了“判决相对人自己办理有关手续”的实质是一种代替执行，也就相应地能够解决另外一个问题，即相对人的诉讼请求如果就是要求义务人继续履行办理申请批准或者申请登记等手续的义务，而没有提自己代替债务人履行上述义务，那么法院应当如何处理？有见解认为，“如果当事人未提出此项请求或者仅提出由另一方当事人去办理相关批准或者登记手续的，人民法院不宜改判由请求方自行去办理批准或者登记手续”[②]。此种见解似乎没有真正理解《民事诉讼法》第 252 条规定的精神，行为义务的判决与此类判决的强制执行是两回事。对于行为义务，权利人基于正当的请求权基础请求判决，法院该判则判。义务人不执行相关判决，此时并非对判决的改判问题（作为执行根据的判决此时已经生效），而是执行机构变更执行手段问题。[③] 如今《民法典》第 502 条第 2 款已明确承认报批义务人不履行报批义务的，对方可以请求其承担违反该义务的责任；《合同编通则解释》第 12 条第 1 款进一步明确，对方请求其继续履行报批义务的，人民法院应予支持。

（三）返还不当得利

在泄露或者不正当地使用在订立合同过程中知悉的商业秘密场合，在对可能给对方造成损失承担损害赔偿责任之外，如果违反保密义务人因为泄露或者不正当地使用该商业秘密而获得利益，依据《民法典》第 122 条、第 985 条等，因他人没有法律根据，取得不当利益，受损

---

① 参见最高人民法院研究室编著：《最高人民法院关于合同法司法解释（二）理解与适用》，人民法院出版社 2009 年版，第 75 页。此处涉及对强制执行法问题的理解，上述实务界人士所谓的“强制执行”，其实指的是直接强制；执行手段除直接强制外，尚有代替执行（《民事诉讼法》第 252 条）及间接强制（《民事诉讼法》第 253 条）。如果将此类手段考虑进来，其担忧实不足为虑了。

② 最高人民法院研究室编著：《最高人民法院关于合同法司法解释（二）理解与适用》，人民法院出版社 2009 年版，第 76 页。

③ 就此种实体法与程序法的分工及相关问题属性的差异性，实务界在观念上存在模糊认识的现象颇为普遍，并因此影响相关实体判决，殊有不当，亟待改正。

失的人有权请求其返还不当利益。[①]

（四）合同解除

《保险法》第 16 条第 1 款规定了投保人订立保险合同时的如实告知义务。第 2 款规定，投保人故意或者因重大过失未履行前款规定的如实告知义务，足以影响保险人决定是否同意承保或者提高保险费率的，保险人有权解除合同。第 4 款规定，投保人故意不履行如实告知义务的，保险人对于合同解除前发生的保险事故，不承担赔偿或者给付保险金的责任，并不退还保险费。第 5 款规定，投保人因重大过失未履行如实告知义务，对保险事故的发生有严重影响的，保险人对于合同解除前发生的保险事故，不承担赔偿或者给付保险金的责任，但应当退还保险费。

外商投资企业股权转让合同成立后，转让方和外商投资企业不履行报批义务，经受让方催告后在合理的期限内仍未履行，受让方请求解除合同并由转让方返还其已支付的转让款、赔偿因未履行报批义务而造成的实际损失的，人民法院应予支持（《外商投资解释（一）》第 5 条）。

（五）其他法律后果

在合同有效型的缔约过失中，作为救济手段，承认减价权（参见本书第十章第七节）的存在也是可能的。另外，还可能存在履行拒绝权（参照《职业病防治法》第 33 条第 3 款）。在不正当地使用缔约过程中知悉的应当保密的信息场合，也可能发生“停止侵害”的民事责任。

---

① See Ole Lando and Hugh Beale ed., *Principles of European Contract Law*, Parts I and II, 2000, Article 2:302, Comments C. 值得注意的是，PICC 第 2.1.16 条规定了以获利计算损害赔偿，将此问题作为损害赔偿的一种特殊形式。在比较法上，围绕损害赔偿，确有所谓“disgorgement”之观念，类似观念以侵害知识产权之类案件为典型。在我国合同法上，欠缺类似观念及规范基础，我们主要是借助于不当得利解决类似问题。

04

Chapter

第四章

合同的效力

细目

第一节　合同的效力概述

一、合同的效力与民事法律行为的效力

《民法典》基于法典的体系安排，调整了原来作为民事单行法的《合同法》的结构及内容，合同作为民事法律行为的主要类型，其效力已由《民法典》第一编总则第六章所规范，故合同编第三章"合同的效力"的内容相较原《合同法》已大幅削减。在法律适用上，合同编对合同的效力没有规定的，适用总则编第六章民事法律行为的有关规定（《民法典》第 508 条）。本书不同于教科书，[①]从体系完整性及实用性考虑，不准备与法典外在体系的变化完全保持一致，仍保持本书此前的基本结构，故本章的部分内容，对应的是《民法典》总则编中的法条。

另外，仅就《民法典》合同编第三章而言，该章计有 7 个条文（第 502 条至第 508 条），具体规定合同生效时间及报批义务（第 502 条）、无权代理合同的拟制追认（第 503 条）、越权代表行为的效力（第 504 条）、超越经营范围之合同的效力（第 505 条）、无效之免责条款（第 506 条）、争议解决条款的独立性（第 507 条）及法律适用提示规定（第 508 条）。就上述内容，拟分成如下四个主题，在本章相应部分进行说明：其一，申报程序与合同效力；其二，无权代理、越权代表或者超越经营范围与合同效力；其三，无效的免责条款；其四，争议解决条款的独立性。

① 读者可参考笔者写作的教科书，韩世远：《合同法学》（第 2 版），高等教育出版社 2022 年版。

二、合同的成立与合同的生效

（一）概说

依法成立的合同，自成立时生效（《民法典》第502条第1款主文）。该规定具有两层意义：其一，明确区分了合同的成立与合同的生效。其二，确立了合同生效始点的一般规则：自成立时生效。然对此有“但书”，提示注意法律另有规定或者当事人另有约定的除外情形。

合同的成立与合同的生效是两个不同的范畴。合同的成立（Das Zustandekommen von Verträgen），指符合一定要件时使当事人的合意成为合同，原则上只要有了当事人和对必要内容的意思表示的合致，就可以成立合同。例外地对于要物合同和要式合同的成立，还需要物的交付或方式的遵从。合同的生效（Die Wirksamkeit des Verträges; das Wirksamwerden von Vertrag），指成立了的合同经由法秩序之肯认（der Spruch der Rechtsordnung in Anerkennung）[①]而依当事人合意的内容发生效力，《民法典》第143条规定了民事法律行为的一般生效要件。成立与生效，二者可以同时，也可以异时。

我国原来的立法（比如原《经济合同法》第6条和第9条等）对于合同的成立与合同的生效并未严格区分，实践当中也时有误解，学术界则不断有人强调这种区分。[②] 不过，原《合同法》已经严格区分这两个概念，于第二章规定“合同的订立”，于第三章规定“合同的效力”。《民法典》继续保持着二者的区分。

***罗马法不区分合同的成立与生效**　对于现代意义上的合同成立与生效，在罗马法上实际上是不区分的，而是将不成立与无效一并包括在无效的概念内。这是由于，“法律行为欠缺成立要件或欠缺有效要件，在学理上固然可加以区分，但在实际上并无差别。欠缺成立要件，法律行为不能成立，也就谈不上什么效力；反之，法律行为如果不能生

---

① Vgl. *D. Leenen/M. Häublein*, BGB Allgemeiner Teil, 3. Auflage, 2021, S. 229.

② 参见崔建远：《论合同成立与合同生效》，载《河北学刊》1983年第3期；苏惠祥：《略论合同成立与生效》，载《法律科学（西北政法学院学报）》1990年第2期；赵德铭：《合同成立与合同效力》，载《法律科学（西北政法学院学报）》1994年第3期。

效,则纵然成立也没有意义。所以法律行为不成立的结果为无效,而无效的结果实际上等于法律行为不成立。所以罗马法上法律行为的无效即包括不成立和无效二种情形”。[1] 罗马法的这一做法,直接影响到了法国法及其学说理论。

(二)区分的意义

其一,这种区分符合生活的逻辑与法律的逻辑,也使《民法典》合同编第二章“合同的订立”、第三章“合同的效力”、第四章“合同的履行”以及其他章节之间的关系容易说明,即先有合同的存在,才能有对它的法律评价,之后才会有合同的履行、变更、转让以及不履行合同的法律后果等问题。

其二,民法以自愿原则为基本原则之一(《民法典》第 5 条),它在合同领域被称为合同自由原则,故当事人原则上可缔结任何合同;另外,任何国家的法律都不可能对所有的协议均予以保护,也不可能让合同自由不受任何限制。这样,合同成立制度与合同效力制度分工明确,也便于协调合同自由与国家意志的关系。

其三,合同的成立是判定“自始没有法律约束力”(《民法典》第 155 条)以及区分履行自始不能和嗣后不能的参照时点。

(三)二者关系的具体表现形态

1. 同时发生

依法成立的合同,自成立时生效(《民法典》第 502 条第 1 款主文)。这是我国法关于合同生效时点的一般规则。

效力未定的合同有其特殊性,虽已成立,但其效力是否发生,尚不确定。在追认权人追认之后,合同始确定发生其效力,不过,由于合同效力是回溯自合同成立时起发生,因而,仍不妨归入同时发生的范畴。

2. 异时发生

有的时候,合同虽成立,但并不立即生效,具体的可有如下情形。

---

① 周枏:《罗马法原论》(下册),商务印书馆 1994 年版,第 621 页。

（1）需要办理批准、登记手续的合同

依照法律、行政法规的规定，合同应当办理批准等手续生效的，依照其规定（《民法典》第502条第2款前段）。这类合同虽已成立，如未办理批准、登记等手续，则尚未生效。

"当事人在外商投资企业设立、变更等过程中订立的合同，依法律、行政法规的规定应当经外商投资企业审批机关批准后才生效的，自批准之日起生效；未经批准的，人民法院应当认定该合同未生效。当事人请求确认该合同无效的，人民法院不予支持。前款所述合同因未经批准而被认定未生效的，不影响合同中当事人履行报批义务条款及因该报批义务而设定的相关条款的效力。"（《外商投资解释（一）》第1条）值得注意的是，该条第2款体现了报批义务条款及因该报批义务而设定的相关条款的相对独立性，所谓不影响此类条款的效力，意味着此类条款已经生效（原则上自合同成立时生效）[①]，如果当事人为报批义务约定了违约金，该违约金条款亦得独立生效。据此，在当事人违反报批义务时，相对人自得请求支付违约金。所谓"因该报批义务而设定的相关条款"，可以表现为预付款条款、违反报批义务的违约金条款以及其他清理结算条款等。[②]

（2）附生效条件的合同

附生效条件的民事法律行为，自条件成就时生效（《民法典》第158条中段）。此前合同虽已成立，但尚不生效。

（3）附生效期限的合同

附生效期限的民事法律行为，自期限届至时生效（《民法典》第160条中段）。

三、效力评价与效力内容

"有效"与"无效"中的"效"，指的是法律行为或合同依意思表示所

① 最高人民法院在裁判中认为，"即使转让合同未经批准，仍应认定'报批'义务在合同成立时即已产生，否则当事人可通过肆意不办理或不协助办理'报批'手续而恶意阻止合同生效，有悖于诚实信用原则"。参见广州市仙源房地产股份有限公司与广东中大中鑫投资策划有限公司、广州远兴房产有限公司、中国投资集团国际理财有限公司股权转让纠纷案，载《最高人民法院公报》2010年第8期。

② 参见韩世远：《正确运用裁判方法　依法认定合同效力》，载《人民法院报》2014年6月25日，第5版。

追求发生的法律上的效果。围绕“合同的效力”(《民法典》总则编第六章第三节,合同编第三章)问题,得区别效力评价及效力内容两个方面。

(一)效力评价

既已成立的合同是否有效,这本身是法律评价(效力评价,the policing of contract[①])问题。作为合同效力评价的结果,在我国法上具体分为合同有效、无效、可撤销以及效力未定等诸种情形。

***效力评价的立法政策**　　在一般的民法学理上,有效的法律行为称为“完全的法律行为”;反之,意思表示有瑕疵、违反强行规定或有悖于公序良俗时,则不能发生预期的法律效果,此种行为称为“不完全的法律行为”。法律对于不完全的法律行为,依照其瑕疵的性质以及违背的程度,给予不同的评价,区分为“无效”、“撤销”及“效力未定”等效力类型。法律行为的瑕疵程度最重者,成为“无效的法律行为”;次严重者成为“得撤销的法律行为”;较轻者,其行为处于不确定状态,既非无效也非得撤销,而系“浮动的效力未定行为”。在立法政策上以违反公益者最为严重,违反私益者次之,程序有欠缺者较轻微。[②]

对合同作效力评价实系将合同涵摄于相关法规范之下,以获得相应的评价结论。就评价的主体而言,当事人、行政管理部门、律师、法官、仲裁员等均无不可。不过,如果不同的主体所获评价结论不一,此种法律评价的最终结论应由法官或者仲裁庭作出,此乃“司法”的本质使然。故“合同存在无效或者可撤销的情形,当事人以该合同已在有关行政管理部门办理备案、已经批准机关批准或者已依据该合同办理财产权利的变更登记、移转登记等为由主张合同有效的,人民法院不予支持”(《合同编通则解释》第13条)。

---

① See for example E. McKendrick, *Contract Law* 245(14th ed., 2021).

② 参见施启扬:《民法总则》(增订10版),台北,2001年自版发行,第310页;同旨参见王泽鉴:《民法总则》(增订版),中国政法大学出版社2001年版,第476页;梁慧星:《民法总论》(第6版),法律出版社2021年版,第205页。德国法上亦有相似之思想。See B. S. Markesinis, W. Lorenz & G. Dannemann, *The German Law of Obligations*, Vol. 1, 174－175 (1997).

（二）效力内容

对于合同作法律评价后，会相应地发生一些效果（Wirkungen），因评价的结论不同，其效果亦可区分为法律行为上的效果与法律行为外的效果。前者属当事人约定的效果，后者属法定的效果。所谓合同的效力，指的是前者。

1. 法律行为上的效果

就有效合同而言，法律赋予依法成立的合同具有拘束当事人各方乃至第三人的强制力；合同的效力，即指此而言。具体地，为了实现合同债权的内容，由法律对债权人认有若干权能或权限，以及保障债权存立的法律上的保护手段和制度，其内容大致区分为三个方面，即合同债权的对内的效力、责任财产保全的效力以及合同债权的对外的效力。[①]

2. 法律行为外的效果

就无效合同，德国学者耶林（Rudolf von Jhering，1818－1892）曾谓，"所谓契约无效者，仅指不发生履行效力，非谓不发生任何效力"。[②]其具体的效力内容，见诸《民法典》第155～157条。唯须注意的是，此处的效力，是依据法律的规定而发生，并非基于当事人的意思。恰如我妻荣先生（1897～1973年）所言，民法总则中的无效或撤销，指的是意思表示或者法律行为上的效果完全地不发生；而在此之外，有一些效果发生，则属另外的问题。[③] 我国也有学者指出，无效并不妨害发生其他法律行为外的效果。[④] "合同的效力是指合同在依法成立后所应当产生的法律拘束力，合同一旦被宣告无效或被撤销，当事人应当根据法律的规定承担返还原物、赔偿损失的民事责任，严格地说，这种责任不是根据合同的效力所产生的，而是根据不当得利返还责任和缔约过失责任等而产生的。"[⑤]

就被撤销的合同而言，被撤销的民事法律行为自始没有法律约束力（《民法典》第155条）。

---

① 奥田昌道＝佐佐木茂美『新版債權総論』上卷（判例タイムズ社，2022年）96頁。

② 参见王泽鉴：《民法学说与判例研究》（第1册）（第12版），台北，1991年自版发行，第79页。

③ 我妻荣『新訂　民法総則』（岩波書店，1965年）388頁。

④ 参见王泽鉴：《民法总则》，北京大学出版社2022年重排版，第497页。

⑤ 王利明：《合同法研究》（第1卷）（修订版），中国人民大学出版社2011年版，第537～538页。

就效力未定的合同而言,既有变为有效合同的可能,也有转化为无效合同的可能。依具体情形,尚得发生催告权、撤销权、追认权等(《民法典》第 145 条、第 171 条)。

四、合同的效力与合同的拘束力

合同的拘束力(受合同的拘束),是指除当事人同意或有解除原因外,不容一方任意反悔请求解约,无故撤销。换言之,即任何一方当事人不能单方面废止合同。[①] 我国法律虽未使用“合同的拘束力”这一概念,而是称合同的“法律约束力”(《民法典》第 119 条、第 155 条),但所要表达的意思是相同的。

合同的效力,如前所述,是合同经过法律的评价所反映出的效果(effects)。如果在狭义上讲,即有效合同的效力,则如王泽鉴先生所言,是“基于契约而生的权利义务”。[②]

值得注意的是,合同附生效条件时,其合同亦因成立而具有拘束力,但合同的效力,则自条件成就时,始行发生。[③]

五、对合同效力的特别限制

合同一经成立,原则上即应同时生效。然对此原则,得存在若干例外,暂称之为“对合同效力的特别限制”,可区分为特别法定限制与特别约定限制。

(一)特别法定限制

对特定类型合同的生效时间,基于特定的目的,法律可作特别的限定。《民法典》第 502 条第 2 款的规定,为此留有了空间。

1. 报批义务条款及相关条款的独立性

报批程序既为特别法律、行政法规所规定,因而,受其影响的相关

① 参见王泽鉴:《债法原理》(第 2 版),北京大学出版社 2022 年版,第 179 页。
② 参见王泽鉴:《债法原理》(第 2 版),北京大学出版社 2022 年版,第 179 页。
③ 参见王泽鉴:《债法原理》(第 2 版),北京大学出版社 2022 年版,第 179 页。

合同当事人为实现其合同目的，通常会在合同中约定报批义务条款以及相关条款，以使义务主体及其责任明确化。比如约定甲方负责向主管机关报送合同及相关材料，请求审批（报批义务条款）；如果违反报批义务，则支付违约金若干（相关条款）。

由于报批义务条款及相关条款通常就是受该审批程序规范的合同中的条款，而该合同在主管机关批准前尚未生效，故实务中便会出现令人尴尬的局面：合同尚未生效，故其中的报批义务条款及相关条款亦未生效，义务人纵不履行报批义务，在法律上亦不负违约责任，相对人只能另依缔约过失责任规范寻求救济。

针对上述实务问题，《民法典》吸收司法解释经验，在第 502 条第 2 款中段及后段明确规定："未办理批准等手续影响合同生效的，不影响合同中履行报批等义务条款以及相关条款的效力。应当办理申请批准等手续的当事人未履行义务的，对方可以请求其承担违反该义务的责任。"由此规定可明确两点：其一，相较于待审批的合同，报批义务条款以及相关条款具有独立性，故无须经审批程序而径依《民法典》第 502 条第 1 款主文，自合同成立时起生效。其二，违反审批义务，构成违约，故对方可以请求其承担"违反该义务的责任"。既为违约责任，[①]故有别于缔约过失责任，对相对人的保护因此而加强。违约责任，既可以是约定的，比如违约金；也可以是法定的，比如损害赔偿，甚至在可能的场合包括替代履行或者强制履行。

《合同编通则解释》第 12 条就违反报批义务的法律后果进行了细化，首先，一方违反报批义务，对方可以请求其继续履行此义务，也可以主张解除合同并请求其承担违反报批义务的赔偿责任（第 1 款）。其次，人民法院判决当事人一方履行报批义务后，其仍不履行，对方主张解除合同并参照违反合同的违约责任请求其承担赔偿责任的，人民法院应予支持（第 2 款）。此所谓"参照"，当系合同未实际生效之故。合同获得批准前，当事人一方诉请履行合同主要义务，经释明后拒绝变更诉请求的，人民法院应当驳回其诉讼请求，但是不影响其另行提起诉讼（第 3 款）。报批义务人已履行报批义务，批准机关决定不予批准，对方

① 就第 502 条第 2 款中的"违反该义务的责任"的性质，亦有以之为缔约过失责任者。参见最高人民法院民事审判第二庭、研究室编著：《最高人民法院民法典合同编通则司法解释理解与适用》，人民法院出版社 2023 年版，第 150 页。

请求其承担赔偿责任的，人民法院不予支持。但是，因迟延履行报批义务等可归责于当事人的原因导致合同未获批准，对方请求赔偿因此受到的损失的，人民法院应当依据《民法典》第157条的规定处理（第4款）。

须经过批准等手续方生效的合同，在性质上属于“效力待定的合同”。审批行为的类别属于行政许可。[①]

法律、行政法规对一些合同规定了批准等手续，但不是所有的批准等手续都能影响合同的生效。[②] 是否影响合同的生效，应探究相应的规范目的加以确定，不应简单主张“一般也可以认为属于《民法典》第502条规定的批准生效合同”。[③] 司法实践中常作为批准生效合同的情形包括：金融企业超过法定比例的股权转让合同、国有资产转让合同以及探矿权采矿权转让合同等。[④]《民法典》第502条第2款中段规定的报批义务条款以及相关条款的独立性，系仅就影响合同效力的情形而设的特别规定，对于其余不影响合同效力的情形，该等条款的效力仍应与其合同一体判断。

2. 合同的变更、转让、解除等情形与批准手续

依照法律、行政法规的规定，合同的变更、转让、解除等情形应当办理批准等手续的，适用《民法典》第502条第2款的规定（同条第3款）。

（二）特别约定限制

合同既为当事人合意的产物，合同自何时生效或失效，自然可由当事人特别约定。当事人的特别约定，主要表现为对合同附条件或附期限，称为合同效力的附款。其中，所谓条件，作为当事人意思表示的一个组成部分，是使合同效力的发生或消灭，系于客观的将来的不确定的事实，区分为生效条件（又称“停止条件”，suspensive condition）与解除条件（《民法典》第158条）。期限，指构成当事人意思表示的一个组成部分，使合同效力的发生或消灭，系于将来发生的确定事实，区分为生

① 参见2014年2月17日商务部《关于公开现有行政审批事项目录的通知》附件1《行政审批事项公开目录》。

② 目前来看，明确规定必须办理批准等手续合同才生效的，只有国务院于1998年颁布的行政法规《探矿权采矿权转让管理办法》第10条。

③ 参见最高人民法院民事审判第二庭、研究室编著：《最高人民法院民法典合同编通则司法解释理解与适用》，人民法院出版社2023年版，第150页。

④ 参见最高人民法院民事审判第二庭、研究室编著：《最高人民法院民法典合同编通则司法解释理解与适用》，人民法院出版社2023年版，第156页。

效期限与终止期限(《民法典》第 160 条)。

关于合同或法律行为效力的附款,理论争议问题颇多。比如,期待权(Anwartschaftsrecht)问题,这些问题属民法总论的内容,此处从略。唯须注意的是,《民法典》第 159 条规定,“附条件的民事法律行为,当事人为自己的利益不正当地阻止条件成就的,视为条件已经成就;不正当地促成条件成就的,视为条件不成就”。此为法律拟制,可反映出对于合同生效前当事人期待权的特别保护。另外,“民事法律行为所附条件不可能发生,当事人约定为生效条件的,人民法院应当认定民事法律行为不发生效力;当事人约定为解除条件的,应当认定未附条件,民事法律行为是否失效,依照民法典和相关法律、行政法规的规定认定”(《总则编解释》第 24 条)。

六、合同效力的发生根据

合同为什么可以拘束当事人?法律为什么要保护有效的合同?这是合同法最基本的问题,可是,对于这类问题,因时代、国家、历史文化、政治经济的不同,会有不同的答案。

*合同效力的根据　　在罗马法时代,关于合同之债的效力,尚未抽象出统一的一般理论,而是针对不同的合同类型分别说明。尽管诺言在道义上具有拘束力,如果不能归入既定的合同类型,则在法律上尚不具有效力。在古典罗马法上,合同的类型包括问答契约(stipulatio)、实物契约(the real contracts)以及合意契约(the consensual contracts)。在罗马法上很早便出现了问答契约,将合同效力的基础奠定于程式(formalities)。一方当事人可以通过遵循既定的一问一答形式的仪式,做成一种叫作“stipulation”的有拘束力的允诺。尽管要求须有双方当事人参加,但只有一方受拘束。因而,这种“stipulation”并不很适合单纯的有待将来执行的允诺的互换,因为这需要做成一对相互对应的“stipulations”。实物契约,比如借贷契约,其中标的物的交付使接收者返还该标的物的允诺具有拘束力。由于合同的有效性取决于一方当事人交付标的物,因而,它并不适合两个允诺的交换,而交换时任何一方均还没有履行。合意契约较为灵活,确实能够为执行单纯的允诺的互换提供法律基础。合意契约有别于

问答契约,没有程式的要求;合意契约也有别于实物契约,单纯的合意而无须交付便足以使之具有拘束力。但由于这类契约的产生和演变乃是作为例外出现的,它主要局限于四类重要的合同类型:买卖、租赁、合伙和委托。问答契约、实物契约及合意契约,能够满足罗马古典期的需要,故迟至6世纪优士丁尼时期才有新类型合同的出现,这便是第四种类型:无名契约(innominate contracts)。无名契约是指,一方当事人允诺给某物或做某事,以与对方当事人交换相似的允诺(互易)。与实物契约或者合意契约不同,这类契约并没有限定于某一种类型的交易,故称为"无名"。另外,不同于实物契约,允诺的可执行性取决于互易的履行,称为"quid pro quo"(对价,补偿物)。不过,无名契约甚受局限,因为其拘束力取决于一方当事人完成其履行,在此之前,任何一方当事人都可以不负责任。[①]

在法国法上,以其民法典为典型代表,合同之所以有效并拘束当事人,乃是由于意思自治之结果。法国大革命的洗礼,使平等、自由精神深入人心,整个民法典也渗透着这种精神。在民法理论上,合同的拘束力来自当事人的合意(同意)。近年欧洲大陆的学者也在反思:合同的拘束力是否仅来自合意?他们观察到,在许多场合,会出现对于未曾真正合意的义务发生合同责任,比如,基于信赖关系发生的义务、基于强行法甚至非强行法的补充而发生的义务。对于承认合同拘束力这一普遍性规则,在探寻其最低限的基本内核时,认为这便是受制于公共利益或第三人利益、是以某种自治与合理的期待或信赖相混合的观念为基础的。[②] 在英美法上,近几十年来合同的效力根据确实是一个重大的理论热点,普通法传统的观点认为合同效力的根据在于对价(consideration),但是这一见解日益受到司法实践和学说理论的挑战,出现了诸如禁反言等新制度,也出现了以"信赖"为基石重新解释合同法的新学说。对于合同法而言,上述状态也恰好说明,规范之存在的普遍性及其正当化根据的"地域的文化的相对性",在逻辑上是不矛盾的、是可能的;说明合同效力的正当化说明是具有相对性的。这一点,作为比较法律文化研究的问题,应当是饶有趣味的。

---

① See E. Allan Farnsworth, *Contracts* 9－11 (4th ed., 2004). 另外可参阅[英]巴里·尼古拉斯:《罗马法概论》(修订译本),黄风译,法律出版社2021年版,第192页以下。B. W. Frier, *A Case book on the Roman Law of Contracts* 39,133,181 (Oxford University Press, 2021).

② Matthias Storme, *The Binding Character of Contracts*, in: Arthur Hartkamp etc. eds., Towards a European Civil Code 240－241 (2nd ed., 1998).

我国学说就此亦有讨论。[1] 通常认为，合同的法律约束力或合同的效力，并非源于当事人的意志，而是源于法律的赋予。[2]《民法典》第119条的规定也能反映出这一点。

进一步的问题是，法律为何要赋予合同此种约束力呢？其实，法律之所以赋予某些合同以约束力，而对于另外的一些合同作否定的评价，均有其特殊的原因，是经过相当的价值判断和利益衡量的结果，对这些原因从不同的角度作不同的理论分析是可能的。

本书对上述问题以“秩序”为基石范畴进行分析。

首先，赋予合同以拘束力是经济秩序的需要。合同是商品交易的基本手段，参与交易的当事人均可通过合同进行计划安排、获取所需、实现所求，千千万万的合同构成了经济流转秩序的有机成分，这些合同如得不到保障，势必造成交易的混乱，人人自危，势必要各尽所能以求自保，此种状态殊非吾人所愿。

其次，赋予合同以拘束力，同时也是道德秩序的要求，是法律与道德共存共荣、协力发展的表现。道德虽因时代与地域的差异而有不同，但在要求言而有信方面，可以说是共同的。[3] 法律保护符合生效要件的合同，这与人们普遍的道德情感是一致的。

第二节 有效合同

一、合同生效的一般要件

合同作为一种法律行为，其有效是指完全地发生了意思表示所表达的法律后果。[4] 在我国法上，民事法律行为应当具备以下条件：行为

① 比如章戈（张广兴）：《论债的效力》，载《法学研究》1990年第4期；李永军：《契约效力的根源及其正当化说明理论》，载《比较法研究》1998年第3期；朱广新：《合同法总则研究》（上册），中国人民大学出版社2018年版，第228页以下。

② 参见王利明：《合同法研究》（第1卷）（修订版），中国人民大学出版社2011年版，第534页；崔建远：《合同法总论》（上卷），中国人民大学出版社2008年版，第223页。

③ 子曰：“人而无信，不知其可也。大车无輗，小车无軏，其何以行之哉？”《论语·为政篇第二》。

④ Vgl. *Larenz/Wolf*, Allgemeiner Teil des Buergerlichen Rechts, 9. Aufl. 2004, § 44 Rn. 1.

人具有相应的民事行为能力、意思表示真实、不违反法律、行政法规的强制性规定,不违背公序良俗(《民法典》第143条)。

《民法典》第143条的规定,是一切民事法律行为所应具备的一般生效要件,对合同当然适用。另外,也并不排除有的场合,合同还应具备其他特殊要件才能生效。例如,死因行为要以行为人死亡为特别生效要件;又如,转让探矿权、采矿权的合同,自审批管理机关批准之日起生效(《探矿权采矿权转让管理办法》第10条第3款)。以下仅论及合同的一般生效要件。

(一)行为人具有相应的民事行为能力

当事人订立合同,应当具有相应的民事权利能力和民事行为能力。就权利能力而言,对于一般的民事行为,推定当事人均有相应的权利能力,不生问题;唯对特殊的合同,比如,需要具备特殊资格,才能缔结,大多体现在法人或其他组织场合,也可体现在自然人场合(比如在特定城市或者地区要求具备购房或者购车的资格)。就行为能力而言,对于限制民事行为能力人及无民事行为能力人,需要通过代理人实现缔约目的。

1. 自然人

自然人签订合同,通常应有完全行为能力。限制行为能力人可以独立实施纯获利益的民事法律行为或者与其年龄、智力、精神健康状况相适应的民事法律行为,其他的民事法律行为由其法定代理人代理,或者征得其法定代理人的同意、追认(参照《民法典》第19条、第22条)。无民事行为能力人由其法定代理人代理实施民事法律行为(《民法典》第20条、第21条)。

"限制民事行为能力人实施的民事法律行为是否与其年龄、智力、精神健康状况相适应,人民法院可以从行为与本人生活相关联的程度,本人的智力、精神健康状况能否理解其行为并预见相应的后果,以及标的、数量、价款或者报酬等方面认定"(《总则编解释》第5条)。限制民事行为能力人,可以独立签订的合同主要为:(1)纯获利益的合同,如接受奖励、赠与、报酬等纯获利益、或被免除义务的合同;(2)必需合同,[①]

① 学说受英美法法理(contract for necessaries 法理)的启发而展开此类议论,以往多称为"生活必需品合同",唯并不以物的买卖为限,尚包括若干服务在内,故宜称"必需合同"。内田貴『民法Ⅰ 総則・物権総論[第4版]』(東京大学出版会,2008年)124頁。

如购买食物或饮料等；(3)社会类型行为，如利用自动售货机、搭乘交通工具、进入公园等。

对无民事行为能力人是否有例外，容于后述。

2. 法人

法人是具有民事权利能力和民事行为能力，依法独立享有民事权利和承担民事义务的组织(《民法典》第57条)。在我国法上，法人被区分为营利法人、非营利法人与特别法人。

(1)法人的经营范围及超越经营范围之合同的效力

营利法人是以取得利润并分配给股东等出资人为目的的成立的法人(《民法典》第76条第1款)。营利法人经依法登记成立(《民法典》第77条)。依法设立的营利法人，由登记机关发给营利法人营业执照。营业执照签发日期为营利法人的成立日期(《民法典》第78条)。营利法人要从工商行政管理部门申领"企业法人营业执照"，记载内容包括：名称、住所、法定代表人姓名、注册资本、实收资本、公司类型、经营范围、成立日期、营业期限、年度检验情况。"企业法人营业执照"是营利法人资格和合法经营的凭证。

当事人超越经营范围订立的合同的效力，应当依照《民法典》第一编第六章第三节"民事法律行为的效力"和第三编的有关规定确定，"不得仅以超越经营范围确认合同无效"(《民法典》第505条)。这是新增加的一条规定。

该条规定并非自代理权或者代表权角度，而是从经营范围角度直面现实问题，即在既往的实践中曾有以超越经营范围为由认定合同无效的做法。这种做法从经济管制角度或有若干道理，然而在市场经济大背景下，并不符合交易安全及交易便捷的现实需要。故该条出于保护交易安全及便捷的目的，明定不得仅以超越经营范围确认合同无效。

"经营范围"以营利法人场合为典型(《民法典》第78条)，记载于其营业执照。当然并不以此为限，比如在合伙企业或者个体工商户场合，虽非法人，却有营业执照及经营范围问题。在非营利法人等场合，遇有以超越目的范围为由主张合同无效的，可类推适用《民法典》第505条等的规定。

(2)法定代表人或负责人越权订立的合同的效力

法人的法定代表人或者非法人组织的负责人超越权限订立的合同，

除相对人知道或者应当知道其超越权限外，该代表行为有效，订立的合同对法人或者非法人组织发生效力（《民法典》第 504 条）。该规定延续了原《合同法》第 50 条的规定而有所修正。该规定本系原《合同法》新设规定，其规范目的在于改正此前实践中以越权代表行为或者超越经营范围为由而认定相关合同无效的做法，以保障交易安全。

依照法律或者法人章程的规定，代表法人从事民事活动的负责人，为法人的法定代表人（《民法典》第 61 条第 1 款）。法定代表人以法人名义从事的民事活动，其法律后果由法人承受（《民法典》第 61 条第 2 款）。非法人组织可以确定一人或者数人代表该组织从事民事活动（《民法典》第 105 条）。此人称为负责人。由上述规定可见，无论是法人的法定代表人，还是非法人组织的负责人，均具有代表法人或者非法人组织从事民事活动的代表权。

法定代表人或者负责人的代表权不是无限制的，他们必须在法律的规定或者章程规定的范围内行使职权。法律或者章程既有限定，实践中便难免出现法定代表人或者负责人超越权限订立合同的现象，其合同的效力如何，便是问题。

首先，代表行为与合同在观念上应有所区分。代表行为是法定代表人或者负责人的行为，该行为可能是法律行为，也可能只是单纯的意思表示行为（比如发出要约或者承诺行为），或者事实行为。在签订合同场合，所谓代表行为，一般意指要约行为或者承诺行为。于此场合，合同则是代表行为与相对人意思表示行为合致的产物。《民法典》第 504 条较原《合同法》第 50 条的改进，在于明确了此间的不同，故先讲该代表行为有效，进而才是订立的合同对法人或者非法人组织发生效力。

其次，应明白越权代表规则的原则与例外关系。《民法典》第 504 条的原则肯定因越权订立的合同有效；同时，承认了例外情形：相对人知道或者应当知道其超越权限的除外。该条规范目的既在于保护交易安全，在相对人明知或应知越权行为场合，已非善意，故法律已无优待之必要。依解释，此时“合同就不具效力”或“越权行为无效”。[①] 越权行为既因此无效，合同自然也就不成立，更谈不上生效了。

---

① 参见胡康生主编：《中华人民共和国合同法释义》（第 2 版），法律出版社 2009 年版，第 87 页；梁慧星：《民法总则讲义》，法律出版社 2018 年版，第 71 页。

再次，就《民法典》第504条越权代表的成立，应注意区别对代表权的意定限制与法定限制而分别观察。

先看对代表权的意定限制，就法人而言，即法人章程或者法人权力机构对法定代表人代表权的限制，依《民法典》第61条第3款，不得对抗善意相对人。就非法人组织而言，同理。故《合同编通则解释》第20条第2款就此种越权代表行为所订合同规定，“相对人主张该合同对法人、非法人组织发生效力并由其承担违约责任的，人民法院依法予以支持。但是，法人、非法人组织举证证明相对人知道或者应当知道该限制的除外”。此时，原则上推定相对人为善意，如欲推翻此推定，则由法定、非法人组织负证明责任。

再看对代表权的法定限制，比如《公司法》第15条关于公司对外担保应经公司决议程序的规定，或者《公司法》第135条关于上市公司一年内购买、出售重大资产或者向他人提供担保的金额超过公司资产总额30%之类特别事项的决议程序规定，法定代表人如未遵循上述特别规定而对外缔约，则会构成越权代表。针对此类情形，《合同编通则解释》第20条第1款规定：法定代表人、负责人未取得授权而以法人、非法人组织的名义订立合同，未尽到合理审查义务的相对人主张该合同对法人、非法人组织发生效力并由其承担违约责任的，人民法院不予支持，但是法人、非法人组织有过错的，可以参照《民法典》第157条的规定判决其承担相应的赔偿责任。相对人已尽到合理审查义务，构成表见代表的，人民法院应当依据《民法典》第504条的规定处理。所谓“合理审查义务”，与“形式审查义务”不同，二者的区别主要在于应否审查章程。[①] 比如《公司法》第15条第1款，既已提示“按照公司章程的规定”公司向其他企业投资或者为他人提供担保由董事会或者股东会决议，依“合理审查义务”之要求，相对人便应审查公司章程的相关规定。未尽到合理审查义务的相对人，便不受表见代表规则的保护，无法请求法人、非法人组织承担违约责任；不过，如法人、非法人组织有过错，可参照《民法典》第157条承担作为缔约过失责任的赔偿责任，此点有别于委托代理情况下被代理人无须承担任何责任的规定（《民法典》第

① 参见最高人民法院民事审判第二庭、研究室编著：《最高人民法院民法典合同编通则司法解释理解与适用》，人民法院出版社2023年版，第247页。

171 条）。[①] 如此，对于代表权的法定限制，法律一经公布，便推定世人皆知；相对人既被推定“知法”，其与法人、非法人组织从事交易，而相应的法定代表人、负责人超越权限订立合同，这便属于《民法典》第 504 条但书规定的“相对人知道或者应当知道”的情形，相对人也可说非属善意，不成立表见代表，订立的合同对法人或者非法人组织不发生效力，故法人或者非法人组织无须承担违约责任。然就此并非不可能存在例外，实践中主要有两种情形：一是有决议但不是适格决议；二是形式上有决议，但该决议是伪造的。[②]

上面就越权代表的外部关系（法人、非法人组织与相对人之间的关系）进行了分析，就内部关系（法人、非法人组织与其法定代表人或负责人之间的关系），《合同编通则解释》第 20 条第 3 款规定，法人、非法人组织承担民事责任后，向有过错的法定代表人、负责人追偿因越权代表行为造成的损失的，人民法院依法予以支持。法律、司法解释对法定代表人、负责人的民事责任另有规定的，依照其规定。

最后，整理越权代表的相关法律问题，可通过表 4－2－1 展示。

表 4－2－1　越权代表的法律后果

<table>
<tr><th>分类</th><th colspan="2">外部关系</th><th>内部关系</th></tr>
<tr><td></td><td>善意</td><td>恶意</td><td rowspan="4">《合同编通则解释》第 20 条第 3 款：追偿（以“过错”为要件）</td></tr>
<tr><td>意定限制</td><td>《民法典》第 61 条第 3 款、《合同编通则解释》第 20 条第 2 款主文：表见代表＝违约责任；推定善意</td><td>《合同编通则解释》第 20 条第 2 款但书：须法人或非法人组织举证证明</td></tr>
<tr><td rowspan="2">法定限制</td><td>相对人已尽合理注意义务（＝善意）</td><td>相对人未尽合理注意义务（应知＝非善意）</td></tr>
<tr><td>《合同编通则解释》第 20 条第 1 款后段：表见代表＝合同有效＝违约责任</td><td>《合同编通则解释》第 20 条第 1 款前段：不构成表见代表＝否定违约，肯定缔约过失责任之可能</td></tr>
</table>

① 参见最高人民法院民事审判第二庭、研究室编著：《最高人民法院民法典合同编通则司法解释理解与适用》，人民法院出版社 2023 年版，第 243～244 页。

② 参见最高人民法院民事审判第二庭、研究室编著：《最高人民法院民法典合同编通则司法解释理解与适用》，人民法院出版社 2023 年版，第 246 页。

3. 非法人组织

非法人组织是不具有法人资格，但是能够依法以自己的名义从事民事活动的组织。非法人组织包括个人独资企业、合伙企业、不具有法人资格的专业服务机构等(《民法典》第102条)。《民事诉讼法》第51条第1款规定："公民、法人和其他组织可以作为民事诉讼的当事人。"

原《民法通则》对民事主体采"二分法"，区分为公民(自然人)与法人两类。"两户一伙"(个体工商户、农村承包经营户及个人合伙)被放置在"公民(自然人)"章；联营被放置在"法人"章。原《合同法》对民事主体采"三分法"，新增"其他组织"一类。"其他组织"作为第三类主体，内涵广泛，且具有兜底功能。依通常学理解释，可以包括法人的分支机构、合伙企业、设立中的法人等。若整合现行法律规定，作体系解释，"两户一伙"及非法人型联营等，似亦应纳入"其他组织"。

《民诉法解释》第52条规定："民事诉讼法第五十一条规定的其他组织是指合法成立、有一定的组织机构和财产，但又不具备法人资格的组织，包括：(一)依法登记领取营业执照的个人独资企业；(二)依法登记领取营业执照的合伙企业；(三)依法登记领取我国营业执照的中外合作经营企业、外资企业；(四)依法成立的社会团体的分支机构、代表机构；(五)依法设立并领取营业执照的法人的分支机构；(六)依法设立并领取营业执照的商业银行、政策性银行和非银行金融机构的分支机构；(七)经依法登记领取营业执照的乡镇企业、街道企业；(八)其他符合本条规定条件的组织。"

法人的分支机构，依其是否领取营业执照，可区分为两种类型。

对于领取营业执照的法人分支机构(如某某有限公司北京分公司)，由市场监督管理部门核发"营业执照"(而非"企业法人营业执照")，该营业执照记载的内容为：名称(法人分支机构的名称)、营业场所、负责人、经营范围、成立日期、年度检验情况。另外，营业执照的"须知"1注明："《营业执照》是企业合法经营的凭证。"反映出分支机构虽非法人，却是企业。"须知"7注明："《营业执照》被吊销后，不得开展经营活动。"这里的"经营活动"，主要借助于合同。因而，领取营业执照的法人分支机构就取得了对外签订合同的合法资格，当然有缔约能力。

对于未领取营业执照的法人分支机构(或者非依法设立的分支机

构)，宜认为不得以自己的名义独立缔约，而只能以法人的名义缔约。[①]在我国民事诉讼实务中，这类分支机构不具有诉讼当事人资格，而是以设立该分支机构的法人为当事人(《民诉法解释》第53条)。

对于合伙企业，《合伙企业法》第11条规定："合伙企业的营业执照签发日期，为合伙企业成立日期。合伙企业领取营业执照前，合伙人不得以合伙企业名义从事合伙业务。"合伙企业自成立之日起即成了具有相对独立地位的享有一定民事权利、承担民事责任的经营性组织。合伙企业可以凭营业执照刻制印章，开立银行账户，申请纳税登记，开始以企业名义从事经营活动。[②] 合伙企业设立的分支机构且领取相应的营业执照的(《合伙企业法》第12条)，亦具有相应的独立缔约能力。

设立中的法人，如果从事一定的经营活动，就称为"非法人经营体"，属于非法人团体中的一种类型。依学者通说，法律法规也承认这些不具有法人资格的组织体可以自己的名义订立合同，享受权利和承担义务，其与法人的差别仅在于，当这些组织体不能清偿他们的债务时，应由其投资者、开办人、总公司或上级机关承担责任。[③]

（二）意思表示真实

1. 意思表示与合同

意思表示，是将企图发生一定私法上效果的意思表示于外部的行为，是合同等法律行为的构成要素。要约、承诺均属意思表示(《民法典》第472条、第479条)，合同即是意思表示合致(合意)的结果；依意思表示的内容赋予相应的法律效果，是意思自治原则的当然要求。

2. 意思表示的构造

(1) 三要素说

关于意思表示的要素，包括我国法律在内的通常所能见到的立法例，均不设规定，而是归由学理解释。

历来的民法学理大多是从意思主义(Willenstheorie)的立场出发，对意思表示的构造作心理学的分析，即先有某种"动机"，经由"效果意

① 参见王利明：《合同法研究》(第1卷)，中国人民大学出版社2011年版，第556页。

② 参见李飞主编：《中华人民共和国合伙企业法释义》，法律出版社2006年版，第15页。

③ 参见梁慧星：《民法总论》(第6版)，法律出版社2021年版，第152页。

思”、“表示意思”与“表示行为”三个阶段而成立意思表示。[①] 这便是意思表示构造上的“三要素说”，依据该说，动机本身不具有法律上的意义，不算是意思表示的构成要素。效果意思，指使法律效果发生的意思；表示意思，指将效果意思向外部发表的意思；表示行为，则是效果意思的向外部的表明（不限于语言，也可包括手势等）。

（2）表示意思不要说（二要素说）

在举手意味着以更高的价格作拍卖中的报价的德国某葡萄酒拍卖场，某位不知该习惯的观光客，是要向朋友打招呼而举手，于此场合，是否发生要约的效力呢？依三要素说，此时由于欠缺表示意思，故不构成意思表示。以此表明“表示意思”对于意思表示的必要性。另外也有见解认为，此时不仅没有表示意思，而且也没有效果意思，因而作为错误问题处理便足够了。

出卖人 A 打算向相对人 B 出卖自己所有的房屋，将买卖的要约写成信件，装入信封并写清 B 的地址等，置于桌上外出，其间家人贴上邮票代为投寄，于此场合是否发生要约的效力呢？在该例中，仅表示意思欠缺，如将表示意思作为意思表示的必需的要件的话，当然不生意思表示的效力。但是，从对方的角度来看，到达的信件（表示行为）是完全的，并且也有效果意思，仅凭没有打算投寄一点，便使要约无效，对于 B 实属预料不到的不利益，难谓妥当。因而，学说上认为，解释上以不要求表示意思较为适当。[②] 在以我妻荣先生为代表的日本民法学通说上，便不再将表示意思作为意思表示的要素。[③] 在德国，如今表示意思（Erklärungswillen oder Erklärungsbewusstsein）已不再构成意思表示的一项要素。[④] 我国的主导学说也倾向于此一立场，认为意思表示的成立，仅须具备表示行为与效果意思两个要素，表示意思不必加入要素之内。[⑤]

3. 意思表示真实

意思表示真实，是指表意人的表示行为应真实反映其内心的效

① 四宮和夫＝能見善久『民法総則（第 9 版）』（弘文堂，2018 年）223 頁；梁慧星：《民法总论》（第 6 版），法律出版社 2021 年版，第 180 页。

② 四宮和夫＝能見善久『民法総則（第 9 版）』（弘文堂，2018 年）172～173 頁。

③ 我妻栄『新訂　民法総則』（岩波書店，1965 年）242 頁。

④ Vgl. BGHZ 91，324；109，177；*Hans Brox/Wolf-D. Walker*，Allgemeiner Teil des BGB，30. Aufl. 2006，S. 55.

⑤ 参见梁慧星：《民法总论》（第 6 版），法律出版社 2021 年版，第 182 页。

果意思。[1] 意思表示中含有效果意思和表示行为这两个要素即告成立，但须真实始能有效。

★意思主义与表示主义　根据对构成意思表示的要素中的哪一个更重视，区分为意思主义与表示主义（Erklärungstheorie）两种不同立场。前者重视内心的意思；后者则重视表示行为。[2] 依意思主义，内心的效果意思、表示意思二者如果欠缺，则认为不成立意思表示。与此相反，依表示主义，彼二者均非不可欠缺者，只要对于相对人而言，有在交易观念上可得认为表意人有意欲发生法律上效果的表示，意思表示即为成立。

意思表示不真实，合同的效力会因此而受影响，有的被作为无效，有的作为可撤销。

4. 意思表示瑕疵

意思表示不真实，在民法理论上称为“意思表示瑕疵”（Willensmängel）。依瑕疵是否基于表意人本身的原因，不真实的意思表示又可以分为“意思与表示不一致”及“意思表示不自由”两类。

（1）意思与表示不一致

意思与表示不一致是指表意人的表示行为与其内心的效果意思不一致。这种不一致并非由外力因素所致，而纯属表意人自己的因素所致。其又可分为故意的意思与表示不一致及非故意的意思与表示不一致，前者表现为真意保留、虚假表示和隐藏行为三种；后者表现为错误和误传两种，[3]在我国法上统一由重大误解制度规范，且面临由意思主义向表示主义的转型（详见后述）。

（2）意思表示不自由

不自由的意思表示，从外部行为和内心意思的关系看，虽然表意人的

---

① 参见崔建远：《合同法总论》（上卷），中国人民大学出版社 2008 年版，第 254 页；王利明：《合同法研究》（第 1 卷），中国人民大学出版社 2011 年版，第 559 页。同旨参见顾昂然、王家福、江平等：《中华人民共和国民法通则讲座》，中国法制出版社 2000 年版，第 124 页。

② 四宫和夫＝能見善久『民法総則（第 9 版）』（弘文堂，2018 年）224 頁。梁慧星：《民法总论》（第 6 版），法律出版社 2021 年版，第 182 页。Vgl. auch *Brox/Walker*, Allgemeiner Teil des BGB, 30. Aufl. 2006, S. 198.

③ 其具体内涵及法律效果，可参见梁慧星：《民法总论》（第 6 版），法律出版社 2021 年版，第 185 页以下。真意保留又称心里保留。

表示行为与效果意思是一致的，但这种一致系他人不正当干涉的结果。如果没有这种干涉，表意人绝不会进行这种意思表示。所以，表意人的这种效果意思并非其真实的效果意思，因而不能成为意思表示行为有效的根据。不自由的意思表示分为被欺诈、被胁迫和被乘人之危且显失公平所为的意思表示。为期明了，图示如图4－2－1所示。

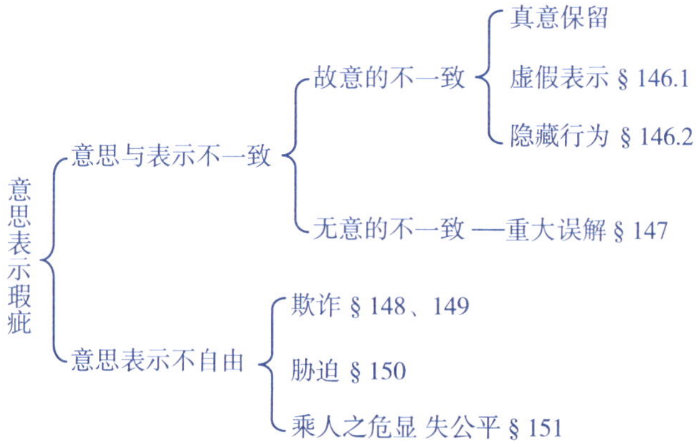

图4－2－1　意思表示瑕疵

对各种意思表示不真实的情形，应作具体的分析，有的应使合同无效，有的应使合同得以撤销，个别特殊情况下仍可使合同生效（如真意保留[①]）。

与国外立法例不同的是，原《民法通则》将不自由的意思表示，如受欺诈、受胁迫以及处于危难之际的意思表示，规定为无效而不是可撤销。这种立法意图对于制裁有欺诈、胁迫或乘人之危行为的当事人，防止其获取不正当利益，固无不妥，但与此同时，绝对确认这种合同无效，对处于受害方地位的表意人，未必能有周全的保护，在某些情况下，还可能适得其反。[②] 所以学说向来认为，对意思表示不自由的效力，似以可撤销为宜。这一意见基本上被原《合同法》采纳了（第54条第2款）；

---

① 《民法典》中没有关于真意保留的规定，似有不认为表意人可以其表示行为不符效果意思而主张合同无效之意，解释上宜遵循表示主义。表意人因实施这种行为而处于不利地位，纯属咎由自取，理由是正常人应当对其言行负责，而不能视合同为儿戏。

② 比如，甲以欺诈手段与乙订立了货物买卖合同，价格条件对乙殊为不利，后来乙因市场价格看涨反而受益，这时如确认合同无效无疑会给表意人带来比履行合同更大的损失，相反却使欺诈方获得更多的不正当利益。

《民法典》进一步肯定了这一立场。

（三）不违反法律、行政法规的强制性规定，不违背公序良俗

合同因违反法律而归于无效，是为各国民事立法通例，[①]我国亦然（《民法典》第153条第1款）。合同如欠缺合法性要件，则绝对不可能采取措施予以补救，只能归于完全无效。

合同不违背公序良俗，是合同适法性的一项重要内容。公序良俗，即公共秩序（public policy）与善良风俗（good morals; gute Sitten），是一个抽象的概念，凡我国社会生活的政治基础、社会秩序、道德准则和风俗习惯等，均可列入其中。另外，我国法院在司法实务中，有时也会将违反不属于行政法规的部委规章等规范性文件的情形，作为违反社会公共利益，认定其行为无效。[②]

民法理论上所称的合同不违反法律、行政法规的强制性规定，不违背公序良俗，既指合同的目的，又指合同的内容。合同的目的，指当事人缔结合同的直接内心原因；合同的内容，指合同中权利义务及其指向的对象。合同内容违法，有的体现为标的违法，有的体现为标的物违法，比如，非法出版物的加工承揽合同。[③] 合同内容违法固然使合同无效，内容虽不违法，但其目的违法者，如租赁房屋以开赌场或妓院，也同样使合同无效。

***关于合同内容的确定和可能**　　原《民法通则》第55条关于民事行为生效要件中，未包括民事行为的内容应否确定和可能；原《合同法》没有从正面规定合同的生效要件。学说解释通常认为，依民事行为的本质，其内容不确定，不能据以划定双方当事人权利义务范围；以不可能事项为民事行为内容，违反民事行为制度的本旨。因此，民事行为的内容必须确定和可能，为题中应有之义。故对原《民法通则》第55条

---

① Vgl. *Konrad Zweigert/Hein Kötz*, Einführung in die Rechtsvergleichung, 3. Aufl. 1996, S. 374.

② 参见巴菲特投资有限公司诉上海自来水投资建设有限公司股权转让纠纷案，载《最高人民法院公报》2010年第4期。

③ 参见中国统计出版社诉北京码记电信信息咨询中心加工承揽合同纠纷案，(2000)海经初字第2342号。

应采当然解释，解为有第四项生效要件：民事行为的内容必须确定和可能。[①] 标的不能的合同不发生法律效力。依学理通常解释，“法律行为为实现私法自治之行为，故法律行为之内容原得由当事人自由订定。然其内容必须有实现之可能；若无实现之可能，则虽法律亦无法予以助力，促其实现。故标的不能之法律行为，应为无效”。[②] 不过，就此亦有相反见解，认为原《民法通则》第58条、第59条并没有区分自始不能与嗣后不能的问题；司法实践对标的履行不能问题通常按照欺诈、重大误解等情况来处理，并且被证明是行之有效的。[③] 就实务而言，债务人以自始不存在的质物出质，并与债权人及第三人签订动产质押监管协议，最高人民法院并不以自始不能为由认定质押合同无效，而是认定质押合同成立并有效，未交付质物，只是质权未设立。对因此给债权人造成的损失，应根据三方的过错程度，分别承担相应责任。[④] 如今，这一立场也已体现在《担保制度解释》第55条。

在合同纠纷案件中，主张合同关系生效的一方当事人对合同生效的事实承担举证责任。

二、合同效力及其具体表现

在现代社会，财富多半是由合同债权的形式构成，合同债权的实现，对于债权人至关重要，对于社会信用体系，同样如此。合同债权的实现，不可单纯地系于债务人的道德自律，法律必须为之提供强有力的保障，始可期盼稳定的经济秩序及良好的道德秩序的形成。法律保障合同债权的方法，就在于对依法成立的合同赋予法律上的效力。

狭义的合同效力，指为了实现合同的内容，法律上可以认定的当事人之间的权利义务关系，以及为此所可采用的法律措施。在当事人之

① 参见梁慧星：《民法总论》（第2版），法律出版社2001年版，第188页。值得注意的是，梁慧星教授自该书第三版起已修正上述观点，对法律行为的第四项一般生效要件仅要求标的须确定，不再要求“可能”。梁慧星：《民法总论》（第6版），法律出版社2021年版，第178页。

② 李宜琛：《民法总则》，中国方正出版社2004年版，第161页。

③ 参见王利明：《合同法研究》（第1卷），中国人民大学出版社2002年版，第527页。

④ 参见大连俸旗投资管理有限公司与中国外运辽宁储运公司等借款合同纠纷案，最高人民法院民事判决书，载《最高人民法院公报》2017年第7期。

间，首先是权利义务关系，其次是权利义务非正常展开时的法律后果问题。此外，有时还可能涉及第三人，如第三人的行为使债权有难以实现之虞，还可能发生对第三人的效力问题，即债权人为保障其债务的实现，对第三人所可采取的法律对策，具体包括债权人代位权和撤销权以及第三人侵害债权制度。

上述诸项内容，固然是普通合同效力的一般表现，在特别场合，法律还会有特别的规定，比如，双务合同的履行抗辩权，即是双务合同效力的特别表现。

＊为债权之实现而奋斗　　为债权之实现而奋斗，乃是现实社会中的常见现象。如何增强债权实现的可能性，实是所有债权人及法律人为之不遗余力、苦苦求索的事情。正因如此，一方面，推动了法律不断成长和发展，合同法律效力的内容也随之成长和发展，因而，应该用一种运动的、变化的、发展的眼光，看待合同效力；另一方面，为保障债权的实现，当事人也可以作出特别约定，增强和充实合同的法律效力，约定特别担保，即是典型的例子。

以下仅就普通合同效力的内容进行论述。又由于合同的效力体现为权利义务关系，而权利与义务是相对应的，故以下论述，侧重于从合同债权的角度进行分析。

（一）对内的效力

当事人订立合同的主要目的在于通过合同的履行而追求某种特定效果的实现，或为物品之拥有，或为物品之使用，或为服务之利用，不一而足。因而，合同的最基本的效力在于履行，为了保障合同的履行及债权的实现，法律上有一系列的措施，具体包括：(1)任意履行；(2)强制履行；(3)损害赔偿；(4)合同解除。

1. 任意履行：债权的第一次的效力

自债权人的角度观察，合同权利作为一种债权，是一种可以请求债务人给付的权利，这种请求为给付的权能被称为债权的“请求力”；在债务人依债务本旨为给付后，则债权人有权予以受领，称为“给付受领权”；对于所受领的给付可以有合法基础地保有,称为“给付保持力”。请求力与给付保持力,被称为债权的最低限度的法律效力。[①]

自债务人的角度观察,合同义务作为一种债务,要求债务人自觉地按照债务本旨履行。因而,任意履行,即由债务人依其自由意思所为的履行,是债务履行本来应有的方式。然而,如债务人被请求履行而没有履行,则债权人债权的第一次效力便可终结,转入债权的第二次效力阶段,这便是强制履行或者损害赔偿的问题。第二次效力虽亦追求债权的实现,但与第一次效力仍有差异,它体现了国家公权力的介入。这一阶段上的债权的效力,实即债务人承担责任的问题。

2. 强制履行

(1)履行请求权与强制履行

大陆法系原则上承认履行请求权,[②]我国法律虽然没有直接使用“履行请求权”这一用语,但仍然体现了这一精神。履行请求权在责任层面的体现即是法律对于强制履行的承认(《民法典》第 579 条、第 580 条第 1 款)。

(2)强制履行的局限

在近现代法制中,强制力为国家所独占,原则上不允许私人为实现其权利而动用私力(所谓“实力行使”),此即所谓“自力救济、自力执行之禁止”。因而在近现代法上,一方面,要借助于国家机关的强制力,实现债权的内容;另一方面,又要对于债务人的人格予以最大限度的尊重,如此,如何调和债务人人格的尊重与债权的保护,是一项重要问题。

(3)强制履行与强制执行

强制履行又称继续履行(《民法典》第 179 条第 1 款第 7 项),是在实体法上使用的概念,是作为一种民事责任;强制执行则是在程序法上使用的概念,是执行生效裁判文书或其他执行名义的手段。二者有着紧密的联系,常被混同。另外,《民法典》合同编中的强制履行,指的是直接强制;在我国《民事诉讼法》中,作为强制执行的措施,有直接强制、代替执行与间接强制,此三者在日本的民事立法及学说中,则被作为强

① 於保不二雄『債権総論(新版)』(有斐閣,1972 年)67 頁,奥田昌道『債権総論(増補版)』(悠々社,1992 年)74 頁,奥田昌道 = 佐佐木茂美『新版債権総論』上巻(判例タイムズ社,2020 年)98 頁。

② 以美国最高法院的霍姆斯(Oliver Wendell Holmes,Jr. 1841 – 1935)大法官为代表,主张允诺人有权选择是履行允诺或是反之而支付损害赔偿,原则上对债权人的履行请求权予以否定。

制履行的内容。

3. 损害赔偿

在我国法上，损害赔偿与强制履行实居于并列地位，可由债权人选择适用；换言之，不但在不能够适用强制履行之场合（《民法典》第580条第1款但书），即使在可能履行之场合，债权人仍然可以请求损害赔偿。作为履行之替代的损害赔偿，称为填补赔偿；除此之外，如果债权人还因债务人履行迟延而受有损害，尚可继续请求赔偿，称为迟延赔偿；在不完全履行致生债权人固有利益损害场合，对于该固有利益（人身或者财产）之损害，仍可请求赔偿。

4. 合同解除

债权人对于债务人债务不履行的救济，除强制履行与损害赔偿之外，还可以有解除合同。这一救济措施通常仅在双务合同场合显其优势，即可以免去解除权人（债权人）自己的对待给付义务的履行。同时，通过解除合同，解除权人也可以另行安排替代交易，使自己所遭受的损害降至最低程度。

（二）责任财产保全的效力

债权的实现最终要靠债务人的一般财产作保障，债务人的一般财产便被称为"责任财产"。债务人责任财产的有无及多寡，直接决定了债权的实质价值（名义价值或者名义上的数额则属另外一回事）。这样，如债务人怠于维持其责任财产，甚或通过积极的行为减少其责任财产，便会使债权人债权的实质价值降低，此时，法律便应赋予债权人一些手段，使之能够保全自己的债权。为适应这一要求，便有债权保全制度之创设，《民法典》规定了债权人代位权（第535条～第537条）与债权人撤销权（第538条～第542条）。

（三）对外的效力

为了使债权的内容获得实现，除了要赋予债权人一些对于债务人可以采取的法律手段之外，在第三人对债权不法地予以侵害场合，对债权人也应给予一定的法律保护。起初的理论碍于债的相对性，并不承认侵害债权为一种侵权行为。然而，债权作为一种可以获取财产的可能性，与物权相并列而成为财产权的组成部分，且债权本身也已成为交易的对象，因而，当债权受第三人不法侵害时，实有必要赋予债权人一定的救济措施。因而，债权可成为侵权法保护的对象，这在许多国家的民法理论和实践中已渐次获得承认，学说多将对债权的这种法律保护作为债权的对外的效力加以理解。当然，在理论上如何构成，尚有诸多值得探讨的问题，比如，在侵害债权的构成要件上是否应仅限于故意的侵害之问题；在效果方面，损害赔偿的范围问题以及应否承认妨害排除请求权之问题等。以上是普通合同效力的一般内容，为期明了，简单图示如下（见图4－2－2）。

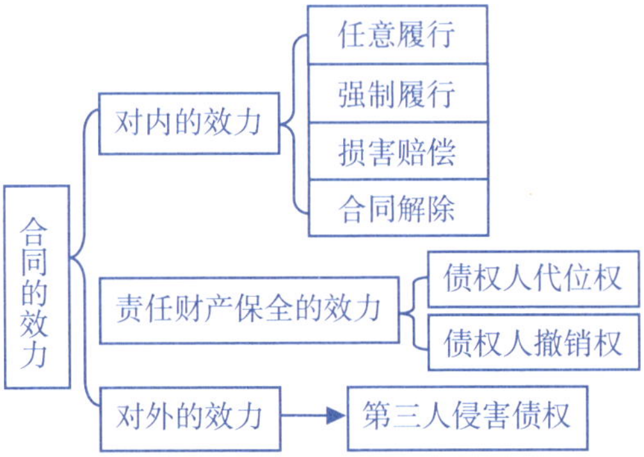

图4－2－2　合同的效力

第三节　无效合同

一、合同无效概述

（一）合同无效的语义

合同无效（Nichtigkeit），是指当事人所缔结的合同因严重欠缺生效要件,在法律上不按当事人合意的内容赋予效力。应当注意,合同无效,仅系不按当事人合意的内容赋予效力,并非不发生任何效力;合同无效场合得依法律规定(而非依当事人的意思),发生赔偿损失等法律效果(《民法典》第 157 条)。

(二)合同无效的特性

依通常学理,合同(法律行为)无效是指该合同自始地(von Anfang an)对所有的人(in jeder Beziehung)不发生效力并且保持其不发生效力的状态(dauernd unwirksam)。它是不生效力情形中的最高级。[1] 合同无效具有三种特性,即无效的当然性、自始性及确定性。

1. 当然性

合同的无效为当然无效,无待主张,也不必经由一定程序使其失效。当事人对于合同效力有争执时,固可提起确认之诉,[2]但此项判决仅有宣示的性质,无效的合同并非因判决而成为无效。无效无待当事人在诉讼上主张,法院应依职权认其为无效。无效的合同不仅在当事人之间,原则上对任何人均为无效(绝对无效),在例外情形始为相对无效。[3]

当事人主张合同无效,除上述提起确认之诉外,亦可在诉讼或仲裁中以抗辩的方式提出,唯此抗辩并非独立的诉讼请求或仲裁请求,故裁判可以在说理部分审查,不在主文中记载。

2. 自始性

无效的合同自成立时起即不发生当事人所欲发生的效力,这一点在《民法典》第 155 条有明确的反映。

***继续性合同的无效** 合同无效所具有的"自始无效"的效力,对于买卖、赠与等一时的合同,固属合理,但对劳动合同或合伙合同等继续性合同,在适用上将产生复杂法律状态。为避免依不当得利规定

① Vgl. *Larenz/Wolf*, Allgemeiner Teil des Buergerlichen Rechts, 9. Aufl. 2004, § 44 Rn. 4.

② 原《经济合同法》第 7 条第 3 款规定:"经济合同的无效,由人民法院或者仲裁机构确认。"

③ 参见施启扬:《民法总则》,台北,2001 年自版发行,第 311~312 页;王泽鉴:《民法总则》,北京大学出版社 2022 年重排版,第 496 页;梁慧星:《民法总论》(第 6 版),法律出版社 2021 年版,第 206~207 页。

处理所为给付返还的问题，及对第三人法律关系所产生的困难，学说上倡导所谓“事实上合同关系”，颇受重视。目前则多采“有瑕疵劳动合同或合伙的理论”，认为劳动或合伙关系事实上业已开始时，其主张无效者，唯得向将来（*ex nunc*）发生效力。[①]

***所谓“嗣后无效”** 学说上尚有所谓自始无效与嗣后无效的区分。这一区分可上溯至罗马法。[②] 法律行为成立时即存有无效的原因而无效者，称为自始无效；法律行为成立后始发生无效的原因而归于无效者，称为嗣后无效。后者系法律行为成立时并无无效的原因，唯在生效前，发生无效原因而归于无效者，如附停止条件法律行为之标的物，于停止条件成就前变为不融通物。[③] 唯就我国法而言，此种区分似不具实益。一方面，附生效条件的合同，自条件成就时生效（《民法典》第158条）；另一方面，则可作为法律上不能履行（《民法典》第580条第1款但书）处理。

3. 确定性

无效的合同确定无效，不因时间的经过而补正。无效的合同，例如，以法律禁止流通物为标的物的合同，纵然后来法律修改准予该类标的物流通，该合同也不能变为有效。因此，学说上称无效的民事行为犹如死胎，虽有妙手神医，亦不能使之复生。[④]故在这点上，无效合同与可撤销合同及效力未定的合同，均有不同。因为可撤销合同得因撤销权的消灭（《民法典》第152条）而成为完全有效的合同；效力未定的合同，则可因被追认而转变为完全有效的合同。

无效的合同虽有上述特性，唯法律有时并不以之无效，或转换为其他有效的合同，[⑤]此时合同仍为有效，无效规定此时仅具有补充效力，在

① 参见王泽鉴：《民法总则》，北京大学出版社2022年重排版，第498～499页。

② 参见周枏：《罗马法原论》（下册），商务印书馆1994年版，第622～623页。

③ 参见施启扬：《民法总则》，台北，2001年自版发行，第313页。

④ 参见梁慧星：《民法总论》（第6版），法律出版社2021年版，第206页。

⑤ 《德国民法典》第140条（转换）规定：“无效的法律行为具备另一法律行为的要件，且可认为当事人如果知其为无效时即会愿意为此另一法律行为的，此另一法律行为有效。”我国台湾地区“民法”第112条规定：“无效之法律行为，若具备他法律行为之要件，并因其情形可认为当事人若知其无效，即欲为他法律行为者，其他法律行为，仍为有效。”

学理上有的称为“无效行为的补充性”。[①]

（三）合同无效的分类

1. 全部无效与一部无效

就某单一合同，以合同无效的原因是存在于合同内容的全部或一部，可区分为全部无效与一部无效。全部无效，则该合同当然全部不生效力。如果无效的原因仅存在于合同内容的一部，按照罗马法的规定，“有效部分，不因无效部分而受影响”（*utile per inutile non vitiatur*）[②]。这一规则为大多后世私法所继受。一部分无效当然是以合同的可分性（severability of a contract; divisibility of a contract）为前提。[③]

在我国法上，民事法律行为（合同）部分无效，不影响其他部分的效力的，其他部分仍然有效（《民法典》第156条）。在合同实务中，当事人有时特别约定：“本合同中任何条款的无效不影响本合同其他部分的效力。”

所谓一部无效不影响其他部分的合同，主要有以下情形：（1）合同标的之数量超过法律许可的范围。例如，借款合同约定的利息超过国家规定的最高利率，其高于国家规定的最高利率的部分无效。（2）合同的标的，由数种不同事项拼合而成，其中一项或数项无效。例如，买卖合同的标的物有数个，其中之一为法律禁止流通物，则该项买卖中仅买卖禁止流通物部分无效，其他部分仍可有效。（3）合同中的某项条款，因违反法律禁止性规定或公序良俗被法院认定无效。例如，雇佣合同约定“工伤概不负责”，该条款因违反公序良俗被法院认定无效，而雇佣合同本身并不无效。[④]

2. 绝对无效与相对无效

以无效效果的范围为标准，可将无效分为绝对无效与相对无效。前者任何人均得主张，并得对任何人主张之。后者系指不得以其无效对抗善意第三人。无效的合同，以绝对无效为原则，相对无效为例外，

---

① 施启扬：《民法总则》，台北，2001年自版发行，第313页。

② See Reinhard Zimmermann, *The Law of Obligations: Roman Foundations of the Civilian Tradition* 75 (2006).

③ See E. Allan Farnsworth, *Contracts* 344 (4th ed., 2004).

④ 参见梁慧星：《民法总论》（第6版），法律出版社2021年版，第207页。

并限于法律明定的情形。[①] 违反公序良俗的民事行为，本属于绝对无效，近年来各国法院已改变态度，仅承认受不利益一方当事人有权主张其无效。[②] 就我国法而言，学者认为合同法中恶意串通，损害特定第三人利益的合同，只有受害的第三人才能主张合同无效，没有遭受损害者并不享有宣告合同无效的权利，此即为相对无效的合同。[③]

绝对无效与相对无效的区分可上溯至罗马法，[④]绝对无效尚易理解，相对无效之观念则易滋生困惑。在罗马法上的相对无效，有时指的就是我们今天所讲的“可撤销”，[⑤]但在今天实不应当再将此二者混为一谈。[⑥] 在我国，相对无效之概念作为一个理论上的分析范畴，虽因可撤销之概念的独立存在而已大大缩小其内涵和外延，仍然可以存在，比如，不可以对抗善意第三人的无效，即是一种相对无效。另外，相对无效，仍然属于无效范畴，与可撤销之属于效力不完全，尚有差异，对此不可不察。

（四）合同无效的原因概说

在我国原有的法律上，合同无效的原因比较宽泛（参照原《民法通则》第 58 条），一些本应归由合同撤销制度或合同效力未定制度规制的问题，也被纳入了合同无效制度的规制范围。由此造成合同无效的比例长期居高不下，人为地增加了交易成本、诱发了信用危机、助长了背信恶习、便宜了投机奸小，负面影响巨大。原《合同法》对此作了相当的改进（第 52 条等）。《民法典》第六章“民事法律行为”第三节“民事法律行为的效力”又作了进一步的补充和完善，规定了虚假行为及隐藏行

---

① 参见王泽鉴：《民法总则》，北京大学出版社 2022 年重排版，第 499 页；施启扬：《民法总则》，台北，2001 年自版发行，第 314 页。

② 参见梁慧星：《民法总论》（第 6 版），法律出版社 2021 年版，第 207 页。

③ 参见王利明：《合同法研究》（第 1 卷），中国人民大学出版社 2011 年版，第 628 页。

④ 在罗马法上，相对无效并非当然无效，须经利害关系人申请撤销才能使之失效。在未撤销前，就和有效的法律行为一样发生效力，但一经撤销，就视为自始无效。周枏：《罗马法原论》（下册），商务印书馆 1994 年版，第 622 页。依笔者所信，罗马法不区分合同的不成立、无效与可撤销而一并在“无效”概念下展开，故理解罗马法上的“相对无效”概念时，应当结合此一特点，实际上，在罗马法上，相对无效有时指的就是可撤销。

⑤ 在古典罗马法中，表达一个行为“无效”，流传至今有据可查的用语有 30 种之多，要将它们梳理出某种体系顺序，这将是一种绝对无望的工作（an absolutely hopeless task）。See Reinhard Zimmermann, *The Law of Obligations*: *Roman Foundations of the Civilian Tradition* 679 (2006).

⑥ 比如有学者径将我国法上的可变更或可撤销的行为等同于相对无效的行为。参见龙卫球：《民法总论》，中国法制出版社 2001 年版，第 588 页以下。

为（第146条）等。

以下，就合同无效的原因，作具体的展开。

二、虚假行为无效

《民法典》第146条规定："行为人与相对人以虚假的意思表示实施的民事法律行为无效。""以虚假的意思表示隐藏的民事法律行为的效力，依照有关法律规定处理。"

本条是关于虚假表示及隐藏行为的规定。虚假表示，学说上又称虚伪表示，在原《民法通则》、原《合同法》等立法中并无与此相同的规定。原《民法通则》第58条第4项和原《合同法》52条第2项规定的"恶意串通，损害国家、集体或者第三人利益"的民事行为或者合同无效，学说上有意见主张可限缩解释为通谋的虚伪表示行为。[①] 在学者起草建议稿草案时，则指出"恶意串通"非法律概念，且以所谓"恶意"及"损害国家、集体或者第三人利益"为构成要件，也与虚假表示的构成要件不符。[②]

从比较法角度来看，与之相似者有《德国民法典》第117条、《日本民法典》第94条、《韩国民法典》第108条、我国台湾地区"民法"第87条等。

本条在起草过程中经历了一些变化。《民法总则（草案）》（一审稿）第124条第1款规定："行为人与相对人串通，以虚假的意思表示实施的民事法律行为无效，但是双方均不得以此对抗善意第三人。""三审稿"第147条第1款也还是如此表述。"四审稿"第149条第1款变成了"行为人与相对人以虚假的意思表示实施的民事法律行为无效，但是双方均不得以此对抗善意第三人。"删除了"串通"的限定。本条规定在此基础上，进一步删除了但书。

（一）虚假表示

1. 语义及适用范围

虚假表示，即虚假的意思表示，指表意人明知其所表示的内容与其

① 参见朱广新：《合同法总则》，中国人民大学出版社2008年版，第205页。

② 参见梁慧星主编：《中国民法典草案建议稿附理由·总则编》，法律出版社2013年版，第247页。

内心的真实意思不一致而作出的意思表示。由虚假的意思表示而成立民事法律行为,可有以下不同情形:

其一,仅基于单一的虚假表示而成立民事法律行为(又可分为无须受领的意思表示与需要受领的意思表示,前者如抛弃动产的行为,后者如解除合同的行为),学说上通常称此为真意保留或者单独虚假意思表示。

其二,基于双方的意思表示成立法律行为,其中一方为虚假意思表示,另外一方则为真实的意思表示。此种情形亦属于所谓真意保留或者单独虚假意思表示。

其三,基于双方的意思表示成立法律行为,其中一方为虚假意思表示,另外一方对此明知或者双方串通。学说上称此为通谋虚假意思表示。

本条规定是否一并涵盖上述三种情形?抑或仅针对上述第三种情形?这属于本条的适用范围问题,有必要先行明确。就结论而言,本条宜解释为因通谋虚假意思表示而成立的民事法律行为无效。理由在于,法条的解释,不仅要以文字可能的语义为出发点,而且要以统一的内在精神为归趋。通谋虚假意思表示在比较法上之所以为无效,是由于双方均没有受其意思表示拘束的意旨。而真意保留之所以以有效为原则,是出于保护善意相对人的合理信赖。此二者内在精神不同,不宜统合在一个条文之下。

通谋虚假意思表示适用于债权行为、物权行为及身份行为(如假结婚或假离婚)。对于有相对人的单独行为(如虚假为合同解除),亦得适用;但对于无相对人的单独行为(如遗嘱、抛弃动产物权),则不适用。[①]

2. 是否以“串通”为要件?

本条在起草过程中曾明确要求行为人与相对人“串通”(比如三审稿 2017 年 1 月 3 日修改稿第 147 条第 1 款),此后修改时去掉了“串通”二字,是否意味着不再要求“串通”要件,成为问题的焦点。从上文对于本条适用范围的辨析可知,本条仅规范基于双方虚假意思表示成立的法律行为(一方为虚假意思表示,另外一方对此明知或者双方

① 参见陈聪富:《民法总则》(第 2 版),台北,元照出版有限公司 2016 年版,第 258 页。

串通)，[①]并不规范仅一方为虚假意思表示的情形。

虚假表示通常基于不良动机，例如债务人为逃避债务，与友人通谋，制造假债权或虚伪让与财产。所谓通谋，不仅双方当事人皆欠缺内心的效果意思(非真意)，且表意人此项非真意的意思表示为对方所“明知”，并进一步相互故意为非真意的“合意”表示，始构成通谋的虚假表示。[②]

3. 与诈害债权行为的区别

应与通谋虚假表示相区别的是诈害债权行为。关于诈害债权行为，《民法典》第538条和第539条(债权人的撤销权)有规定。二者的区别有二：(1)在通谋虚假表示，双方当事人并无作成法律行为的真意，而无受合同拘束之意；反之，在诈害债权，双方当事人具有缔结合同的真意，而愿意受合同拘束。(2)在通谋虚假表示，法律行为为无效；在诈害行为，债权人仅得诉请法院撤销债务人的行为。[③]

(二)基于虚假表示的民事法律行为的法律效果

行为人与相对人以虚假的意思表示实施的民事法律行为无效。此种“无效”的效果，是绝对无效，抑或是相对无效，值得分析探讨。原来的草案有“但书”，即“但是双方均不得以此对抗善意第三人”。学说上不乏支持相对无效的意见。[④] 如今，本条规定删除了上述“但书”，究竟是有意而为(本条无效是绝对无效，不存在例外)，抑或是无意而为(仍应在解释上承认“但书”中的例外)，难免产生分歧。

本条之所以在沿革上有上述转变，是因为在2017年3月全国人民代表大会期间，有代表提出，本条关于善意保护的规定，和原《物权法》第106条的规定矛盾。原《物权法》第106条规定善意保护有三个条

① 立法机关所作释义亦持相同立场，要求“通谋”作出与真意不一致的意思表示。参见李适时主编：《中华人民共和国民法总则释义》，法律出版社2017年版，第455页。另参见黄薇主编：《中华人民共和国民法典总则编释义》，法律出版社2020年版，第386页，称本款虽未明确规定行为人与相对人须通谋而为虚假的意思表示，实际上双方对虚假意思表示达成一致的结果反映出二者必须有一个意思联络的过程。

② 参见施启扬：《民法总则》，台北，三民书局2001年版，第246页。

③ 参见陈聪富：《民法总则》(第2版)，台北，元照出版有限公司2016年版，第260页。

④ 参见杨代雄：《恶意串通行为的立法取舍——以恶意串通、脱法行为与通谋虚伪表示的关系为视角》，载《比较法研究》2014年第4期。

件，除了当事人的主观善意之外，还要有客观标准比如不动产登记等，这样就把善意保护仅仅限制在依据法律行为取得物权的环节。而本条草案的规定，仅仅只有当事人主观善意一个条件，这样就会产生当事人依据合同也来主张善意保护的缺陷。故建议本条第1款修改为："行为人与相对人以虚假的意思表示实施的民事法律行为无效。在此情形，法律对保护善意第三人另有规定的，依其规定。"①

从比较法角度来看，规定不得对抗善意第三人"但书"的立法例有《日本民法典》第94条第2项、《韩国民法典》第108条第2项、我国台湾地区"民法"第87条第1款后段等。不规定该"但书"规则的代表为《德国民法典》第117条第1款。

综上所述，就结论而言，在解释适用本条规定时，理应否定"但书"规则（不得对抗善意第三人）。②这样理解符合立法者对本条文字改动的原意。

在虚假行为场合，是否应当以及如何才能保护因虚假行为而受到欺诈的第三人的利益，是一个难题。③依本条第1款规定，以虚假的意思表示实施的民事法律行为无效。此种无效应解释为绝对无效，任何第三人都可以主张虚假行为无效。如果债务人为了达到使债权人无法执行其财产的目的，而虚假地转让财产与他人，那么，只要债权人能够证明该转让行为的虚假性，债权人仍然可以请求就该财产进行执行。如果甲通过法律行为，从乙处取得某物，而乙则是虚假取得该物的，亦即乙根据本条第1款规定，实际上没有取得该物的所有权，那么，为了维护第三取得人（甲）的利益，适用善意取得的规定（《民法典》第311条）。④如此，保护善意第三人的问题，要依其他法规则解决。本条并没有给善意第三人提供一般性的保护。这种保护也被认为"大概也是不必要的"。⑤

---

① 参见全国人大代表孙宪忠研究员《关于民法总则草案（2017年3月8日）的修改建议》。

② 参见相反立场，参见王利明主编：《〈中华人民共和国民法总则〉条文释义》，人民法院出版社2017年版，第332～334页。

③ 参见［德］迪特尔·梅迪库斯：《德国民法总论》（第2版），邵建东译，法律出版社2001年版，第446页。

④ 参见［德］卡尔·拉伦茨：《德国民法通论》（下册），王晓晔等译，法律出版社2003年版，第500页。

⑤ ［德］卡尔·拉伦茨：《德国民法通论》（下册），王晓晔等译，法律出版社2003年版，第501页。

（三）隐藏行为

《民法典》第 146 条第 2 款规定："以虚假的意思表示隐藏的民事法律行为的效力，依照有关法律规定处理。"这是关于隐藏行为的规定。隐藏行为（verdecktes Geschäft），指隐藏于虚假表示中依其真意所欲发生的法律行为。

隐藏行为是否有效，应适用关于该行为的规定。例如，房屋买卖为规避税法而作赠与之虚伪表示，则赠与为虚伪表示，应无效，而买卖是否有效，应依关于房屋买卖的规定判断。[①] 又如，甲隐瞒已婚身份与乙交往后，造成乙受有损害，为弥补其损害，双方订立借贷合同书，约定："甲承认积欠乙 30 万元，应于半年内清偿完毕。"此项借贷合同约定，属通谋虚假表示而无效。但双方具有受此债务拘束之意，而隐藏成立无因的债务承认，应适用债务承认的规定，甲应履行债务。[②]

就隐藏行为的法律适用，《合同编通则解释》第 14 条作了细化指引，其要点如下：(1) 当事人为规避法律、行政法规的强制性规定，以虚假意思表示隐藏真实意思表示的，人民法院应当依据《民法典》第 153 条第 1 款的规定认定被隐藏合同的效力（第 14 条第 1 款第 2 句前段）。换言之，隐藏行为如违反法律、行政法规的效力性强制规定，则无效。(2) 当事人为规避法律、行政法规关于合同应当办理批准等手续的规定，以虚假意思表示隐藏真实意思表示的，人民法院应当依据《民法典》第 502 条第 2 款的规定认定被隐藏合同的效力（第 14 条第 1 款第 2 句后段）。换言之，依被规避法律、行政法规的规范目的，合同须经批准始生效的，在获批之前尚未生效（实即效力待定）。

（四）举证责任

第三人主张表意人与相对人串通而为虚假意思表示的，该第三人应负举证责任。在赠与或买卖合同，不能仅因合同当事人间有特殊

---

① 参见梁慧星：《民法总论》（第 6 版），法律出版社 2021 年版，第 186 页。

② 参见我国台湾地区 92 台上 2061 号。转引自陈聪富：《民法总则》（第 2 版），台北，元照出版有限公司 2016 年版，第 264 页。

亲宜关系，或价款的交付不实，即谓该赠与或买卖系成立串通虚假表示。[①]

关于串通为虚假意思表示，负举证责任的一方，如能证明间接事实并据此推认要件事实，虽无不可，并不以直接证明为必要，唯此经证明的间接事实与待证的要件事实之间，须依经验法则或逻辑法则足以推认其关联性存在，且综合各该间接事实，已可使法院确信待证的要件事实为真实的，方可引以为据。[②]

三、恶意串通损害他人合法权益

“恶意串通”在我国法上的出现始于原《民法通则》第58条第1款第4项，即“恶意串通，损害国家、集体或者第三人利益的”，民事行为无效。原《合同法》第52条第2项照抄了原《民法通则》的上述规定；《民法典》第154条延续该规则，规定“行为人与相对人恶意串通，损害他人合法权益的民事法律行为无效”。可是，何为“恶意串通”？立法者所要规范的是什么样的问题？时至今日，似乎仍不太清楚。

（一）规范来源

查看我国“恶意串通”规则的来源，应该说是受苏联法影响的结果。《苏俄民法典》第32条规定：“由于欺诈、威吓、胁迫，或者他的代理人和对方互相勾结，或者由于严重的误解而实施的法律行为，可以声请法院宣告这种法律行为的全部或者一部无效。”[③]比如在1956年出版的《苏维埃民法》一书中，便以“一方代理人和对方恶意通谋”作为“意思表示同真实意志不符合”的情形，作为（相对）无效

① 参见我国台湾地区86台上3865号；96台上201号裁定。转引自陈聪富：《民法总则》（第2版），台北，元照出版有限公司2016年版，第260页。

② 参见我国台湾地区102台上505号。转引自陈聪富：《民法总则》（第2版），台北，元照出版有限公司2016年版，第260页。

③ 《苏俄民法典》，郑华译，法律出版社1956年版，第10页。

的事由。[①] 而在 1958 年出版的中国民法教科书中,也以“代理人和对方恶意串通而进行的法律行为”为可撤销的民事行为。[②]

不过,比较原《民法通则》第 58 条第 1 款第 4 项乃至《民法典》第 154 条与上述《苏俄民法典》第 32 条,可以发现其间的差异:其一,中国法的规定并没有局限于一方代理人和对方互相勾结,适用范围有所扩张;其二,法律效果方面,中国法规定恶意串通的民事行为无效,而不是可撤销。

(二)规范目的

原《民法通则》第 58 条第 1 款第 4 项为何要扩张恶意串通规则的适用范围?对此,虽未见到直接的立法理由相关资料,但从立法者所预设的典型事例,或可寻出一些端倪。这些事例包括“甲企业产品质量低,销不出去,就向乙企业的采购人员或者其他人员行贿,然后互相串通,将次品当作合格产品收购,使国家、企业和消费者遭受损失。有的基层干部互相勾结,利用职权,将集体果园压价承包给自己的亲属、好友经营,从中渔利,使集体利益遭受损失。有的代理人与第三人勾结,实施民事行为,损害被代理人的利益。”[③]上述事例中,有的属于代理人,有的则不一定是代理人(比如基层干部),反倒是归入“法人或者非法人组织的法定代表人、负责人”更为贴切。

在起草《民法典》总则编征求意见过程中,赞同保留原《民法通则》和原《合同法》恶意串通规则的意见认为,这可以“更好规制国有资产被

---

① 参见[俄]Д. М. 坚金主编:《苏维埃民法》(第 1 册),李光谟、康宝田、邬志雄译,法律出版社 1956 年版,第 289 页。另参见中央政法干部学校民法教研室:《“苏维埃民法的几个基本问题”讲稿提纲》,1955 年 6 月内部文件,第 24 页,将因自己的代理人与对方恶意通谋所为的法律行为,列为法院根据请求宣布无效的法律行为。2004 年底修订的《俄罗斯联邦民法典》第 179 条第 1 款规定:“在欺诈、暴力、威胁、一方代理人与另一方恶意串通影响下实施的法律行为,以及当事人的困难处境被对方所利用而被迫在条件对自己极端不利的情况下实施的法律行为(显失公平的法律行为),可以根据受害人的请求由法院确认为无效。”《俄罗斯联邦民法典》(全译本),黄道秀译,北京大学出版社 2007 年版,第 101 页。俄罗斯民法学说当然也维持这一立场,以“一方代理人与另一方恶意串通而实施的法律行为”为法律行为可撤销(相对无效)的根据。参见[俄]E. A. 苏哈诺夫主编:《俄罗斯民法》(第 1 册),黄道秀译,中国政法大学出版社 2011 年版,第 349 页。值得注意的是,在 2019 年 10 月 1 日的版本中,上述规则已有修改,条文标题及第 1 款中均删除了“一方代理人与另一方恶意串通影响下实施的法律行为”,仅在第 179 条第 2 款第 4 项规定,“如果在欺诈中有过错的第三人是一方的代理人或工作人员或帮助实施法律行为,则认为该方知道存在欺诈”。参见《俄罗斯联邦民法典》,黄道秀译,中国民主法制出版社 2020 年版,第 111 页。

② 参见中央政法干部学校民法教研室编著:《中华人民共和国民法基本问题》,法律出版社 1958 年版,第 85 页。

③ 穆生奎主编:《民法通则释义》,法律出版社 1987 年版,第 71 页。

侵吞、被瓜分的行为，同时为人民检察院提起公益诉讼提供法律依据”。[①] 如此，可以认为，为了维护国家基本经济制度，巩固和发展国有经济，加强对国有资产的保护，发挥国有经济在国民经济中的主导作用，促进社会主义市场经济发展（《企业国有资产法》第 1 条），是该规则的主要目的之一。立法机关释义书就《民法典》第 154 条所举典型事例，一如当年就原《民法通则》释义所举，是甲公司贿赂乙公司业务员，串通订立将劣质产品作为合格产品买卖的合同。[②]

（三）规范射程

立法者基于中国社会现实的需要，扩张恶意串通规则的适用范围，固然有其合理性。但如何合理界定该规则的适用范围，仍是一项现实问题。

1. 法定代表人、负责人或者代理人和相对人恶意串通签订的合同（一方当事人利益受损型）。法定代表人以法人名义从事的民事活动，其法律后果由法人承受（《民法典》第 61 条第 2 款）。非法人组织的负责人以非法人组织名义从事的民事活动，同理参照上述规则（《民法典》第 108 条）。法定代表人、负责人与相对人恶意串通签订合同损害法人或者非法人组织合法权益，依下文历史解释，应在《民法典》第 154 条规范射程之内。[③]《民法典》第 164 条第 2 款规定：“代理人和相对人恶意串通，损害被代理人合法权益的，代理人和相对人应当承担连带责任。”该条只规定了代理人和相对人应当承担连带责任，并没有涉及他们所签订的合同的效力。该问题需要借助于《民法典》第 154 条予以规范。[④] 这也符合该规则起初的规范目的。

① 参见《民法总则立法背景与观点全集》编写组：《民法总则立法背景与观点全集》，法律出版社 2017 年版，第 118 页。

② 参见黄薇主编：《中华人民共和国民法典总则编释义》，法律出版社 2020 年版，第 409 页。

③ 晚近学说亦有将此种情形排除在《民法典》第 154 条适用范围之外者，理由略谓：法定代表人与公司系同一人格，该公司不是第三人（他人），而是当事人，其受损就是当事人受损，而非第三人受损。主张此时不应依《民法典》第 154 条，而应视个案情形寻觅法律依据（比如《公司法》第 15 条第 1 款或第 2 款，同时结合《民法典》第 504 条；或者《民法典》第 153 条第 2 款等）。参见崔建远：《合同法总论》（上卷），中国人民大学出版社 2024 年版，第 616 页。

④ 主张仅适用《民法典》第 164 条第 2 款而不适用第 154 条者亦属有之，理由略谓：此时缔约人为两个公司，而非甲公司的工作人员（职务代理人）与乙公司。参见崔建远：《合同法总论》（上卷），中国人民大学出版社 2024 年版，第 616 页。这里会涉及应否区别“缔约人”与合同“当事人”的问题，在通过代理人缔约场合，被代理人是合同当事人，但缔约人却是代理人。

《企业国有资产法》第 72 条规定："在涉及关联方交易、国有资产转让等交易活动中，当事人恶意串通，损害国有资产权益的，该交易行为无效。"这是保护国有资产的专门立法的特别规定。

就我国学说，特别是查看原《民法通则》颁布前后的观点，似乎更多的是以代理人与他方恶意通谋、损害被代理人的合法权益为其典型事例，[①]或者说"包括代理人和他人恶意串通的法律行为"。[②] 这一立场，一如苏联民法学说，是将"恶意串通，损害国家、集体或者第三人利益"作为意思表示不真实的一种特殊情形，要撤销的也正是恶意串通双方所为的法律行为。例如，佟柔先生便在书中写道："如果代理人为个人利益而背着被代理人与第三人恶意串通并侵犯了被代理人利益的时候，应视为被代理人意思表示不真实。"[③]又如，柴发邦先生认为，"双方当事人为了损害国家、集体或第三人的合法权利，彼此串通一气，作了虚假的意思表示，这样的民事行为就是恶意串通的行为。"[④]晚近的学说中，参考《德国民法典》第 138 条的处理方案，将《民法典》第 154 条理解为第 153 条第 2 款"公序良俗"的特别规定而持法律行为无效论的见解，亦不乏其例。[⑤]

《合同编通则解释》第 23 条补充规定了代表人或者代理人与相对人恶意串通订立合同的法律效果。该条第 1 款规定："法定代表人、负责人或者代理人与相对人恶意串通，以法人、非法人组织的名义订立合同，损害法人、非法人组织的合法权益，法人、非法人组织主张不承担民事责任的，人民法院应予支持。法人、非法人组织请求法定代表人、负责人或者代理人与相对人对因此受到的损失承担连带赔偿责任的，人民法院应予支持。"就恶意串通所签合同的效果，尤其是该款中"法人、

① 比如，"因代理人与对方恶意通谋而实施的法律行为。这种行为是代理人背着被代理人与对方私下串通而损害被代理人合法权益的行为。例如，买方的代理人与卖方互相串通，提高价金而从中抽取回扣。"参见佟柔编著：《民法》，法律出版社 1986 年版，第 43 页。"例如代理人与出卖人串通用高价购买商品，代理人提取一定数额'回扣'的行为；在经济活动中，采取行贿受贿或以权谋私等违法手段，使国家、集体遭受损失的行为等。"中国政法大学民法教研室编：《中华人民共和国民法通则讲话》，中国政法大学出版社 1986 年版，第 106 页。

② 参见江平、张佩霖编著：《民法教程》，中国政法大学出版社 1986 年版，第 81 页。

③ 孙亚明主编：《民法通则要论》，法律出版社 1991 年版，第 92 页。

④ 顾昂然、王家福、江平等：《中华人民共和国民法通则讲座》，中国法制出版社 2000 年版，第 137 页。

⑤ 参见杨代雄：《法律行为论》，北京大学出版社 2021 年版，第 429～430 页。类似观点参见李宇：《新桃换旧符：民法总则上的恶意串通行为无效规范》，载《学术月刊》2017 年第 12 期；李永军：《法律行为无效原因之规范适用》，载《华东政法大学学报》2017 年第 6 期；朱广新：《恶意串通行为无效规定的体系地位与规范构造》，载《法学》2018 年第 7 期。

非法人组织主张不承担民事责任”的意涵，虽有不同解释的可能（一则是依传统的“无效说”解释，另一则是“效力待定说”），[①]但最高人民法院的释义书等则是按“效力待定说”解释，[②]尤其值得注意。

（1）《合同编通则解释》第23条有意识地告别《民法典》第154条的传统解释，另辟蹊径，从《民法典》第164条着手，由代理人滥用代理权进一步扩张，包括法定代表人、负责人与相对人恶意串通损害法人、非法人组织合法权益的情形，在法律后果上有别于恶意串通行为无效论的传统解释结论，承认法人、非法人组织对法律行为予以追认的可能性（效力待定），此系法律后果层面的创新；就“恶意串通”构成要件层面，并未呈现新的评价要素，仅在第23条第2款就举证问题具体化，故仍可将《合同编通则解释》第23条作为《民法典》第154条“恶意串通”的一种特别类型，即“一方当事人利益受损型”（与之相对应者可称为“第三人利益受损型”），依《合同编通则解释》第23条的“法意解释”，该类型已被赋予“效力待定”的效果。

（2）对“效力待定说”的理论构成仍有进一步交代的必要，代表权与代理权虽有相似之处，在我国将二者二元对置的立法框架下，特别是在我国法采法人“实在说”的背景下，对此二者实应分别说明。

首先，就代理人与相对人恶意串通损害被代理人合法权益，我国有学说以之为“恶意串通型代理权滥用”，主张在技术构成上仅恶意串通要件就成立代理权滥用，其直接效果为代理人丧失代理权，代理行为效力待定。[③]

其次，就法定代表人、负责人与相对人恶意串通损害法人或者非法人组织合法权益，因为法定代表人或者负责人是以法人或者非法人组织的名义订立合同，其与相对人恶意串通损害的是法人或者非法人组织的利益，而非《民法典》第154条中的“他人”利益，故其效果非第154

① 参见谢鸿飞、蔡睿等：《中华人民共和国民法典合同编通则司法解释释义》，中国法制出版社2024年版，第195页。崔建远教授认为《合同编通则解释》第23条第1款第1句“暗含有合同无效之意”，参见崔建远：《合同法总论》（上卷），中国人民大学出版社2024年版，第617页。

② 最高人民法院有关部门编写的释义书采此立场，与立法机关就《民法典》第154条所作释义显然不统一。参见最高人民法院民事审判第二庭、研究室编著：《最高人民法院民法典合同编通则司法解释理解与适用》，人民法院出版社2023年版，第271页以下。另参见王利明、朱虎主编：《民法典合同编通则司法解释释评》，中国人民大学出版社2024年版，第269页以下。

③ 参见胡东海：《论恶意串通型代理权滥用》，载《法商研究》2019年第5期。此种解释的弱点在于，代理人丧失代理权在实定法上欠缺依据。

条的无效，而应从代表权滥用角度，认定构成越权代表，进而依《民法典》关于越权代表的规定认定合同效力。法人、非法人组织如果对该行为不予追认，则不发生有效代表的后果，法人、非法人组织不承担任何责任；予以追认的，则构成有权代表。[①]

2. 合同双方当事人恶意串通损害他人所签订的合同（第三人利益受损型）。此种情形，合同双方当事人的意思是真实的，只是在效果上损害了他人合法权益，故与《民法典》第 146 条第 1 款所规定的虚假行为不同。在此种情形，合同之所以无效，便难以从意思表示真实性的角度解释，[②]只能另外找寻其正当化的基础。有学者认为，我国民法对恶意串通行为显然持道德上的否定态度，所谓“恶意”“损害”，均为贬义之词，已表明其行为的非正当性以及法律对该行为的价值判断，法律使之无效，其评价基础为他人权利之保护及社会公平，目的在于保护第三人。“恶意串通之无效原因在于其对第三人利益的损害性。”[③]该说虽有一定道理，但在他人权利亦为债权场合，该说仍难解释何以立法不是平等对待两个债权，而是厚此薄彼。故本书倾向于认为，正当化的基础当在于行为人具有损害他人合法权益的“害意”。

***《商品房买卖解释》第 7 条**　　《商品房买卖解释》第 7 条规定：“买受人以出卖人与第三人恶意串通，另行订立商品房买卖合同并将房屋交付使用，导致其无法取得房屋为由，请求确认出卖人与第三人订立的商品房买卖合同无效的，应予支持。”

该司法解释将“恶意串通，损害他人合法权益”的情形具体化，由此也可以看出，无论是出卖人还是第三人，均非买受人的代理人，如果按照《苏俄民法典》第 32 条或者 2019 年 10 月以前的《俄罗斯联邦民法

---

① 参见最高人民法院民事审判第二庭、研究室编著：《最高人民法院民法典合同编通则司法解释理解与适用》，人民法院出版社 2023 年版，第 271～274 页。如果合同的相对人在订立合同时知道或者应当知道法人的法定代表人或者非法人组织的负责人是超越权限的，而仍与之订立合同，则具有恶意，此时没有对合同的相对人加以保护的必要。石宏主编：《〈中华人民共和国民法典〉释解与适用［合同编］》（上册），人民法院出版社 2020 年版，第 83 页。依《民法典》第 504 条“除外”，该代表行为（表现为订立合同的要约或者承诺）无效，准确地说，合同本不成立（而非订立的合同对法人或者非法人组织不发生效力），如何能发生法人或者非法人组织对合同的追认权，仍有待此种解释在解释论上作进一步的说明。

② 朱广新教授对此种传统解释路径表示质疑，主张从代理行为是代理人之行为（而非被代理人之行为）出发，原则上被代理人应受代理行为的约束，进而认为不应从意思真实性切入，而将第 154 条定位为行为内容规制中的违背公序良俗的一种特殊情形，亦值重视。参见朱广新：《恶意串通行为无效规定的体系地位与规范构造》，载《法学》2018 年第 7 期。

③ 朱建农：《论民法上恶意串通行为之效力》，载《当代法学》2007 年第 6 期。

典》第179条第1款，买受人无法获得救济；但是，按照该司法解释，则可以获得救济。体现出了中国法中的“恶意串通”规则的适用范围较宽。对于该司法解释规则作进一步的思考则会发现，无论是买受人与出卖人所缔结的合同，还是出卖人与第三人恶意串通所缔结的合同，通常情况下都会是缔约主体的真实意思表示的产物，难以归入“意思表示同真实意志不符合”范畴，如何说明该特别规则的合理性，是个值得思考的问题。按照最高人民法院有关人士的解释，该特别规则意在保护房地产交易中的“弱者”利益，遏制恶意串通一房数卖等违反诚信原则的不法行为。[①] 既然是为了“弱者”保护，便属于特别规则，理应严格限定适用范围。相关问题，涉及市场自由竞争秩序以及“债权人平等”原则，也涉及与债权人撤销权制度（《民法典》第538条和第539条）的功能衔接问题以及与侵害债权制度的衔接问题，宜审慎思考。

《民法典》第154条中的“他人合法权益”固不必局限于债权，而可有多种表现。比如住宅小区的居住服务配套设施本身属于附有公法上特定用途限制的标的物，[②]不同于普通的商业房产。居住服务配套设施的买卖虽法不禁止，却并非全然任依当事人合同自由，事实上其买卖有着不同于普通商业房产买卖之处，比如它须现房销售，有着较普通商品房买卖更严格的规则。之所以如此，是因为它并非单纯的两个商事主体之间的交易，同时涉及住宅小区业主的合法权益能否实现。因而，对于居住服务配套设施的买卖进行效力审查，不仅要看出卖人与买受人双方的意思表示是否真实，同时应兼顾第三人的合法权益。申言之，如果买受人购买居住服务配套设施确实是用于为小区业主提供便民服务，该买卖便属有效；如果买受人购买后不依公法限定用途使用，便属于变更用途，会使第三人合法权益受损。如果属于买受人嗣后变更用途，行政主管部门接到举报后会责令改正或者进行行政处罚；如果个案

① 参见最高人民法院民事审判第一庭编著：《最高人民法院关于审理商品房买卖合同纠纷案件司法解释的理解与适用》，人民法院出版社2003年版，第136～137页。

② 以北京市为例，为加强居住配套商业服务设施管理，确保按标准规划设计、与住宅同步建设及交付使用，满足居民日常生活需求，发布了一系列地方性规范文件，包括《北京城市总体规划（2016－2035年）》、《北京市人民政府关于印发〈北京市居住公共服务设施配置指标〉和〈北京市居住公共服务设施配置指标实施意见〉的通知》（京政发〔2015〕7号）、《北京市蔬菜零售网点建设管理办法》（北京市人民政府令第249号）、《居住配套商业服务设施规划建设使用管理办法（试行）》（京商务规字〔2018〕6号）等。

证据显示并非买受人嗣后变更用途，而是从一开始便没打算遵守公法限定用途，而是用于公司办公，对于这种情况，我国法有特殊规则，即《民法典》第 154 条禁止恶意串通损害他人合法权益，该规则优先于依意思自治原则允许当事人任意创设债之关系的一般规则。

3. 不包括一方当事人与第三人串通的情形。合同的一方当事人与纯粹的第三人（第三人并非此法律行为另一方的代理人）恶意串通场合，可否以此为由影响合同的效力？对此，从原《合同法》第 52 条第 2 项来看并不清楚；不过，《民法典》第 154 条的用语已比较清楚，要求“行为人与相对人”恶意串通，在合同场合，即一方当事人与对方当事人，“相对人”只能是民事法律行为的相对人，不包括第三人。合同的一方当事人与纯粹第三人是否有“恶意串通”问题，不在《民法典》恶意串通规则范围之内。在构成第三人欺诈场合，可依《民法典》第 149 条，发生撤销权。

***《拍卖法》中的恶意串通**　《拍卖法》第 37 条规定：“竞买人之间、竞买人与拍卖人之间不得恶意串通，损害他人利益。”第 65 条规定：“违反本法第三十七条的规定，竞买人之间、竞买人与拍卖人之间恶意串通，给他人造成损害的，拍卖无效，应当依法承担赔偿责任。由工商行政管理部门对参与恶意串通的竞买人处最高应价百分之十以上百分之三十以下的罚款；对参与恶意串通的拍卖人处最高应价百分之十以上百分之五十以下的罚款。”类似的规则，还可见于《海事诉讼特别程序法》第 41 条。

可见，在竞买人之间恶意串通、给他人造成损害场合，拍卖无效。从合同关系角度分析，拍卖公司 X 组织拍卖会，竞买人 Y1 与 Y2 恶意串通，由 Y1 报价而 Y2 不报价，最后 X 与 Y1 成交。依上述规则，如果造成他人损害（比如拍卖人 X 或者委托人 Z），则拍卖无效。如果单纯从意思表示角度分析，无论是 X 还是 Y1 的意思表示都是真实的，没有瑕疵。这一规则，进一步扩张了“恶意串通”规则的适用范围，将一方当事人与纯粹的第三人之间的串通纳入考量，作为影响法律行为效力的事由，显然突破了此前原《民法通则》的规定，也与《民法典》第 154 条规定不同。如何说明这一特别规则背后的法理基础，无疑是一个问题。如果说难以从意思表示基本理论角度加以证成，最终也只能将其归为立法者特别的立法政策。

（四）构成要件

恶意串通订立合同损害他人合法权益，其构成分为主观和客观两方面因素，主观因素为恶意串通，客观因素为合同损害他人合法权益。以下分别说明。

1. 行为人与相对人恶意串通

"行为人"指实际实施法律行为之人，既可以包括"一方当事人利益受损型"中的法定代表人、负责人或者代理人，也可以是"第三人利益受损型"中的法律行为的一方当事人。所谓"恶意"，即是"明知"，明知损害他人合法权益，可以分别行为人与相对人分别说明。行为人"恶意"，既可以是专以损害他人利益为目的，也可以是虽以追求自身利益为直接目的，对他人利益受损明知却漠不关心的放任态度。相对人"恶意"，即相对人明知行为会损害他人合法权益，既可以表现为与行为人有共同目的的恶意，也可以表现为对行为人的意图明知而用默示的方式与之配合。"串通"指行为人与相对人明知其法律行为会使他人合法权益受损，仍达成合意成立合同。

2. 损害他人合法权益

"他人"系由原《民法通则》第58条第1款第4项中的"国家、集体或者第三人"简化而来，是贯彻《民法典》第207条"平等保护"原则的具体体现。在通过法定代表人、负责人或者代理人缔约场合，相对于诸此缔约人（实际从事缔约的人），被代表的法人或者被代理人便是"他人"（一方当事人利益受损型）；当然，在双方当事人订立合同损害第三人合法权益场合，权益受损的第三人便是"他人"。另外，有学者指出，损害第三人利益应区分为是损害特定的第三人还是不特定的第三人，如果损害的是不特定的第三人的利益，实质上损害的是公共利益，应当认定为绝对无效；如果损害的是特定的第三人的利益，则应属相对无效的合同，只能由受害的第三人主张无效。[①] 对此，也有实务界人士指出，

① 参见王利明：《合同法研究》（第1卷），中国人民大学出版社2011年版，第656页；进一步的展开参见王利明：《体系化视角下的恶意串通规则》，载《法律科学》2024年第1期。

因为我国并无相对无效这一合同效力形态，故实践中的将其视为绝对无效。[①]

就第 154 条中的“损害”，有学者指出不能基于履行情况或履行后果进行论断，必须回溯到民事法律行为成立之时点予以判断。该“损害”只能理解为一种“可能的损害”，而不能理解为一种现实的损害。[②]有合理之处，也有不足。分析《民法典》第 154 条中的“损害”，显然是动词而非名词，故不必像讨论损害赔偿构成要件那样分析名词“损害”究竟是哪种类型。动词“损害”的判断时点当然是在从事相应的民事法律行为时，而非此后的合同履行(《合同编通则解释》第 23 条第 2 款确实引入了该考虑因素)等时点。此“损害”评价因素的引入，系用于对行为人与相对人之法律行为一般后果作规范评价，而非事实判断，故只要依事物通常进程一般会使“他人”合法权益权益遭受不利后果即可，这虽是一种客观评价，但并不要求必须具备现实损害的客观后果，即便事后客观情况适得其反使“他人”受益，亦不因此影响恶意串通之构成。

在实务中，有裁判例表明，法院根据原《合同法》第 52 条第 2 项，认为法人与他人恶意串通签订合同，表面上损害法人自身利益，实质上损害第三人利益的，第三人有权提起确认合同无效之诉。对于上述条款中“恶意串通”行为的认定，应当分析合同双方当事人是否具有主观恶意，并全面分析订立合同时的具体情况、合同约定内容以及合同的履行情况，在此基础上加以综合判定。[③]《合同编通则解释》第 23 条第 2 款就恶意串通的认定作出了指引性规定，即“根据法人、非法人组织的举证，综合考虑当事人之间的交易习惯、合同在订立时是否显失公平、相关人员是否获取了不正当利益、合同的履行情况等因素，人民法院能够认定法定代表人、负责人或者代理人与相对人存在恶意串通的高度可能性的，可以要求前述人员就合同订立、履行的过程等相关事实作出陈述或者提供相应的证据。其无正当理由拒绝作出陈述，或者所作陈述不具合理性又不能提供相应证据的，人民法院可以认定恶意串通的事

① 最高人民法院民事审判第二庭、研究室编著：《最高人民法院民法典合同编通则司法解释理解与适用》，人民法院出版社 2023 年版，第 274 页。

② 参见朱广新：《恶意串通行为无效规定的体系地位与规范构造》，载《法学》2018 年第 7 期。

③ 参见陈全、皮治勇诉重庆碧波房地产开发有限公司、夏昌均、重庆奥康置业有限公司合同纠纷案，载《最高人民法院公报》2010 年第 10 期。

实成立”。

四、违反法律、行政法规的强制性规定

“违反法律、行政法规的强制性规定的民事法律行为无效。但是，该强制性规定不导致该民事法律行为无效的除外。”(《民法典》第153条第1款)相较于原《合同法》第52条第5项，该规定在主文之外增加了但书，以下分别说明。就主文而言，比如在委托理财合同中约定保底条款，便会因违反《证券法》第135条而无效。[①] 我国民法上影响合同效力的违法，不仅包括合同内容违法(合同标的违法即属于此类型[②])，也包括合同目的违法。

⋆**“违法无效”观念的变迁**　原《民法通则》第55条规定，不违反法律或者社会公共利益，是合同生效条件之一；第58条第1款第5项明确规定，违反法律或者社会公共利益的民事行为无效。然而，此处“违反法律”的含义太过宽泛，并不明确，加以法官适用时机械解释，以致在司法实践当中违法性的概念被赋予了无限的延伸性。对此有学者指出，几乎所有的“红头文件”，无论是立法机关制定的，还是行政机关、司法机关制定的，无论是中央的还是地方的，也无论是公开的还是内部的，都可以被用来置合同于死地。这种状况如不改变，势必造成交易中禁例如林，民事活动中处处陷阱，行政干预法力无边，当事人寸步难行的局面。[③] 原《合同法》第52条第5项对此问题作了进一步的规定，即违反法律、行政法规的强制性规定时，合同始无效。《民法典》第153条第1款在维持这一立场的同时，以但书表明，并非所有的违反强制性规定的民事法律行为均无效。

在既往的司法规则中曾明确，合同法实施以后，人民法院确认合同无效，应当以全国人大及其常委会制定的法律和国务院制定的行政法

① 参见湘财证券有限责任公司与中国光大银行长沙新华支行、第三人湖南省平安轻化科技实业有限公司借款合同代位权纠纷案，载《最高人民法院公报》2007年第1期。

② 参见黎晶晶：《汽车已过报废期买卖合同属无效》，载《人民法院报》2008年10月21日，第3版。

③ 参见王卫国：《论合同无效制度》，载《法学研究》1995年第3期。

规为依据,不得以地方性法规、行政规章为依据。[①] 实践中存在的将违反地方行政管理规定的合同都认定为无效是不妥当的。[②] 之所以将国务院部委的规章以及地方法规排除在外,主要因为合同法是市场经济的基本大法,是市场交易的基本规则,统一的大市场的建立要求交易规则的统一,要求合同法制的统一,因此不允许不同的部门及不同的地方设立不同的交易规则。另外,在既往的司法规则中曾就"强制性规定"作进一步区分,明确其违反使合同归于无效者是指效力性强制性规定。[③] 应当注意,《民法典》第 153 条第 1 款为引致规范,本身并未提供具有实质内容的行为规范,不过是作为一项裁判规范,为裁判者援引其他法律、行政法规的具体规定认定合同效力提供了一条通道。唯其为概括条款,需要由法官或者仲裁员对此作价值补充,始能发挥规范功能。因而,此种概括条款,无论在理论上还是在实务中,均有较多争议。

(一)强制性规定与任意性规定

强制性规定与任意性规定,在日本学说上称强行法规与任意法规,在我国台湾地区学说上称为强行规定与任意规定,名异而实一。区分强制性规定与任意性规定,意义重大。前者划定私法自治的界限,后者可为私法自治的补充。[④] 具体的区分,应结合法律规范的趣旨考察,以是否允许以个人的意思加以排除为标准。

强制性规定,是指无论当事人的意思如何,均应适用的规定,且具有强制适用的效力。作为学理,又可进一步区分为强制规定及禁止规定,[⑤]其中,命令当事人应为一定行为者,称强制规定;命令当事人不得为一定行为者,称禁止规定。大凡关系到国家一般利益、社会秩序、市场交易安全及善意第三人利益保护等的重大事项,法律设强制性规定,以排斥当事人意思自由。具体地说,公法通常为强制性规定,民法总则及关于物权、亲属、继承之规定多为强制性规定。

---

① 原《合同法解释(二)》第 4 条。

② 参见胡康生主编:《中华人民共和国合同法释义》,法律出版社 1999 年版,第 93 页。

③ 原《合同法解释(二)》第 14 条。

④ 我妻栄『新訂 民法総則』(岩波書店,1965 年)255 頁。

⑤ 可参见我国台湾地区"民法"第 71 条(违反强行规定之效力),谓"法律行为,违反强制或禁止之规定者,无效。但其规定并不以之为无效者,不在此限"。

任意性规定，是指当事人可以自由意思排除其适用的规定，只有补充适用的效力，旨在补充当事人的约定或作为解释当事人意思的标准。大凡关系当事人之间利害的事项，法律设任意性规定，允许当事人依其自由意思，自主决定。《民法典》合同编的规定大多属于任意性规定。

（二）效力性规定与管理性规定

在日本民法学说上，有观点认为任意性规定与强制性规定主要是就民法上的规定而言，取缔规定与效力规定则主要是关于行政法上的规定所作的区分。在行政法规中，使违反行为归于无效的情形固然有之，对于违反科以行政上或者刑事上的制裁、对违反行为的效力并不否定的场合也是有的。相应地，其将前者称为“效力规定”，将后者称为“（单纯的）取缔规定”（或者“公益规定”）。[①]

我国《民法典》第153条第1款用语为“违反法律、行政法规的强制性规定”，这里的“法律、行政法规”既包括民法，也包括行政法、刑事法等。[②] 就“强制性规定”，既往的司法规则中出现了“效力性强制性规定”一词，与之相对者，可以称为“管理性强制性规定”。[③] 此种区分，论其实质，与上述日本民法学说所谓的效力规定与取缔规定大体相当。此组概念作为分析工具，其有用性也被学说肯定。[④]

---

① 大村敦志『基本民法Ⅰ総則・物権総論』（有斐閣，2007年）66～67頁。

② 有观点主张，原《合同法》第52条第5项所谓的强制性规定应限定为公法上的强制性规定，参见孙鹏：《论违反强制性规定行为之效力——兼析〈中华人民共和国合同法〉第52条第5项的理解与适用》，载《法商研究》2006年第5期；谢鸿飞：《论法律行为生效的“适法规范”——公法对法律行为效力的影响及其限度》，载《中国社会科学》2007年第6期。此观点对《合同编通则解释》的起草亦有影响，唯应注意，从起草者所举《城市房地产管理法》第54条作为其所谓的“公法上的强制性规定”来看，其对于“公法”的界定只是宽泛的形式论，将带有管理属性的混合性立法均归入了“公法”，其不当之处显而易见，《城市房地产管理法》第54条规定房屋租赁合同应采书面形式，这仍属“私法”性规范，只有“向房产管理部门登记备案”才具有“公法”属性。否则，房屋租赁合同难道就成了公法合同？参见最高人民法院民事审判第二庭、研究室编著：《最高人民法院民法典合同编通则司法解释理解与适用》，人民法院出版社2023年版，第189～190页、第231页。本书作者认为，《民法典》第153条第1款“法律、行政法规的强制性规定”兼容公法和私法规范，否则，如限于公法上的强制性规定，就本款但书中的“该强制性规定”，实无规定《合同编通则解释》第18条提示注意私法中“权限性规定”的必要。

③ 参见《最高人民法院关于当前形势下审理民商事合同纠纷案件若干问题的指导意见》（法发〔2009〕40号）第15条和第16条。

④ 参见王利明：《论效力性和非效力性强制性规定的区分——以〈民法典〉第153条为中心》，载《法学评论》2023年第2期。相反意见参见最高人民法院民事审判第二庭、研究室编著：《最高人民法院民法典合同编通则司法解释理解与适用》，人民法院出版社2023年版，第190页以下。

（三）引致规范与概括条款

在法律或者行政法规明确规定特定情形下的合同无效时，比如依《保险法》第 31 条第 3 款，“订立合同时，投保人对被保险人不具有保险利益的，合同无效”，此时，法院可以直接适用该规定，是否还需要借助于原《合同法》第 52 条第 5 项，不无疑问。[①] 笔者认为，《民法典》第 153 条第 1 款作为引致规范，主要作用在于使法律、行政法规的强制性规定与民法上的无效效果相结合，像《保险法》第 31 条第 3 款那样，构成要件及民法上的法律效果（合同无效）均已明确，已无再行引致的必要，故“引致规范”主要不是在此类场合发挥作用。

在法律或者行政法规的强制性规定没有明确规定违反该规定的民法后果，比如依《土地管理法》第 2 条第 3 款，“任何单位和个人不得侵占、买卖或者以其他形式非法转让土地。土地使用权可以依法转让”。[②] 由该条前段使用“不得”二字可知，这一规定是强制性规定。由于该法律没有规定违反上述规范行为的效力问题，上述规范经由《民法典》第 153 条第 1 款的引致，便可以与该条的法律效果相结合，即合同无效。我国裁判实务一般采此立场。[③]

然而，事情并非总是如此简单，比如《储蓄管理条例》第 23 条规定：“储蓄机构必须挂牌公告储蓄存款利率，不得擅自变动。”该规定也属于强制性规定，在审判实务中，有的法院便据此认定违反此规定的合同条款无效。[④] 有的法院则认为：《储蓄管理条例》第 23 条的规定，是对金融机构关于储蓄存款利率拟订、公布、变动等的管理性规定，不是对储蓄机构对外签订、履行储蓄存款合同的效力性规定，不影响储蓄机构在从

---

① 苏永钦教授论及我国台湾地区“民法”类似问题时，一方面称我国台湾地区“民法”第 71 条固无适用余地，另一方面又称该条“仅有补充作用”，显然有所踌躇。参见苏永钦：《私法自治中的经济理性》，中国人民大学出版社 2004 年版，第 44 页。

② 《土地管理法》第 74 条前段规定，“买卖或者以其他形式非法转让土地的，由县级以上人民政府自然资源主管部门没收违法所得”，这是对违反行为的行政法后果的规定。

③ 参见湖南省高级人民法院民事判决书，（2019）湘民终 1647 号（陈水华、陈清华二审民事判决书，2020 年 6 月 8 日）。该案两村民与村集体签订《山地使用权和所有权出让合同》，一审以其买卖土地非法，因而认定合同无效；二审认为案涉合同关于土地使用权出让部分为双方真实意思的表示，不违反法律的禁止性规定，符合公平原则，故案涉合同中出让土地使用权的部分应认定合法有效。转让土地所有权的部分仍然无效。

④ 参见广东省广州市中级人民法院民事判决书，（2003）穗中法民一初字第 52 号。

事民事活动中的行为的效力，不能以储蓄机构违反该项规定为由，确认涉案储蓄合同关于存期的约定无效。[①]

既往的司法规则引入“效力性强制性规定”一词，恰恰反映出最高人民法院已意识到该问题的复杂性。在判断一法律规范是否属于“效力性强制性规定”时，《民法典》第 153 条第 1 款便不只是一条引致规范，而同时兼具概括条款属性，法官借助该条款被赋予裁量权，对有些案件需要作进一步的价值权衡，而对立法者的价值判断作出必要的补充。

（四）规范目的与解释适用

违反法律、行政法规的强制性规定并不必然导致合同无效。法院就必须判断，所涉及的法律规范（在它所规定的任何其他的惩罚之外）是否想要使私法上的法律行为归于无效。[②] 如果法律、行政法规的强制性规定旨在规制合同订立后的履行行为，原则上不应以其违反认定合同无效（参见《合同编通则解释》第 16 条第 2 款）。

在判断合同是否因违反禁止规定而无效时，一个重要的参考因素是，为了达到禁止规定所追求的目的，是否有必要使该合同无效。[③] 这样，禁止规定的规范目的便是问题的关键。如果单纯地通过对一方当事人作出处罚（比如罚款），即可实现该规范目的，就没有必要非得让合同无效，这对于保护合同相对人、保护交易的安全无疑是有好处的。《合同编通则解释》第 16 条第 1 款已明确吸纳了此种法的精神和技术

---

① 参见梅州市梅江区农村信用合作联社江南信用社诉罗苑玲储蓄合同纠纷案，载《最高人民法院公报》2011 年第 1 期。

② 比如在德国，《商店关门法》并非想让在星期天缔结的合同无效。RG 17 March 1905，RGZ 60，273，276. Vgl. auch *Medicus*，Allgemeiner Teil des BGB，9. Aufl. 2006，S. 252 – 253.

③ See B. S. Markesinis，W. Lorenz & G. Dannemann，*The German Law of Obligations*，Vol. 1，180（1997）. 这样的规则同样也存在于英国法上。在一份判例中，船主超载，违反了成文法的禁止性规定。这一违法行为对于运输合同有什么影响呢？德富林法官（Devlin J.）认为，该成文法的目的是禁止超载，而非禁止运输合同；对船主处以罚款即为已足。*St John Shipping Corp* v. *Joseph Rank Ltd.* [1957] I Q. B. 267. 在另外一份较为新近的判例中，法官科尔爵士（Kerr LJ）非常精僻地讲道：“如果成文立法只是禁止一方当事人缔结合同……这并不必然意味着合同本身是被禁止的进而使之违法和无效。成文立法是否具有这种效力，这要取决于对公共政策的考量，同时要考虑到设计成文立法时所要避免的模糊性（mischief），成文立法所用的语言、射程和目的，对善意一方当事人造成的后果以及其他相关的事情。”*Phoenix General Insurance Co. of Greece S. A.* v. *Administratia Asigurarilor de Star* [1987] 2 All E. R 152，176.

值得肯定。以下,结合我国实务中出现的"出租划拨土地[①]上的房屋是否导致租赁合同无效"问题,进行具体说明。

在房屋租赁合同纠纷中,房屋承租人认为,房屋租赁合同因违反《城镇国有土地使用权出让和转让暂行条例》第 44 条[②]和《国务院办公厅关于加强土地转让管理严禁炒卖土地的通知》第 5 条,[③]应属无效。围绕此问题,最高人民法院的立场曾有转变。

在最高人民法院民事判决书(2000)民终字第 28 号中,最高人民法院认为:"劳动厅领取的国有土地使用证上注明,土地为划拨用地,严禁改作商业用地和进行非法交易,劳动厅将划拨土地及地上的房屋,租赁给南太平洋公司、装饰公司使用,属对划拨用地及地上的房屋进行非法经营的行为,违反了国家法律法规的有关规定,双方签订的合同应确认为无效合同。"

在最高人民法院民事判决书(2002)民一终字第 4 号[法公布(2003)第 2 号]中,最高人民法院则认为,"由于租赁房屋坐落的土地为国有划拨土地,依据《城市房地产管理法》第 55 条规定:以营利为目的,房屋所有人将以划拨方式取得使用权的国有土地上建成的房屋出租的,应当将租金中所含土地收益上缴国家。具体办法由国务院规定。建设部颁布的《城市房屋租赁管理办法》第 25 条规定:以营利为目的,房屋所有人将以划拨方式取得使用权的国有土地上建成的房屋出租的,应当将租金中所含土地收益上缴国家。土地收益的上缴办法,应当

---

① 在我国,城镇的土地通常属于国家所有,国家按照所有权与使用权分离的原则,实行城镇国有土地使用权出让、转让制度。"出让"是有偿取得国有土地使用权的方式;"转让"是指土地使用者将土地使用权再转移的行为,包括出售、交换和赠与;而"划拨"则是指县级以上人民政府依法批准,在土地使用者缴纳补偿、安置等费用后将该幅土地交付其使用,或者将土地使用权无偿交付给土地使用者使用的行为。

② 《城镇国有土地使用权出让和转让暂行条例》第 44 条规定:"划拨土地使用权,除本条例第四十五条规定的情况外,不得转让、出租、抵押。"第 45 条规定:"符合下列条件的,经市、县人民政府土地管理部门和房产管理部门批准,其划拨土地使用权和地上建筑物、其他附着物所有权可以转让、出租、抵押:(一)土地使用者为公司、企业、其他经济组织和个人;(二)领有国有土地使用证;(三)具有地上建筑物、其他附着物合法的产权证明;(四)依照本条例第二章的规定签订土地使用权出让合同,向当地市、县人民政府补交土地使用权出让金或者以转让、出租、抵押所获收益抵交土地使用权出让金。转让、出租、抵押前款划拨土地使用权的,分别依照本条例第三章、第四章和第五章的规定办理。"

③ 《国务院办公厅关于加强土地转让管理严禁炒卖土地的通知》(国办发〔1999〕39 号)第五部分"规范国有土地交易活动,制止炒卖土地"第 1 段有如下表述:"商业、旅游、娱乐和豪华住宅等经营性用地,原则上必须以招标、拍卖方式提供。出让土地首次转让、出租、抵押,必须符合法律规定和出让合同约定的条件,不符合条件的不得转让、出租、抵押。划拨土地使用权转让、出租等,必须经有批准权的人民政府批准。"另外,《城市房地产管理法》(2007 年修正)第 56 条规定:"以营利为目的,房屋所有权人将以划拨方式取得使用权的国有土地上建成的房屋出租的,应当将租金中所含土地收益上缴国家。具体办法由国务院规定。"

按照财政部《关于国有土地使用权有偿使用收入征收管理的暂行办法》和《关于国有土地使用权有偿使用收入若干财政问题的暂行规定》的规定，由市、县人民政府房地产管理部门代收代缴。国务院颁布有新的规定时，从其规定。据此，一审判决认定《房屋租赁合同》有效是正确的，应予维持"。特别是后一案例属于最高人民法院的公布案例，具有一定的指导意义。

从最高人民法院立场的转变，可以看出，其已在有意无意地关注被违反的强制性规定的规范目的；而既往的司法规则区分效力性强制性规定与管理性强制性规定，更是自觉地且积极地强调区分类型。由此，《民法典》第 153 条第 1 款已不仅是引致规范，更是解释规则和概括条款。当然，苏永钦教授当年批评我国台湾地区实务界"概括条款的操作能力普遍落后于一般法律（法再造论落后于法解释论）"，[①]对于今天的我国大陆而言也恰如其分；如何提升这种司法能力，恐怕是一项艰巨的任务。

就法律、行政法规的强制性规定的规范目的，下级法院把握不准场合也可向最高人民法院请示，由最高人民法院予以批复。典型事例是就山东省高级人民法院《关于合同纠纷案件中"背靠背"条款效力的请示》，2024 年 6 月 3 日最高人民法院审判委员会第 1921 次会议通过的《最高人民法院关于大型企业与中小企业约定以第三方支付款项为付款前提条款效力问题的批复》，其第 1 条明确指示，"大型企业在建设工程施工、采购货物或者服务过程中，与中小企业约定以收到第三方向其支付的款项为付款前提的，因其内容违反《保障中小企业款项支付条例》第 6 条、第 8 条的规定，人民法院应当根据民法典第 153 条第 1 款的规定，认定该约定条款无效"。该批复第 2 条并对"背靠背"条款无效后围绕付款期限的合同漏洞填补及违约责任作出规定，体现了依法保障中小企业公平参与市场竞争，维护中小企业合法权益的鲜明态度，对防范化解金融风险、促进矛盾纠纷实质性化解具有重要意义。

***违法无效的类型化及解释适用**　（1）违反私法中的强制性规定，比如，《民法典》第 506 条、第 670 条、第 705 条、第 791 条第 3 款、第

① 参见苏永钦：《私法自治中的经济理性》，中国人民大学出版社 2004 年版，第 42 页。

864条。

(2)违反公法中的强制性规定,公法规范多为强制性规定,当事人的约定如果违反这些规定,很可能会被认定无效。当然在解释适用时必须探究被违反的法律规范的立法目的(或称法规意旨),而不能简单机械地"一刀切";这样,有的可能被认定为无效,有的则应认定为可撤销,有的可通过合同解除制度解决。择其要者如下:

其一,违反宪法有关公民基本权利的规定。《宪法》第二章规定了公民的基本权利和义务,如果当事人的合同中有的条款限制了其中的公民的基本权利,则应当认定为无效。比如,最高人民法院曾在1988年就雇工合同"工伤概不负责"是否有效作出批复,[①]略谓:"经研究认为,对劳动者实行劳动保护,在我国宪法中已有明文规定,这是劳动者所享有的权利,受国家法律保护,任何个人和组织都不得任意侵犯。张学珍、徐广秋身为雇主,对雇员理应依法给予劳动保护,但他们却在招工登记表中注明'工伤概不负责'。这是违反宪法和有关劳动保护法规的,也严重违反了社会主义公德,对这种行为应认定为无效。"[②]该免责条款由于侵犯了劳动者依宪法所享有的受劳动保护的宪法性权利(《宪法》第42条),故被认定为无效。就宪法关于基本权利的规定如何对私法关系发生效力之问题,依传统理论,宪法规定人民的基本权利,旨在保障人民免遭国家权力滥用的侵害。基本人权是一种对抗国家侵害的防卫权,其对象为国家,针对国家权力的行使,对于私人间的法律效果,无任何效力可言。[③] 1919年德国《魏玛宪法》开始突破此传统理论,到目前为止,在德国、日本以及我国均有借助宪法关于基本权利之规定否定劳动合同单身条款或者免责条款效力的判例出现,其效力发生的基础并不相同。德国采"直接适用说",[④]日本等司法实务中则采"间接适用说",即透过民法上的规定(尤其是具有引致功能的概括条款),实践

---

① 1998年10月14日最高人民法院(1988)民他字第1号《关于雇工合同应当严格执行劳动保护法规问题的批复》。该批复因已被合同法、劳动法、劳动合同法及相关司法解释代替,已于2013年1月被《最高人民法院关于废止1980年1月1日至1997年6月30日期间发布的部分司法解释和司法解释性质文件(第九批)的决定》废止。

② 张连起、张国莉诉张学珍损害赔偿纠纷案,载《最高人民法院公报》1989年第1号。

③ 参见王泽鉴:《民法学说与判例研究》(第7册),台北,1993年自版发行,第40~41页。

④ 在德国学说上,认为基本法第9条等的规定属于强制性规定(*zwingendes Recht*; *ius cogens*),无须求助于《德国民法典》第134条即可发挥其法律效力。See B. S. Markesinis, W. Lorenz & G. Dannemann, *The German Law of Obligations*, Vol. 1, 178 (1997).

宪法关于基本人权的价值判断。[①] 在我国，前述《最高人民法院公报》所载案例并未表明采何主张。从市民社会与政治国家的分离，以及公法与私法划分的角度来看，以采"间接适用说"为宜。[②] 如此，《民法典》第153条第1款便成为联系私法与公法的管道，具有使公法进入私法领域的功能。

其二，违反刑法。如果当事人缔结合同从事犯罪活动，则当然无效，这是各国的通例。在我国，如果当事人买卖伪造的货币，依照《刑法》第171条及《民法典》第153条第1款的规定，其买卖合同当然无效。同样地，以实施抢劫为目的缔结的雇佣合同，亦属无效。

其三，违反经济行政法的强制性规定，当事人的交易行为应当遵守经济行政法的有关规定，如金融法、税法、竞争法等。《民法典》第680条第1款所规定的"禁止高利放贷，借款的利率不得违反国家有关规定"，也体现了这一要求。当事人在从事交易、缔结合同时如果违反了经济行政法的有关规定，其合同的效力如何，这是一个取决于法律解释的问题。[③]

《公司法》第15条第1款规定："公司向其他企业投资或者为他人提供担保，按照公司章程的规定，由董事会或者股东会决议；公司章程对投资或者担保的总额及单项投资或者担保的数额有限额规定的，不得超过规定的限额。"该条第2款规定："公司为公司股东或者实际控制人提供担保的，应当经股东会决议。"如公司违反前述条款的规定，与他人订立担保合同的，不应简单认定合同无效。第一，该条款并未明确规定公司违反上述规定对外提供担保导致担保合同无效；第二，公司内部决议程序，不得约束第三人；第三，该条款并非效力性强制性的规定；第四，依据该条款认定担保合同无效，不利于维护合同的稳定和交易的

① 参见王泽鉴：《民法学说与判例研究》(第7册)，台北，1993年自版发行，第40~41页；《日本法学基础知识》，吉林大学法律系资料室译，内部参考用书1987年，第80~81页。

② 参见韩世远：《免责条款研究》，载梁慧星主编：《民商法论丛》第2卷，法律出版社1994年版，第505页。

③ 从比较法来看，在德国，如果合同涉及了逃税，则法院仅在以逃税为合同的主要目的之场合令合同无效。否则，即适用有关伪装行为(sham transactions)的有关规定，其结果为，伪装合同被弃置一边，适用与当事人真正想要缔结的合同相关的法律规定(《德国民法典》第117条第2款)。See BGH 9 June 1954, BGHZ 14,25,30.

安全。[①]

（五）规范定性的评价因素：正面清单与负面清单

为有助于对强制性规定是否影响合同效力的识别，最高人民法院《九民纪要》试图丰富相关评价因素，以慎重判断“强制性规定”的性质，特别是要在考量强制性规定能保护的法益类型、违法行为的法律后果以及交易安全保护等因素的基础上认定其性质，并在裁判文书中充分说明理由。下列强制性规定，应当认定为“效力性强制性规定”：强制规定涉及金融安全、市场秩序、国家宏观政策等公序良俗的；交易标的禁止买卖的，如禁止人体器官、毒品、枪支等买卖；违反特许经营规定的，如场外配资合同；交易方式严重违法的，如违反招投标等竞争性缔约方式订立的合同；交易场所违法的，如在批准的交易场所之外进行期货交易。关于经营范围、交易时间、交易数量等行政管理性质的强制性规定，一般应当认定为“管理性强制性规定”（《九民纪要》第30条）。

如果说《九民纪要》的上述规定的亮点集中在了其违反会导致合同无效的“强制性规定”评价因素的正面清单，《合同编通则解释》则是从《民法典》第153条第1款“但书”切入，列举了上述评价因素的负面清单，即其第16条第1款规定：“合同违反法律、行政法规的强制性规定，有下列情形之一，由行为人承担行政责任或者刑事责任能够实现强制性规定的立法目的的，人民法院可以依据民法典第一百五十三条第一款关于‘该强制性规定不导致该民事法律行为无效的除外’的规定认定该合同不因违反强制性规定无效：（一）强制性规定虽然旨在维护社会公共秩序，但是合同的实际履行对社会公共秩序造成的影响显著轻微，认定合同无效将导致案件处理结果有失公平公正；（二）强制性规定旨在维护政府的税收、土地出让金等国家利益或者其他民事主体的合法利益而非合同当事人的民事权益，认定合同有效不会影响该规范目的的实现；（三）强制性规定旨在要求当事人一方加强风险控制、内部管理等，对方无能力或者无义务审查合同

① 参见中建材集团进出口公司诉北京大地恒通经贸有限公司、北京天元盛唐投资有限公司、天宝盛世科技发展（北京）有限公司、江苏银大科技有限公司、四川宜宾俄欧工程发展有限公司进出口代理合同纠纷案裁判摘要，载《最高人民法院公报》2011年第2期。

是否违反强制性规定,认定合同无效将使其承担不利后果;(四)当事人一方虽然在订立合同时违反强制性规定,但是在合同订立后其已经具备补正违反强制性规定的条件却违背诚信原则不予补正;(五)法律、司法解释规定的其他情形。”应该指出,无论上述“正面清单”还是“负面清单”,均应理解为为裁判者解释法律、行政法规的具体强制性规定时应予考虑的具体评价因素,而不宜将《合同编通则解释》第16条第1款当作一个完全法条,因为它的表述,即“……有下列情形之一,……的,人民法院可以依据……的规定认定该合同不……无效”,确实容易给人这样的印象。尽管上述司法解释的释义作者称,“只要不存在本司法解释列举的违反强制性规定不导致合同无效的情形,人民法院就应认定违反强制性规定的合同无效”,[①]将具体规则适用的“原则——例外”思维方式套用在此,则必然会在实践个案中反复面对具体强制性规范的“规范目的”究竟是什么的追问。如此,希望通过一条规范终结“违法无效”的解释作业,终不现实。现实的做法是,承认合同裁判中会长期面对合同是否“违法无效”的审查,这是常规的法解释作业,人们在探索强制规定“规范目的”的路上,只能不断积累经验,丰富评价因素,以确保不断接近目标。职是之故,本书倾向于同时承认上述“正面清单”和“负面清单”,而非仅认后者一尊。裁判者宜兼顾两份清单。

(六)《民法典》第153条第1款但书

第153条第1款但书谓“该强制性规定不导致该民事法律行为无效的除外”,这提示人们注意法律、行政法规强制性规定关于民事法律行为的具体效果。比较典型的是一些权限性规定,比如基金份额、股权出质后,不得转让(《民法典》第443条第2款前句主文);知识产权中的财产权出质后,出质人不得转让或者许可他人使用(《民法典》第444条第2款前句主文);应收账款出质后,不得转让(《民法典》第445条第2款前句主文),出质人如违反上述规定进行转让,则构成无权处分。再如自己代理(《民法典》第168条第1款主文)或者双方代理(《民法典》

① 最高人民法院民事审判第二庭、研究室编著:《最高人民法院民法典合同编通则司法解释理解与适用》,人民法院出版社2023年版,第195页。

第168条第2款主文）之禁止，系禁止代理权滥用，与无权代理应有区别，其法律后果系待定之无效，允许被代理人同意或追认。[①] 又如公司向其他企业投资或者为他人提供担保，按照公司章程的规定，由董事会或者股东会决议；公司章程对投资或者担保的总额及单项投资或者担保的数额有限额规定的，不得超过规定的限额（《公司法》第15条第1款）；上市公司在一年内购买、出售重大资产或者向他人提供担保的金额超过公司资产总额30%的，应当由股东会作出决议，并经出席会议的股东所持表决权的2/3以上通过（《公司法》第135条）。如法定代表人以公司名义为他人提供担保，未遵守上述规定，其行为可能构成越权代表。如此，应根据《民法典》等的具体规定，认定违反此类规定的法律后果。故《合同编通则解释》第18条规定："法律、行政法规的规定虽然有'应当''必须'或者'不得'等表述，但是该规定旨在限制或者赋予民事权利，行为人违反该规定将构成无权处分、无权代理、越权代表等，或者导致合同相对人、第三人因此获得撤销权、解除权等民事权利的，人民法院应当依据法律、行政法规规定的关于违反该规定的民事法律后果认定合同效力。"该规定特别提示相关合同不适用《民法典》第153条第1款主文的一般规定。

五、违背公序良俗

（一）基本规定

违背公序良俗的民事法律行为无效（《民法典》第153条第2款）。在此前的立法中，以"社会公共利益"发挥与"公序良俗"类似的功能（原《合同法》第52条第4项）。相应地，合同如果违背公序良俗，也可以称为合同不具有"社会妥当性"。

《合同编通则解释》总结既往司法实践经验，于第17条第1款规定："合同虽然不违反法律、行政法规的强制性规定，但是有下列情形之一，人民法院应当依据民法典第一百五十三条第二款的规定认定合同无效：（一）合同影响政治安全、经济安全、军事安全等国家安全的；

① 参见崔建远等：《民法总论》（第3版），清华大学出版社2019年版，第251页。

(二)合同影响社会稳定、公平竞争秩序或者损害社会公共利益等违背社会公共秩序的;(三)合同背离社会公德、家庭伦理或者有损人格尊严等违背善良风俗的。"

据此,也可以说该司法解释提炼了三种基本类型,即:(1)影响国家安全型;(2)违背社会公序型;(3)违背善良风俗型。

此外,就如何适用《民法典》第 153 条第 2 款审查合同效力,第 17 条第 2 款规定:"人民法院在认定合同是否违背公序良俗时,应当以社会主义核心价值观为导向,综合考虑当事人的主观动机和交易目的、政府部门的监管强度、一定期限内当事人从事类似交易的频次、行为的社会后果等因素,并在裁判文书中充分说理。当事人确因生活需要进行交易,未给社会公共秩序造成重大影响,且不影响国家安全,也不违背善良风俗的,人民法院不应当认定合同无效。"

《民法典》第 153 条将违法与违背公序良俗以两款分别规定。从比较法来看,做法也不统一。[①]

(二)规范功能及其实现

公序良俗的特征在于内涵的不确定性,它是富有弹性的概念,如欲发挥规范功能,则需要法官在个案中对其具体内涵予以充实。当然,对于其解释适用,一方面,须作严格限制并保持谦抑性,以免被滥用,致生不良后果;[②]另一方面,法官在援用公序良俗裁判案件时亦应负担充分说理义务。在学说层面则应尽可能在综合判例积累的基础上,组成类型,丰富此类不确定概念的内涵,为司法裁判提供参考标准。

从中国的司法实践来看,在适用原《合同法》第 52 条的裁判文书中,更多的是适用其中的第 5 项,实际适用第 1 项、第 2 项、第 4 项的较

① 有些国家立法是将不法(illegality)与悖于公序良俗(immorality)放在一起规定的,比如《法国民法典》第 1131 条与第 1133 条、《意大利民法典》第 1343 条、《西班牙民法典》第 1275 条、《瑞士债务法》第 20 条、《荷兰民法典》第三编第 40 条等,另外也有一些国家则是分别规定的,比如《德国民法典》第 134 条与第 138 条。另可参见苏永钦:《私法自治中的经济理性》,中国人民大学出版社 2004 年版,第 32 页。

② 在英国法上,与我国法上的"公序良俗"相似的概念是"公共政策"(public policy),而公共政策之原理是受先例的限制的。对于公共政策是不能够过于强调、以致法官能够仅仅因为他认为某合同有悖于公共政策,便可以否定该合同。只有当合同是属于某一牢固确立的悖于公共政策的合同类别时,法官才能够干预,而这些合同大多是由于图谋犯罪而具有明显的有悖公共政策的性质。尽管法官可以对新情况类推适用先例规则,但法院已被认为不再可以发明公共政策的新名目了,法院只能在既有的框架内谨慎行事。See P. S. Atiyah, *An Introduction to the Law of Contract*, 345 (5th ed., 1995).

少。这一现象的存在有其合理性：其一，第 52 条第 5 项本身是一个引致条款，可以将具体的法律、行政法规的强制性规定和第 52 条规定的法律效果联系起来，对于法官的指示比较明确。同时，中国的法制 40 多年来已有相当的进步，在实体规则上也日趋丰富和完善。而在有具体规则场合，法院不应适用较为抽象的不确定概念或者一般条款。其二，“公序良俗”（或“社会公共利益”）这类不确定概念，本身也像一个摆渡工具，需要法官作相应的价值补充（具体方式容于后述），与法律、行政法规的确切规则相比，不确定因素更多一些，法官对它的运用相对慎重，理所当然。

合同内容应具有社会妥当性，此类条款被认为是赋予法官以权限，纵无法律规定，若从社会角度观察其内容当然应予禁止，则该合同无效。[①]

＊**裁判实例**　想完整地概括损害社会公共利益而合同无效的类型，实非易事。以下仅就中国近年来的几个裁判案例加以概括，以此反映中国司法实践的现状。在中国司法实践中，法官对“社会公共利益”（“公序良俗”）这一不确定概念的价值补充作业，依其作业方法，可大致区分如下类型。

1. 通过部委规章、地方法规作价值补充

法律、行政法规没有明确规定，部委规章中有相应的规则，这时法院不能够直接援引部委规章的规定认定合同无效，法院往往是借“损害社会公共利益”之名，认定合同无效。以下试举二例。

在（2008）民提字第 61 号案中，最高人民法院认为，“合同法实施以后，人民法院确认合同无效，应当以全国人大及其常委会制定的法律和国务院制定的行政法规为依据，不得以地方性法规、行政规章为依据。因此，在本案合同效力的认定上，不应以行政规章的规定为认定依据。但在法律、行政法规没有规定，而相关行政主管部门制定的行政规章涉及社会公共利益保护的情形下，可以参照适用其规定，若违反其效力性禁止性规定，可以以违反《中华人民共和国合同法》第 52 条第 4 项的规

① 大村敦志『基本民法Ⅰ総則・物権総論』（有斐閣，2007 年）63 頁。

定，以损害社会公共利益为由确认合同无效”[①]。

在另外一起案件中，上海市第二中级人民法院亦认为，“上述两个规范性文件虽然不是行政法规，但均系依据国务院的授权对《企业国有资产监督管理暂行条例》的实施所制定的细则办法”。“规定企业国有产权转让应当进场交易的目的，在于通过严格规范的程序保证交易的公开、公平、公正，最大限度地防止国有资产流失，避免国家利益、社会公共利益受损。因此，《企业国有产权转让管理暂行办法》《上海市产权交易市场管理办法》的上述规定，符合上位法的精神，不违背上位法的具体规定，应当在企业国有资产转让过程中贯彻实施。”最后，法院依据原《合同法》第52条第4项等规定，确认合同无效。[②]

上述做法后来得到了《九民纪要》的肯定，其第31条就“违反规章的合同效力”规定：“违反规章一般情况下不影响合同效力，但该规章的内容涉及金融安全、市场秩序、国家宏观政策等公序良俗的，应当认定合同无效。人民法院在认定规章是否涉及公序良俗时，要在考察规范对象基础上，兼顾监管强度、交易安全保护以及社会影响等方面进行慎重考量，并在裁判文书中进行充分说理”。

此种场合的公序良俗，借由部委规章、地方法规而具体化。裁判者的充分说理作业，主要围绕着此类规范构成公序良俗之证成。学说提出法院通常从形式和实质两个层面审查。在形式层面，人民法院通常审查此类规范是否有上位法依据、是否与上位法规定冲突、是否符合上位法立法目的、是否超越相关部门的规范制定权限、是否符合规范制定程序等。在实质层面，人民法院需要明确此类规范体现了何种公序良俗，以及为维护此种公序良俗，是否有必要宣告合同无效。[③] 该提议具有合理性，值得吸收推广。

2. 通过其他规范性文件作价值补充

在“辽宁中集哈深冷气体液化设备有限公司、徐沛欣案外人执行异

---

① 安徽省福利彩票发行中心与北京德法利科技发展有限责任公司营销协议纠纷案，载《最高人民法院公报》2009年第9期。

② 参见巴菲特投资有限公司诉上海自来水投资建设有限公司股权转让纠纷案，载《最高人民法院公报》2010年第4期。

③ 参见谢鸿飞、蔡睿等：《中华人民共和国民法典合同编通则司法解释释义》，中国法制出版社2024年版，第159～160页。

议之诉再审案”①中，案涉《房产代持协议》旨在规避北京市限购政策，相关文件并非地方性法规或行政规章，而纯属政策性文件。最高人民法院法官认为，《国务院关于坚决遏制部分城市房价过快上涨的通知》（国发〔2010〕10号）是基于部分城市房价、地价出现过快上涨势头，投机性购房再度活跃，增加了金融风险，不利于经济社会协调发展的现状，为切实稳定房价、抑制不合理住房需求、严格限制各种名目的炒房和投机性购房，切实解决城镇居民住房问题而制定的维护社会公共利益和社会经济发展的国家宏观经济政策。该通知授权“地方人民政府可根据实际情况，采取临时性措施，在一定时期内限定购房套数”。北京市人民政府为贯彻落实该通知要求而提出有关具体限购措施的京政办发〔2011〕8号文件，系依据上述国务院授权所作，符合国家宏观政策精神和要求。徐某某在当时已有两套住房的情况下仍借曾某某之名另行购房，目的在于规避国务院和北京市的限购政策，通过投机性购房获取额外不当利益。司法对于此种行为如不加限制而任其泛滥，则无异于纵容不合理住房需求和投机性购房快速增长……而且势必导致国家宏观调控政策落空……影响经济社会协调发展，损害社会公共利益和社会秩序。故徐某某与曾某某为规避国家限购政策签订的《房产代持协议》因违背公序良俗而应认定无效，徐某某依据规避国家限购政策的借名买房合同关系，不能排除对案涉房屋的执行。

3. 法官自己对不确定概念作价值补充

原告X律师事务所与被告Y船舶设计院签订聘请律师合同一份，约定由X指派W律师代理Y与S之间的赔偿纠纷案，律师代理费2万元。后来，双方又签订协议书一份，约定在原有代理关系基础上实行风险代理，Y如有接受调解、和解及终止代理等情形需与X协商一致，否则以约定律师代理费数额补偿X经济损失。

在赔偿纠纷案诉讼中，Y数次提出调解方案，均遭W律师拒绝。最终，Y在不让W律师知晓的情况下与S达成调解，并由法院制作了调解书。调解结果是由Y赔偿S80万元。赔偿纠纷案调解解决后，Y向X又支付了律师代理费12.5万元。X认为，对于X、Y之间的风险代理，X已为之付出大量投入，Y应依约按诉讼标的的15%赔偿原告的

① 最高人民法院民事判决书，(2020)最高法民再328号。

经济损失(律师代理费)。现请求判令被告赔偿经济损失(律师代理费)18.8万元。

本案一审的争议焦点是:X与Y签订的协议书中有关"Y如有调解、和解及终止代理等需与X协商一致,否则以约定律师代理费额补偿X经济损失"的约定是否有效。

在这起案件中,上海市第二中级人民法院认为,X律师所为获取自身利益最大化的可能而限制Y进行调解、和解,加重了当事人的诉讼风险,侵犯了委托人在诉讼中的自主处分权,不利于促进社会和谐,违反了社会公共利益。根据原《合同法》第52条的规定,损害社会公共利益,合同无效。故协议书中"Y如有调解、和解及终止代理等需与X律师所协商一致,否则以约定律师代理费额补偿X律师所经济损失"的条款应为无效。[①]

综上所述,"公序良俗"(或"社会公共利益")属于不确定概念,法院在裁判案件时须对之作价值补充,始能发挥相应的规范功能。我国法院在对此作价值补充时,固然可以由法官自己对不确定概念直接作价值补充,除此之外,我国司法实践也还体现出了一些富有中国色彩的特点,即有些时候是以"公序良俗"之名,行适用部委规章和地方法规之实。换言之,法律、行政法规没有明确规定,部委规章中有相应的规则,这时法院不能够直接援引部委规章的规定认定合同无效,法院往往是借"公序良俗"或"损害社会公共利益"之名,认定合同无效。

***违反公序良俗行为的类型:学说的整理**　梁慧星先生曾参考国外判例学说,将违反公序良俗的行为类型化为10种,实值参考,具体包括:(1)危害国家公序型,比如,以从事犯罪或帮助犯罪行为为内容的合同;[②]投票用纸买卖合同;身份证件买卖合同;规避课税的合意等。(2)危害家庭关系型,比如:约定父母子女别居的协议,约定夫妻别居的协议,约定断绝亲子关系的协议,"代理母"协议等。(3)违反性道德型,比

① 参见上海市弘正律师事务所诉中国船舶及海洋工程设计研究院服务合同纠纷案,载《最高人民法院公报》2009年第12期。

② 《法制日报》2000年7月6日第3版有一报道名曰:《两劫匪居然签订"抢劫合同","甲方乙方"一死一无期》,其中案犯二人所签抢劫合同,因违反社会公共利益,危害公共秩序,当然无效。

如:妓馆之开设、转让合同,为开设妓馆而购买或承租房屋的契约,对婚外同居人所作之赠与或遗赠,以同居为条件的财产移转等。(4)射幸行为型,比如:赌博、买空卖空、彩票、巨奖销售等,但经政府特许者除外。(5)违反人权和人格尊重行为型,比如:过分限制人身自由的劳动合同,以债务人人身为抵押的约款等。(6)限制经济自由型,比如:分割市场、封锁市场的协议,限制原材料输出或商品进入的协议等。(7)违反公正竞争型,比如:拍卖或招标中的围标行为,以贿赂方法诱使对方的雇员或代理人与自己订立的合同,以诱使对方违反其对于第三人的合同义务为目的的合同等。(8)违反消费者保护型,主要表现为利用欺诈性的交易方法、不当劝诱方法、虚假广告等方法与消费者发生的交易行为。(9)违反劳动者保护型,如"工伤概不负责"条款,"单身条款"等。(10)暴利行为型。①

六、《民法典》第 153 条第 1 款和第 2 款的关系:进一步的分析

《民法典》第 153 条第 1 款和第 2 款均属概括性规定,二者之间的关系,影响法律适用,不可不辨。

一种观点认为,原《合同法》第 52 条第 5 项(《民法典》第 153 条第 1 款)是第 52 条第 4 项(相当于《民法典》第 153 条第 2 款)的特别法,二者之间不存在互生现象。也就是说,在适用上,应当对第 52 条第 4 项进行目的限缩限制,以使第 52 条第 5 项作为特别法的作用能够充分发挥出来。倘若把二者作为同等地位看待,则会导致规范上的矛盾或者特别法客观上被搁置的结果,不符合法律体系逻辑性的要求。②

另有观点认为,原《合同法》第 52 条第 4 项(相当于《民法典》第 153 条第 2 款)凌驾于同条的其他各项规定之上,处于最上位的地位,是合同无效规范上的真正的"帝王条款"。原《合同法》第 52 条的其他各项(实际上包括《民法典》第 153 条第 1 款)只是对原《合同法》第 52 条第 4 项的具体化。③ 该学说以"大多数的违法也都同时损害了社会公共

① 参见梁慧星:《民法学说判例与立法研究》(第 2 册),国家行政学院出版社 1999 年版,第 16 页以下。

② 参见耿林:《强制规范与合同效力——以合同法第 52 条第 5 项为中心》,中国民主法制出版社 2009 年版,第 114 页;崔建远主编:《合同法》(第 7 版),法律出版社 2021 年版,第 78 ~ 79 页。

③ 参见黄忠:《违法合同效力论》,法律出版社 2010 年版,第 127 页。

利益”为由，而“将违反法律统摄到损害社会公共利益的判断中去”。“法律行为无效的唯一理由就在于该行为损害了社会公共利益。”“现有学说和《合同法》第 52 条第 5 项及其解释虽然对于契约自由观念的维护具有一定意义，但于司法实践却并未提供任何可行的判定路径。”“所以万法归一，无效合同判定的关键应当系于重大社会公共利益的发现和权衡之上。”[①]

（一）《民法典》第 153 条第 1 款算是同条第 2 款的特别法吗？

所谓一般法与特别法的关系，通常是在一般法规定的构成要件之外附加上其他特别要件，二者存在包容与被包容关系，特别法是包容者，一般法是被包容者。[②] 第 153 条第 1 款与第 2 款内容互异，难以认定二者之间在构成要件上存在包容与被包容关系，由此看来，似难构成特别法与一般法的关系。

如从比较法观察，可以看《德国民法典》第 134 条（法律禁止规定）与第 138 条（违反善良风俗的法律行为；暴利）的关系。在与《德国民法典》第 138 条第 1 款的关系上第 134 条处于优先地位：如果违反法律禁止规定的法律行为同时亦违反善良风俗，则原则上（grundsätzlich）依第 134 条处理。该规则当然亦不绝对，如若通过适用第 134 条并未导致无效，无效的结论尚可能通过第 138 条第 1 款得出，这一点当然有下述先决条件，即违反禁止规定的事实亦属于违反善良风俗的情形，这主要是指那些违反法律与法律行为之间的联系不紧密的情形。[③] 由此也可以印证，《民法典》第 153 条第 1 款与第 2 款并非特别法与一般法的关系。

（二）适法性与妥当性：合二为一？

从比较法角度观察，就强行法规与公序良俗的关系，日本通说采“二元论”，将前者称为适法性，将后者称为社会妥当性，二者性质不同。可是，日本实务上出现了将法令违反作为判断有无违反公序良俗时的

① 黄忠：《违法合同效力论》，法律出版社 2010 年版，第 126、128、129～130 页。

② 参见杨登峰：《选择适用一般法与特别法的几个问题》，载《宁夏社会科学》2008 年第 3 期。

③ MünchKommBGB/*Armbrüster*, 6. Auflage 2012, § 134 RdNr. 4.

一项要素加以考虑的裁判例。[①] 另外，日本民法学说上也出现了“一元论”，将因违反强行法规而无效，作为由违反公序良俗的法律行为无效的规定（《日本民法典》第 90 条公序良俗）推导而出（作为违反公共秩序的一种情形）。[②] 受此影响，日本《债权法改正基本方针》第 1.5.03 条（法律行为与法令的规定）意在改正《日本民法典》第 91 条，规定“法律行为当事人作出与法令规定不同的意思表示时，从其意思，但该规定关乎公序或者良俗时不在此限”[③]。该草案一方面肯定私法自治原则，另一方面将违反法令规定是否影响法律行为效力的问题，与公序良俗结合起来判断，给人以通过公序良俗统合法令规定的印象。该草案规定有两点特色：其一，不特意区分强行法规与取缔法规，悉依是否关乎公序良俗而为判断；其二，一改将法令中的强行法规作为公共秩序的传统立场，明确了法令规定也可能涉及善良风俗。

受此影响，就适法性与妥当性的关系，在中国民法学说及民事立法上经历了由合到分历程后，当下已有中国学者提出以公序良俗统合违反强制性规定的“一元论”。[④] 对此，似有进一步辨析的余地。

其一，在法律适用层面，如果能够依《民法典》第 153 条第 1 款及被引致的规范认定合同内容无效，是否还有进一步依该条第 2 款审查的必要？对此，似应作否定回答，否则，无异于画蛇添足。由此可见，法律适用在许多场合，无须走到第 2 款便已获得一个确切的结论，“找法”的过程不必走到第 153 条第 2 款便已画上句号。[⑤] 如此，“万法归一”的想法对于法律适用，似乎并无实益。

其二，法律适用依循一定的规则：有法律规则场合不必求诸法律原

① 大村敦志『基本民法 I 総則・物権総論』（有斐閣，2007 年）68～69 頁。

② 山本敬三『民法講義 I 総則（第 3 版）』（有斐閣，2011 年）254 頁。

③ 民法（債権法）改正検討委員会編『详解債権法改正基本方針 I 序論・総則』（商事法務，2009 年）63 頁。

④ 应该指出，在黄忠教授之前，已有孙鹏教授提出“一元化”，主张将违反强制性规定还原为公序良俗违反，以公序良俗作为判定违反强制性规定行为效力的唯一也是最终的依据。并认为此举的实益在于，能充分考虑个案的具体情况，避免效力判断中概括化、抽象化、简单划一化趋向。参见孙鹏：《论违反强制性规定行为之效力——兼析〈中华人民共和国合同法〉第 52 条第 5 项的理解与适用》，载《法商研究》2006 年第 5 期。

⑤ 张正国诉江苏红战建设工程有限公司等居间合同纠纷案［江苏省南京市中级人民法院民事判决书（2020）苏 01 民终 10148 号，《最高人民法院公报》2023 年第 8 期］似乎透露出，公报案例选编者对于《民法典》第 153 条第 1 款与第 2 款的适用方法认识欠妥。该案一审及二审均系以“违法”作为认定案涉居间合同无效的原因，而《公报》上的“案例要旨”却称：“该居间合同因扰乱建筑市场秩序，损害社会公共利益，应属无效合同。”换言之，合同无效非因“违法”，而系因违背公序良俗。司法解释释义书作者亦将此案作为《合同编通则解释》第 17 条的典型案例。参见最高人民法院民事审判第二庭、研究室编著：《最高人民法院民法典合同编通则司法解释理解与适用》，人民法院出版社 2023 年版，第 217 页。

则;法解释学的一般说明称此为禁止“向一般条款的逃避”[①](参见本书第一章第四节之五)。对于法官而言,通过《民法典》第153条第1款已引致一具体法律规范场合,适用此具体法律规范认定合同无效,其可操作性、安全性远较依第153条第2款为佳。因而,可以说《民法典》第153条的适用应当体现出一定的顺序或者层次,而用第153条第2款“统合”第1款,从法律适用层面,似无必要。

其三,从学理解释与体系构建角度观察,“万法归一”的想法反映出的是理论说明的体系化、抽象化偏好,本无所谓对错。笔者也曾指出,因为原《合同法》第52条第4项作为一般条款、作为一条通道,所“摆渡”过来的不是法律或者行政法规中的效力性强制性规定,而是其他(法律的或者道德的)规范,具有独立性和特殊性,故单独作为一种民事行为无效原因的类型。相对“违法无效”原因,欠缺社会妥当性构成了更进一层的“兜底”条款。[②] 但是,民法学作为一门实用法学,毕竟是以能够为法律适用提供智力支持为归趋;民法理论应当有其自身的恰当定位,既不应成为辅导“司法考试”式的知识点梳理,也不应成为过分形而上学的哲理思辨。其理想状态是使技术问题与思想问题保持适度平衡。民法理论本身是勾连生活世界与价值要素的逻辑体系,在关注生活世界和法的价值的同时,民法学的要务则在于设计合理的规范结构、提供合理的适用技术、形成自身的逻辑体系。在《民法典》第153条第1款与第2款关系的说明上,“万法归一”想法(思想问题)体现出的对于法规范背后的利益与价值的分析固然具有其合理性,但同时也应指出,与之相比,法律适用的层次构造(技术问题)的意义应该更大,更应该强调。否则,只强调“万法归一”有可能带来其他不良后果。[③]

总结《民法典》第153条第2款与第1款的关系,二者实居于并列地位,各自独立发挥规范功能。后者并非前者的特别法,在认识上以及理论说明上,后者亦无须“归一”于前者。《民法典》第153条将违法与违背公序良俗二者并列,没有采纳“万法归一”的想法。

---

① Vgl. *Justus Wilhelm Hedemann*, Die Flucht in die Generalklauseln: eine Gefahr für Recht und Staat, Tübingen: Mohr 1933.

② 参见崔建远等:《民法总论》(第3版),清华大学出版社2019年版,第205页。

③ 参见韩世远:《合同内容的适法性与妥当性》,载《月旦民商法杂志》2012年第6期。

七、无效的免责条款

（一）《民法典》第 506 条概述

《民法典》第 506 条是由原《合同法》第 53 条修正一字而来，该条以强制性规范的形式专门规定无效的免责条款。另外，该条规定不仅可以涵盖格式条款的情形，也可以涵盖非格式条款的情形。该条规定的免责条款，不以免除合同责任的情形为限，也可以涵盖免除侵权责任的情形。从规定的内容看，它分别人身与财产而设置不同的构成要件：一是造成对方人身损害的；二是因故意或者重大过失造成对方财产损失的。以下分别说明。

（二）造成对方人身损害的情形

1. 立法的由来

《民法典》第 506 条第 1 项规则的缘起是 20 世纪 80 年代发生在天津的一起案件，雇主雇用雇工拆除厂房，某雇工在作业过程中受伤医治不及时而死亡，死者家属要求雇主承担赔偿责任，被告辩称：死者在填写招工登记表时，同意“工伤概不负责”。[①] 由此引发了此项免责条款是否具有效力的争议。天津市高级人民法院为此请示最高人民法院，最高人民法院在批复中称：“经研究认为，对劳动者实行劳动保护，在我国宪法中已有明文规定，这是劳动者所享有的权利，受国家法律保护，任何个人和组织都不得任意侵犯。张学珍、徐广秋身为雇主，对雇员理应依法给予劳动保护，但他们却在招工登记表中注明‘工伤概不负责’。这是违反宪法和有关劳动保护法规的，也严重违反了社会主义公德，对这种行为应认定为无效。”上述案件也是依此批复处理，“工伤概不负责”免责条款无效。这起案件也引起了学术界的关注和评议，学者对此立场表示赞同。[②] 有最高人民法院批复意见在

① 参见张连起、张国莉诉张学珍损害赔偿纠纷案，载《最高人民法院公报》1989 年第 1 期。

② 参见梁慧星：《雇主承包厂房拆除工程违章施工致雇工受伤感染死亡案评释》，载《法学研究》1989 年第 6 期；梁慧星：《民法学说判例与立法研究》，中国政法大学出版社 1993 年版，第 270 页以下。

先，有学者肯定在后，在起草合同法过程中，该规则被明确规定下来，自是水到渠成之事。

2. 立法理由

首先，民法针对人身权益作此特殊规定，从根本上说是民法以人为终极目的和终极关怀这一价值取向的内在要求。德国法学家耶林早在1891年便曾指出，“以前是财产的高价值和人的低价值，现在是人的高价值和财产的低价值”[①]。现代民法不能对一切的权益作同样的保护，必须有所区别，“即‘人’的保护，最为优先；‘所有权’的保护次之；‘财富’（经济上利益）又次之，仅在严格的要件下，始受保护”[②]。

其次，个人利益中的某些部分兼具社会利益因素，文明社会生活要求每个人都能根据当时社会标准进行生活，而个人自我主张的利益（如身体）乃是文明社会生活的基础，对此基础的动摇即是对社会利益的侵犯。[③]

3. “人身伤害责任免责无效”的合理边界[④]

依据《民法典》第506条第1项，只要是免除对人身伤害责任的条款，不管当事人是否有故意或者重大过失，都应当使之无效。[⑤] 检索裁判案例，均是严格遵守这一规则，未见例外。随着案例类型的不断丰富，时至今日，已有必要反思上述规则的合理边界。

比如，自然人Y1（承揽人）与Y2（定作人）签订《农村建房承揽合同》，在合同中约定，“如Y1及施工人员出现重大工伤事故，以及因施工造成他人损失等事故，一切赔偿责任均由Y1负责承担”。Y1的雇工X在施工过程中受伤，起诉要求Y1及Y2承担连带赔偿责任。Y2援引其与Y1之间的上述约定以为抗辩。法院往往依据“人身伤害责任免责无效”处理，认定上述免责条款无效。

免责条款有的是要发挥免责抗辩（defensive）的功能，有的则是要发挥界定当事人义务（duty-defining）的功能。[⑥] 在上述《农村建房承揽合同》中约定免责条款，显然当事人的首要目的是清晰界定双方之间的

① 沈宗灵：《现代西方法理学》，北京大学出版社1992年版，第304页。

② 王泽鉴：《民法学说与判例研究》（第7册），台北，2006年自版发行，第105页。

③ 参见韩世远：《免责条款研究》，载梁慧星主编：《民商法论丛》第2卷，法律出版社1994年版，第506页。

④ 参见韩世远：《中国法中的不公平合同条款规制》，载《财经法学》2017年第4期。

⑤ 参见胡康生主编：《中华人民共和国合同法释义》，法律出版社1999年版，第95页。

⑥ Mindy Chen-Wishart, *Contract Law*, 418 (4th ed., 2012).

风险。这样的目的,无非是最后出了责任,要由哪一方负担的问题。法律是否一定要否定其效力,理应结合相应的规范目的进行分析。在约定“工伤概不负责”免责条款事例中,法律之所以要否定其效力,目的在于保障受到人身伤害的雇工能够得到赔偿。在保障这一规范目的的前提下,合同当事人约定是由甲方抑或由乙方负责赔偿,相应地明晰权利义务及风险,确定由哪一方负责投保意外伤害险,并无不妥。而在上述案例中,即便法院判决令两个被告共同承担连带责任,在他们之间仍有可否求偿的问题未解决,而双方之间的免责条款约定,反映的是双方之间的真实意思,本可以发挥解决被告之间内部关系的功能。发包人通过免责条款,图的是清静,作为代价,肯定要为此额外付费。判决该条款无效,打破了当事人之间的事先安排,发包人既额外支付了成本,又没有真正得到清静,无助于问题的最终公平解决。换一种思路,允许 Y1 与 Y2 自由约定免责条款(包括免除人身伤害责任),法官承认这种约定在当事人之间有效,但是,无法用来对抗人身伤害责任的受害人 X。这样,X 的利益得到了保障,Y1 与 Y2 也各得其所,这又何尝不是一种更为巧妙的安排、一种高超的平衡呢?而这种安排,是否违反《民法典》第 506 条第 1 项呢?没有。第 506 条第 1 项“造成对方人身损害的”措辞已然表明,立法者所要保护的是“对方”、是合同中的“对方”,换言之,受保护的是合同当事人,而非此外的第三人。而在上述案件中,遭受人身伤害的 X 并非合同当事人,合同也只约束 Y1 与 Y2。因而,严格地说,是法官没有准确适用第 506 条第 1 项。如今,《侵权责任编解释(一)》第 18 条第 3 款已经注意到此问题并承认定作人与承揽人可另有约定。

***“人身伤害责任免责无效”的合理边界:比较法**　类似的问题,在比较法上也存在,我们不妨看一下外国同行是如何处理的。在英国,甲向乙雇一台挖掘机及一名驾驶员丙(乙方的员工),甲乙在合同中约定,由甲方对于丙在受甲雇用期间操作挖掘机所可能发生的责任负责。假如由于丙在操作中的重大过失,损毁了甲方工厂的围墙,甲向乙主张损害赔偿,乙以上述免责条款抗辩。法院认为免责条款不能免除乙方

对于受害方甲方的过失责任。[①] 假如由于丙的过错,造成的不是甲的损害,而是导致丁死亡,丁的遗属向甲主张了损害赔偿;甲支付损害赔偿后,向乙进行追偿,乙援引上述免责条款以为抗辩。与上案结果相反,法院支持了乙的抗辩。[②] 法院认为,问题不在于援引免责条款的当事人是否想免除责任,而是在于该免责条款是否免除因过失而向受害人承担的责任(前者“是”,后者“否”)。英国《不公平合同条款法》第2条只是规制通过转嫁责任而排除对于因一方过失而受害之人的责任;它并不适用于将责任转嫁于因一方过失而受害之人以外的其他人的合同条款。[③]

英国《不公平合同条款法》第2条与我国《民法典》第506条具有相似的规范功能,英国法院在适用其法律时,并未机械固守“人身伤害责任免责无效”的规则,而是重视该规则对于真正受害人的保护功能。同理,在我国如果法官在裁判中能够注意探寻《民法典》第506条的规范目的,放弃机械思维,合理平衡受害人保护与合同自愿、风险分配及交易安全,将会使法律适用进入一新的境界。

（三）因故意或者重大过失造成对方财产损失的情形

从过错程度的角度控制免责条款的效力,亦可谓一种立法通例。[④] 我国法亦循此通例,规定免除故意或者重大过失造成对方财产损失的免责条款无效。

就其立法理由,可从两个方面分析。其一,如果允许预先以特别约定免除行为人将来因故意或重大过失所生之责任,则未免过分信任行为人,而使相对人蒙受非常之损害,故其特约应归无效。其二,在“个人利益——社会利益”的分析框架下,从过错角度规制免责条款,与对过错的否定性评价涉及一般道德的利益这种社会利益,故并非只是涉及当事人个人利益的权衡,还因为出于社会利益的考量。[⑤]

---

① *Phillips Products Ltd* v. *Hyland* [1987] 1 WLR 659.

② *Thompson* v. *T Lohan* (*Plant Hire*) *Ltd* [1987] 1 WLR 649.

③ Mindy Chen-Wishart, *Contract Law*, 422(4th ed., 2012).

④ 比如《德国民法典》第276条第3款、《瑞士债务法》第100条第1款、《希腊民法典》第332条、我国台湾地区“民法”第222条等。

⑤ 参见韩世远:《免责条款研究》,载梁慧星主编:《民商法论丛》第2卷,法律出版社1994年版,第507~508页。

八、合同无效的补救

由于合同的无效违背当事人的目的、有悖于私法自治，因而，除违反效力性强制性规定或公序良俗外，无效的合同应尽量使其减少。对于某些无效合同，通过采取某种补救措施，使之有效，裨益合同当事人及交易的便利，在法政策上实属可取。具体的补救措施主要包括部分无效、合同解释、无效行为的转换、合同改订等。

（一）部分无效

如前所述，早在罗马法上，便有“部分无效”的制度，[①]并为后世私法所继受。[②]《民法典》第 156 条规定了部分无效。民事法律行为部分无效，不影响其他部分效力的，其他部分仍然有效。只有当合同部分无效，导致了整个合同的目的无法实现，整个合同即失去存在意义的情况下，才应使整个合同无效。

（二）合同解释

合同既可解释为有效又可解释为无效的，应优先选择使合同有效的解释，称为“使合同有效的规则”（*Ut magis valeat quam pereat*），[③]这是由罗马法确立的规则，后世法律对此多有遵循。[④] 我国《合同编通则解释》第 1 条第 3 款前段规定，“对合同条款有两种以上解释，可能影响该条款效力的，人民法院应当选择有利于该条款有效的解释”。已然确立此一规则。

---

① 参见周枏：《罗马法原论》（下册），商务印书馆 1994 年版，第 623 页。

② 比如《德国民法典》第 139 条、原《民法通则》第 60 条。

③ 参见韩文博：《合同解释研究》，清华大学 2000 年硕士学位论文。

④ See *Restatement of the Law. Contracts 2d*, Section 203 (a).

（三）无效行为的转换

法律行为的要件各不相同，当事人在法律行为无效，也即最初的效果意思不能实现时，可能希望完成相近似的法律行为，此种期望是一种“转换的效果意思”，以求实现相近似的法律效果或经济目的。法律为尊重当事人的意思，经由效果意思的解释，使原本无效的法律行为转换成其他有效的法律行为，此项制度称为“无效行为的转换”。[①] 该制度肇始于罗马法，[②]被后世私法继受。[③] 此制度的本意，在于不拘泥行为之外观，而尊重当事人的合法真意，对交易作出新评价。它对稳定民事关系，维护当事人的正当利益具有积极意义。[④] 我国法目前尚没有该项制度。

（四）合同改订

PECL 第 4:105 条规定了合同的改订，“（一）如果一方当事人可因错误而宣布合同无效，但对方当事人表明它愿意或者实际上的确按照有权宣布合同无效的一方当事人所理解的合同加以履行，则该合同被视为按照错误方所理解的那样缔结。在被告知了有权宣布合同无效方所理解合同的方式后，以及在该方当事人基于对宣布合同无效的通知的信赖业已从事行为之前，对方当事人须立即表明它愿意履行或实际提供此种履行。（二）在这种表示或者履行之后，宣布合同无效的权利即丧失，而且任何先前的宣布合同无效的通知不生效力。（三）在双方当事人犯有同样错误的场合，法院可基于任何一方当事人的请求，使合同符合如果错误未曾发生所会达成的样子”。这种规定，可以为我们所借鉴。

---

① 参见施启扬：《民法总则》（第 10 版），台北，2001 年自版发行，第 317 页。另外可参见我妻栄『新訂　民法総則』（岩波書店，1965 年）391 頁以下；四宫和夫 = 能見善久『民法総則（第 9 版）』（弘文堂，2018 年）325 頁以下；［德］迪特尔 · 梅迪库斯：《德国民法总论》，邵建东译，法律出版社 2001 年版，第 394 页以下；王泽鉴：《民法总则》，北京大学出版社 2022 年重排版，第 507 页以下。

② 在罗马法上，无效的法律行为如具备其他行为的要件，而后一行为又合于当事人的意思的，则该行为应认为有效。例如，隐藏行为。又如，“要式移转物”以“交付”方式移转所有权，因未履行法定方式而在市民法上被视为无效的，仍可按大法官法取得所有权。周枏：《罗马法原论》（下册），商务印书馆 1994 年版，第 623 页。

③ 比如《德国民法典》第 140 条，我国台湾地区“民法”第 112 条。英美法亦遵从类似的规则，see Arthur Linton Corbin, *Corbin on Contracts* 12 (One Volume Edition 1952)。

④ 参见王卫国：《论合同无效制度》，载《法学研究》1995 年第 3 期。

第四节 可撤销的合同

一、可撤销合同概述

（一）撤销

“撤销”一词，在民法上时常被运用，且有不同含义。法人的撤销、监护人的撤销等，均系使某种法律资格归于消灭；失踪宣告的撤销、死亡宣告的撤销，系指取消某种决定。这两类撤销场合的撤销权，均归授予法律资格或做出决定的国家机关，属司法权力或行政权力的活动。与此不同，民法上民事法律行为的撤销，是指民事主体通过行使撤销权，使该行为的法律效力溯及既往地归于消灭。此处的撤销权，是一种归属于特定民事主体的民事“权利”，而非“权力”。

因意思表示不真实，通过撤销权人行使撤销权，使已经生效的合同归于消灭，称为合同的撤销。在我国法上，它是民事法律行为撤销的一种重要类型。存在撤销原因的合同，称为可撤销的合同（anfechtbarer Vertrag）。

（二）可撤销合同的性质及特征

可撤销的合同起初是有效的；如果它没有被撤销，就仍保持有效的状态；如果它被撤销权人适时地并以适当的方式撤销了，那么它就被视为自始无效。意思表示的效果就像无效合同那样溯及既往地被取消。可撤销的合同，只要它尚处在可被撤销的状态，尽管暂时是有效的，但却是可以被毁掉的（zwar vorläufig gültig，aber vernichtbar）。[1]

① Vgl. Larenz/Wolf, Allgemeiner Teil des Bürgerlichen Rechts, 9. Aufl. 2004, § 44 Rn. 21.

*关于可撤销合同性质的不同学说　1. 有效合同说。该说认为可撤销合同已经具备全部生效要件，从成立时起效力即已确定，是已经发生法律效力的合同，只是因有撤销权的人申请撤销才能归于无效。在未撤销前，其法律效力与有效合同并无差异，故属于附撤销权的有效合同。[①] 反对意见则指出，首先，该说未正确解释撤销权的实质，即实质上可撤销的民事行为仅对无撤销权的一方当事人具有约束力，谓之为完全有效而否认其处于效力不完全状态，在理论上难称妥当。其次，该说与《民法典》的规定不合，《民法典》第一编第六章第三节“民事法律行为的效力”将民事法律行为分作四类：有效的民事法律行为（第 143 条）、无效的民事法律行为（第 144 条、第 146 条、第 153 条和第 154 条）、可撤销的民事法律行为（第 147 ~151 条）及效力未定的民事法律行为（第 145 条）。最后，该说将导致对撤销和解除两个不同概念的混淆。[②]

2. 效力未定合同说。该说认为可撤销合同在被撤销前，其法律效力不是绝对无效或者绝对有效的，而是处于效力未定的状态。法律赋予一方当事人享有撤销权，在一定的期间内自行决定是否撤销合同。超过这一特定期间，可撤销合同即转变为有效合同。所以，可撤销合同的效力未定状态，仅针对享有撤销权的一方当事人而言。对无撤销权的另一方当事人，该合同对其是有完全拘束力的，他无权主张合同的撤销，并有义务在撤销期间内如约履行合同。[③] 这种观点也不符合如今《民法典》的规定，效力未定的合同有其特定的内涵。

3. 效力不完全合同说。该说认为可撤销的民事行为（合同），区别于完全有效的民事行为，在于法律赋予当事人一方以撤销权，该当事人据此可以请求法院撤销该民事行为，或者不请求撤销而请求变更其内容。可撤销的民事行为，经变更后，即成为完全有效的民事行为；经撤销后，则归于完全无效。可见，可撤销的民事行为，既区别于有效的民事行为，也区别于无效的民事行为，既存在变成有效民事行为的可能性，也存在变成无效民事行为的可能性。故可撤销的民事行为，在性质

---

① 如有学者指出：可撤销合同在未被撤销以前，仍然是有效的。参见王利明、崔建远：《合同法新论·总则》，中国政法大学出版社 2000 年版，第 281 页。同此见解者，参见余延满：《合同法原论》，武汉大学出版社 1999 年版，第 219 页；张谷：《略论合同行为的效力》，载《中外法学》2000 年第 2 期；王利明：《合同法研究》（第 1 卷），中国人民大学出版社 2011 年版，第 676 页；Vgl. auch Dieter Medicus, Allgemeiner Teil des BGB, 8. Aufl. 2002, S. 193。

② 参见梁慧星：《民法总论》（第 6 版），法律出版社 2021 年版，第 217 页。

③ 参见王家福主编：《中国民法学·民法债权》，法律出版社 1991 年版，第 331 页。

上应属于效力不完全的民事行为。[①]

可撤销合同的特征,可以通过比较予以揭示。

其一,可撤销的合同与无效合同有着显见的区别,无效合同自成立时起即已注定无效(自始无效),而可撤销合同的命运则可由撤销权人决定。

其二,可撤销合同在被撤销前,虽属有效,[②]但因仍有可能因撤销权的行使而归于无效,故学说上有“未决的生效”(schwebende Wirksamkeit)之概念,以揭示此种特殊状态。[③]

其三,可撤销合同与效力未定合同也存在差异。可撤销合同属于“未决的生效”,而效力未定的合同则属于“未决的不生效”(schwebende Unwirksamkeit)。[④] 效力未定合同存在着因追认而有效的问题、存在合同相对人的催告以及撤销的问题,而这些问题是可撤销合同场合所没有的;可撤销合同命运的最终决定,在我国要借助于法院或者仲裁机构,而效力未定合同命运的最终决定,并没有这种限制,多数情况下仅在民事主体私人之间即可以完成。

(三)撤销与变更

《民法典》就可撤销的民事法律行为未再像原《民法通则》第59条及原《合同法》第54条那样规定“可变更”,如何解读,见仁见智。[⑤] 可

---

① 参见梁慧星:《民法总论》(第3版),法律出版社2007年版,第197页。梁慧星教授原来曾主张“效力未定合同说”,参见梁慧星:《民法》,四川人民出版社1988年版,第134页;现在已改采“效力不完全合同说”,参见梁慧星:《民法总论》(第6版),法律出版社2021年版,第216~217页。

② 在英美合同法上,亦有“可撤销的合同”(voidable contract)的概念,依科宾教授的描述,在某种程度上,这种协议是具有法律效力的(legally operative),但是在法律效用的状态上存在差异。参见[美]A. L. 科宾:《科宾论合同》(上册),王卫国等译,中国大百科全书出版社1997年版,第15页;Arthur Linton Corbin, *Corbin on Contracts* 10 (One Volume Edition 1952)。

③ Vgl. Larenz/Wolf, Allgemeiner Teil des Bürgerlichen Rechts, 9. Aufl. 2004 § 44 Rn. 56.

④ Vgl. Larenz/Wolf, Allgemeiner Teil des Bürgerlichen Rechts, 9. Aufl. 2004 § 44 Rn. 49.

⑤ 有的学者对此持积极肯定意见,比如认为《民法总则(草案)》剔除了《民法通则》有关当事人就相对无效行为享有变更权的规定,实实在在是纠正了我国民法理论上的一个重大失误。参见尹田:《〈民法总则(草案)〉中法律行为制度的创新点之评价》,载《法学杂志》2016年第11期。有的学者认为,完全沿袭与全部废弃我国现行法关于可变更法律行为规定的极端做法皆不可取,部分保留可变更法律行为制度并对其加以补充完善的做法比较可行。参见朱广新:《论可撤销法律行为的变更问题》,载《法学》2017年第2期。

撤销本身是法律行为或者合同的一种效力状态，变更则不是。变更所对应的法律行为或者合同的效力状态是有效。因此，本书关于此种合同变更问题，并非在本章，而是在本书后述第八章“合同的变更和转让”中展开，此处仅就撤销与变更的关系作些说明。

1. 我国原有立法中的可变更或者撤销合同场合的变更，性质上是“裁判变更”。此种变更的发动，依原《民法通则》第59条及原《合同法》第54条，首先要有一方当事人请求人民法院或者仲裁机构予以变更。该方当事人所享有的权利，表面上是“请求”权，实质上是形成诉权，属于广义的形成权。合同是否变更以及如何变更，不是权利人单方意志决定的，而是有裁判者的意志融入其中，故不以此种变更为基于单方法律行为的变更，而是一种裁判变更。

2. 裁判的合同“变更”，本身并非一种合同效力状态类型，而是以合同有效为前提展开的。我国立法之所以这样规定，在立法精神上，是希望通过裁判，修正效力瑕疵原因，从而保全合同，尽可能实现当事人合同目的。

3. 我国法原有规则提倡变更优先于撤销。原《合同法》第54条第3款规定：“当事人请求变更的，人民法院或者仲裁机构不得撤销。”原《民通意见》第73条第1款规定：“对于重大误解或者显失公平的民事行为，当事人请求变更的，人民法院应当予以变更；当事人请求撤销的，人民法院可以酌情予以变更或者撤销。”

4. 由于我国法将可撤销与可变更同视，且以变更优先，这种裁判变更的事由也随着立法的变化展现出从无到有、从少到多，在原《民法通则》中，只是针对重大误解和显失公平，及至原《合同法》，更扩张到了欺诈、胁迫、乘人之危。而裁判变更本身的正当性开始受到质疑，认为这种规定无异于强迫另一方接受一个新的合同产生，与合同自由和自愿原则相矛盾，且有时违背公平原则，不利于保护无过错相对人的合法权益。[①]该问题其实是立法政策问题，不采可变更合同的立法例，当事人要么不撤销，要么撤销，是一种“要么全有，要么全无”的路径。我国立法采取可变更合同的方案，与之不同，变更合同的结果其实是一种折中的方案，体现“鼓励交易”原则。通过裁判变更，对于请求变更的当事人，自然不存

① 参见马俊驹、余延满：《民法原论》，法律出版社2010年版，第210页。

在悖于其意思的问题,而对于相对人,则要分别分析。在相对人是欺诈人、胁迫人、乘人之危的场合,一方面,裁判变更体现矫正正义;另一方面,强调合同是合同而不是儿戏,均有利于维护交易秩序,一般社会观念亦不会认为对相对人不公,因为裁判变更本身就要体现公平。对于重大误解的相对人,通过在重大误解构成要件上强调相对人的参与度(对错误的可识别性),亦不生问题。

5. 有观点批评原《合同法》关于撤销合同可变更的规定,认为其违背公平原则,不利于保护无过错相对人的合法权益,并举如下事例:甲因重大误解而将黄金当作黄铜卖给了乙(当时乙也不知其为黄金)。甲发现后以重大错误为由请求人民法院变更此合同,要求乙按黄金价格付款,乙此时主张将黄金返还给甲,且所支付的价款甲可不返还,甲不同意乙的请求。依《合同法》第 54 条的规定,此时人民法院只得变更,不得撤销,即人民法院只能判决乙按黄金价格支付价款。这实质上是使有过错的一方不承担任何责任,反而使无过错的一方承担了对其不利的法律后果。[①]

就上述事例,是否真的应像批评者所说的那样裁判呢?显然不是。其一,依其设例,乙当时也不知标的物为黄金,显然是双方错误,对此,不仅甲可以主张变更或者撤销合同,乙同样也有权主张变更或者撤销合同,如果乙确实不愿购买黄金,自然可以而且应当提起反诉主张撤销该合同,结果不是法院只得变更,不得撤销,而是可以裁判撤销合同。其二,如果乙没有主张因自己对标的物的重大误解而撤销,而只是在诉讼中表示自己的本意并不是购买黄金,而是购买黄铜,那么,本案便不宜硬性变更合同,因为不存在裁判变更的基础,法院可以驳回甲的诉讼请求。当然,这并不妨碍甲可以另行起诉,主张撤销合同。由于两个诉讼请求并不相同,故不构成一事不再理,法院仍应受理,并在审理后依法撤销合同。当然,法官也可以在第一个诉讼中向甲进行释明,让甲有机会变更其诉讼请求。

6. 可撤销合同之变更,应有变更的基础。首先,合同的内容要有所变化;其次,合同不失其同一性。将黄金误作黄铜买卖的事例,由于标的物的品种发生了根本性的变化,根本上动摇了合同同一性的根基,故

① 参见曾祥生:《撤销权制度研究》,中国社会科学出版社 2010 年版,第 189 页。

不存在变更的基础。什么样的情形算是存在变更的基础呢？比如计算错误、表示错误（比如履行日期）等，通过改正错误，并没有根本性地使合同的同一性丧失，便是存在变更的基础。另外，显失公平的合同，通过裁判变更而恢复客观的公平，也没有影响合同的同一性。

7. 可撤销合同之变更，究竟是法律行为的变更，抑或是法律关系（合同之债）的变更，抑或其他？[①] 法律行为与法律关系，不过是一枚硬币的两面，即便是意思表示的解释，最终仍要通过裁判变更，落脚于法律行为或者法律关系。

8. 从实务情况来看，比如Y银行记账员在电脑上将存款金额1400元误输入为14,000元，并将记载14,000元的存单交给X。法院最终支持Y的反诉请求，确认存款金额为1400元。[②] 这种处理结果自然有其合理性，而无须撤销整个民事法律行为。法院判决貌似确认之诉，实际上则是在发挥形成效果，是在变更合同，将错误更正过来。类似的事例，在实务中并不少见，因而，继续承认当事人可以根据需要请求变更，并无坏处。

随着原《合同法》等旧法的废止，可变更民事法律行为失去了主张变更的规范基础。

（四）撤销权

撤销权（Anfechtungsrecht），即撤销有瑕疵民事行为的权利，因其行使而使被撤销的民事法律行为自始没有法律约束力（参照《民法典》第155条）。

1. 性质

撤销权属于形成权（Gestaltungsrecht）的一种，[③]且具有从权利的性

---

① 参见张传奇：《论重大误解的可变更效力》，载《中外法学》2014年第6期。其主张重大误解的可变更效力可作意思表示的意义变更来解释，而作为真意解释。

② “郑明香诉中国工商银行仪征市支行存单案”，江苏省仪征市人民法院民事判决书，（1999）仪真民初字第253号。该案二审改判，江苏省扬州市中级人民法院民事判决书，（2000）扬民终字第20号。后经检察院抗诉，提起再审，撤销二审判决，维持一审判决。江苏省扬州市中级人民法院民事判决书，（2001）扬民再终字第25号。该案貌似确认之诉，实为形成之诉。法院实际上是支持了银行的请求，基于重大误解将法律行为的内容予以变更（而非撤销）。

③ Vgl. Larenz/Wolf, Allgemeiner Teil des Bürgerlichen Rechts, 9. Aufl. 2004, § 44 Rn. 23. 陈国柱主编：《民法学》（第2版），吉林大学出版社1987年版，第89页。

质,不得与基于可撤销的民事法律行为所生的权利相分离而转让。

撤销权虽属形成权,但其权利的行使,非谓仅以权利人向相对人为意思通知即可,我国法要求撤销权人“请求人民法院或者仲裁机构予以撤销”(《民法典》第 147 ~ 151 条)。换言之,通过诉讼或者仲裁的方式行使撤销权,[①]属于形成之诉。此种制度设计,一方面使撤销自身在事实上变得困难;另一方面,也使变动获得明确化,防止无谓滋生争议。[②]

⋆**撤销权“诉权说”评析**　该说认为,在我国当事人并无撤销合同的权利。撤销权属于法院和仲裁机关,当事人享有的,只是一种诉权,即在除斥期间内,请求法院或仲裁机关依法撤销。[③] 这种观点虽注意到了当事人不能仅依自己的意思直接通知对方当事人而变更或撤销合同之规则,但上述结论实难赞同。首先,关于诉权,虽然有各种各样的分歧观点,但基本上都接受它是一种当事人基于民事纠纷的事实,要求法院进行裁判的权利。[④] 换言之,诉权,主要是针对向法院提起诉讼的情形使用的。而向仲裁机构提请仲裁的权利,被称为“仲裁请求权”,是把可仲裁的民商事案件引渡到仲裁权面前的中介,与诉权一样,属于程序救济请求权的范畴。[⑤] 这样,就撤销权“诉权说”而言,至少没有全面概括当事人请求仲裁机构撤销民事行为或合同的情形。其次,罗马法上的 actio 被后世学者解析成请求权与诉权后,前者属于私权,后者依现今普遍接受的见解,当属公权之一种,因为其行使的对象是国家司法机关。《民法典》第 147 ~ 151 条虽可以作为诉权及仲裁请求权的规范基础,但当事人提请诉讼或仲裁的权利,绝非空中楼阁,而须有一定的实体法上的权利为依托,当可断言。显然,撤销权“诉权说”忽略了这个问题。最后,我国法律的上述规定,仅为对当事人撤销权行使方式的限制,法院和仲裁机构均非合同当事人,与合同没有任何利害关系,并

---

① 此处的立法政策似有进一步检讨的余地。合同的效力评价由肯定到否定,依次有四种结果:生效、未决的生效(可撤销)、未决的不生效(效力未定)和无效。“未决的不生效”在我国法上尚不要求法院或者仲裁机构的介入,“未决的生效”反而要求法院或者仲裁机构的介入了。

② 参见[日]新堂幸司:《新民事诉讼法》,林剑锋译,法律出版社 2008 年版,第 149 页。

③ 参见隋彭生:《合同法论》,法律出版社 1997 年版,第 127 页。隋彭生教授其后修正观点,认为“当事人享有的撤销权,是形成诉权”。隋彭生:《合同法要义》(第 4 版),中国人民大学出版社 2015 年版,第 109 页。

④ 参见刘荣军:《程序保障的理论视角》,法律出版社 1999 年版,第 248 页。对于诉权的历史发展,有较为详细的阐述,值得参考。

⑤ 参见谭兵主编:《中国仲裁制度研究》,法律出版社 1995 年版,第 158 页以下。

不实际享有合同撤销权,它们只是当事人行使撤销权所必须经过的审查环节而已。应该认为,撤销权在我国法上仍然属于形成权,只是其行使方式有特殊性。

2. 行使

撤销权的行使,为撤销权人单方的行为,无须相对人表示同意,也无须其配合,这是撤销权性质上为形成权使然。但须注意,关于撤销权的行使,《德国民法典》(第 143 条)、《日本民法典》(第 123 条)及我国台湾地区“民法”(第 116 条第 1 项),均仅要求以意思表示向相对人为之。而我国大陆与之不同,要求撤销权人行使撤销权时应向人民法院或者仲裁机构提出请求(《民法典》第 147 条 ~ 第 151 条)。换言之,撤销权的行使应采请求撤销之诉或仲裁申请的方式为之。如撤销权人不采取向法院起诉或向仲裁机构申请仲裁的方式为之,而直接向相对人以意思表示为之,应不发生撤销权行使的效力(如相对人表示同意则可发生协议解除的效力)。[①] 自比较法而言,相似者如《法国民法典》(原第 1117 条、现第 1131 条及第 1181 条)、《俄罗斯联邦民法典》(第 166 条)、《越南民法典》(第 125 ~ 129 条)等。

撤销权的行使应采取诉讼请求或者仲裁请求的方式。如果当事人只是以抗辩的方式主张,尚未为足,法院或者仲裁庭不应予以支持。

撤销权有可能被滥用,故有必要对其行使予以限制。比如,在因欺诈而发生撤销权场合,从德国的经验来看,就可能存在撤销权被用于不公平地歧视对方当事人,尤其是在劳动法的领域。典型的事例是劳动者为了能够被雇用,或为了避免遭受歧视,有时隐瞒了一些个人情况。又如,自己曾加入某团体组织或者自己是个孕妇,对这类情况,在德国判例上通常不认定构成欺诈。[②] 这类纠纷在我国也已存在,依《劳动合同法》第 26 条第 1 款的规定,欺诈、胁迫及乘人之危均可构成劳动合同无效的事由。不过,实务中法院对此从严掌握,比如认为:被告至原告公司应聘前台工作时已怀孕 7 个月,从正常情理上判断其怀孕事实已可识别,原告公司未充分举证证明被告隐瞒怀孕事实致使原告公司违

① 参见梁慧星:《民法总论》(第 6 版),法律出版社 2021 年版,第 219 页。

② See B. S. Markesinis, W. Lorenz & G. Dannemann, *The German Law of Obligations*, Vol. 1 208 (1997).

背真实意思与之建立劳动合同关系，故其主张双方自始为无效劳动合同关系的理由不能成立。[①]又如，有法院认为：因原告在知会函中写明的被告隐瞒怀孕事实，通过欺骗方式与公司签订劳动合同，且多种方式拖延与公司处理违约事宜的解除理由缺乏事实及法律依据，结合原告在被告怀孕期间将其辞退的实际情况，法院认定原告与被告解除劳动关系的行为属于违法解除性质，因此，法院对原告要求不支付被告违法解除劳动关系赔偿金的诉请不予支持。[②]

3. 消灭

作为一种形成权，撤销权如总不行使，势必使民事法律关系处于不定状态，对相对人相当不利，故有必要确立撤销权的消灭事由，在保护相对人的同时，也可督促权利人尽早行使权利。撤销权的消灭事由大体有二。

(1)除斥期间经过

撤销权既然属于形成权，有溯及地使可撤销的民事行为归于消灭的效力，则应有除斥期间的限制。除斥期间的作用，在于促使撤销权人尽快地行使权利，并保护相对人利益，有利于交易安全。[③] 除斥期间经过，撤销权即归于消灭，可撤销的民事行为因而成为完全有效的民事行为。[④] 依《民法典》第 152 条的规定，有下列情形之一的，撤销权消灭：(1)当事人自知道或者应当知道撤销事由之日起 1 年内、重大误解的当事人自知道或者应当知道撤销事由之日起 90 日内没有行使撤销权；(2)当事人受胁迫，自胁迫行为终止之日起 1 年内没有行使撤销权；[⑤](3)当事人知道撤销事由后明确表示或者以自己的行为表明放弃撤销权(第 1 款)。当事人自民事法律行为发生之日起 5 年内没有行使撤销权的，撤销权消灭(第 2 款)。

另外，上述除斥期间原则上虽无中止、中断之事，但唯其起算自有

① 参见福建省厦门市中级人民法院民事判决书，(2017)闽 02 民终 1345 号。

② 参见北京市通州区人民法院民事判决书，(2014)通民初字第 18997 号。

③ 相关研究文献，可参见耿林：《论除斥期间》，载《中外法学》2016 年第 3 期。

④ 参见梁慧星：《民法总论》(第 6 版)，法律出版社 2021 年版，第 219 页。

⑤ 《德国民法典》第 124 条规定“自胁迫终止时起算”，我国台湾地区“民法”第 93 条与之相似。由于受胁迫人对于撤销事由，于行为之时，无有不知者，若胁迫事由持续存在，受胁迫人虽在法律上有撤销的权利，实际上终无行使的可能，而令除斥期间自其时开始，殊不公平。故对此规定，学者颇有訾议，且谓为胁迫之人于此法制下，难免心存侥幸，尽其所能，为持续之胁迫，原《合同法》第 55 条之规定，徒托空言。参见张谷：《略论合同行为的效力》，载《中外法学》2000 年第 2 期。

其前提。设若A与B签署结算协议，A基于重大误解或显失公平而享有撤销权，在A主张撤销之前，A的债权人C以行使债权人撤销权为由而对A、B提起诉讼，并经一审、二审而获生效胜诉判决。事后，B提请再审，经上级法院提审程序，终作改判，此间二三年时光已过。如机械地看问题，则A自无再主张撤销的余地。设若二审判决生效时，A的撤销权尚未经过一年的除斥期间，基于生效判决的既判力，其撤销权已无行使的对象。故此后二三年时光之经过，不宜再继续计算；自提审判决生效而使结算协议复活时，继续计算除斥期间，方属公允。

(2)放弃撤销权

撤销权既然属于民事权利，其行使与否自然取决于权利人的意思，权利人也可放弃权利。《民法典》第152条第1款第3项亦有相应规定。由此可见，撤销权人放弃撤销权，应以意思表示向相对人为之，其意思表示既可为明示，也可表现为具体的行为，比如，撤销权人在明知享有撤销权的情况下，主动提交履行或要求对方履行，或者继续接受对方的履行，[①]即可表示放弃了撤销权，撤销权消灭。

4. 证明

在合同纠纷案件中，主张合同关系撤销的一方当事人对引起合同关系变动的事实承担举证责任。

下面，围绕可撤销合同的发生原因，作具体的展开。

二、欺诈

在民法上，欺诈是指以使他人陷于错误并因而为意思表示为目的，故意陈述虚伪事实或隐瞒真实情况的行为。

＊不同语境中的“欺诈” (1)民法上的“欺诈”。民法上可以在两个领域讲到“欺诈”，一是在法律行为(合同)领域，二是在侵权行为领域。本书即是在合同的领域谈论欺诈。除此之外，欺诈是否可以构成侵权行为，尤其是能否构成侵害自由权，向来是一项有重大争议的问

① 北京市海淀区人民法院民事判决书(徐某宝与理工大学培训合同纠纷案)，[法宝引证码]CLI. C. 885045；宁夏回族自治区银川市西夏区人民法院民事判决书，(2021)宁0105民初3599号。

题。在英国法上，自 1789 年的 Pasley v. Freeman 案以来，欺诈(deceit, fraud)是一种侵权行为，[①]在德国法上欺诈通常也会引发侵权责任(《德国民法典》第 826 条)。[②] 持肯定说的学者，多是将民法上所谓的自由区分为身体的自由与精神的自由，诈欺以及胁迫是构成对精神自由(或意思决定自由权)之侵害的典型。[③] 我国侵权法学者持此种见解者亦不乏其人。[④]

(2)刑法上的"欺诈"，即指诈骗罪而言，《刑法》第 266 条等专门作有规定。[⑤]

(3)法律效果的聚合。在法律上常见到同一行为符合数个法律规范的构成要件，由此引发法律效果(或责任)的竞合或聚合。同一欺诈行为，一方面，可以成为撤销合同的事由；另一方面，也可能符合侵权行为法上侵害自由权的构成要件，由于撤销权与侵权行为损害赔偿请求权的性质、功能、构成要件以及法律效果均有不同，因而可以并存。依学者见解，此时侵权行为损害赔偿请求权的存在与行使，与受欺诈法律行为的撤销与否，不生关系。因此，被害人于撤销其受诈欺而为的意思表示前，固得依侵权行为法的规定请求损害赔偿，在意思表示经撤销后，亦得主张之。[⑥] 同一欺诈行为，如果同时符合刑法上诈骗罪的构成要件，即要承担相应的刑事责任，此时并不妨碍民事责任或民事法律后果的承担。因为刑法以维护社会秩序为目的，而民法以保护被欺诈人利益为目的。总之，对于欺诈，合同撤销、侵权赔偿及刑事责任，此三者相辅相成，始可预防及压制欺诈，保护受欺诈人，而不必相互排斥，当然亦并非必然相伴而生。

---

① See W. V. H. Rogers, *Windfield & Jolowicz on Tort* 369 (16th ed., 2002).

② See B. S. Markesinis, W. Lorenz & G. Dannemann, *The German Law of Obligations*, Vol. 1 207 (1997).

③ 参见胡长清：《中国民法债篇总论》，商务印书馆 1947 年版，第 131 页；史尚宽：《债法总论》，台北，1954 年自版发行，第 143 页；加藤一郎『不法行為(増補版)』(有斐閣，1974 年)130 頁；吉村良一『不法行為法(第 2 版)』(有斐閣，2000 年)39 頁。

④ 参见王利明主编：《民法・侵权行为法》，中国人民大学出版社 1993 年版，第 307 页；杨立新：《自由权之侵害及其民法救济》，载《法学研究》1994 年第 4 期；张新宝：《中国侵权行为法》，中国社会科学出版社 1998 年版，第 407 页。

⑤ 刑法上诈骗罪的构成，要求财产上的损害。参见张明楷：《刑法学》(下册)，法律出版社 1997 年版，第 779 ~ 780 页。而民法中欺诈的构成，并不以被欺诈人因该行为而遭受财产损害为条件，这一点有别于刑法中的诈骗行为，民法的相关规定被认为并不是为了保护财产，而是为了保护当事人的决定自由(Entschliessungsfreiheit)。Vgl. Larenz/Wolf, Allgemeiner Teil des Bürgerlichen Rechts, 9. Aufl. 2004, § 37 Rn. 12.

⑥ 参见王泽鉴：《意思表示之诈欺与侵权行为》，载王泽鉴：《民法学说与判例研究》(第 2 册)，台北，1991 年自版发行，第 211 页以下。

在民法上，欺诈的构成通常需要以下要件。

（一）欺诈行为

一方当事人“故意告知虚假情况，或者负有告知义务的人故意隐瞒真实情况，致使当事人基于错误认识作出意思表示的，人民法院可以认定为民法典第一百四十八条、第一百四十九条规定的欺诈”（《总则编解释》第 21 条）。对此，应当注意的有以下数点。

1. 欺诈行为非法律行为，故无行为能力人也可以为欺诈。[①]

2. 欺诈行为通常表现为积极的作为，比如，故意告知对方虚假情况，将赝品说成真品、将低劣产品说成优质产品等。至于消极的不作为（沉默）能否构成欺诈，历来存有争论。[②]《民法典》第 500 条第 2 项前段规定“故意隐瞒与订立合同有关的重要事实”，可因此发生损害赔偿责任，实际上肯定了消极的不作为可以构成欺诈。因而，原则上讲，当事人并没有普遍的揭示义务（或告知义务），职是之故，《总则编解释》第 21 条补充规定了“负有告知义务的”人故意隐瞒真实情况，作为消极不作为之欺诈的构成要素。对此，根据特别的法律规定、诚信原则或者交易习惯，可以认有这种告知义务（作为一种先合同义务），这时，单纯的沉默也可构成欺诈。[③] 比如，房屋出卖人故意不告诉买受人房屋内曾经发生过凶杀案的信息（“凶宅”），而该信息对其与买受人之间的合同能否订立，或者订立的条件产生了实质性的影响，按照诚信原则，出卖人应向对方披露该信息。否则，在买卖价格与市场价格相当的情况下，其行为已非单纯沉默，应可认定构成欺诈。[④]

3. 在我国学说及司法规则上，欺诈被认为是对事实的故意的虚伪陈述或者隐瞒，主观意见的陈述能否构成欺诈，则鲜有讨论。国外学说

---

① 参见胡长清：《中国民法总论》，中国政法大学出版社 1997 年版，第 247 页。

② 参见本书第三章第七节“六、先合同义务”中的相关论述。

③ “保险事故发生后，保险公司作为专业理赔机构，基于专业经验及对保险合同的理解，其明知或应知保险事故属于赔偿范围，而在无法律和合同依据的情况下，故意隐瞒被保险人可以获得保险赔偿的重要事实，对被保险人进行诱导，在此基础上双方达成销案协议的，应认定被保险人作出了不真实的意思表示，保险公司的行为违背诚信原则构成保险合同欺诈。被保险人请求撤销该销案协议的，人民法院应予支持。”“刘向前诉安邦财产保险公司保险合同纠纷案”，最高人民法院公报案例，［法宝引证码］CLI. C. 1764689。

④ 参见洪某诉王某等房屋买卖合同纠纷案，浙江省杭州市滨江区人民法院民事判决书，(2011) 杭滨民初字第 602 号 (2011 年 12 月 22 日)；浙江省杭州市中级人民法院民事判决书，(2012) 浙杭民终字第 360 号。

上存有争论，有谓意见的陈述不构成欺诈；有谓意见的陈述是否构成欺诈，应当与沉默依同一标准以为决定，以后一见解为当。[①]

4. 欺诈行为如果是当事人之外的第三人作出，合同的效力能否因此而受有影响？《民法典》第149条已有规定："第三人实施欺诈行为，使一方在违背真实意思的情况下实施的民事法律行为，对方知道或者应当知道该欺诈行为的，受欺诈方有权请求人民法院或者仲裁机构予以撤销。"[②]如果由于甲的欺诈，乙与丙缔结了合同，则只有当丙知道或者应当知道欺诈事实时，乙才可撤销合同。法律这样规定的理由是：在这些情形下，表意人决定其意思的自由已不复存在，而自由地决定意思是私法自治的原则条件。[③] 然而，如果甲是丙的代理人，上述规则并不适用，因为被代理人须对其代理人的过失行为负责。[④] 在我国法上，也应仅当对方当事人知道或者应当知道第三人欺诈情事时，始允许撤销合同。另外，对此处的第三人应当作狭义解释，一方当事人的代理人、缔约辅助人等均应排除在外，仅限于与该当事人毫无关系的纯粹的第三人。这种处理方法，实际上是调和相对人利益的结果，不过，受欺诈人仍有对作出欺诈行为的第三人追究侵权行为责任的余地。[⑤]

（二）欺诈的故意

欺诈的构成以欺诈人欺诈的故意为必要，是大陆法系历来通说见解，《民法典》第500条第2项以及此前的司法解释亦以欺诈人的故意为要件。

所谓欺诈的故意，其含义有二：其一，须有使相对人陷于错误的故意；其二，须有使相对人因其错误而为一定意思表示的故意（双重故意）。[⑥] 例如，仅因夸耀富有，伪称其所藏伪画为真迹，虽使相对人陷于

---

① 参见胡长清：《中国民法总论》，中国政法大学出版社1997年版，第248页。

② 相关比较立法例，如《德国民法典》第123条第2款以及《日本民法典》第96条第2项。

③ 参见[德]卡尔·拉伦茨：《德国民法通论》（下册），王晓晔等译，法律出版社2003年版，第542页。

④ 比如《德国民法典》第278条。

⑤ 遠藤浩ほか編『民法(1)総則(第4版増補版)』(有斐閣，1999年)169頁。

⑥ 参见胡长清：《中国民法总论》，中国政法大学出版社1997年版，第248页；我妻栄『新訂 民法総則』(岩波書店，1965年)308頁；須永醇『民法総則要論』(勁草書房，1988年)199頁；三和一博＝平井一雄編『民法総論要説』(青林書院，1990年)116頁；潮見佳男『民法総論講義』(有斐閣，2005年)175頁。

错误,但并没有使之基于该错误而为一定意思表示的意思,故不构成民法上的欺诈。

*过失欺诈　如一方当事人对于陈述虚伪事实或者没有告知真实情况只是出于过失,并不构成故意欺诈。在德国,对于所谓“过失欺诈”(fahrlässige Täuschung)可依《德国民法典》第311条第2款发生缔约过失责任(Haftung aus *culpa in contrahendo*);另外,也可以作为物的或者权利瑕疵问题(Sach-und Rechtsmängel)处理。[①] 在日本,不承认所谓“过失欺诈”,它可以作为因违反说明义务或者情报提供义务的损害赔偿请求权问题,依据缔约过失或者侵权行为的法理处理。[②] 我国民法理论强调欺诈的“故意”属性,不承认“过失欺诈”。就所涉问题,首先,相对人可依重大误解主张撤销合同。其次,如果相对人不选择撤销合同,且符合条件,物的瑕疵担保的规定也是可以援用的,据此发生违约责任。最后,相对人可否主张对方依据缔约过失承担赔偿责任,值得探讨,《民法典》第500条第2项限定于故意,为此设置了障碍。本书主张,可依第3项作为“其他违背诚信原则的行为”,令其承担赔偿责任。

（三）因果关系

即相对人因欺诈行为而陷入错误,并且因该错误而作出意思表示。民法上欺诈的构成以这两层因果关系为必要,且该因果关系以对于被欺诈人自己存在为已足,不必考虑通情达理之第三人会是如何。[③]

1. 相对人因欺诈而陷入错误

欺诈人虽有故意欺诈行为,倘若相对人未因此而陷入错误,则并不构成民法上的欺诈,不发生欺诈的法律后果。另外,错误虽然不是由于欺诈而来,但因欺诈的缘故,使错误的程度加深或继续保持,仍然构成欺诈。[④] 此所谓错误,是指对合同内容及其他重要情况的认识缺陷。例

① Vgl. *Larenz/Wolf*, Allgemeiner Teil des Bürgerlichen Rechts, 9. Aufl. 2004, S. 689 – 690.

② 潮見佳男『民法総論講義』(有斐閣,2005年)175頁。

③ 須永醇『民法総則要論』(勁草書房,1988年)199~200頁;三和一博＝平井一雄編『民法総論要説』(青林書院,1990年)116頁;潮見佳男『民法総論講義』(有斐閣,2005年)175頁。

④ 参见王家福主编:《中国民法学·民法债权》,法律出版社1991年版,第350页。

如，误以劣质品为优质品，误以有重大瑕疵的标的物为无瑕疵的标的物，不知当事人无履行能力等。不以法律行为的内容有错误为必要，即法律行为的动机有错误，亦应理解为因被欺诈之意思表示，民法于错误意思表示以外，复设被欺诈之意思表示，其实益即在于此。[①]

＊知假买假与欺诈行为　《消费者权益保护法》第55条规定："经营者提供商品或者服务有欺诈行为的，应当按照消费者的要求增加赔偿其受到的损失，增加赔偿的金额为消费者购买商品的价款或者接受服务的费用的三倍；增加赔偿的金额不足五百元的，为五百元。法律另有规定的，依照其规定。经营者明知商品或者服务存在缺陷，仍然向消费者提供，造成消费者或者其他受害人死亡或者健康严重损害的，受害人有权要求经营者依照本法第四十九条、第五十一条等法律规定赔偿损失，并有权要求所受损失二倍以下的惩罚性赔偿。"[②]这是我国法律关于消费者合同场合惩罚性赔偿的明确规定，其构成要件的关键点在于"欺诈行为"。

由《消费者权益保护法》关于惩罚性赔偿的规定引出了所谓"王海现象"，即知假买假的做法。而知假买卖的行为该不该受《消费者权益保护法》上述规定的保护，无论是在实务界还是在理论界，成了争论焦点，且存在巨大分歧。[③]

消费者合同本身是一种平等主体之间的民事合同，《消费者权益保护法》关于消费者合同的规则属于关于此种民事合同的特别法，相较于《民法典》，居于优先适用的地位。在特别法上没有规定的场合，则应适用《民法典》之类一般法及相关司法解释。准此以言，《消费者权益保护法》第55条中的"欺诈行为"，在该法有特别界定场合自应依其界定，如果没有特别界定，自然应依一般法及相关司法解释的规定。

---

① 参见胡长清：《中国民法总论》，中国政法大学出版社1997年版，第249页。

② 该法修正前的第49条规定："经营者提供商品或者服务有欺诈行为的，应当按照消费者的要求增加赔偿其受到的损失，增加赔偿的金额为消费者购买商品的价款或者接受服务的费用的一倍。"

③ 就此问题持否定意见者如梁慧星：《〈消费者权益保护法〉第四十九条的解释与适用》，载《人民法院报》2001年3月29日；李仁玉、陈超：《知假买假惩罚性赔偿法律适用探析——对〈最高人民法院关于审理食品药品纠纷案件适用法律若干问题的规定〉第3条的解读》，载《法学杂志》2015年第1期。持肯定意见者如李友根：《消费者权利保护与法律解释——对一起消费纠纷的法理剖析》，载《南京大学法律评论》1996年第2期；沈幼伦、黄伟丰：《也谈知假买假索赔的"王海现象"》，载《法学》2002年第8期；陈云良：《打假要靠谁——对梁慧星先生的诘词》，载《书屋》2003年第2期；应飞虎：《知假买假行为适用惩罚性赔偿的思考——基于法经济学和法社会学的视角》，载《中国法学》2004年第6期。

时至今日，我们没有见到《消费者权益保护法》或者立法机关的特别说明表示其中的“欺诈行为”内涵有别于一般民事法律中的“欺诈行为”，因而，我们没有正当的根据证成对《消费者权益保护法》第55条中的“欺诈行为”作别样解释的合法性。关于“欺诈行为”的认定，依《总则编解释》第21条，欺诈行为的构成，不仅要有客观的行为（告知虚假情况或者隐瞒真实情况），还要有主观的故意，更要有“致使当事人基于错误认识作出意思表示”方可。据此分析，显然知假买假者抑或所谓“疑假买假”者并没有因为经营者的欺诈的行为而陷于错误，购买（买假）的意思表示的作出并非基于错误，而是出于借助《消费者权益保护法》第55条谋取惩罚性赔偿的动机，因而不构成该法上的“欺诈行为”，不发生惩罚性赔偿请求权。[①]

《食品安全法》第148条第2款规定：“生产不符合食品安全标准的食品或者经营明知是不符合食品安全标准的食品，消费者除要求赔偿损失外，还可以向生产者或者经营者要求支付价款十倍或者损失三倍的赔偿金；增加赔偿的金额不足一千元的，为一千元。但是，食品的标签、说明书存在不影响食品安全且不会对消费者造成误导的瑕疵的除外。”《食品药品纠纷解释》第3条规定：“因食品、药品质量问题发生纠纷，购买者向生产者、销售者主张权利，生产者、销售者以购买者明知食品、药品存在质量问题而仍然购买为由进行抗辩的，人民法院不予支持。”上述规定被认为反映了“知假买假”行为不影响消费者维护自身权益，并以最高人民法院发布的“孙某山诉南京欧尚超市有限公司江宁店买卖合同纠纷案”[②]为例，孙某山明知该超市出售的香肠过了保质期而购买，法院依然依法判决支持孙某山退货并取得10倍价款赔偿金。[③]对此，应当注意，《食品安全法》第148条第2款没有使用“欺诈行为”概念，只是强调了“生产不符合食品安全标准的食品或者经营明知是不符合食品安全标准的食品”，没有要求消费者方面是否发生错误以及是否基于错误而从事法律行为，因而，是否属于“知假买假”，不在《食品安全

---

① 参见韩世远：《消费者合同三题：知假买假、惩罚性赔偿与合同终了》，载《法律适用》2015年第10期。

② 最高人民法院指导案例23号“孙银山诉南京欧尚超市有限公司江宁店买卖合同纠纷案”。《最高人民法院发布第六批指导性案例》，载《人民法院报》2014年1月29日，第3版。

③ 参见张先明：《“不给制售有毒有害食品和假冒伪劣药品的人以可乘之机”——最高人民法院民一庭负责人答记者问》，载《人民法院报》2014年1月10日，第4版。

法》所规定的惩罚性损害赔偿责任构成要件之列，这是该法与《消费者权益保护法》的重大区别。如果不注意这一区别，只是泛泛而论“知假买假”是否受法律保护，则与法律“门外汉”无异；如若进一步以《食品安全法》及《食品药品纠纷解释》保护了“知假买假”为据，认为《消费者权益保护法》也同样保护“知假买假”，那可真是大错特错了。

2. 相对人因错误而为意思表示

依学说解释，受欺诈人因错误而为意思表示，要求错误判断与意思表示之间有因果关系。[①] 故此，如相对人的意思表示，非由于错误而生，则无适用本条之余地。例如，出卖人虽用种种手段隐蔽货物的瑕疵，然买受人并不调查其货物如何，径自买受其货物。于此场合，出卖人的行为，固不免于道德上的非难，然买受人的判断，并未受欺诈行为的影响，从而错误与意思表示之间，自无因果关系之可言。[②] 另外，受欺诈人虽然陷入错误，但并未因此而为意思表示，也不构成欺诈，不发生撤销权。

（四）欺诈的违法性

欺诈须违反法律、违反诚信原则，如果一方是为了对方的利益而作欺骗性的陈述，则不成立欺诈。[③] 在判断欺诈是否具有违法性时，欺诈行为的程度是一重要考虑因素。欺诈行为的成立要以达到违反交易上要求的诚信为必要，[④]必须是达到了社会生活上不能容许的程度，叫卖香蕉场合的信口开河，在一般社会观念中是容许的，由于不具有违法性，并不构成此处的欺诈。[⑤]

三、胁迫

一方或者第三人以胁迫手段，使对方在违背真实意思的情况下实

① 参见梁慧星：《民法总论》（第6版），法律出版社2021年版，第190页；崔建远主编：《合同法》（第7版），法律出版社2021年版，第83页。

② 参见胡长清：《中国民法总论》，中国政法大学出版社1997年版，第249页。

③ 参见王家福主编：《中国民法学·民法债权》，法律出版社1991年版，第350页。

④ 内田貴『民法Ⅰ　総則・物権総論［第4版］』（東京大学出版会，2008年）77頁参照。

⑤ 三和一博＝平井一雄編『民法総論要説』（青林書院，1990年）116頁参照。

施的民事法律行为，受胁迫方有权请求人民法院或者仲裁机构予以撤销（《民法典》第150条）。胁迫，是指不法地向相对人表示施加压力，使之恐惧，并且基于此种恐惧而为一定意思表示的行为。

胁迫手段的构成应具备如下要件。

（一）胁迫行为

胁迫行为，是指胁迫人对于受胁迫人表示施加危害的行为。其内涵在法制史上有一个不断扩张的演变过程。[①] 在我国，“以给自然人及其近亲属等的人身权利、财产权利以及其他合法权益造成损害或者以给法人、非法人组织的名誉、荣誉、财产权益等造成损害为要挟，迫使其基于恐惧心理作出意思表示的，人民法院可以认定为民法典第一百五十条规定的胁迫”（《总则编解释》第22条）。学说通常认为，不问危害是否属于重大，只要使受胁迫人达到发生恐惧的程度就够了。[②]

依《民法典》第150条的规定，胁迫的行为人既可以是一方当事人，也可以是第三人。对于第三人的胁迫行为，不论受胁迫人的合同相对人是否知道或应否知道，均可以构成撤销权的原因。[③] 之所以与第三人欺诈场合有所不同，乃是因为与欺诈相比，胁迫的危害性更为剧烈，有必要对受胁迫人予以特别保护。正如拉伦茨先生所指出的，“法律坚决反对采取胁迫行为对表意人意志施加非法影响的做法；因此，即使相对人对胁迫既一无所知，亦无法知道，他也不应受到保护”[④]。

---

① 在罗马法上要求危害必须是重大的，是对人的身体、生命、自由、贞操、名誉等的威胁。另外，在英国早期的普通法上，胁迫的概念是非常狭窄的，仅限于对缔约当事人之一方的人身现实的或者威胁性的施暴或者非法强制。此一概念不断遭到批判并为后来的判例所修正，将胁迫的概念一再地扩张，目前胁迫之检验已相当灵活，端视是否存在“损及同意的意思压迫”（coercion of the will, which vitiates consent），甚至在个别场合有条件地承认了“经济胁迫”（economic duress）。See G. H. Treitel & E. Peel, *The Law of Contract* 443（12th ed., 2007）; J. Beatson, *Anson's Law of Contract* 272－3（27th ed., 1998）.

② 参见王家福主编：《中国民法学·民法债权》，法律出版社1991年版，第347页；王利明：《合同法研究》（第1卷），中国人民大学出版社2011年版，第653页。

③ 可参考《法国民法典》第1142条、《意大利民法典》第1434条。值得注意的是，与此不同，在英国普通法上，第三者施加的压力，若为合同对方所知，亦可起作用。何美欢：《香港合同法》（上册），北京大学出版社1995年版，第323页。换言之，第三人的胁迫非为合同对方所知时，则不能够成为撤销合同的事由。

④ ［德］卡尔·拉伦茨：《德国民法通论》（下册），王晓晔等译，法律出版社2003年版，第542页。与此相左的见解，参见王利明：《合同法研究》（第1卷），中国人民大学出版社2011年版，第652页。我国也有学者提出，传统民法对第三人欺诈与第三人胁迫采取的区分模式忽视对交易安全的保障，造成法律制度内部的冲突。对第三人欺诈与第三人胁迫设立统一规则的模式具有诸多优点，在最近的民法理论中得到越来越多的支持。参见薛军：《第三人欺诈与第三人胁迫》，载《法学研究》2011年第1期。相似观点，另参见冉克平：《论因第三人欺诈或胁迫而订立合同的效力》，载《法学论坛》2012年第4期。

★胁迫行为的类型　(1)身体胁迫与精神胁迫。这是源于罗马法的分类，将胁迫区分为身体胁迫(*vis physica*)和精神胁迫(*vis impulsive metus*)。前者场合表意人根本无意思的存在，如甲以强力执乙之手强使其在契约上签字，乙并无摆脱的余地，只是作为甲的工具签了字，自不发生意思表示瑕疵的问题，其签字当然不能发生任何效力，故亦称绝对胁迫(*vis absolute*)或者暴行。在后者场合，受胁迫人则有为法律行为的意思，不过其行为的内容非其所愿，其行为纯系为避免某种危害而已，如果受害人在受恐吓后精神错乱，丧失辨别能力，其所为自亦绝对无效。只有精神胁迫者构成意思表示的瑕疵，简称为胁迫，以示与暴行的区别。[①] 法国法继受罗马法，相应地将胁迫区分为肉体上的胁迫(*violence physique*)与精神上的胁迫(*violence morale*)。肉体的胁迫之场合，当然欠缺合意，合同被作为绝对无效处理。精神上的胁迫在法律上的效果，是合同相对无效的原因(《法国民法典》原第1111~1115条，原第1117条)。[②] 在我国，立法并未区分身体胁迫与精神胁迫，更没有相应地赋予不同的法律效果，而是将两类胁迫一并规制。[③] 故此种分类，在我国仅有学理意义。

(2)当事人所为的胁迫与第三人所为的胁迫。这是依胁迫行为的主体不同所作的分类，《民法典》第150条将二者作统一规定，依相同规则处理。从比较法来看，一般二者的法律效果并没有多大不同，[④]唯对于其构成要件要求可能存在差异。

(3)经济胁迫。在现代经济社会，出现了所谓“经济胁迫”(economic duress)，并引发了普遍的关注和讨论。这一问题尤其以英美法为典型代表，但又不局限于英美法有其存在。[⑤] 依《布莱克法律词

---

① 参见周枏：《罗马法原论》(下册)，商务印书馆1994年版，第592~593页。另可参见[意]彼德罗·彭梵得：《罗马法教科书》(2017年校订版)，黄风译，中国政法大学出版社2018年版，第61页。

② 山口俊夫『フランス債権法』(東京大学出版会，1986年)30頁。2016年《法国民法典》修法后，新的第1140条以下规定了胁迫承认经济胁迫是其亮点。F. Ancel & B. Fauvarque-Cosson『フランス新契約法』(齋藤哲志＝中原太郎訳，有斐閣，2021年)186頁。

③ 合同法“建议草案”起草理由略谓：“《民法通则》颁布以后，理论界一般认为，我国民法中的胁迫包括暴力强制，也包括威胁。考虑到暴力强制和威胁虽然内容和形式不同，但在导致合同无效这点上，具有完全相同的性质，故本草案将暴力强制和威胁统一于胁迫的概念之中。”

④ 根据《法国民法典》原第1111条的规定，无论胁迫行为系合同当事人实施抑或第三人实施，其引起的法律后果完全相同，都是相对无效，可以由受胁迫人请求撤销。另参见新第1142条和第1131条(相对无效)。

⑤ 比如在法国，对于该问题便有不少的讨论。参见尹田编著：《法国现代合同法》，法律出版社1995年版，第96~97页。

典》所作之定义："'经济胁迫'或商业压迫(business compulsion)之抗辩，产生于某个人，通过作用于另一人对将会发生的经济损害的担忧，不法地迫使后者在其自由意志之作用受到妨碍的情况下作出某种行为。比如，以买方不同意另外一份生产合同便不再继续完成某合同中特别关键部分的履行相威胁。"[①]经济胁迫，在英国法律乃是20世纪后期之产物，意指一方对另一方经济损失上的恐吓而言。[②]

我国法上的"胁迫"概念存在较大解释空间。身体胁迫(physical compulsion)与精神胁迫(threat)[③]固然可以纳入"胁迫"概念。对于应否引入"经济胁迫"概念，学说上见仁见智。[④] 不过，如今在实务中已出现"经济胁迫"，并且已被认定为胁迫进而发生撤销合同的效力。例如，在国际旅行团出发前一天，目的地国的旅游公司提出涨价要求(变更此前已订立合同的价格)，否则便取消一切旅行安排，出发地组团旅行社被迫同意。[⑤] 又如，原告作为A公司委托被告公司承运货物的联系人，内心并无为A公司垫付费用的真实意愿，其与被告公司签订《垫付协议》，是迫于不垫付费用就无法取得提单进而必然导致交货延期的压力。而被告公司作为专业的国际货物运输代理公司，理应知晓未按期交付提单可能给原告带来的财产损害，然被告公司以此为要挟，迫使原告违背真实意思表示进而签订并履行《垫付协议》，被告公司的行为因此被认定为胁迫行为。[⑥] 实践的发展已经实实在在地将问题摆在了学者面前，无法回避，必须作进一步的研究。[⑦]

（二）胁迫人的故意

胁迫人的故意，即胁迫意思。胁迫意思由两个意思构成：使被胁迫

① See *Black's Law Dictionary* 354 (Abridged Sixth Edition 1991). 关于这一问题的重要论文有 John P Dawson, *Economic Duress*, 45 Mich L Rev 253 (1947)。

② 参见杨桢：《英美契约法论》，北京大学出版社1997年版，第239页。

③ See E. Allan Farnsworth, *Contracts* 255－257 (4th ed., 2004).

④ 反对的意见从鼓励交易的立场出发，认为对于胁迫的内容作严格限制仍有必要。王利明：《合同法研究》(第1卷)，中国人民大学出版社2011年版，第650页。

⑤ 参见颜倩、翟寅生：《商事交易中"胁迫订立合同"的认定》，载《人民法院报》2013年6月20日，第7版。

⑥ 上海市第一中级人民法院民事判决书，(2015)沪一中民一(民)终字第115号，[法宝引证码]CLI.C.4396437。

⑦ 作为新近研究，可参见梁婉君：《经济胁迫及不正当协商手段》，清华大学2015年硕士学位论文。

人产生恐惧心理的意思，以及使被胁迫人基于该恐惧心理而为意思表示的意思。[①] 从另一角度说，即应当要求胁迫的目的在于使被胁迫人基于恐惧而为意思表示。

***“故意”的必要性问题**　在学者通说上，以胁迫人的故意为必要，已如上述。但是如今亦有不同见解，比如，拉伦茨先生认为，只要胁迫具有违法性，即可构成非法胁迫。至于胁迫人是否具有过错、是否具有胁迫之违法性的意识，则在所不问。因为表示的可撤销性仅仅是为了保护被胁迫人，即保护他意志决定的自由不受侵犯，而并不是为了在被胁迫人面前制裁胁迫人。[②]

（三）胁迫的违法性

胁迫的构成须符合“违法性”要件，这点自罗马法以来素为大陆法系所接受。[③] 我国台湾地区民法学说认为，以违法为构成胁迫的要件太严格，只要所表示施加危害属于不当即可构成胁迫。我国大陆的学者亦有赞同见解。[④] 唯对何为不当，未展开说明。此处仍坚持“违法性”要件。通常，以违法性作为胁迫的构成要件，只须胁迫的目的或手段之一为违法即可。[⑤]目的或手段分别而言均属合法，但二者的结合有悖于公序良俗的，同样可以构成违法。例如，以告发他人犯罪为威胁强迫他人签订合同。[⑥] 又如，债权人告诉长期拖欠债务的债务人，如果不以很低的价格接受一份新合同，债权人便将起诉使之破产。尽管债权人所威胁的行为本身并非不法，法律在此类场合依然允许撤销合同。道理在

---

① 参见梁慧星：《民法总论》（第6版），法律出版社2021年版，第191页；我妻栄『新訂　民法総則』（岩波書店，1965年）313頁；須永醇『民法総則要論』（勁草書房，1988年）200頁；三和一博 = 平井一雄編『民法総論要説』（青林書院，1990年）119頁；胡长清：《中国民法总论》，中国政法大学出版社1997年版，第253页；王泽鉴：《民法总则》，中国政法大学出版社2001年版，第404页；王利明：《合同法研究》（第1卷），中国人民大学出版社2011年版，第651～652页。

② Vgl. auch Larenz/Wolf, Allgemeiner Teil des Bürgerlichen Rechts, 9. Aufl. 2004, § 37 Rn. 43.

③ 在罗马法上，胁迫的构成要求危害须不法。合法行为虽使相对人感到恐惧，亦不能构成胁迫。例如债权人对债务人声言若30日内不归还贷款，即将依法起诉；又如承审员责令致害人的家长承担赔偿原告的损失，否则便将其家属判交原告处理等，这些均在其有权范围之内，就不得谓之胁迫。但如以揭发犯罪相恫吓而索取财物，则属胁迫，因人们都有权揭发犯罪，但无权迫令犯人交付财物。参见周枏：《罗马法原论》（下册），商务印书馆1994年版，第593～594页。

④ 参见王家福主编：《中国民法学·民法债权》，法律出版社1991年版，第347页。

⑤ 可参见PICC第3.9条后段。

⑥ 参见梁慧星：《民法总论》（第6版），法律出版社2021年版，第191页。

于，这种威胁与另外一方的债务不相干，一个人当然可以起诉另外一个人破产，或者向警察告发其犯罪，但仅仅是为了公正的破产或者对犯罪的公诉，而不是为了以低价格达成合同。[①]

***手段违法、目的违法及二者结合的违法**　德国法继受了罗马法，《德国民法典》第123条第1款明文规定了“不法胁迫”（widerrechtliche Drohung），因而在德国法上胁迫的违法性便成了一项关键因素。在这方面，德国法区分了手段（Mittel）、目的（Zweck）以及手段与目的之间的关系（Mittel-Zweck-Relation）。首先，如果手段是违法的，则无须过问目的是否合法。假如甲扬言，如果乙不签发支票偿还其欠甲的债务则打断他的腿，这便是非法胁迫。其次，如果目的是违法的，手段是否合法则无关紧要。如果胁迫的目的是使被胁迫人承担一项违法或者违反善良风俗的债务，则该合同依《德国民法典》第134条和第138条而无效，故也没有撤销的必要了。最后，即使手段与目的本身均未触犯法律，如果它们的配合是不合法的，仍然可以构成非法胁迫。这通常表现为以向警察告发某人犯法相威胁以达到令其偿还债务的目的，告发犯法以及要求偿还债务本身均是合法的事情，但是它们的结合通常并不合法。如果甲故意砸烂了乙的窗户，乙可以向警察告发甲相威胁要求甲赔偿其窗户，但是乙不能以同一借口相威胁来实现与此没有关系的请求权，比如，要求偿还乙借给甲的金钱。同样，乙也不得以向警察告发甲来威胁甲的朋友或者亲人以要求他们替甲的坏事作出赔偿。[②] 日本以及我国台湾地区的民法学说，也大致同此见解。[③]

（四）因果关系

因果关系，是指相对人因胁迫而发生恐惧心理，并且因该恐惧心理而

① See Jan M. Smits, *Contract Law: A Comparative Introduction* 169 (2014).

② See B. S. Markesinis, W. Lorenz & G. Dannemann, *The German Law of Obligations* Vol. 1, 210 (1997). 另外，参见［德］卡尔·拉伦茨：《德国民法通论》（下册），王晓晔等译，法律出版社2003年版，第547～550页；［德］梅迪库斯：《德国民法总论》，邵建东译，法律出版社2001年版，第613～617页。

③ 我妻栄『新訂　民法総則』（岩波書店，1965年）315頁参照；四宮和夫＝能見善久『民法総則（第9版）』（弘文堂，2018年）276頁；王泽鉴：《民法总则》，中国政法大学出版社2001年版，第399页。

作出意思表示。民法上胁迫的构成以这么两层因果关系为必要。[①] 如果受胁迫人并未因胁迫而发生恐惧,或者虽然发生了恐惧,但并非因胁迫行为所致,或者虽有恐惧心理,但并未因此作出意思表示,则均不构成民法上的胁迫。另外,此种因果关系的构成,只要求具备事实上的因果关系即为已足,无须要求具备相当因果关系。换言之,只需要受胁迫人在主观上发生恐惧并基于恐惧而为意思表示就够了,不必探究通情达理第三人若在此场合会是如何。就恐惧的程度言,并不以表意人完全丧失选择的自由为必要。

四、重大误解

(一)引言

"重大误解"是中国法上的概念,欲了解这一概念,有必要先说明"错误"这个概念。

当人们使用"错误"一词时,语境不同,其语义可能不同,故需要辨别。一方面,可以用"错误"泛指对任何事情、过程或联系具有不正确的认识,亦即其所设想的或认为的东西不符合现实。[②] 在现代模范法中,错误是指订立合同时关于事实或者法律的不正确的假定(an erroneous assumption,PICC 第 3.2.1 条)。这显然是一种宽泛的界定。另一方面,"错误"被界定为意思表示瑕疵的一种情形,指表示与表意人内心效果意思之间无意的不一致。[③] 错误是可以影响法律行为或者合同的效力(无效或者可撤销)的事由。

原《经济合同法》(1981 年)尚未规定该问题(尽管该法第 7 条规定了采取欺诈、胁迫等手段所签订的合同无效),但原《民法通则》第 59 条

---

① 我妻栄『新訂　民法総則』(岩波書店,1965 年)314 頁参照;須永醇『民法総則要論』(勁草書房,1988 年)206 頁;三和一博 = 平井一雄編『民法総論要説』(青林書院,1990 年)120 頁。

② 参见[德]卡尔·拉伦茨:《德国民法通论》(下册),王晓晔等译,法律出版社 2003 年版,第 502 页。在美国合同法理论中,"错误"(mistake)是指不正确的认识(an erroneous perception),在《第二次法律重述》中称为"一种与事实不符的看法"(a belief that is not in accord with the facts. Restatement Second §151)。See E. Allan Farnsworth, *Contracts* 601 (4th ed., 2004).

③ 参见梁慧星:《民法总论》(第 6 版),法律出版社 2021 年版,第 187 页;加藤雅信『新民法大系Ⅰ　民法総則(第 2 版)』(有斐閣,2005 年)251 頁。

第 1 款规定，行为人对行为内容有重大误解的，一方有权请求人民法院或者仲裁机关予以变更或者撤销。最高人民法院原《民通意见》第 71 条规定："行为人因对行为的性质、对方当事人、标的物的品种、质量、规格和数量等的错误认识，使行为的后果与自己的意思相悖，并造成较大损失的，可以认定为重大误解。"原《合同法》第 54 条第 1 款规定，"因重大误解订立的"合同，当事人一方有权请求人民法院或者仲裁机构变更或者撤销。《民法典》第 147 条沿用"重大误解"，规定"基于重大误解实施的民事法律行为，行为人有权请求人民法院或者仲裁机构予以撤销"。

"重大误解"这一概念在我国立法中的使用虽然始自原《民法通则》，作为一个法学概念，它在此之前中国的民法学著述中便已存在和使用。[①] 今天虽然不易查清何以放弃"错误"而代之以"重大误解"，[②]虽然也有学者指出"错误"与"误解"在汉语中的差异，但从"重大误解"被使用之初，它便没有被局限在对于表意人所表示意思的不正确理解这一狭小情形（一种 misunderstanding），而是包括了对于当事人的误解、对于法律行为性质的误解以及对于标的物等的误解（错误认识，一种 misapprehension 或者 misconception）。因而，在解释论上，"重大误解"，作为一个表意符号，与"错误"在语义及功能上宜等量齐观，不宜人为地刻意区分。《民法典》沿用"重大误解"概念，纯系惯性使然。[③]

＊进一步的辨析　学说上有观点认为，错误，指表意人非故意的表示与意思不一致；误解，指相对人对意思表示内容了解的错误，[④]如受要约人误将出租房屋之要约理解为出卖而为承诺。就其用语，虽然可

① 比如，中央政法干部学校民法教研室编著：《中华人民共和国民法基本问题》，法律出版社 1958 年版，第 82～83 页；佟柔、赵中孚、郑立主编：《民法概论》，中国人民大学出版社 1982 年版，第 68 页；梁慧星：《经济合同的法律效力》，载《法学评论》1984 年第 3 期。

② 我们今天只能猜测，或许当初以"错误"具有鲜明的对错评价色彩，而"误解"较之柔和，带有可宽恕性；另外，在新国家、新社会，使用与此前旧时代的法言法语不同的词汇成为新时代的潜台词。

③ 依立法者所作解释，"经研究，重大误解的概念自民法通则创立以来，实践中一直沿用至今，已经为广大司法实务人员以及人民群众所熟知并掌握，且其内涵经司法解释进一步阐明后已与大陆法系的'错误'的内涵比较接近，在裁判实务中未显不当，可以继续维持民法通则和合同法的规定"。参见李适时主编：《中华人民共和国民法总则释义》，法律出版社 2017 年版，第 460～461 页。

④ 比如，"误解是指当事人一方对另一方的意思表示理解得不正确，一般来说，当事人内在的意思和外部的表现应该是一致的。但有时也会发生由于一方的意思表示得不清楚（内在的意思和外部的表现不一致），而致使对方理解得不正确，或者一方当事人的意思表示很清楚而另一方当事人作了错误理解的情况"。参见李铸国：《无效合同刍议》，载陶希晋主编：《民法文集》，山西人民出版社 1985 年版，第 238 页。

以指出上述差异,不过,仍有需要辨析之处。

在缔结合同这种双方法律行为场合,一如上例,受要约人虽然对于要约的内容了解有误而为承诺,可以说是基于“误解”(misunderstanding)而为承诺(单方行为),但就合意的达成及合同的成立(双方法律行为)来说,仍然是非故意的表示与意思的不一致,是一种错误。[①] 当人们说法律行为“错误”时,该用语所参照的是法律行为;而学者所说“误解”,以上例分析,所参照的并不是法律行为,而是错误理解要约而为承诺行为,所参照的是构成双方法律行为的“两轮”中之“一轮”的意思表示。明白这层意思,就可以理解,“错误”与“误解”原来并不是在同一层次上的用语。这种“误解”本身传达的词意也是有限的,它是意思表示的受领人的错误,无法涵盖表意人所犯的错误(比如将价格表示错误而发出要约),更无法表达单方法律行为的错误,无助于我们对于现行法的理解和适用。鉴于此,对于“重大误解”的理解应与传统“错误”用语内涵一致。

就学说而言,基本上继受德国民法学说理论,明确区分动机错误与意思表示错误,即所谓错误“二元论”。[②] 司法实践方面,一方面,对于以重大误解请求撤销民事法律行为的诉讼请求采比较慎重立场;另一方面,基本上是严格依据司法解释的指引,有些裁判结果并未囿于“二元论”。

《民法典》第147条在外形上是完全性法条(vollständige Rechtssätze),“重大误解”概念却属于不确定概念。对于该不确定概念,裁判者在适用时必须作必要的价值补充。如此,相关司法解释固然

① 与上述设例相似,人们可以从罗马法中找到典型的“错误”事例,例如,D. 12,1,18pr 乌尔比安:《争论》第7编:“如果我为赠予目的而给了你一笔钱,而你却把它当作一项消费借贷而接受,尤里安认为不存在赠与。但必须弄清楚是否存在消费借贷。笔者认为,金钱的接受人接受金钱时有不同的看法,则并不存在消费借贷,而且更为重要的是,金钱并不转归接受人所有。”参见[意]桑德罗·斯奇巴尼选编:《契约之债与准契约之债》,丁玫译,中国政法大学出版社1998年版,第3页。又如,D. 12,1,18,1 乌尔比安:《争论》第7编:“如果我为寄托而交给你一笔款项,而你却以为是作为消费借贷给你的,那么,既不产生寄托的效力,也不产生消费借贷的效力。同样,如果你是作为消费借贷交给我一笔钱,而我以为是使用借贷,同样不产生任何效力。但要是让在上述任何一种情况下使用了金钱,那么,出借人就享有不包括欺诈之抗辩在内的返还之诉的保护。”参见[意]桑德罗·斯奇巴尼选编:《债契约之债》,丁玫译,中国政法大学出版社1992年版,第47~48页。

② 错误“二元论”与“一元论”是日本民法学说常见用法。二元论是指如下立场,将错误区分为意思表示错误与动机错误,后者与前者不同,仅当动机通过表示而内容化时始予以斟酌。一元论则是指废弃上述意思表示错误与动机错误的二分,将它们全部适用相同要件的立场。小林一俊『錯誤・原始不能と不履行法』(一粒社,1996年)8頁参照。日本的相关学说争论,可参见[日]山本敬三:《民法讲义Ⅰ总则》,解亘译,北京大学出版社2012年版,第142页以下。本书借用按上述标准界定的“二元论”与“一元论”区分方法。

是重要的参照因素，相关评价因素是否仅以此为限，需要反思。合理探究第 147 条的规范目的以及立法者可能的价值判断，作进一步的实质衡量，自属难免。

（二）重大误解场合的利益冲突及其平衡

人非圣贤，孰能无过？在社会生活当中，发生错误，在所难免。重大误解的发生以合同关系为其典型。在合同关系中，一方当事人（误解方）以重大误解为由，主张撤销合同关系，以便从与其意愿相悖的合同关系中解脱。另外一方（相对方）则面临既已成立的交易关系破裂、合同目的无法实现的现实困扰。由此，在法律上便带出一个问题：这种意思表示、法律行为或者合同算不算数？因而，任何合同法都应当兼顾双方当事人的利益，在“私人自治”（*Privatautonomie*）与“自负其责”（*Verantwortung*）之间找到一个平衡点。换言之，应在“如果意思存在瑕疵便不能有效形成法律关系”与“自由决定者应负责相应的不利后果”之间找到一个平衡点。[①] 立法者于此场合，必须权衡双方的利益冲突。

就误解方的利益而言，法律行为的结果与自己的真实意愿相悖，如能撤销合同，自可从合同关系中解脱，从而符合意思自治的基本意涵：按照自己的意思发生法律效果；不符合当事人的真实意思，不应发生相应的法律效果。

就相对方的利益而言，如果对于误解方的错误不知情且亦不应知情（善意），如果允许撤销合同，自然会使合同目的落空，且破坏了交易安全。

由于这时发生的不仅是双方之间的利害得失的利益冲突，而且交易是否安全，本身也是一种社会利益，故立法者不会无原则、无底线地迁就误解方的真意保护要求。其结果便是，在有些情形下允许误解方主张撤销民事法律行为。当然，何时允许撤销、何时不允许撤销，其分界线如何划定，成为最大的难题。处理该难题时，放眼比较立法例，可以看出不同的立法者在处理方法上并不统一。

① Vgl. *Dieter Medicus*, Allgemeiner Teil des BGB, 9. Aufl. 2006, S. 293.

⋆比较法上的错误“二元论”和“一元论”

1. 以德国民法为代表的“二元论”

德国民法的特点是区分错误的类型，赋予不同的法效果。具体操作方法是依意思表示的阶段划分错误的类型，区分为意思表达(Willensäusserung)上的错误与意思形成时的错误，故被称为“二元论”。具体地，从意思形成(Willensbildung)开始，进而将意思外化，将意思发出，到达对方并为对方所理解等，相应地将错误区分为如下类型：动机错误(Motivirrtum)、内容错误(Inhaltsirrtum)、表示错误(Erklärungsirrtum)、传达错误(Übermittlungsirrtum)及受领人错误(Empfängerirrtum)。[①] 动机错误原则上不因此影响法律行为的效力；意思表达上的错误可以影响法律行为的效力。

当表示与效果意思无意识的不相符时，即产生意思表达上的错误。在这方面，《德国民法典》规定了表示错误、内容错误(第119条第1款)以及传达错误(第120条)。当表意人“在作出意思表示时就意思表示的内容发生错误时”，即为内容错误(第119条第1款第1种情况)。表意人表达了自己想表达的内容，但是搞错了其表达的法律含义，赋予表达不同于其实际含义的另一种意义。当表意人在作出意思表示时“根本无意作出包含这一内容的意思表示时”，就存在表示错误(表示行为错误)(第119条第1款第2种情况)。表意人没有表达出他想表达的内容，他说错了、写错了、弄错了。[②]

动机错误原则上不影响法律行为的效力，不过，《德国民法典》第119条第2款规定：“关于交易上认为重要的人的资格或物的特性的错误，也视为关于意思表示的内容的错误。”这属于动机错误中的特例，所谓“视为”，意味着本非如此，法律上拟制如此。实际上，意思与表示之间并未不一致，而是表意人在意思形成的过程中陷入错误。

这种处理方法以意思主义为出发点，法理清晰，是其优点。缺点也很明显，人为地区别不同阶段、不同类型的错误，并赋予不同的法律效果，导致实务中将错误归类成为首要问题，相应地带来形形色色的概念界定及类型区分上的困扰和争论，使得错误理论成为民法的一大疑难

---

① Vgl. *Dieter Medicus*, Allgemeiner Teil des BGB, 9. Aufl. 2006, S. 293 ff.

② 参见［德］汉斯·布洛克斯、［德］沃尔夫·迪特里希·瓦尔克：《德国民法总论》，张艳译，中国人民大学出版社2012年版，第249~250页。

问题。比如说，法律后果错误便不易清晰地归列于内容错误或者动机错误等类型，人们既可以将其作为一种内容错误，因为表意人不知其法律后果，故对其表示的内容（意义）陷于错误，因而可依法撤销；人们也可以认为它只是一种动机错误（故不得撤销），因为对于法律状态的不正确判断是表示的动机。[①]

2. 对于“二元论”弊端的克服

现代私法的国际统一化运动也触及了同一话题，PICC 和欧洲区域的 PECL 以及 DCFR 尤其值得关注。

以《国际商事合同通则》为例，其第 3.2.1 条对错误下的定义为，错误是指对于合同成立时存在的事实或者法律的不正确假定。按照这一定义，决定性的时间点（decisive time）是合同成立时（at the time of the conclusion of the contract）。它并没有像德国法那样区分意思形成阶段与意思表示阶段并划分错误类型。换言之，德国法上所说的动机错误，在《国际商事合同通则》的框架下，原则上也在可得影响合同效力的错误之列，相较于德国法的二元论，这是一种一元论的构成，至于可否允许当事人主张撤销，则取决于是否符合其他的构成要件（见第 3.2.2 条等）。

着眼于中国立法者的选择，《民法典》第 147 条规定了重大误解场合的撤销，同时第 119 条规定，“依法成立的合同，对当事人具有法律约束力”；第 136 条第 2 款规定，“行为人非依法律规定或者未经对方同意，不得擅自变更或者解除民事法律行为”，这些规定体现出的正是法律行为的拘束力。《民法典》第 86 条规定：“营利法人从事经营活动，应当遵守商业道德，维护交易安全，接受政府和社会的监督，承担社会责任。”立法者认为，维护交易安全是从事商事活动应当遵循的基本准则，对于保护善意的交易相对人利益，建立诚实守信的市场环境，促进社会主义市场经济健康发展有着重要意义。[②] 显然，立法者是希望平衡意思自治与信赖保护、平衡正当性与法的确定性。[③]对于这些冲突的价值，立法者

① Vgl. *Dieter Medicus*, Allgemeiner Teil des BGB, 9. Aufl. 2006, S. 297－298.

② 参见《全国人民代表大会法律委员会关于〈中华人民共和国民法总则（草案）〉修改情况的汇报》，载《民法总则立法背景与观点全集》编写组编：《民法总则立法背景与观点全集》，法律出版社 2017 年版，第 22 页。

③ 参见杨代雄：《民法总论专题》，清华大学出版社 2012 年版，第 191 页。

希望“执其两端,用其中于民”。[①]

原《民法通则》第59条第1款第1项将因错误而可撤销限定为“行为人对行为内容有重大误解的”情形,如果说这样的限定能够在某种程度上反映立法者对于“二元论”的接纳并将规范的重心放置在“行为内容错误”上面,那么,《民法典》第147条的规定已根本看不到这种接纳。考虑到立法过程中不断有声音建议放弃德国式的二元论,[②]在新的立法规定基础上作解释论展开时,确实有依一元论解释的空间与可能。另外,如果说从原《民法通则》到原《合同法》关于重大误解呈现出意思主义的特征,《民法典》是否依然如故,也值得分析探讨。

（三）从“二元论”到“一元论”

围绕着中国法上的重大误解,尽管有学者通过考察私法史试图证明,“重大误解”实为“重大错误”,是我国法在继受苏俄法过程中语言裂变和翻译异化的产物,它有别于德国法以表意主义为中心的意思表示错误制度,而与合意主义的罗马—法国法传统一脉相承,[③]但不可否认,现有的学者通说采“二元论”。[④] 这或许可以称为中国版的“法典继受”与“学说继受”的双重变奏。[⑤] 如今,以德国学理诠释中国法,似乎成了一种时尚。如果理性地思考问题,这种做法并不当然具有正当性。学理解释的展开应紧密结合中国法,以其理论的说服力,让人接纳。

反思中国法语境下的“二元论”解释,首先宜看清其存在的问题。

其一,立法规定不同。关于因错误而撤销,《德国民法典》在第119

---

① 语出《中庸》“大知”章。

② 比如龙俊:《论意思表示错误的理论构造》,载《清华法学》2016年第5期。当然,也有相反观点,主张采德国式二元论,参见梅伟:《民法中意思表示错误的构造》,载《环球法律评论》2015年第3期;赵毅:《民法总则错误制度构造论》,载《法商研究》2016年第4期。

③ 参见赵毅:《破解私法史悬案:“重大误解”之正本清源》,载《华东政法大学学报》2015年第5期。

④ 比如佟柔主编:《中国民法学·民法总则》,中国人民公安大学出版社1990年版,第246页;佟柔:《佟柔中国民法讲稿》,北京大学出版社2008年版,第208~209页;梁慧星:《民法总论》(第6版),法律出版社2021年版,第188页;马俊驹、余延满:《民法原论》,法律出版社2010年版,第195页;崔建远:《合同法》(第4版),北京大学出版社2021年版,第109页;朱庆育:《民法总论》,北京大学出版社2013年版,第265页。

⑤ “法典继受”与“学说继受”双重变奏的典型事例是日本民法及其学说。See Zentaro Kitagawa, *Development of Comparative Law in East Asia*, in Mathias Reimann and Reinhard Zimmermann eds., The Oxford Handbook of Comparative Law, Oxford University Press, 2006, pp. 237 – 260.

条和第 120 条作出规定，其着眼点在于意思表示（而非法律行为），[①]其特征在于区分错误的类型而赋予不同的法律效果。相比之下，我国《民法典》第 147 条关于重大误解的规定，其着眼点并不在于意思表示（尽管该法有第一编第六章第二节专门规定“意思表示”，重大误解却并非在此标题之下，而是在此后的第三节“民事法律行为的效力”中规定），而是民事法律行为的效力；另外，第 147 条没有进一步区分不同类型的重大误解，而是统一规定。

其二，从“二元论”出发，《德国民法典》第 119 条第 2 款明确了动机错误不得撤销的例外情形，即关于交易上认为重要的人的资格或物的特征的错误，视为关于意思表示内容的错误。这样的例外规则，在我国成文法规则中并不存在，依“二元论”解释难以证成在我国法上也有同样的处理结果。如何交代动机错误问题，将成为解释论上的难题。

我国学者，一般通过扩张内容错误的概念，达到对部分动机错误进行救济的目的。比如认为，如果动机表现于外，则构成意思表示内容的一部分，此时动机的错误自应构成意思表示内容的错误。或者认为，如果动机作为合同条件提出来的话，则应把它的误解作为内容的误解，给误解人造成较大损失时，构成重大误解。当然，也有单纯作为例外加以说明的，比如认为，作为例外，该动机为相对方所明知的情形，将影响法律行为的效力。

上述我国学者所作说明，如作为解释论，可能存在的弱点在于，其一，在现行法框架下找不到具体的规范基础。其二，不同的学者，在表述上存在差异，并不统一，相应地会有进一步的问题，比如，动机如何表现于外便构成意思表示内容的一部分？比如，购买戒指时只是顺带说了一句“想明晚拿它向女友求婚”，是否就当然成为意思表示内容的一部分呢？如果是，显然极易滋生问题，影响交易稳定。同样，如果“对方明知”动机，便可影响法律行为效力，也存在类似问题。如果说上述动机是“作为合同条件提出来的”，这似乎成为一种附条件的法律行为，如果第二天晚上真正求婚时方知其所谓的“女友”已婚，求婚失败，依该学说则构成重大误解，可以主张撤销。可是，从另一方面来说，这属于所谓“不能条件”，是以法律行为成立时已确定实现的事实之不实现为条件，此与条件应以不确定事

① 注意这两个条文所在节的标题即“意思表示”。

实为内容的要求不符,依学者见解,其效果与未附条件同。[①] 换言之,该买卖未曾附任何条件,买卖是有效的买卖,不允许撤销。行文至此,已可见问题多多,我国的"二元论"本身面临着诸多界分的难题。

意识到"二元论"在中国法解释上的问题,再将目光转向"一元论",人们可以发现它是一个更好的解释路径。理由如下:

其一,"一元论"代表着私法国际统一的方向,是"错误论"在当代的最新成果。一元论的理论成果是当代多国法学家共同研究、探讨的最终成果,这里面不乏德国民法学家,显然他们并没有坚持德国的错误"二元论"。他们当然并非不清楚"错误论"在欧洲的历史变迁、理论争论及实践难点,正是由于意识到了这些问题,才最终放弃德国 19 世纪潘德克顿法学构造出来的错误"二元论"。与 19 世纪法学研究成果相比,当代的最新研究成果,可以说是对于 19 世纪"二元论"的扬弃,更值得我们借鉴。

其二,《民法典》第 147 条就重大误解作统一的规定,为一元论的解释论展开提供了基础。该条并没有专门对"重大误解"或者"错误"下定义,这样,关于"错误"的理解就不必像德国民法那样将它限定为"表示与效果意思无意识的不一致"(die Erklärung unbewusst vom Geschäftswillen abweicht),[②]而完全可以接纳《国际商事合同通则》第 3.2.1 条的界定,错误是指对于合同成立时存在的事实或者法律的不正确假定。相较于前者,后一界定贴近生活经验,易为人理解和接受。当然,鉴于这一定义并未涵盖表示错误(PICC 第 3.2.3 条"表述或传达中的错误";PECL 第 4:104 条"传达的信息不准确"),该类错误在符合特定条件的情形下理应获得救济,加之《民法典》关于"重大误解"未作定义规定而仅有第 147 条的统一规定,故"重大误解"所对应的错误,其内涵还应进一步扩充,使之能够包括表示错误。

---

① 参见梁慧星:《民法总论》(第 6 版),法律出版社 2021 年版,第 195 页。

② Vgl. Brox/Walker, Allgemeiner Teil des BGB, 32. Aufl. 2008, S. 162. 错误"二元论"至少可以上溯至萨维尼,他将错误区分为两种情形,一是意思与事实不一致;二是意思与表示不一致。前者被萨维尼称为真正的错误,即通常所称动机错误;后者则被称为不真正错误,即通常所说的法律行为错误。参见胡长清:《中国民法总论》,中国政法大学出版社 1997 年版,第 238 页。错误二元论竟是以萨维尼所说的"不真正错误"为基本依托而展开,初视之下,不无吊诡之感。以意思表示为核心,依意思表示的形成过程及表达过程,而将错误区分为不同的类型,并赋予不同的法律效果,注定对于错误问题的探讨,要以对于错误类型的界定及辨析为中心而展开,而这种具有概念法学色彩的作业,虽逻辑严密,终不免会面对个案中冲突利益的评价与衡量以及裁判者个人法感情的质疑,并会因此而显得苍白乏力。放眼全球,这种错误二元论毕竟不是被普遍接纳的立场,英美普通法自不待言,现代合同法的国际潮流,更是显现出与此不同的走向。在此情势之下,德国、日本等国的有识之士,也在不断反思传统的错误二元论。

其三，“一元论”的立场更接近实务的立场。当然，我国的裁判者所受法学教育不一样，实务的立场并不统一，从哪个立场都有可能找到支持该立场的裁判案例。① 虽然如此，实务中有些案型，法院肯定了重大误解的成立，但却可能难以从“二元论”的角度作出解释。比如原、被告双方在对原告伤情未作鉴定的情况下签订和解协议，事后原告经鉴定知悉伤残实情，以签订和解协议时存在重大误解为由请求撤销，获得了法院的支持。② 对于载明“经双方同意，收医药费4000元，出院回家疗养，互不干扰”的和解协议，双方当事人对于上述协议的内容均了解，并清楚其相应的法律意义。这里的错误并非“表示与效果意思之间无意识的不一致”，而是意思形成时的错误，是在意思形成阶段对于伤情估计不足产生的错误。这种错误，按照二元论是属于动机错误，并非意思表示内容的错误。相似的生活经验也存在于日本与我国台湾地区，比如日本学者便明确指出，动机错误也是错误的一种类型，错误的判例中几乎都是动机错误，很少见欠缺意思型。③ 陈自强教授曾指出，审判实务所面对的错误案例绝大多数涉及意思形成阶段错误，可谓举世皆然。就实务重要性而言，若认为动机错误在一定情形下应有救济管道，则将动机错误纳入错误法则首要规范对象，不失为务实做法，如果坚守动机错误不受斟酌之原则，如何处理有救济必要之动机错误，亦为当务之急。④ 这些观察结论，值得我们特别重视。

① 实务中将“动机错误”排除在撤销事由之外的事例，比如“杨甲磊与毛永房屋租赁合同纠纷上诉案”，江苏省徐州市中级人民法院民事判决书，(2012)徐民终字第0691号(二审法院认为：“如使动机错误产生‘重大误解’法律效力，则会严重损害交易安全。故上诉人误将动机错误认为系重大误解是对法律的错误理解，对其这一主张，本院不予支持。”)。另外，广州天河高新技术产业开发区致力科技工程公司诉广州市硕果信息咨询有限公司债权转让合同纠纷案，广东省广州市中级人民法院民事判决书，(2006)穗中法民二初字第106号(法院认为：“王昕明误认为，如果与君华公司或硕果公司签订债权转让协议，则可以立即取保候审，并免于被追究刑事责任，属于对缔约动机的错误认识，不属于民通意见第71条规定的重大误解。对缔约动机的错误认识，并不为缔约相对方所知，亦无明确有效的公示、披露方式，为保护善意之缔约相对方的利益，对基于动机错误而做出的意思表示，法律不允许误解方诉请撤销。”)。

② 参见连云港海州区人民法院民事判决书，(2012)海民初字第0063号。

③ 参见[日]加藤雅信等：《日本民法典修正案Ⅰ第一编：总则》，朱晔、张挺译，台北，元照出版有限公司2016年版，第458页。

④ 参见陈自强：《契约错误法则之基本理论——契约法之现代化Ⅳ》，台北，新学林出版股份有限公司2015年版，第314～315页。

（四）重大误解在“一元论”下的具体构成

《民法典》第147条并未具体化重大误解的构成要件（此前的民事立法亦存在同类问题），立法机关以此问题“本质上是一个司法问题”为由，不作具体规定；同时认为随着民事法律行为理论以及实践类型的不断发展，重大误解制度的涵摄范围会有变化；并认为最高人民法院从法律适用的角度对原《民法通则》中“重大误解”的认定加以规定是可行的。[①]《总则编解释》第19条虽有具体化的努力及指引，但仍存在有待改进之处。在“一元论”的指引下，放弃意思表示错误与动机错误的二分，势必强化重大误解的具体构成。对于“重大误解”这一不确定概念作价值补充，首先应明确此项作业的属性，再探求立法者所作的价值判断，并在此基础上探寻合理的评价因素，提炼重大误解的构成要件。

1. 不确定概念的价值补充

法官就不确定概念进行的操作，究竟属于法律解释还是漏洞补充？对此，法解释学上有不同见解。一说认为属于法律解释；另一说认为属于漏洞补充。如今的通说认为，不确定概念处于法律解释与漏洞补充的接壤地带，在开放性不确定概念，其可能文义模糊，不足以确定其外延，通说称为“法内漏洞”或“授权补充的漏洞”。[②]

2. 价值判断与评价因素

《民法典》第5条规定，民事主体从事民事活动，应当遵循自愿原则，按照自己的意思设立、变更、终止民事法律关系。第6条规定，民事主体从事民事活动，应当遵循公平原则，合理确定各方的权利和义务。另外，第86条规定了营利法人从事经营活动应当遵守商业道德，维护交易安全。“我国民事立法秉持民商合一的传统，通过编纂民法典，完善我国民商事领域的基本规则，为民商事活动提供基本遵循，就是要健全市场秩序，维护交易安全，促进社会主义市场经济健康发展。”[③]由此

---

① 参见李适时主编：《中华人民共和国民法总则释义》，法律出版社2017年版，第461页；黄薇主编：《中华人民共和国民法典总则编释义》，法律出版社2020年版，第390页。

② 参见梁慧星：《民法解释学》，中国政法大学出版社1995年版，第296页。

③ 李建国：《关于〈中华人民共和国民法总则（草案）〉的说明——2017年3月8日在第十二届全国人民代表大会第五次会议上》，载《民法总则立法背景与观点全集》编写组编：《民法总则立法背景与观点全集》，法律出版社2017年版，第4页。

可知，立法者所判定的价值至少包括自愿、公平以及交易安全。

着眼于重大误解问题，由上述价值判断可知立法者不会再奉行极端的意思主义，必然是要“执其两端，用其中于民”，故可以划定几条基本的界线，其一，出于自愿原则的要求，应该维护真实的意思表示，不维护非真实的意思表示；其二，为了维护交易安全，应该保护善意相对人的合理信赖；其三，具体规则的设定，应该符合公平原则，不偏袒任何一方当事人。

以下按照上述几条基本界线，在我国既有规定的基础上，并结合比较法（特别是模范法），就重大误解作为撤销合同的理由（as a ground for avoidance）的构成要件作学理阐释。

3. 重大误解的构成要件：基于一元论的展开

（1）民事法律行为业已成立

错误有时会妨碍合意的达成。比如，当事人约定货物由一艘名为Peerless的船运输，但双方各有所指，是两艘均名为Peerless的船。这样的误解妨碍合同成立。

（2）须有一方或者双方对于情况的重大误解（误解的重大性）

误解须是重大的，细小的误解不足以作为影响合同效力的理由。就误解的重大性，在比较法上具有共通性，只是表达用语有差异。比如，《法国民法典》原第1110条受罗马法的影响，规定错误仅涉及合同标的物的本质（the very substance of the thing）时，始构成无效的原因。如错误仅涉及当事人一方愿与之订约的他方当事人个人时，不成为无效原因；但他方当事人个人被认为是合同的主要原因时，不在此限。《法国民法典》现第1132条强调错误是针对给付行为或相对人的实质特性（the essential qualities）。时至今日，无论哪个法域，重要的是当事人是就物的根本特征（a fundamental character）或者人的主要资质（an essential quality of a person）发生错误。比如，购买的钻石竟是“血钻”；二手车居然是个破烂；一方当事人错误地以为其即将上岗的雇员会获得劳动许可；签约的职业自行车赛手居然服用过兴奋剂。[①]

在我国，错误并非总能导致民事法律行为的撤销。这是因为，误解是意思表示人自己的过错造成的，而对因误解所致的民事行为的撤销制度主要是为保护误解者而设的，这样，若不问误解的程度而一律允许

① See Jan M. Smits, *Contract Law: A Comparative Introduction* 162 – 163 (2014).

撤销，势必使对方陷入极为不利的境地，也不公平。鉴于此，法律只允许对内容有重大误解的民事行为可以撤销。[①]

为了给司法裁判提供参考标准，《总则编解释》第 19 条对“重大误解”的内涵作了补充，“行为人对行为的性质、对方当事人或者标的物的品种、质量、规格、价格、数量等产生错误认识，按照通常理解如果不发生该错误认识行为人就不会作出相应意思表示的，人民法院可以认定为民法典第一百四十七条规定的重大误解”（第 1 款）。一方面，要求错误认识发生的对象；另一方面，可以反映出对结果严重性的要求。具体而言，可以包括：

①对行为性质的错误。比如误借用为赠与，或者误租赁为买卖。

②对对方当事人的错误。即误甲为乙，另外，也应包括当事人的资格（比如性别、职业、健康状况、刑罚前科、信誉等特征）。就此问题，不能一概而论，必须区别情形。结合法律行为的典型交易目的，诸如赠与、承揽、委托、雇用、借款等注重当事人本身的合同场合，可构成重大误解。关于当事人资格的错误，有的“立法例”规定及学说以之为动机错误，本不影响意思表示的效力，唯例外地承认交易上认为重要者，其错误视为意思表示内容的错误，比如我国台湾地区“民法”第 88 条第 2 项。[②] 相比之下，上述司法解释立场与之不同，不以之为动机错误，而是作为内容错误。[③]

③对标的物的错误。比如误英汉辞典为汉英辞典（品种），误赝品为真迹（质量），误裤长为腰围（规格），误一百为一千（数量）等，可以构成重大误解。原《民通意见》第 71 条的立场与我国台湾地区“民法”第 88 条第 2 项不同，不以所谓“物之性质”为动机范畴，而是直接作为行为内容，因其错误认识，使行为的后果与行为人的意思相悖，并造成较大损失的，可以认定为重大误解。

④法律错误。《总则编解释》第 19 条第 1 款的列举属示范性列举，而非封闭性列举，这从该款使用的“等”字便可以看出。那么，除了该款

① 参见陈国柱主编：《民法学》，吉林大学出版社 1987 年版，第 90 页。

② 参见史尚宽：《民法总论》，台北，1980 年自版发行，第 364 页；王泽鉴：《民法总则》，中国政法大学出版社 2001 年版，第 380 页。

③ 关于当事人资格或物之性质的错误，究竟是动机错误，抑或是内容错误，甚有争论，参见陈自强：《意思表示错误之基本问题》，载《政大法律评论》1994 年第 52 期。

所列错误对象之外，仍有一些问题，滋生困扰，需要探讨。比如，是否承认"法律错误"或者"法律效果错误"？换言之，由于对法律的无知或者认识不足，而致法律行为的后果与自己的意思相悖，可否作为重大误解而主张撤销法律行为呢？

比如，王某的丈夫李某在为张某送驾照途中罹于交通事故，张某误以为自己对李某的死应承担侵权责任，于是与王某签订了金额为20万元的经济补偿协议。张某履行了部分给付后经咨询发现自己对法律存在误解，其实自己对于李某的死无须承担任何法律责任，故不同意履行给付义务。二审法院认为，张某与王某间的协议有效，且张某对法律的理解错误不属于重大误解，据此判决驳回了张某的上诉请求。[①]

我国既有民法理论基于"二元论"立场，倾向于将法律错误归入动机错误，不以之为可撤销合同的事由。[②] 不过，目前也有学者对此提出疑问，主张引进德国法上的法律效果错误概念，用以解释我国法上的行为后果的错误；行为后果的错误既包括内容错误，也包括法律效果错误。在我国法的框架下，法律效果错误原则上应准予撤销。[③] 此项结论，值得肯定。

在观念上虽可依错误对象的不同而将错误区分事实错误（mistake of fact; Tatsachenirrtum）与法律错误（mistake of law; Rechtsirrtum），但是否因此而要在法律上将二者区别对待，则值得探讨。罗马法谚有谓："不知法不成其为抗辩（*ignorantia legis neminem excusat*; 'ignorance of the law does not excuse' or 'ignorance of the law excuses no one'）。"如严守此训条，则每个人都被推定为知法（*nemo censetur ignorare legem*; nobody is thought to be ignorant of the law），对于法便不应产生错误，故不应以"法律错误"为由主张撤销合同。[④] 前文所举我国案例，裁判者显然也是循此思路。不过，现代的观点认为，在缔约时存在的法也是当时事实状态的一部分，因而，多数法院对于法律错误会像对待其他事实错

① 案件详情参见北京市高级人民法院民一庭编：《北京民事审判疑难案例与问题解析》（第1卷），法律出版社2007年版，第425页。由法官亲自执笔的案例评释，参见胡建永：《意思表示"错误"之范围分析》，载《人民法院报》2006年6月27日，C03版。转引自班天可：《论民法上的法律错误　对德国法和日本法的比较研究》，载《中外法学》2011年第5期。

② 参见李永军：《民法总论》，法律出版社2006年版，第551～553页。

③ 参见班天可：《论民法上的法律错误：对德国法和日本法的比较研究》，载《中外法学》2011年第5期。

④ 作为遵循此训条的美国判例，Webb v. Webb, 301 S.E.2d 570 (W. Va. 1983)。

误那样，给予救济。[①] 这在美国、[②]德国及日本[③]等国的判例中均不乏其例。现代模范法及 2016 年改正后的《法国民法典》均一并承认事实错误及法律错误，肯定法律错误可像事实错误一样，在符合条件时构成撤销合同的事由。[④] 参考诸此比较法的发展，回归到中国法的解释论，对于《总则编解释》第 19 条第 1 款中的“等”字，宜理解为可以包括“法律错误”。如此解释，“法律错误”在定性上依然是作为“对行为内容”的错误，而不是所谓“行为后果错误”项下与内容错误并列的“法律效果错误”。[⑤]

至此，再回看前述案例，法院之所以不支持当事人以法律错误为由主张构成重大误解并撤销合同的主张，不排除有对于如下情节的考虑，即“李某在为张某送驾照途中罹于交通事故”，而依原《民通意见》第 157 条的规定，当事人对造成损害均无过错，但一方是在为对方的利益或者共同的利益进行活动的过程中受到损害的，可以责令对方或者受益人给予一定的经济补偿。有此类规则（包括《民法典》第 183 条及《总则编解释》第 34 条等）存在，可能在某种程度上强化了法官对其判断的确信。假如案情有所变化，比如李某在为张某的儿子送驾照途中，与张某的儿子一起罹于交通事故，张某不知《民法典》第 1161 条第 2 款规定的“继承人放弃继承的，对被继承人依法应当缴纳的税款和债务可以不负清偿责任”。基于“子债父还”的意识，张某与王某签订 20 万元的经济补偿协议。后张某咨询律师，得知《民法典》第 1161 条第 2 款规则，随即明确表示放弃继承，并请求法院撤销经济补偿协议。这时，法院又该如何裁判呢？由于放弃继承，子债（假如成立的话）只是子债，不成其为父债，如此一来，由张某偿还子债，便属于非债清偿；为偿债而签订经济补偿协议，亦因失其前提，而构成一种内容错误。

法律错误也可以呈现为表示错误。拉伦茨教授在分析法律后果错误时将法律后果分为直接的法律后果和其他法律后果。前者指表示依

---

① See E. Allan Farnsworth, *Contracts* 601 - 602 (4th ed., 2004).

② 美国的典型判例为 Dover Pool & Racquet Club v. Brooking, 322 N. E. 2d 168 (Mass. 1975)。

③ 对于德国及日本判例的梳理及比较，参见班天可：《论民法上的法律错误　对德国法和日本法的比较研究》，载《中外法学》2011 年第 5 期。

④ PICC Art. 3. 2. 1; PECL Article 4:103 (ex art. 6. 103); DCFR Art. II. - 7:201; CESL Article 48;《法国民法典》第 1132 条。

⑤ 班天可博士以原《民通意见》第 71 条为据提出“行为后果错误”概念，并以之涵盖内容错误及法律效果错误。参见班天可：《论民法上的法律错误　对德国法和日本法的比较研究》，载《中外法学》2011 年第 5 期。

其内容意在直接引起的法律后果，后者则是法律为某种已经订立的法律行为所规定的法律后果，而不问表意人具有何种意思。他主张对直接的法律后果发生的错误才属表示错误。例如，饭店店主将饭店“连同从物”一起出售给他人；店主以为，“从物”仅包括固定建筑在饭店里的东西，如壁柜、厨房设备等，但不包括其他的动产。在这种情况下，店主的错误就是一种表示错误；他对其表示之为受领人所理解的意义发生了错误，亦即他实际表示的并不是他所想表示的内容。①

⑤表示错误。此所谓表示错误，或称表示行为错误（Irrtum in der Erklarungshandlung），是指意思表示或者传递过程中的错误或者不准确（inaccuracy），比如误将10,000写成1000，或者帮助传递意思的人发生错误。表示错误，是否包括在作为变更或者撤销合同事由的“重大误解”范畴之内，值得探讨。这类错误或不准确在模范法中被视为表意人的错误。在符合重大错误的构成要件场合，可以作为撤销法律行为的事由。② “误载不害真意”的解释规则（参见《合同编通则解释》第1条第2款）虽然能够解决一些问题，但仍会有一些遗留情形，需要基于“重大误解”撤销。具体来说，其一，甲在要约中误将10,000英镑写成1000英镑的情形，如果双方当事人没有共同意思，且受要约人乙不知也不应知该要约中带有错误，一般的规则是要作客观解释，错误方要受合同的约束。其二，如果乙知道甲的本意，接受了要约未作过多言语，因为他也愿意按10,000英镑成立合同，则依“误载不害真意”规则解决，合同价款为10,000英镑，不得以错误为由主张撤销。其三，即便乙不愿意接受10,000英镑的要约，如果他知道这才是真意，便只是接受而没有指出要约的不准确，他也不能利用该不准确；相反，他要受10,000英镑合同的约束。尽管当事人要受其语词客观含义的约束，但是这一规则在相对人知道该语词本意场合并不适用。由于外在看来乙没有异议地接受了要约，他表现出来同意了本意，乙便要受其行为对于甲所表现出来的含义的约束。这也可以说是“误载不害真意”规则的一种具体应用。其四，如果受要约人知道要约中有不准确之处，但并不知道其本意是什么，他只是表示承诺，而没有指出要约中的不准确之处，那么，也不

① 参见[德]卡尔·拉伦茨：《德国民法通论》（下册），王晓晔等译，法律出版社2003年版，第512页。

② PICC Art. 3. 2. 3 Comment 1. Relevant mistake.

能要约人怎么说便让承诺人相应地受其约束。这时,如果该错误是重大的,要约人便应有权主张撤销合同。这种情形无法依据“误载不害真意”规则解决,也正是 PECL 第 4:104 条以及 PICC 第 3.2.3 条所要规范的情形。其五,即便乙不知道甲在要约表达中有不准确之处,如果依当时的情形,理性人不会按要约的字面含义进行理解,而会按表意人的本意理解,这时合同仍按该本意成立,适用“误载不害真意”。其六,如果由于对方当事人的行为或者原因,造成一方当事人错误,表象上同意了依其本意不会同意的事情,如果对方当事人本应意识到此方当事人是在答应其本意不愿意的事情,则非错误方不得让错误方受该表象合意的约束。[①] 由此可见,至少对于上述情形四和六,仍需要借助于重大误解制度撤销。

⋆解释优先于撤销　　是否因重大误解而订立合同进而发生撤销权,本身需要对意思表示及法律行为进行解释,因而,有谓“解释优先于撤销”(Primat der Auslegung; Auslegung geht der Anfechtung vor[②])。就合同而言,一方所作意思表示(比如要约),是否存在错误,本身需要解释。对该意思表示的解释,原则上是自意思表示受领人的视角(Empfängerhorizont),采表示主义;而非自表意人的视角,不采意思主义。对意思表示进行解释,是要探究意思表示的“规范性意思”(normativen Willen),或称客观意思。如果该规范性意思与表意人的内心效果意思一致,便不存在错误,当然无须撤销合同;反之,则存在错误,进而需要分析是否属于重大误解、是否发生撤销权。内心效果意思与表示于外的规范性意思(客观意思)不一致,虽有可能开启因错误而撤销合同的大门,但存在一项例外。如果表意人使用错误的表达方式,而意思表示受领人领会了表意人的真实意思,则此时法律行为依然可有效成立,不得再以错误为由主张撤销,是为“误载无害真意”(*falsa demonstratio non nocet*; A false description does not vitiate)的解释规则。如何确定表意人的内心效果意思呢?这需要借助于一定的证明手段,原则上由表意人证明;如果意思表示受领人承认,则可使表意人免去证明的麻烦。

---

① See PECL Comment A to F. Ole Lando and Hugh Beale eds., *Principles of European Contract Law* (*Parts I and II*) 242–244 (2000).

② Vgl. Hans Brox/Wolf-D. Walker, Allgemeiner Teil des BGB, 30. Aufl. 2006, S. 210.

从司法实务观察，有的表示行为错误是作为行为人对行为内容有重大误解，适用重大误解规定处理。比如，X 向 Y 银行存款，两次在存款凭条上写明要求存款均为 1400 元（其中一张被 X 作废并撕碎）；Y 银行记账员在电脑上误输入存款金额为 14,000 元，并将记载 14,000 元的存单交给 X。事后 Y 银行发现错误，找 X 交涉未果。X 起诉请求确认存单效力；Y 银行则请求法院确认存单实际存款数为 1400 元。一审法院在查明事实的基础上，认为 X 向 Y 银行提出存款的要约，Y 银行向 X 出具存单后，双方的存款合同即成立。由于 X 先后两次填写的存款凭条，均系要求存款 1400 元，Y 银行出具给 X 的存单金额为 14,000 元，显属行为人对行为内容的重大误解。故对 X 要求判决确认该存单的存款金额为 14,000 元的诉讼请求不予支持。判决确认存单存款金额为 1400 元。[①] 表示行为错误与法律行为内容错误虽有相近之处，或者有交叉之处，但二者毕竟属于两种不同类型。《民法典》第 147 条未将重大误解限定于“行为内容”，可以说为将表示行为错误包括在“重大误解”预留了解释的空间。值得注意的是，PICC 第 3.2.3 条（Error in expression or transmission）一方面明确承认了“表示错误”（error in expression）作为独立的错误类型的存在；另一方面明定表示错误视为表意人的错误。换言之，将表示错误等同于表意人的“通常错误”（an ordinary mistake），在符合重大错误撤销要件的前提下，可适用撤销的相关具体规则。因表示错误而使行为的后果与自己的意思相悖，时常与内容错误互为表里，难以明确区分；[②]在法政策上，宜同样对待，这也是众多比较法的共同立场。就我国法而言，结合重大误解的制度目的，理应将表示错误作为一种典型类型，纳入“重大误解”。对于表示错误，在符合后述重大误解作为撤销事由的构成要件场合，可以直接适用《民法典》第 147 条。

---

① 参见“郑明香诉中国工商银行仪征市支行存单案”，江苏省仪征市人民法院民事判决书，（1999）仪真民初字第 253 号。该案二审改判，江苏省扬州市中级人民法院民事判决书，（2000）扬民终字第 20 号。后经检察院抗诉，提起再审，撤销二审判决，维持一审判决。江苏省扬州市中级人民法院民事判决书，（2001）扬民再终字第 25 号。该案貌似确认之诉，实为形成之诉。法院实际上是支持了银行的请求，基于重大误解将法律行为的内容予以变更（而非撤销）。

② 学说上为区分动机错误、内容错误和表示错误，以动机错误发生在法律行为之前的阶段，表示错误发生在法律行为的最后阶段，而内容错误相对而言则处于中间阶段。加藤雅信『新民法大系 I　民法総則（第 2 版）』（有斐閣，2005 年）253 頁。这种区分在观念虽可理解，但在实践中的表现往往并不明确。或许因此缘故，学说上有将“表示上的错误”与“内容错误”（对表示行为的意味的错误）合称为“表示行为的错误”。内田貴『民法 I 総則・物権総論（第 4 版）』（東京大学出版会，2008 年）66 頁；近江幸治『民法講義 I 民法総則（第 4 版）』（成文堂，2003 年）184～185 頁。

⑥传达错误(或称“误传”)。传达错误,指因传达人或传达机构的原因,造成的表示与意思不符。比如,由于电报收发人错译电文,造成表示与意思不符。由此带来的问题是,合同是否成立?如果成立,可否请求撤销?“传达错误”在实务中的案例虽不多见,但并非不存在。

*传达错误实例一则　原告自然人X在被告Y银行(四川)彭州支行某分理处开设账户,办理活期储蓄存款手续,并申领借记卡。2001年9月12日X持借记卡在广州人北支行填写21,000元的存款凭条存款。X将21,000元现金交与广州人北支行存款操作员Z,Z在计算机终端作输入21,000元存款的操作。该数据信息从广州人北支行终端传送到农行广东计算机中心,流水号036951,时间12点33分18秒。本次存款交易为正交易,响应时间为1分21秒。由于该响应时间超过了计算机系统限定交易的50秒时间,银行广东计算机中心的系统发出冲正信号,即对上述存款正交易予以撤销,第一次存款交易失败。银行广东计算机中心发出撤销该存款交易的数据信息后,由于系统未能正常运行,银行四川计算机中心并未收到该撤销交易的数据信息,第一次存款仍以流水号为036951,金额为21,000元的存款数据信息从银行广东计算机中心传送至银行四川计算机中心,载入X的活期储蓄存款账户。第一次存款操作失败后,Z又进行第二次存款操作,输入存款金额21,000元。由于未超过计算机系统限定交易的50秒时间,此次存款交易成功,数据信息到达农行四川计算机中心,载入X的活期储蓄存款账户。2002年4月3日银行广东省分行向四川省分行发出请款通知,要求四川省分行将2001年9月12日广东省分行收款一笔而误记为两笔的错账予以调账。但由于之前X已支取了部分存款,账户存款余额不足而无法调账。后X继续支取账户存款余款,Y予以冻结,双方协商未果,诉至法院。X请求法院判决Y兑付其存款15,781.64元及利息。Y反诉请求X返还不当得利21,000元。

一审法院裁判理由略谓:“2001年9月12日原告在广州人北支行存入一笔21,000元存款,由于农行广东计算机中心发出的冲正信息未能传输至农行四川计算机中心,系统出现故障,使存款操作员第一次输入金额21,000元的存款数据信息误传送至农行四川计算机中心并载入原告账户。由于该笔存款合同关系是不真实的,因而应当认定2001

年 9 月 12 日记载于原告存折中的第一笔存款金额为 21,000 元的存款合同关系并不实际存在,被告没有兑付原告款项的义务。根据《最高人民法院关于审理存单纠纷案件的若干规定》(以下简称《存单纠纷解释》)第 5 条关于金融机构有充分证据证明持有人未向金融机构交付凭证所记载的款项的,人民法院应当认定持有人与金融机构间不存在存款关系,并判决驳回原告的诉讼请求的规定,本院对原告的诉讼请求不予支持。”法院对反诉原告请求反诉被告返还不当得利的诉讼请求予以支持。该案二审驳回上诉,维持一审判决。[①]

法院裁判的主要依据是《存单纠纷解释》第 5 条,从裁判理由中,看不出任何对于意思表示“传达错误”的分析,裁判的思路是:证据——事实认定——法律关系认定——判决结果。这种处理模式因为有司法解释作为依据,固然不错,但表现出了一种裁判“家父主义”。申言之,其特点是法院主导,“为民作主”,以“确认”之名,行“形成”之实。在这种处理模式下,无须启用“传达错误”。这种裁判方式与上述司法解释出台的年代(1997 年)是相符的。时至今日,裁判越来越强调当事人主义,裁判思维亦应转变。转变的方向是,从当事人及其意思表示入手,变法院主导为当事人主导(不排除法院必要时运用释明权),并以此为基础构筑裁判说理,增强说服力,避免武断。相应的裁判思路是:证据——事实认定(误传)——法律关系的形成(当事人请求撤销、法院裁判)——判决结果。与此相应,“传达错误”问题便无法回避。

由于传达错误是因传达人或传达机构传达意思表示过程中发生的错误,看似与表意人自己造成的错误不同,但传达人和传达机构在法律上相当于表意人的喉舌,因此,传达错误的效力理应与表示错误相同。换言之,依误传的内容成立合同,同时允许意思被误传的一方基于错误撤销。[②] 在现代模范法及新的立法动向上,表示错误系与传达错误一并

---

① 参见“黄德志诉中国农业银行彭州市支行储蓄存款合同和不当得利本诉反诉案”,一审判决书:四川省彭州市人民法院(2003)彭州民初字第 1059 号;二审判决书:四川省成都市中级人民法院(2003)成民终字第 1814 号。

② 另有学者认为,“因第三人的原因造成的误解,不是我国《合同法》所说的重大误解,不应按可撤销的合同处理。以发电报误译电报稿为例,甲方发电要约,其意思表示与其真实意愿是一致的,乙方表示承诺是因为看了内容错误的电文,应以意思表示不一致认定合同未成立(甲方对乙方的承诺不表示反对时除外)”。隋彭生:《关于合同法中“重大误解”的探讨》,载《中国法学》1999 年第 3 期。此种认识显然是以其对意思表示采“意思主义”为出发点,其不足之处在于不利于保护交易安全,这也是目前通说多采“表示主义”的重要原因。

规定,[1]均得作为表意人的错误。如此,将传达错误与表示错误作相同处理,亦不乏比较法基础。结合重大误解而允许变更或者撤销合同的制度目的,理应将传达错误作为一种典型类型,纳入“重大误解”。《总则编解释》第 20 条对此作了补充规定,“行为人以其意思表示存在第三人转达错误为由请求撤销民事法律行为的,适用本解释第十九条的规定”。该规定参考大陆法系民法通行做法及现代模范法立场,将意思表示的误传纳入意思表示错误范畴,值得肯定。如此,对于传达错误,在符合后述重大误解作为撤销事由的构成要件场合,可以直接适用《民法典》第 147 条。

另外,须注意区别传达错误与故意误传。故意误传,指传达人故意违背表意人的指示,擅自变更意思表示的内容。德国学者认为,故意误传不能归由表意人负责,而对其发生效力无须撤销,唯传达人故意误传表意人的意思,其情形与无权代理的利益状态相类似,应类推适用无权代理的规定,对于善意相对人负损害赔偿责任。最近若干学者主张,表意人使用他人传达其意思表示,造成传达人故意误传的危险性,而表意人又较相对人易于控制此项危险,则此传达失实的危险理应由表意人承担。此说亦有所据,可供参考。[2]

⑦受领人错误。受领人错误,指意思表示的受领人对于意思表示发生错误理解(误解)。比如,受要约人错误理解要约内容,如因此而为承诺,在符合后述重大误解作为变更或者撤销事由的构成要件场合,可直接适用《民法典》第 147 条。

另外,原《民通意见》第 71 条同时要求“并造成较大损失的”,可以认定为重大误解。此项要求,在比较法上不太常见,如今,无论是《民法典》第 147 条还是《总则编解释》第 19 条及第 20 条,均不作此要求。

对于误解的重大性,宜采取主客观结合的标准加以评判:一位理性人处在误解方同样的场合,如果了解真实情况,会怎么做?如果该理性人根本不会签订合同,或者只会以显著不同的条款签订合同,如此,且

---

① PICC Art. 3. 2. 3 (Error in expression or transmission); PECL Art. 4:104 (ex art. 6. 104) (Inaccuracy in communication); DCFR Art. II. – 7:202 (Inaccuracy in communication may be treated as mistake); CESL Article 48 (3) (Mistake).

② 参见王泽鉴:《民法总则》,中国政法大学出版社 2001 年版,第 385 页;梁慧星:《民法总论》(第 6 版),法律出版社 2021 年版,第 188 页。

仅当如此，误解（错误）才能被认定为是重大的。[①]

(3)因重大误解而成立民事法律行为（因果关系）

原《合同法》第54条第1款第1项明确使用了“因”字，以表明重大误解与订立合同之间存在因果关系。原《民通意见》第71条也出现了“因”字。《民法典》第147条“基于重大误解实施的民事法律行为……”中虽未再出现“因”字，但《总则编解释》第19条第1款中出现了“按照通常理解如果不发生该错误认识行为人就不会作出相应意思表示”的限定。换言之，如无此种误解或者错误认识，当事人不会订立合同，或者只会以其他内容订立合同。因而，由于是一册明内府抄本《孟子》，才会有人愿意花78.2万元人民币购买。[②] 如果换成是后世抄本或者影印本，自然不值这个价钱。

(4)相对人的参与

重大误解是保护误解人的制度，允许其基于重大误解撤销合同。合同毕竟是双方当事人合意的产物，[③]在立法政策上作价值判断及利益衡量，单纯的“意思主义”在现代难以证成保护误解人而忽视相对人的做法具有正当性。我国现行法字面上似乎没有顾及任何相对人方面的因素，[④]但仅以此为据，仍没有回答在重大误解场合何以要偏爱误解人。我国民法理论原本兼顾双方的因素，比如，20世纪50年代的理论表述为：“由于一方的过失而引起对方的错误认识，民法上便叫做‘误解’。”[⑤]这里便提到了相对人的过失。进入20世纪80年代，我国的理论便不再像50年代那样提相对人的过失。[⑥] 这种转变影响到了原《民法通则》，而该法颁布后，民法理论更是普遍地单方面强调误解人方面

① PICC Art. 3.2.2 Comment 1. Serious mistake.

② 北京保利2015年春季拍卖会成交记录。

③ 关于错误（重大误解）的规范，或置重于意思表示（比如《德国民法典》第119条、我国台湾地区“民法”第88条和《日本民法典》第95条等），或置重于民事行为或者合同（比如原《民法通则》第59条、原《合同法》第54条和《民法典》第147条，另外《荷兰民法典》第6:228条、PICC第3.2.2条、PECL第4:103条、DCFR第II.－7:201条和CESL第48条等）。我国法既属后者，而合同是双方合意的产物，在确定得否以错误为由撤销合同时，考虑相对人方面的相关因素，在法律逻辑上，理所当然。

④ 有学者指出，无论是原《民法通则》还是原《民通意见》，抑或是原《合同法》，都没有明确提出相关的错误，必须为相对方知道或者应当知道时，才具有可撤销性。从而认为这些规定属于意思主义，而不具有表示主义的特征。参见薛军：《论意思表示错误的撤销权存续期间——以中国民法典编纂为背景的分析》，载《比较法研究》2016年第3期。该文强调“体系性视角”，值得阅读。

⑤ 中央政法干部学校民法教研室编著：《中华人民共和国民法基本问题》，法律出版社1958年版，第82～83页。

⑥ 参见佟柔、赵中孚、郑立主编：《民法概论》，中国人民大学出版社1982年版，第68页。

的误解，绝口不提相对人的参与；并以误解与欺诈相比较，强调“这种误解不是对方采取欺诈手段造成的，而是行为人由于自己的过失所造成的”[1]。理论上甚至明确强调，“至于对方当事人，不论他是否知道误解人对法律行为要件有误解，都不影响在误解人请求后，该民事行为的变更或撤销，但仅限于重大的误解”[2]。围绕原《民法通则》中的重大误解所作的上述解读，自然将重大误解的主要构成要件落在了误解的“重大性”上。但从实务经验来看，裁判者往往对重大误解的判断持十分慎重的态度，以至于当事人很难成功主张重大误解撤销合同。在学说层面，也有学者意识到这样规定的“重大误解”过于广泛，再行立法时“肯定是需要收缩的”。[3]

“重大误解”作为不确定概念，要在实践层面增强其可操作性，就有必要在解释论上细化重大误解的构成要件，引入更多的考量指标。此项作业，如前所述，属于一种法内“授权补充的漏洞”。我们应该首先探求立法者所作的或者应当作的价值判断。从《民法典》第149条关于第三人欺诈的规定可以反映出这种价值判断：第三人实施欺诈行为，使一方在违背真实意思的情况下实施的民事法律行为，对方知道或者应当知道该欺诈行为的，受欺诈方有权请求人民法院或者仲裁机构予以撤销。由此可见，在受欺诈场合，立法者尚且如此要求对方的“参与”（知道或者应当知道该欺诈行为），如果说在重大误解场合对于误解人真实意思的保护可以根本不顾及对方的因素，显然在法律评价上失衡。“同类事物同等处遇”，这是内存于任何法律中的原则。[4]填补第147条“重大误解”这一法内“授权补充的漏洞”，实应类比第149条呈现出的立法者的价值判断，要求相对人的参与因素（比如要求“对方知道或者应当知道”该重大误解），在我国解释论上具有合法性及正当性。[5]如此，便应该承认如下情形：

---

① 江平主编：《民法通则100问》，陕西师范大学出版社1986年版，第76页。

② 徐开墅等编著：《民法通则概论》，群众出版社1988年版，第116～117页。

③ 参见张谷：《对当前民法典编纂的反思》，载《华东政法大学学报》2016年第1期。

④ 参见［德］卡尔·拉伦茨：《法学方法论》，陈爱娥译，商务印书馆2003年版，第252页。

⑤ 值得注意的是《总则编解释》第19条起草者曾就重大误解备有两套方案，其中的方案二进一步强调了相对人对于错误的参与性，最终定稿虽未予采纳，然其思路被认为对于法官认定重大误解仍有参考价值。如错误系由行为人过错所致，法官审查时要更为审慎，特别要防止行为人故意错标价格刷流量、吸引眼球，达到宣传效果后又以重大误解为由主张撤销。参见最高人民法院民法典贯彻实施工作领导小组编著：《最高人民法院民法典总则编司法解释理解与适用》，人民法院出版社2022年版，第294～299页。

①相对人知道或者应当知道该错误而悖于诚信未告知错误方。

相对人知道或者应当知道错误方的错误，按照诚信原则应当告知错误方，却没有告知错误方，使之仍陷入错误之中，这时相对人便不值得保护。何为相对人应当知道，对此可依理性人标准加以判断。于此场合，错误方如欲撤销合同，还应证明相对人负有告知义务，提醒其错误。①

在此种情形，相对人并未积极地引起错误，只是没有履行诚信原则要求的告知义务，尚且不值得保护，如果错误是因相对人方面的积极行为所引起，按照"举轻以明重"，相对人更不应该得到保护。因而，还应该承认如下情形。

②错误是由相对人方面的不正确信息所引起的。

不正确信息的提供，如果是由相对人故意提供，则可能构成欺诈。②此处重点考虑非属相对人故意的情形。比如错误可以追踪至相对人所作的某些表示，无论是明示的还是默示的，过失的或者无过失的，均可能造成错误。

曾有学者指出，如果对方不是故意的，但是他做出了虚假陈述，怎么办？建议吸收英美法上的非故意的虚假陈述。③ 这一建议具有合理性，而通过上述填补漏洞作业，可见在解释论层面已可实现这一目的。

当事人也不应相信所有的信息。出卖人卖东西时可能会吹牛(puffs)，声称其东西是"独一无二的"、"最好的"和"最便宜的"，这类话语通常并不具有赋予权利的功能。不过，若是更为具体的表述，则有可能构成合同的组成部分，比如，出卖人说其商品适合特定用途("该辆吊车允许在公路上开")，或者具有特定品质("金"戒指)，这时可以成立错误与违约救济的竞合。

③共同错误。

在共同错误(a common mistake)场合，双方当事人对于事实或者法律有同样错误的认识。比如，买卖双方均认为作为买卖标的物的国画

① PICC Art. 3.2.2 Comment 2. Conditions concerning the party other than the mistaken party.

② 如当事人认识错误是因对方欺诈所致，则会出现一种"二重效果"现象，欺诈也好，重大误解也罢，都是法律对于同一行为的评价，依《民法典》第147条至第149条，二者效果均为可撤销，原则上允许当事人根据举证的难易以及二者法律后果的差异，自由选择其主张。

③ 参见张谷：《对当前民法典编纂的反思》，载《华东政法大学学报》2016年第1期。

是齐白石所作;房东及房客均认为房屋是允许作办公用途的;广告主与电视台均认为东方红三号卫星能定点投入使用;[①]甲与乙缔结某辆赛车买卖合同时并不知道也不可能知道该车已经被他人偷走(主观不能)或者已经灭失(客观不能);和解双方均没有料到受害人所遭受的人身伤害达到了八级伤残;等等。在这种场合,双方当事人均有撤销权。

***“二元论”框架下的双方动机错误** 在“二元论”框架下,双方动机错误被当作特例。比如,甲为观赏阅兵典礼,向乙承租房屋,不料因大地震取消阅兵典礼;又如,甲乙双方均误以为市政府将于近期迁往东郊,甲以高价向乙购买房屋。此类案型,在德国法系作为主观的法律行为基础问题,而由《德国民法典》第 313 条(行为基础的障碍)所规范。王泽鉴先生亦持相似见解,认为双方当事人系以一定事实的发生或存在作为法律行为的基础,此项法律行为基础不存在的风险,应由双方共同承担,从而不能径认此系“动机错误”,不影响法律行为的效力,使一方当事人受合同拘束,须支付租金或高额的价款。纵使赋予受有不利的一方当事人撤销权,亦非合理,因其须对相对人负信赖利益的赔偿责任。其较能兼顾双方当事人利益的解决方法,系依诚信原则调整当事人的法律关系,就租屋观赏阅兵之例,承租人于必要时得解除其租赁合同;就买卖房屋之例,如双方当事人欲维持其买卖合同时,得依补充合同解释,调整其价格。[②]

在“一元论”框架下,并不刻意区别对待动机错误,在“共同错误”概念下当然可以包括“二元论”所谓的双方动机错误情形。就我国实务观察,被告承租人(Y)将其合同地位“转让”给原告(X),收取“转让费”3 万元,并由 X 与房屋所有人 Z 直接签订了租赁合同。在 X 搬入之前,得知房屋内曾发生过死人事件,便拒绝再租赁该房屋,并与 Z 解除了租赁合同。事实上 Y 虽承租房屋已两年,亦不知上述特别事情。X 以重大误解为由主张撤销其与 Y 之间的“转让协议”。一审法院虽未认定构成双方动机错误,但综合考虑后,依据公平原则,对原告主张的撤销双方间转让合同的主张不予

---

① 《南昌航宇实业集团公司诉江西电视台不按合同约定播出上星广告违约赔偿纠纷案》,载最高人民法院中国应用法学研究所编:《人民法院案例选》(第 19 辑),人民法院出版社 1997 年版,第 164 页以下。

② 参见王泽鉴:《民法总则》,中国政法大学出版社 2001 年版,第 379 页。

支持，但对双方间约定的转让费数额酌情予以变更。[①]

在共同错误场合，需要思考的是，谁来承担错误认识的风险。在德国的 Matchfixing 案（1975 年）中，德国足球联邦联赛（Bundesliga）的一个足球俱乐部将一名球员"转会"给低一级的地区联赛（Regionalliga）的一个俱乐部。双方俱乐部均不知晓一个事实：该球员在其为转让方俱乐部效力对阵比勒费尔德（Arminia Bielefeld）的比赛中受贿。当该球员承认事实并遭德国足球协会禁赛之后，受让方俱乐部撤销转让协议，并主张返还转让价款。法院论理的重心集中在谁应当承担该球员被禁赛的风险，法院认为风险应由转让方俱乐部承担，因为该球员受贿时是在为转让方俱乐部效力，故受让方可以撤销交易并索回转让费。[②]

考虑相对人对于误解人重大误解的参与因素，与其说是对于我国 20 世纪 80 年代以来民法理论的一种"突破"，毋宁说是对于更早理论的某种回归，以及对于现代比较法共识的接续。此所谓现代比较法，包括 PICC 第 3.2.2 条、PECL 第 4:103 条、DCFR 第 II. －7:201 条、CESL 第 48 条、联合国贸易法委员会《自动订约示范法》第 8 条第 1 款以及《荷兰民法典》第 6:228 条等，综合其共性，可以从上述三个方面，细化重大误解的构成要件。换言之，构成重大误解，尚应符合上述三者之一，[③]而这三者具有的共同之处在于，相对人不值得保护，因为其以这样或者那样的方式参与了错误方的错误。[④]

（5）消极要件

PICC 第 3.2.2 条（Relevant mistake）第 2 款规定："但有下列情形之一的，当事人不得撤销合同：（a）其陷于错误时具有重大过失；（b）错误系关于某事情，就此事情发生错误的风险已经由错误方承担，或者依具体情事，应当由错误方承担。"另外，在 PECL 第 4:104 条、[⑤]DCFR 第 II. －7:201 条第 2 款以及 CESL 第 48 条第 2 款，[⑥]亦有相似规定。

---

① "杨甲磊与毛永房屋租赁合同纠纷上诉案"，江苏省徐州市中级人民法院民事判决书，（2012）徐民终字第 0691 号。

② See Jan M. Smits, *Contract Law: A Comparative Introduction* 166 (2014).

③ See Jan M. Smits, *Contract Law: A Comparative Introduction* 163 – 166 (2014).

④ PICC Art. 3.2.2 Comment 2. Conditions concerning the party other than the mistaken party.

⑤ 该条第 2 款规定了两项例外，不许撤销合同：其一，在该具体情事中，其错误是不可原谅的；其二，此种错误的风险已由其承担，或在该具体情事中应由其承担。DCFR 第 II. － 7:201 条第 2 款与此相同。

⑥ CESL 第 48 条第 2 款只规定了一种例外情形，即"如果错误的风险已由当事人承担，或依具体情事应由其承担，则该当事人不得因该错误而撤销合同"。

如果误解(错误)是由于误解人的重大过失所致,再允许误解人撤销合同,对于相对人便不公平,故有上述(a)项例外。而对于投机性的合同(speculative contracts),承担错误的风险则是其通常的特点。一方当事人,可能抱有某些事实存在的假定并认为其认识正确,从而订立合同,这样他便承担了事实并非如此的风险。在这类场合,该当事人也无权以其误解为由撤销合同。例如,A 将一幅"号称"某不太有名的画家 C 的画作以合理的价格卖给 B,事后发现,该画其实是有名的艺术家 D 的作品。A 不得以其错误为由主张撤销其与 B 的合同,因为该画被"号称"为 C 的作品的事实,已隐含着它可能是由更有名气的艺术家所作的风险。[①]

在德国法上,尽管立法中没有规定,仍旧承认一点,当错误发生在所承担风险领域时(wenn der Irrtum im Bereich des übernommenen Risikos liegt),排除因错误而撤销。作为此类有风险行为(riskante Geschäfte)的事例,比如,待建地块的买受人承担了该地不能真正成为建设用地的风险;新式超声波治疗仪的买受人须能考虑到该仪器不完全具有所期望的疗效。特别是主债务人的履行能力通常属于保证人的风险,债权人对于此点所具有的不确定性正是需要由保证人予以消除的,故对此亦不许因错误而撤销。[②] 不过,《德国民法典》第 119 条及以下条文根本未顾及表意人过错,即使最重大的过失(gröbster Fahrlässigkeit),亦无妨撤销。只有故意(Vorsatz)场合,自然不许撤销,盖因此时不成其为错误。[③]

关于因重大误解而撤销,《民法典》虽然没有明确规定消极要件,参考上述比较法,理论上应否承认及如何承认消极要件的存在,颇有探讨的余地。

首先,对于因自己重大过失而陷于错误的情形,是否排除因重大误解而撤销,在合同法学者建议稿最初的草稿"重大误解"条第 2 款有涉及,该款表述为"因重大误解而订立的合同,误解方当事人可以请求撤

① PICC Art. 3.2.2 Comment 3. Conditions concerning the mistaken party. 此种情形,在我国法上,亦不宜允许依"显失公平"为由主张撤销合同。当然,对此会有不同意见,比如,有观点主张,某古董收购商下乡以极不合理的低价收购古董的行为,即属显失公平的民事行为。参见魏振瀛主编:《民法》,北京大学出版社、高等教育出版社 2000 年版,第 164 页。

② Vgl. Dieter Medicus, Allgemeiner Teil des BGB, 9. Aufl. 2006, S. 307.

③ Vgl. Dieter Medicus, Allgemeiner Teil des BGB, 9. Aufl. 2006, S. 293.

销。但是，如果由其重大过失所造成，则仅可请求变更合同”。此处“但书”中的“仅可”请求变更合同，表明排除了因重大误解而撤销合同。此项基本的价值判断，殊值重视。《民法典》有多处条文将重大过失与故意并列规定（比如第 506 条第 2 项、第 618 条、第 660 条第 2 款、第 897 条以及第 929 条等），表明立法者在价值判断上，以重大过失相当于故意。如果循此判断，因重大过失而陷入错误，便相当于故意陷于错误，其错误本身不可原谅，如果允许撤销，对于相对人有失公允。

其次，对于既已承担错误风险的情形，不允许该方当事人因该错误而撤销合同，更是众多比较法的通例，我国法虽未明文规定，但实无理由特立独行与众不同，而承认此种消极要件，亦符合“广泛参考借鉴市场经济发达国家和地区立法的成功经验和判例学说，尽量采用反映现代市场经济客观规律的共同规则，并与国际公约和国际惯例协调一致”的立法指导思想。[①]

《民法典》虽然没有规定，但在《总则编解释》第 19 条第 2 款有了补充，“行为人能够证明自己实施民事法律行为时存在重大误解，并请求撤销该民事法律行为的，人民法院依法予以支持；但是，根据交易习惯等认定行为人无权请求撤销的除外”。该款但书规定所针对的典型案例是古董买卖等交易，[②]以之有相应的交易习惯，实则是交易参与者已承担了“真假自鉴”的风险，故该款但书可以用来发挥重大误解消极要件的功能。

（五）“一元论”重大误解的法律效果

依《民法典》第 157 条的规定，民事法律行为被撤销后，有过错的一方应当赔偿对方由此所受到的损失；各方都有过错的，应当各自承担相应的责任。法律另有规定的，依照其规定。由此可见，因重大误解而撤销民事法律行为场合，损害赔偿责任系过错责任，有过错的一方要向无过错的一方承担赔偿责任；双方都有过错的，实则依过失相抵规则

① 参见梁慧星：《民法学说判例与立法研究》（第 2 册），国家行政学院出版社 1999 年版，第 121 页。

② 参见最高人民法院民法典贯彻实施领导小组编著：《最高人民法院民法典总则编司法解释理解与适用》，人民法院出版社 2022 年版，第 302 页。相关案例参见“路某芳诉胡某敏特定物古董买卖合同纠纷案”[江苏省南京市白下区人民法院（2011）白民初字第 2694 号民事判决书]。

处理。

由于因重大误解而撤销民事法律行为，不仅要求误解的重大性，而且要求相对人的参与，在相对人方面的不正确信息引起误解方陷入错误场合，可以认定相对人具有过错；在相对人知道或者应当知道该错误而悖于诚信未告知错误方场合，相对人具有过失。在这两类场合，应该由相对方向误解方承担赔偿责任。在共同错误场合，可以认为双方均具有过失，双方各自承担相应的责任。

由于关于重大误解场合的赔偿责任，未见到法律另有规定，故无法解释认为误解人负无过失赔偿责任。在这一点上，我国法与德国法存在差异。依《德国民法典》第 122 条的规定，意思表示基于第 119 条、第 120 条被撤销的，如该意思表示须对于他人做出，表意人必须向相对人，在其他情况下，向任何第三人，赔偿该相对人或该第三人因信赖该意思表示有效所遭受的损害，但不得超过该相对人或该第三人就该意思表示之有效所具有的利益的数额。受害人知道或因过失而不知可撤销的原因的，不发生损害赔偿义务。瑕疵表示的人的赔偿责任不以其过错为基础（诱因责任，Veranlassungshaftung）。[①]

由于坚持交易安全是一条底线，故在错误原因不可归责于相对人场合，或者说，在相对人完全善意场合，不允许误解人主张撤销民事法律行为，我国原来立法呈现的意思主义因此而受限制。为了交易安全，民事法律行为的效力理应得到维护，故不发生由误解人支付损害赔偿而从法律行为效力中解脱的机会。如此一来，通常不至于发生由误解人赔偿相对人的情形。

《民法典》第 157 条所规定的赔偿责任，在解释上应认为是对于信赖利益的赔偿。

《民法典》第 147 条规定的重大误解虽具有完全性法条的外形，因“重大误解”一词本身为不确定概念，故该法条实含有法内“授权补充的漏洞”。解释适用该法条，需要在探寻立法者价值判断的基础上将评价因素具体化，民事法律行为业已成立乃是当然的前提，误解的重大性只是必要但不充分的条件，除此之外，还应补充相对人对于误解人误解的

① 参见［德］汉斯·布洛克斯、［德］沃尔夫·迪特里希·瓦尔克：《德国民法总论》，张艳译，中国人民大学出版社 2012 年版，第 268 页。

参与，以及重大误解的消极要件。通过类比第三人欺诈场合立法者的价值判断，并参考比较法，上述要点理应吸收进入我国的解释论。考虑相对人对于误解方误解的参与因素，有些场合属于相对人具有过错，故重大误解场合的损害赔偿一般不是误解方赔偿相对方，而恰恰反过来是相对方赔偿误解方；此种赔偿是对于信赖利益的赔偿。

《民法典》在既有民事立法的基础上提取"公因式"，集成民事立法的一般规则和原则，并有若干制度创新。对于《民法典》，解释论者虽不必"隐恶"，但确实需要"扬善"，积极发掘和阐释立法者在新时代背景下所展现的立法精神、价值判断及利益衡量。关于重大误解的解释论，实应结合新立法，实现从"二元论"向"一元论"、从"意思主义"向"表示主义"（Erklärungstheorie）的理论转型。

五、显失公平

（一）引言

《民法典》第151条规定："一方利用对方处于危困状态、缺乏判断能力等情形，致使民事法律行为成立时显失公平的，受损害方有权请求人民法院或者仲裁机构予以撤销。"这是目前我国关于显失公平的最新规则，改变了原《民法通则》和原《合同法》将乘人之危与显失公平分开规定的模式，将二者合并规定，赋予显失公平以新的内涵。

* **显失公平的沿革**　早期的罗马法并没有承认以lésion（læsio enormis）或非常损害为根据的诉权，因为罗马法奉行形式主义，合同的效力根据在于对固定程式的完成；只要完成了规定的仪式，合同形式不存在瑕疵，不管合同内容是否显失公平，都具有法律效力。只是到了罗马帝国时期，由于道德哲学和神学的影响，认为任何物都应有其合理的价格，加之金钱不断贬值，影响了交易的正常进行，因而在优士丁尼法典中即创制了"短少逾半规则"（半价规则）：在买卖土地受到低价损失超过价格的一半时，应补足价款或宣告合同无效，由此出现了显失公平

制度的雏形。[1] 但这一制度的适用,当时仅限于不动产的买卖以及不动产的分割。

显失公平问题在法国是在 lésion(译为“过剩损害”、“非常损害”或“合同损害”)的标题下展开的,法国古法时期,lésion 作为教会法上的理论得到了急速的发展。教会法学者主要是基于道德的考虑,提出了“公平价格”(justum contrapassum)之概念,认为一方当事人通过榨取对方而获得暴利的行为违法。然而,在专制王权时代,由于价格和租金要服从王令或职业团体所施加的严格管制,实际上,以 lésion 为理由撤销合同是很困难的,被限定为仅于罗马法上承认 lésion 之场合有其适用。继而在 17、18 世纪,由于合同自由思想的昂扬,出于对交易安全的考虑,否定 lésion 之概念的见解成为有力说。在大革命后的中间法时代,由于货币贬值的缘故,lésion 之案件激增,诉讼混乱,曾一度以此为由废止过此种诉权;及至经济情势平静后,再度承认了这种诉权。至《法国民法典》起草时,编撰者在考虑设置显失公平这一制度时,曾面临多种对立和矛盾的学说,最后妥协的结果是,《法国民法典》规定,显失公平(合同损害)在一般情况下不构成合同无效的原因(原第 1118 条),同时,也承认在某些特殊情形中,显失公平可导致合同无效(如原第 887 条、原第 1674 条),并在其中确立了显失公平的具体标准。[2]

在《德国民法典》中,立法者基本上采取由当事人自主决定合同价款的态度,合同效力的根据在于当事人的意思自治。但该法第 138 条第 2 款关于暴利行为(Wuchergeschäfte)的确立,也在一定程度上对显失公平问题作了明确规定。《瑞士债务法》第 21 条,亦有暴利行为的规定。

在传统英美普通法上,合同的有效成立原则上要求对价,然对价并非等价,对价的相当性原则并不成为一个问题,对此有所谓“胡椒籽法理”(peppercorn theory),意指一粒胡椒籽亦可构成充分的对价。[3] 唯在衡平法上,于合同内容之不公平“触动了法官的良知”场合,该合同即不

---

① 参见梁慧星:《民法》,四川人民出版社 1988 年版,第 137 页;[意]桑德罗·斯奇巴尼选编:《债　契约之债》,丁玫译,中国政法大学出版社 1992 年版,第 37 ~ 38 页。

② 山口俊夫『フランス債権法』(東京大学出版会,1986 年)36 頁参照。中文资料可参见尹田编著:《法国现代合同法》,法律出版社 1995 年版,第 105 页,亦有相当的介绍。

③ 樋口範雄『アメリカ契約法』(弘文堂,1994 年)102 頁参照。

能依衡平法得到强制执行。在美国合同法上关于合同的效力评价，除了胁迫、不当威压、错误陈述之外，后来又发展出了非良心性法理（unconscionability），最值注目。该法理的起源虽可上溯到1870年，但其发挥重要作用则是晚近的事情，1951年成立的UCC第2－302条对此作了规定，其起草人卢埃林教授（Karl Nickerson Llewellyn，1893－1962）称之为UCC中最具价值的一个条文。围绕该法理的判例剧增，并成为20世纪60年代以来美国学说上议论最活跃的问题点。[①]

＊中国法上“乘人之危”与“显失公平”的分与合　将“乘人之危”作为影响意思表示效力的事由之一，从比较法来看，很难找到对应规定，因而被称为“我国民法通则的一个独创”。[②]

我国民法理论本受《德国民法典》及《苏俄民法典》的影响，对于显失公平合同亦着重于一方利用他方之不利情势。我国《民法通则》（草案）原规定为“乘人危难显失公平”。后来考虑到“乘人危难”使对方接受显失公平的合同条款，其性质与欺诈、胁迫并无二致，若仍沿袭旧说定为可撤销，显然与我国社会主义精神文明准则相悖，且胁迫、欺诈为无效而乘人之危仅为可撤销，在立法技术上看起来也不相均衡。因此，正式通过的《民法通则》第59条将“乘人危难”删去，而将“乘人之危”并入第58条与欺诈、胁迫均为无效之原因。如此规定，被认为与《南斯拉夫债务关系法》相似（该法将传统显失公平合同分为两种情形，并分别予以规定。该法典第139条规定重大损失合同，另在第141条规定暴利合同。前者着重于合同内容显失公平使一方遭受损害，后者着重于一方利用了他方急迫、轻率、无经验等不利情势），在法理上更觉妥洽。[③] 考察《民法通则》立法阶段的主导思想，确实有强调“法律与道德相结合的原则”，强调民法为两个文明（物质文明和精神文明）建设服务，一切严重违反社会主义道德准则的法律行为，都是无效的。严禁一方采用欺骗、威吓，与他人恶意串通或乘人之危使对方违背自己的本意

① 樋口範雄『アメリカ契約法』（弘文堂，1994年）198頁，204頁参照。

② 参见佟柔主编：《中国民法学·民法总则》，中国人民公安大学出版社1990年版，第241页。

③ 参见梁慧星：《中国民法经济法诸问题》，法律出版社1991年版，第249～250页。关于1978年《南斯拉夫债务关系法》，可参考［南］弗·卡波尔：《南斯拉夫债法中的商业合同》，王名扬译，载《法学译丛》1981年第3期。

订立合同。[1] 在我国20世纪50年代的民法理论中，显失公平的法律行为有两种情况：其一是乘人急需而显失公平的法律行为，如高利贷；其二是并非乘人急需但显失公平的法律行为。[2]《民法通则》立法者将这两种情况拆分开来，前者称为“乘人之危”，主观恶性大，故规定为无效；后者称为“显失公平”，无关乎主观恶性，以之为可变更或者可撤销。

比较而言，《民法通则》颁布之前的我国民法理论，把乘人之危与显失公平联系在一起，称为乘人之危而显失公平的民事行为，即把乘人之危作为显失公平的原因，把两者结合起来共同作为影响合同效力的原因。其优点在于，显失公平是个相对的概念，只有把造成显失公平的原因考虑进去，法律才能进行准确的评价。[3] 原《民法通则》把乘人之危与显失公平分开，将前者规定为无效的原因，把后者作为可撤销的原因。原《合同法》继续区分乘人之危与显失公平，而没有将二者合并，实际结果是，使二者各自独立成为可撤销合同的事由，均较传统民法上的“暴利行为”的构成要件宽松化了。[4] 将乘人之危与显失公平分开，显失公平的判断是否要考虑成因？相应地会在学说上滋生分歧，引出单一要件说[5]与二重要件说[6]的争论，并为法律适用带来不必要的困扰。如今《民法典》重新将二者合并规定，具有积极意义。

---

① 参见陶希晋：《论我国民法的指导原则》，载陶希晋主编：《民法文集》，山西人民出版社1985年版，第8～10页。

② 参见中央政法干部学校民法教研室编著：《中华人民共和国民法基本问题》，法律出版社1958年版，第84～85页。

③ 佟柔主编：《中国民法》，法律出版社1990年版，第181页；王家福主编：《中国民法学·民法债权》，法律出版社1991年版，第351～352页。

④ 由于自原《民法通则》及原《合同法》均将传统民法中的“暴利行为”一分为二，一个是乘人之危，另一个是显失公平，便使“A + B = 暴利行为”的构成要件变成了两套独立的构成要件，A = 乘人之危，B = 显失公平。本书称此为乘人之危及显失公平“构成要件的宽松化”。由于这双重的宽松，使当时我国法上的可撤销事由，较之德国法、我国台湾地区规定或者日本法，实质性地扩张。

⑤ 梁慧星：《民法总论》(第3版)，法律出版社2007年版，第209页；梁慧星：《读条文 学民法》，人民法院出版社2014年版，第16页；崔建远：《合同法》，北京大学出版社2012年版，第95页；韩世远：《合同法总论》(第3版)，法律出版社2011年版，第200页。

⑥ 主张双重要件说者，可见诸王利明、崔建远：《合同法新论·总则》，中国政法大学出版社2000年版，第288页；杨立新等：《合同法总则》(上册)，法律出版社1999年版，第171页；隋彭生：《合同法论》，法律出版社1997年版，第181页；李永军：《合同法原理》，中国人民公安大学出版社1999年版，第277页。另有“修正二重要件说”，认为在显失公平的构成上，应将主观和客观要件相结合作为一般原则，而在法律有明确规定或按照诚信和公序良俗等基本原则的要求，在特定情形下，只需客观要件的满足，也可构成显失公平。崔建远主编：《新合同法原理与案例评释》(上册)，吉林大学出版社1999年版，第208页。

（二）构成要件

依《民法典》第151条，显失公平的构成需要具备主、客观两方面的要件。

1. 客观要件（显失公平）

此处的显失公平是指双方当事人在民事法律行为中的权利义务明显失衡、显著不相称。[①] 换言之，在双务合同中的给付与对待给付明显不相称。

显失公平的判断时间点，《民法典》第151条明定为“民事法律行为成立时”，对于合同而言，也就是合同成立时。与之相对应，订立合同后发生显失公平，则属情事变更问题。

“显失公平”本身为不确定概念，需要裁判者作价值补充，因而，裁判者被授予了自由裁量权，对此，裁判者应审慎行事，切忌干涉过度。公平与否，在由裁判者衡量时，遵循的是客观标准。可是，合同本是双方当事人意思自治的结果，评价之事，在当事人方面本来所采者恰恰不是客观标准，而是主观标准。这种评价标准的龃龉或者不统一，一方面是实务无法避免的不得不然；另一方面也提示了裁判者应保持谦抑的态度，不宜过度“家父主义”。

2. 主观要件（利用对方处于危困状态、缺乏判断能力等情形）

（1）对方处于危困状态、缺乏判断能力等情形

所谓危困状态，一般指因陷入暂时性的急迫困境而对于金钱、物的需求极为迫切等。比如，遭受自然灾害或者患有疾病而急需金钱，船舶遇险急需救助。

所谓缺乏判断能力，是指缺少基于理性考虑而实施民事法律行为或对民事法律行为的后果予以评估的能力，如金融机构的从业人员向文化水平较低的老年人兜售理财产品，由于缺少判断能力，这些老年人以高昂价格购买了实际收益率较低的理财产品。[②]《合同编通则解释》第11条规定：“当事人一方是自然人，根据该当事人的年龄、智力、知识、经验并

① 李适时主编：《中华人民共和国民法总则释义》，法律出版社2017年版，第474页。
② 参见李适时主编：《中华人民共和国民法总则释义》，法律出版社2017年版，第474页。

结合交易的复杂程度,能够认定其对合同的性质、合同订立的法律后果或者交易中存在的特定风险缺乏应有的认知能力的,人民法院可以认定该情形构成民法典第一百五十一条规定的‘缺乏判断能力’。”与“处于危困状态”相比,“缺乏判断能力”只应限于自然人,并不包括法人。[①]

(2)利用

利用(Ausbeutung),是指为获取过度利润故意使用(Ausnutzung)行为相对方的窘境。[②] 如果行为人不知(无论是否有过失)而与对方签订合同,即使对方客观上有危困状态、缺乏判断能力等情形,也不构成“利用”。

＊是否要求“使对方违背真实意思”?　　在欺诈和胁迫场合,法条(《民法典》第 148 条和第 150 条)中均出现了“使对方违背真实意思”字样,在显失公平场合,法条中却没有出现相同字样,对于显失公平的构成,是否要求“使对方违背真实意思”作为构成要件呢?客观上说,对方处于危困状态等情形而签订合同,极易存在不得不同意苛刻条件的情形,此种情况下作出的意思表示,并非自由的意思表示(形式上自由而实质上不自由),意思表示可能因此具有瑕疵。学说上也确有见解主张“意思瑕疵要件”。[③] 加之原《民通意见》第 70 条规定,“一方当事人乘对方处于危难之机,为牟取不正当利益,迫使对方作出不真实的意思表示,严重损害对方利益的,可以认定为乘人之危”。已将乘人之危与意思表示不真实相勾连,如今显失公平既已与乘人之危合并,要求“违背真实意思”要件,似乎也有道理。不过,从立法者规定《民法典》第 151 条时意在学习德国以及我国台湾地区关于暴利行为相类似的做法,[④]而暴利行为在德国是属于违反善良风俗法律行为的特殊情况(《德国民法典》第 138 条第 2 款),在构成要件上仅要求客观要件和主观要

---

① 参见最高人民法院民事审判第二庭、研究室编著:《最高人民法院民法典合同编通则司法解释理解与运用》,人民法院出版社 2023 年版,第 139～140 页;谢鸿飞、蔡睿等:《中华人民共和国民法典合同编通则司法解释释义》,中国法制出版社 2024 年版,第 113 页。

② 参见[德]汉斯·布洛克斯、[德]沃尔夫·迪特里希·瓦尔克:《德国民法总论》,张艳译,中国人民大学出版社 2012 年版,第 219 页。

③ 参见陈甦主编:《民法总则评注》,法律出版社 2017 年版,第 1085～1086 页。

④ 参见李适时主编:《中华人民共和国民法总则释义》,法律出版社 2017 年版,第 474 页;黄薇主编:《中华人民共和国民法典总则编释义》,法律出版社 2020 年版,第 401 页。

件，没有额外要求意思表示不真实；在法律后果上是法律行为无效。[1]因而，对于《民法典》第151条的解释，不额外要求“使对方违背真实意思”，更符合立法本意。如此，也就不必要求主张撤销的一方对“违背真实意思”进行证明。

显失公平的构成需要兼具上述主观要件和客观要件，缺一不可。不过，近年来我国已有学说开始主张引入“动态体系论”，为显失公平的构成引入灵活评价因素，值得关注。[2]

第五节　效力未定的合同

一、效力未定合同概述

（一）合同效力未定的意义

合同效力未定（schwebende Unwirksamkeit），或称“未决的不生效”，指起初未生效力（vorerst unwirksam），因为它在法律行为本身之外还欠缺某种生效要件，一旦该要件事后具备了，它就可以有效。当然此处所说的这种未定状态（Schwebezustand），是指事后该生效要件是否成就尚不清楚的情形（spätere Eintritt des Wirksamkeitserfordernisses noch ungewiss），而非指既已清楚其生效只是在时间上推迟了的情形。[3]

效力未定的合同，不同于无效合同。因为无效合同，其不发生效力

---

① 参见［德］汉斯·布洛克斯、［德］沃尔夫·迪特里希·瓦尔克：《德国民法总论》，张艳译，中国人民大学出版社2012年版，第218～220页。《德国民法典》第138条第2款除了具备给付与对待给付之间存在明显的不相称关系（auffälliges Missverhältnis）这一要件外，还要求行为人是在利用（Ausbeutung）对方的窘境、无经验、欠缺判断力或重大的意志耗弱的情况下获得这一非同寻常的约定。行为人有意利用受害人的糟糕处境，“过失的暴利”（fahrlässiger Wucher）是不存在的。Vgl. Dieter Medicus, Allgemeiner Teil des BGB, 8. Aufl. 2002, S. 281. 其他比较规定可参见《瑞士债务法》第21条、我国台湾地区“民法”第74条的规定；日本学说与判例上追随德国，采二重要件说，但存有例外。

② 参见武腾：《显失公平规定的解释论构造——基于相关裁判经验的实证考察》，载《法学》2018年第1期；蔡睿：《显失公平制度的动态体系论》，载《法治社会》2021年第6期。

③ Vgl. Larenz/Wolf, Allgemeiner Teil des Bürgerlichen Rechts, 9. Aufl. 2004, § 44 Rn. 49.

自始确定,通常不因其他行为而再生效力,也不需其他行为而再确定其不生效力。而效力未定的合同,其是否发生效力,尚未确定,须待其他行为或事实使之确定。效力未定的合同存在发生效力的可能性,在这点上,与无效合同迥异。

效力未定的合同,也不同于可撤销的合同。一个是“未决的不生效”,另一个是“未决的生效”,已如前述。

(二)效力未定合同的发生原因

效力未定的合同,以限制民事行为能力人订立的合同(《民法典》第145条)和无权代理订立的合同(《民法典》第171条)为典型;无权处分场合,效力未定者是无处分权人所为处分行为,而非其所订立的合同。效力未定合同除上述典型情形外,仍有其他情形,比如“未办理批准等手续影响合同生效”的合同(《民法典》第502条第2款)。

(三)追认

效力未定的合同,经追认权人追认后,该合同有效。依《民法典》的规定,限制民事行为能力人订立超越其能力范围的合同,要经法定代理人同意或者追认后有效(第145条第1款);无权代理人实施的代理行为(如订立的合同),未经被代理人追认的,对被代理人不发生效力(第171条第1款)。

1. 追认的性质

所谓追认(Genehmigung),是一种事后作出的同意(die nachträglich erteilte Zustimmung)。与之相对,学理将事先作出的同意称为“允许”(Einwilligung)。作为二者的上位概念(Oberbegriff),则称为“同意”(Zustimmung)。[①]《民法典》则并列使用“同意”和“追认”(见第145条),前者指事先的同意,后者指事后的同意(追认)。

追认是追认权人使效力未定的合同发生效力的单方法律行为,性

---

① Vgl. Larenz/Wolf, Allgemeiner Teil des Bürgerlichen Rechts, 9. Aufl. 2004, § 51 Rn. 8.

质上属补助行为。[①]

2. 追认的类型

追认依追认权人的不同特点,可以区分为第三人的追认和本人的追认。

第三人的追认,包括限制民事行为能力人的法定代理人的追认、无权处分场合处分权人的追认。此时的追认权人并非被追认的行为的当事人。

本人的追认,指狭义无权代理场合被代理人(本人)的追认,此时的追认权人正是被追认的合同的当事人。

3. 追认的方式

追认既属单方法律行为,则依单方的意思表示即可完成,此意思表示是需要相对人受领的意思表示。在被追认的行为为合同场合,则可向合同当事人的任何一方以意思表示为之。且追认无须依特定方式,只要能够表达其追认的意思即可。追认的意思表示自到达相对人时生效。

4. 追认的效力

追认的效力在于使效力未定的合同有效,固无疑问。唯合同自何时起发生效力,不应不察。主要的问题在于,追认是否使合同溯及既往地发生效力,抑或自追认时起仅向将来发生效力。这一点,从《民法典》的相关条文中并未明确反映出来,《总则编解释》第 29 条就法定代理人、被代理人向相对人所作追认意思表示依《民法典》第 137 条确认该追认的生效时间,与被追认的合同自何时生效尚属两事,而自我国学说解释看,通常认为合同溯及于成立之时发生效力。[②]依既往的司法规则,被追认的合同自订立时起生效(原《合同法司法解释(二)》第 11 条)。承认该规则具有习惯法效力,并无不妥。

值得探讨的是,追认的溯及力(Rückwirkung der Genehmigung)与合同请求权诉讼时效起算(Beginn der Verjährungsfrist)的关系。依德国

① 参见陈国柱主编:《民法学》(第 2 版),吉林大学出版社 1987 年版,第 78 页,称其为“辅助民事法律行为”。另参见佟柔主编:《中国民法学·中国民法》,法律出版社 1990 年版,第 167 页。

② 梁慧星:《民法总论》(第 6 版),法律出版社 2021 年版,第 221 页;马俊驹主编:《民法案例教程》(上册),清华大学出版社 2002 年版,第 539 页;杨代雄:《民法总论》,北京大学出版社 2022 年版,第 398 页。我国台湾学者对于效力未定的法律行为,亦承认追认或者“同意”的溯及效力。施启扬:《民法总则》(第 10 版),台北,2001 年自版发行,第 326 页。

学说见解，追认的溯及力对合同的请求权时效期间的起算并无任何影响。因为这些请求权在追认之前并不属于现实的请求权，也不能主张，然如时效的开始退缩至合同缔结时，则可主张请求权的时间就以不合理的方式被缩短，甚至已然完全经过。因此，对溯及力实有必要以目的性限缩方式（im Wege der teleologischen Reduktion）限定其范围。[①] 此项见解，殊值重视，在我国法上亦应作相同解释。

二、限制民事行为能力人订立的合同

（一）概要

限制民事行为能力人，[②]实施民事法律行为由其法定代理人代理或者经其法定代理人同意、追认，但是可以独立实施纯获利益的民事法律行为或者与其年龄、智力精神健康状况相适应的民事法律行为（《民法典》第 19 条、第 22 条）。需要追认的合同，被追认之前，尚未生效（未决的不生效）；将来能否生效，尚不确定（仅在此意义上称“效力未定”）。经追认的，合同生效；未经追认的，合同无效。

（二）限制行为能力人得独立从事的行为

限制民事行为能力人，非不能独立从事任何民事行为，因而，各国法律多设特别规定，允许限制民事行为能力人从事特定类型的民事行为，无须法定代理人追认。在我国，限制行为能力人可以独立从事的行为，无须法定代理人追认，属自始有效的行为，并非效力未定，故应先予明确。依《民法典》第 145 条第 1 款的列举，不必经法定代理人追认的情形包括两种，即纯获利益的民事法律行为（合同）及与其年龄、智力、精神健康状况相适应的民事法律行为（合同）。

1. 纯获利益的合同

《民法典》第 145 条第 1 款所称“纯获利益的民事法律行为”，在

① Vgl. Larenz/Wolf, Allgemeiner Teil des Bürgerlichen Rechts, 9. Aufl. 2004, § 51 Rn. 20.

② 在我国，即 8 周岁以上的未成年人以及不能完全辨认自己行为的成年人（《民法典》第 19 条及第 22 条）。

《合同法“建议草案”》第42条第1款中称为“纯获法律上利益的合同”，虽然在字面上看来，“纯获‘利益’与纯获‘法律上之利益’，究非一事”，[①]然二者宜作相同的解释。[②]

以“利益”的有无来判断限制行为能力人民事行为的效力，在不同的国家和地区有不同的做法，计有两种标准，一为“实质判断标准”；另一为“形式判断标准”。前者指就个案依经济的观点，判断限制行为能力人所为法律行为是否具有利益，以决定其效力（《法国民法典》原第1305条，英国普通法）；后者指不就具体案件，依经济观点，审究是否有利于未成年人，而是纯从法律上的效果加以判断（《奥地利民法》第85条、《瑞士债务法》第19条第2款、《德国民法典》第107条及我国台湾地区“民法”第77条，《日本民法典》第4条第1款基本上亦采此标准）。[③]

《民法典》第145条中的“纯获利益的民事法律行为”，既系仿自《德国民法典》及我国台湾地区“民法”，也应作相同解释，采“形式判断标准”。这一判断标准要求限制行为能力人既不负担义务，又不发生权利丧失之结果，而可以获取利益，[④]仅以取得经济上利益为未足。[⑤] 此种纯获法律上利益的民事法律行为，以无负担之赠与合同为其典型。[⑥]

2. 其他与其年龄、智力、精神健康状况相适应的合同

严格以言，纯获法律上利益的行为，自然属于与限制行为能力人的年龄、智力、精神健康状况相适应的行为，除此之外，尚包括哪些行为，法律并未明确指出，基本上属事实认定问题。依《总则编解释》第5条的规定，法院被要求从行为与本人生活相关联的程度、本人的智力、精神健康状况能否理解其行为并预见相应的后果，以及行为标的、数量、价款或者报酬等方面认定。学者解释上多将此类合同解释为“日常生

① 参见张谷：《略论合同行为的效力》，载《中外法学》2000年第2期。

② 笔者曾专门就此请教合同法的主要起草人梁慧星先生，梁先生认为原《合同法》第47条中的“纯获利益”实即德国民法与我国台湾地区“民法”上的“纯获法律上利益”。

③ 参见王泽鉴：《纯获法律上之利益》，载王泽鉴：《民法学说与判例研究》（第4册第6版），台北，1991年自版发行，第38～40页。

④ 参见梅仲协：《民法要义》，中国政法大学出版社1998年版，第99页。另外可参见洪逊欣：《中国民法总则》（第3版），台北，1964年自版发行，第277页。

⑤ 参见史尚宽：《民法总论》，台北，1954年自版发行，第369页。

⑥ 赠与附有负担者，因使受赠人负一定给付义务，则非属纯获法律上之利益。例如，甲赠与限制行为能力之某乙一栋房屋，但约定须扶养丙时，纵使该赠与房屋的价值超过扶养费用，经济上具有利益，仍非纯获法律上利益，须经法定代理人承认，始生效力。王泽鉴：《民法学说与判例研究》（第4册第6版），台北，1991年自版发行，第43页。

活必需的合同”或“必需品合同”。[①] 此种认识有其合理性。当然,何种行为属日常生活所必需,实际上往往难以认定,且其认定正确与否,对于调节行为能力人自由生活及其财产逸散的防止,关系甚巨,故具体适用时,须慎重斟酌事宜决定。唯应当注意的是,在不违反限制行为能力制度目的的范围内,宜从宽解释,使限制行为能力人能扩大其合理的自由生活的范围,以谋个性的自由发展。[②] 一般来说,购买书本、搭乘公共交通工具、购买生活日用品、利用自动贩卖机、进入游园场所等,均可归入此类合同,加之此类行为多已定型化,并不因主体不同而有所差异,基本上能够保障行为的公平。

(三)须经法定代理人同意追认的民事法律行为

除上述限制民事行为能力人得独立从事的行为外,限制民事行为能力人签订的合同,原则上由其法定代理人代理或者经其法定代理人同意、追认。需要同意或者追认的原因在于,法定代理人有义务保护限制行为能力人(被监护人)的人身权利、财产权利以及其他合法权益等(《民法典》第 34 条第 1 款),最终是为了限制行为能力人的利益。

(四)效力未定场合对相对人的保护:催告权与撤销权

《民法典》为了保护相对人,于第 145 条第 2 款赋予了相对人两项权利,即催告权与撤销权(仅赋予善意相对人)。

1. 相对人的“催告权”

相对人可以催告法定代理人自收到通知之日起 30 日内予以追认,是为催告权。对此种催告权,法律并没有限定仅由善意相对人享有,故应解释认为,不论善意相对人,抑或恶意相对人,均可享有。此处“三十日”之期间,应解释为任意规定(法条用语为“可以”),旨在弥补相对人意思之不备。如相对人在催告通知中已有明确的期间限制,无论其所定期间之长短,但属合理期间,即可有效地排除此“三十日”的法定期

① 参见张谷:《略论合同行为的效力》,载《中外法学》2000 年第 2 期。

② 参见洪逊欣:《中国民法总则》(第 3 版),台北,1964 年自版发行,第 278 页。

间。总之，此时应有意思自治的空间。在收到催告通知后，法定代理人未作表示的，视为拒绝追认（《民法典》第 145 条第 2 款中段），合同确定地归于无效。

2. 善意相对人的“撤销权”

民事法律行为被追认前，善意相对人有撤销的权利。撤销应当以通知的方式作出（《民法典》第 145 条第 2 款后段）。对此，有以下诸点，应作说明。

（1）相对人“撤销权”的客体：缔约的意思表示抑或已经成立的合同（民事法律行为）？

善意相对人“撤销权”的客体，究竟是其订立合同的意思表示，抑或是已经成立的合同？多有不察或混淆，宜先予说明。本书认为，其客体应当是已经成立的合同（民事法律行为）。首先，自文义分析，“民事法律行为被追认前，善意相对人有撤销的权利”（《民法典》第 145 条第 2 款），追认的客体是民事法律行为（合同）；其次，自比较法而言，我国台湾地区“民法”第 82 条“相对人之撤回权”规定：限制行为能力人所订立之契约，未经承认前，相对人得撤回之。但订立契约时，知其未得有允许者，不在此限。[①] 其规定与《民法典》第 145 条第 2 款的规定非常相似，即使没有直接资料反映《民法典》的规定就是我国台湾地区“民法”第 82 条的翻版，但从我国台湾地区“民法”第 82 条的规定中可非常明显看出，撤回权的客体就是“限制行为能力人所订立之契约”，故对《民法典》也应作相似解释。

（2）“撤销权”的用语：撤销抑或撤回？

《民法典》第 145 条第 2 款及第 171 条第 2 款均使用“撤销”一词，对此已有学者提出批评意见，主张使用“撤回”而不应是“撤销”。[②] 我国台湾地区“民法”第 82 条的用语是“撤回”；《德国民法典》第 109 条也是使用“撤回”（Widerruf）。究竟应该使用哪一个用语呢？要得出一个答案，须明确两个前提。其一，民法上“撤回”与“撤销”各自的语义；

① 我国台湾地区“民法”第 82 条应系仿自《德国民法典》第 109 条，该条规定：“（1）在合同得到承认前，另一方有权撤回。撤回也可以向未成年人表示。（2）另一方已知未成年的，只有在未成年人违背实情声言已经得到代理人允许时，才可以撤回；另一方在订立合同时明知没有得到允许的，即使在此种情形，仍不得撤回。”

② 参见北京大学法律学系民商法教研室：《关于统一合同法草案的修改建议》，载《中外法学》1999 年第 1 期；崔建远主编：《新合同法原理与案例评释》（上册），吉林大学出版社 1999 年版，第 159 页；张谷：《略论合同行为的效力》，载《中外法学》2000 年第 2 期，认为原《合同法》第 47 条第 2 款及第 48 条第 2 款中之“撤销”，应系“撤回”之误。

其二,所谓“撤销权”的客体或对象。

首先,“撤回”是指意思表示或法律行为在发生效力之前,予以追回的行为;“撤销”则是指意思表示或法律行为在发生效力之后,再予以追回的行为。这种区别已经被我国法所采用(《民法典》第 141 条和第 477 条)。

其次,此所谓善意相对人所要追回的客体或对象,前已说明,当指已经成立的合同(民事法律行为),而不是缔约的意思表示。如果认为相对人要追回的客体是其缔约的意思表示(无论其为要约抑或承诺),由于相对人缔结合同的意思表示业已因到达对方而生效,不存在“撤回”的问题,只能是“撤销”。然而事情并非如此,相对人所要追回的既为业已成立的合同,由于该合同尚未真正生效,而是处于效力未定状态,因而不应当是合同的“撤销”,而应当是合同的“撤回”。个别学者认为此处的“撤销权”就是“撤回权”,[①]试图以模糊概念的方式调和此处的不协调,似不足取。《民法典》第 145 条第 2 款与第 171 条第 2 款存在用语不当,不可否认。严格以言,善意相对人所拥有的是“撤回权”而非“撤销权”。不过,以下表述中,仍依《民法典》条文用语,称“撤销权”。

(3)何人撤销?

《民法典》明确规定,仅“善意相对人”有撤销权;自反面解释,如相对人为恶意,明知对方是限制民事行为能力人而与之进行其不能独立进行的民事法律行为,自然不能享有此种撤销权。这是因为,恶意之人,不值得保护,没有必要使之享有撤销权。《德国民法典》第 109 条第 2 款以及我国台湾地区“民法”第 82 条均是如此。

(4)何时撤销?

依《民法典》第 145 条第 2 款,撤销的时间被限定在“民事法律行为被追认前”,如果追认权人已经追认了合同,则不再允许相对人撤销合同。

在相对人行使催告权指定了追认期间(意定期间)场合,应当限制相对人行使撤销权,理由在于,立法应当保护法定代理人的合理信赖;此时可以类推适用《民法典》第 476 条第 1 项。另外,如果法定代理人

① 参见余延满:《合同法原论》,武汉大学出版社 1999 年版,第 239 页。

有理由认为相对人不会行使撤销权，并且法定代理人或者限制民事行为能力人已经为履行合同作了准备工作，亦可类推适用《民法典》第476条第2项，不再允许相对人撤销合同。

（5）如何撤销？

善意相对人行使其撤销权，不同于可撤销合同场合撤销权的行使，其行使无须通过法院或仲裁机构，依《民法典》第145条第2款后段的规定，“撤销应当以通知的方式作出”。换言之，只要向对方表达了撤销的意思，即为已足，且对其意思表示没有特定的方式要求。行使了撤销权之后，合同视为自始未成立。

（五）能否类推适用于无民事行为能力人签订的合同

无民事行为能力人，[①]由其法定代理人代理实施民事法律行为，为《民法典》第20条和第21条所明定。这一基本立场延续原《民法通则》确立的立场。由此不难看出，何以原《合同法》第47条没有规定无民事行为能力人订立的合同，[②]因为他们的民事活动要完全由法定代理人代理，法律没有给他们留下单独活动的空间。这样，如何认定无民事行为能力人所签订的合同的效力呢？一种方案是，适用《民法典》第144条的规定，无民事行为能力人实施的民事法律行为无效。另一种方案是，类推适用原《合同法》第47条（相当于《民法典》第145条）的规定，作为效力未定的合同处理，为此类合同留有存活的可能性。[③]

《民法典》第20条与第21条应属强制性规定，第144条亦属强制性规定，对于无民事行为能力人未设例外规定，这样，似乎仍以严格适用为宜，以免过分的自由法论的解释破坏法律秩序。但同时应当注意到，《民法典》的规定不无僵硬，特别是6～7岁的未成年人已上小学，已

① 在我国，即不满8周岁的未成年人以及不能辨认自己行为的成年人和未成年人（《民法典》第20条及第21条）。

② 《合同法“建议草案”》第42条则将无民事行为能力人纳入在内。

③ 比如崔建远教授认为，按利益衡量方法，无民事行为能力人订立的合同在得到其法定代理人的追认时，仍然无效并无益处，莫不如使之生效。况且，无民事行为能力人与限制民事行为能力人在订立某些日常生活和学习所必需的合同方面，并无实质的不同，二者发生相同的效力更为妥当。在《合同法》的解释适用上，可采用类推方法解决无民事行为能力人订立合同问题。崔建远主编：《合同法》，法律出版社2007年版，第112～113页。主张归入效力未定合同者，还有王利明、崔建远：《合同法新论·总则》，中国政法大学出版社2000年版，第296页；余延满：《合同法原论》，武汉大学出版社1999年版，第236页以下。

有一定的事理辨识能力，仍被归入无民事行为能力人，完全不为其活动留有余地，与现实生活不无脱节。[1] 在既往的司法规则中，无民事行为能力、限制民事行为能力人接受奖励、赠与、报酬，他人不得以行为人无民事行为能力、限制民事行为能力为由，主张以上行为无效（原《民通意见》第6条）。对于无行为能力人纯获法律上利益的行为已作相当程度的补救。《总则编解释》虽未明文规定，承认其仍有习惯法之效力，应无不妥。另外，对于一些购买生活必需品或服务的合同，最高人民法院也应当通过司法解释，允许缔结，尤其是已经定型化的合同。除此之外的无民事能力人缔结的合同，纵不类推适用《民法典》第145条的规定，而依第144条使之无效，并不会发生太大问题，这样既可保护未成年人的利益不受损害，又可保障其必要的民事行为自由。

三、无权代理人以被代理人名义订立的合同

（一）概要

无代理权的人以他人（被代理人、本人）名义实施代理行为，称为无权代理。无代理权的人在以他人名义实施的代理行为中，既可以有单独行为的情形，也可以有双方法律行为的情形。此处所关注的是后者，即无权代理人以被代理人名义订立合同的情形（合同的无权代理）。《民法典》第171条关于无权代理的规定位于总则编代理一章“委托代理”一节，既适用于一般委托代理，也适用于职务代理（《民法典》第170条）。

无权代理，包括自始无代理权的无权代理、代理权消灭后的无权代理以及超越代理权的无权代理三类基本的情形（《民法典》第171条第1款）。对代理权发生争议的，由主张有代理权一方当事人承担举证责任。《合同编通则解释》第21条专门就职务代理场合工作人员超越职权范围问题作出规定，殊值注意。

原则上讲，无权代理场合，代理行为的效果并不归属于被代理人，

[1] 《德国民法典》第104条将无行为能力限定于未满7周岁的人，第106条规定，已满7周岁的为限制行为能力人，依第107条规定，限制行为能力人对于非纯获法律上利益的行为，需要得到法定代理人的允许。

也不归属于代理人。效果之所以不归属于被代理人，是由于欠缺效果归属要件（代理权的存在为效果归属要件）；效果之所以不归属于代理人，是由于代理人在为代理行为时的意思，是想使效果归属于被代理人（代理的效果意思），而没有使效果归属于代理人自己的意思（法律规定的无权代理人的责任则属另外一个问题）。[1] 这样，无权代理行为本应归属于无效，但鉴于相对人利益及交易安全，故法律设立特别规则，调整相关当事人之间的利害关系。

在我国，无权代理行为在法律上并不当然无效。具体地，(1)相对人有理由相信行为人有代理权的，该代理行为有效（《民法典》第172条；《合同编通则解释》第21条第1款后段）；(2)无权代理行为如经被代理人追认，则对被代理人发生效力（《民法典》第171条第1款的反面解释）；如未经被代理人追认，对被代理人不发生效力（《民法典》第171条第1款）；在职务代理场合，相对人主张该合同对法人、非法人组织发生效力并由其承担违约责任的，人民法院不予支持（《合同编通则解释》第21条第1款前段）。善意相对人有权请求行为人履行债务或者就其受到的损害请求行为人赔偿。但是，赔偿的范围不得超过被代理人追认时相对人所能获得的利益（《民法典》第171条第3款）。上述(1)的情形称为“表见代理”；(2)的情形称为“狭义的无权代理”。二者合起来，称为“广义的无权代理”。

表见代理行为不属于效力未定的行为，而是效力确定的行为。[2] 狭义无权代理行为属于效力未定的行为；如属契约行为，则所签合同为效力未定的合同。这时，如果被代理人不予追认，也只是不直接对被代理人发生效力，并不是不发生法律行为的效力。之所以称狭义无权代理场合签订的合同为效力未定的合同，是因为此合同是否对被代理人生效，在追认与否确定前，并不确定；另外，为保护相对人，法律还赋予了相对人以催告权、善意相对人以撤销权（《民法典》第171条第2款）。相对人拥有催告权和撤销权，既是效力未定的反映，又是使效力未定状态于一定期间内持续存在的重要因素。

就无权代理合同的效力未定状态，可以使其效力状态确定的主体

① 四宮和夫＝能見善久『民法総則（第9版）』（弘文堂，2018年）372頁参照；遠藤浩＝川井健ほか編『民法（1）総則（第4版増補版）』（有斐閣，1999年）197頁。

② 参见崔建远主编：《合同法》，法律出版社2007年版，第116页。

包括被代理人与相对人,具体地体现为被代理人有追认权,相对人有催告权和撤销权。无权代理人没有什么权利使合同效力归于确定,且在不被追认场合(对被代理人不生效力),要承担责任。

(二)被代理人的追认权

被代理人所享有的使无权代理合同发生与有权代理合同相同效力的权利,即追认权,性质上属于形成权。追认权是为保护被代理人的利益而设,被代理人可根据具体情况,自由决定是否追认无权代理行为。

被代理人的追认,是使无权代理的效果归属于自己的意思表示。追认可以对相对人或无权代理人作出。然非对相对人为之,应以之不得对抗相对人。但相对人已知其事者,不在此限(参照《日本民法典》第113条第2项)。而在相对人催告被代理人追认的场合,被代理人追认的意思表示只能向该相对人作出(参照《德国民法典》第177条第2款前段)。

无权代理人以被代理人的名义订立合同,被代理人已经开始履行合同义务或者接受相对人履行的,视为对合同的追认(《民法典》第503条)。对此宜注意以下两点。其一,此属无权代理的特殊规则,为何不在《民法典》第171条一起规定?放在合同编通则中规定,自然是专门针对合同问题。而第171条规定的无权代理行为,包括但不限于合同,也可以包括单方法律行为,比如行使解除权的行为。其二,"视为"是典型的法律拟制,故第503条规定的追认属于拟制追认。此处被代理人的两种行为,似乎均可作为"默示的"追认,[①]即虽未明言,却以行为表示了追认。法律拟制的追认与默示的追认,二者并不相同,为何采前者而不采后者?当然,立法纵不设此条规定,遇到此类问题,仍有作默示追认解释的余地。立法既作此规定,其优点在于,类似于意思实现,只要有被申请人的上述行为,无论其是否直接向合同相对人而为,都可直接发生追认的效果,避免就意思表示之到达相对人另行论证。

在无权代理场合,如允许被代理人的追认权长期存在,将不利于相对人和无权代理人的利益。原《民法通则》第66条第1款后段规定:

① 明确采此种解释者,比如参见黄薇主编:《中华人民共和国民法典合同编释义》,法律出版社2020年版,第97页。

"本人知道他人以本人名义实施民事行为而不作否认表示的,视为同意。"此所谓"视为同意",即视为追认。这一规定要求本人在知道无权代理后,应尽快作出追认或否认的表示,如果经过一个合理期间而未作出否认表示,即视为追认(同意)。因此使该无权代理行为发生有权代理的效力。原《民法通则》的这一规则,未考虑到相对人的催告权,且在本人不作否认表示时即视为同意,也难免有对本人保护不周之嫌。[①] 已经被《民法典》第171条第2款中段规定的"被代理人未作表示的,视为拒绝追认"所修正。这种拟制的法律后果在于,该期限届满,那么合同效力不确定的状态也便结束,事后所作的追认便是无效的。且这不是一种(默示的)意思表示,而是法定的缄默,不允许以错误为由主张撤销。[②] 对于单独行为的无权代理,则应适用《民法典》第171条的规定。

（三）相对人的催告权与撤销权

1. 相对人的催告权

《民法典》第171条第2款前段赋予相对人以催告权,"相对人可以催告被代理人自收到通知之日起三十日内予以追认"。此种催告权的享有,不因相对人善意抑或恶意而不同,已如前述。另外,"三十日"之法定期间,也是可以由权利人依其自由意思另行择定的,仅当权利人未另行决定之场合,适用此一个月的法定期间。该期间的起算点是"自收到通知之日起"。期间届满后,"被代理人未作表示的,视为拒绝追认"。

2. 善意相对人的撤销权

依《民法典》第171条第2款中后段,行为人实施的行为(合同)被追认前,善意相对人有撤销的权利。此种"撤销权",前已述及,实应为"撤回权",属于形成权,其效力在于,在被代理人追认前,可因行使此撤销权而消灭已经成立的合同。以下表述中,仍依《民法典》条文用语,称"撤销权"。关于相对人撤销权,《民法典》第171条第2款的规定有两项要点:"善意"及"合同被追认前"。

---

① 参见梁慧星:《民法总论》(第3版),法律出版社2007年版,第230页。

② 参见[德]卡尔·拉伦茨:《德国民法通论》(下册),王晓晔等译,法律出版社2003年版,第875页。

（1）善意相对人

唯善意相对人有撤销权，恶意相对人没有此撤销权。所谓“恶意”，指相对人明知代理人无代理权；所谓“善意”，指相对人不知代理人无代理权。恶意相对人明知代理人无代理权，仍与无权代理人为法律行为，使之承担被代理人不予追认所造成的后果，属于自甘冒险，故无赋予撤销权予以保护的必要。反之，善意相对人并不知道代理人无代理权，为平衡他与被代理人之间的利益，有必要在赋予被代理人追认权的同时，赋予善意相对人撤销权。[①] 对于恶意相对人，依《民法典》第 171 条第 4 款，“相对人知道或者应当知道行为人无权代理的，相对人和行为人按照各自的过错承担责任”。

（2）合同被追认前

撤销权须在被代理人追认前行使，如被代理人已追认，善意相对人的撤销权即归于消灭。如被代理人已经表示否认，这时无权代理行为已注定不能对被代理人发生效力，善意相对人的撤销权也当然归于消灭。[②]

***追认与撤销的冲突**　《民法典》规定“行为人实施的行为被追认前，善意相对人有撤销的权利”（第 171 条第 2 款中段，另参见第 145 条第 2 款中段相似之规定），用语简略，且有不明之处。首先，以什么时点判断“行为被追认前”，申言之，是以追认的意思表示作出时还是以该意思表示到达时为判断标准。既有未明，则依立法惯例，解释上应采意思表示的“到达主义”，即到达时生效，应当在追认的意思表示生效之前，善意相对人有撤销的权利。其次，法条中没有明确向何人作出追认的意思表示，解释上通常认为向行为人及相对人任何一方作出均可。问题在于，如果向行为人作出追认的意思表示，而相对人并不知道，一旦追认的意思表示到达行为人，即构成对合同的追认，使善意相对人的撤销权归于消灭，此举是否公平合理，殊值思考。《日本民法典》第 113 条第 2 项规定，追认或追认拒绝，非对相对人为之，不得以之对抗其相对人。但相对人已知其事实时，不在此限。这种规定比较平滑地化解

① 参见梁慧星：《民法总论》（第 6 版），法律出版社 2021 年版，第 249 页。
② 参见梁慧星：《民法总论》（第 6 版），法律出版社 2021 年版，第 249 页。

了上述冲突，值得借鉴。这样，相对人在知悉该追认的事实前，仍得享有和行使撤销权。

另外，因欺诈、胁迫而发生的本来的撤销权，纵在被代理人追认后，亦得主张行使。

（四）无权代理的法律后果

原《民法通则》第66条第1款中段和原《合同法》第48条第1款只是规定“由行为人承担（民事）责任”，并未明确此种责任的性质及标准。《民法典》第171条第3款规定：“行为人实施的行为未被追认的，善意相对人有权请求行为人履行债务或者就其受到的损害请求行为人赔偿。但是，赔偿的范围不得超过被代理人追认时相对人所能获得的利益。”同条第4款规定：“相对人知道或者应当知道行为人无权代理的，相对人和行为人按照各自的过错承担责任。”可见，《民法典》依相对人是否知道或者应当知道行为人无权代理（相对人恶意）而异其效果。如果再将行为人是否知道自己无权代理考虑进去，则可组合成四类情形（见表4－5－1）。以下参酌比较法，具体解析。

表4－5－1　四类情形

情形	相对人善意	相对人恶意
行为人恶意	A	B
行为人善意	C	D

1. 要件特色

其一，无过失的法定责任。

依德国判例和通说，《德国民法典》第179条规定的无代理权之代理人的责任（Haftung des Vertreters ohne Vertretungsmacht）是一种法定的担保责任或者信赖责任（gesetzliche Garantiehaftung oder Vertrauenshaftung）。[①] 在日本判例上，无权代理人的责任被理解为，是

① Vgl. BGH 147, 390. Jauernig/Jauernig, 2007, § 179 Rn. 4.

为了维持交易的安全、代理制度的信用而承认的一种无过失责任。[①] 而在英美法上,采用“默示的保证”构成责任。在我国学说上,亦认为此无权代理人责任,系由法律规定直接发生的一种特别责任,不以无权代理人有故意过失为要件,属于一种无过失责任。但在相对人属于恶意即明知代理人无代理权的情形下,无权代理人可以不承担损害赔偿责任。[②] 根据《民法典》第 171 条第 3 款的规定,行为人承担上述责任并不以其有过错为前提,因此行为人承担的是无过错责任。[③] 行为人是否善意,对于其承担责任不生影响。

《民法典》第 171 条第 4 款后段“相对人和行为人按照各自的过错承担责任”表述,容易使人产生疑问:行为人在此情形所承担的责任是否属于过错责任?应该注意,这里的“过错”是出现在该款法条的法律后果部分,而非前段构成要件部分。因而,行为人的“过错”并非其承担责任的前提,纵然行为人证明自己没有过错,也仍然要承担责任。所谓“按照各自的过错承担责任”,此类表述不过是过失相抵在我国立法中的惯常表达方式而已。

其二,相对人恶意并非无权代理人责任阻却要件。

依《德国民法典》第 179 条第 3 款以及《日本民法典》第 117 条第 2 项规定,在相对人明知或者因过失不知代理行为人没有代理权,不承担无权代理人责任。这是基于这样一种想法:这种恶意或者有过失的相对人,本来可以应对代理行为人没有代理权这种事态但却怠于应对,就应当承担由此产生的不利益。[④] 相比之下,我国《民法典》第 171 条第 4 款并未以相对人恶意作为无权代理人责任的阻却事由(免责事由),而只是作为减轻无权代理人责任的事由,适用与有过失规则确定责任。“无权代理行为未被追认,相对人请求行为人履行债务或者赔偿损失的,由行为人就相对人知道或者应当知道行为人无权代理承担举证责任。行为人不能证明的,人民法院依法支持相对人的相应诉讼请求;行为人能够证明的,人民法院应当按照各自的过错认定行为人与相对人

---

① 日本最判昭和 62·7·7 民集 41·5·1133 参照。然依日本民法起草者的见解,该责任为过失责任。四宫和夫 = 能見善久『民法総則(第 9 版)』(弘文堂,2018 年)378 頁。

② 参见梁慧星:《民法总论》(第 6 版),法律出版社 2021 年版,第 249 页。

③ 参见陈甦主编:《民法总则评注》,法律出版社 2017 年版,第 1219 页。

④ 参见[日]山本敬三:《民法讲义Ⅰ总则》(第 3 版),解亘译,北京大学出版社 2012 年版,第 304 页。另外参见[日]近江幸治:《民法讲义Ⅰ民法总则》,渠涛等译,北京大学出版社 2015 年版,第 247 ~ 248 页。

的责任。”（《总则编解释》第 27 条）

2. 效果特色：履行责任或者赔偿责任

其一，善意相对人有选择权。

依《民法典》第 171 条第 3 款，善意相对人有权请求行为人履行债务或者就其受到的损害请求行为人赔偿。这一立场与《德国民法典》第 179 条第 1 款以及《日本民法典》第 117 条第 1 项相同。

善意相对人的选择权是否因无权代理人是否善意而受影响？依《德国民法典》第 179 条第 2 款，“代理人不知其无代理权时，仅对因相信其有代理权而受损害的合同另一方当事人负损害赔偿责任，但赔偿额不得超过合同另一方当事人在合同有效时可得到的利益”。依德国学说，无权代理人的责任，因无权代理人是否知道代理权的瑕疵而有所不同，如果他不知道这种瑕疵，则只赔偿相对人的信赖损害，且以不超过履行利益的范围为限，此时代理人的责任纯属信赖责任，完全是基于信任的事实所产生的，而根本不需主观上具有过错作为前提条件。如果代理人在缔结合同时知道自己没有代理权，则代理人应根据相对人的选择，或者履行合同，或者赔偿合同不履行所产生的损害（履行利益）。[①] 依《民法典》第 171 条第 3 款文义，没有提及无权代理人善意与否，均赋予善意相对人以选择权。不过，有学者认为，第 171 条第 3 款存在一个自始的、立法者未意识到的隐藏漏洞，应通过目的性限缩对该漏洞进行填补，在解释结论上与《德国民法典》第 179 条第 2 款相当。[②]

赔偿什么损害？如何界定其赔偿范围？《民法典》第 171 条第 3 款表述为“就其受到的损害”请求行为人赔偿。至于该损害是信赖利益的损害抑或是履行利益的损害，没有明说。而作此两种解释，均属可能。同款后段的限定，“不得超过被代理人追认时相对人所能获得的利益”，实即不得超过履行利益，熟悉《德国民法典》的人很容易将此款规定的赔偿理解为信赖利益。而善意相对人既有权请求行为人履行债务，将与之并列的选项解释为履行利益的赔偿，在逻辑上也说得通。笔者认为，《民法典》第 171 条第 3 款规定的无权代理人的赔偿责任，原则上应当是对履行利益的赔偿，唯善意相对人亦得依具体情况（例如，可得利

① 参见［德］卡尔·拉伦茨：《德国民法通论》（下册），王晓晔等译，法律出版社 2003 年版，第 877～878 页。
② 参见陈甦主编：《民法总则评注》，法律出版社 2017 年版，第 1220～1221 页。

益是否容易证明),改采依信赖利益标准请求赔偿。另外,信赖利益的赔偿以履行利益为其上限。

其二,恶意相对人的赔偿责任。

依《民法典》第 171 条第 4 款的规定,相对人知道或者应当知道行为人无权代理的(恶意相对人),相对人和行为人按照各自的过错承担责任。此时可由双方承担的责任,只宜解释为赔偿责任,不包括履行责任。

(五)表见代理行为

行为人没有代理权、超越代理权或者代理权终止后,仍然实施代理行为,相对人有理由相信行为人有代理权的,代理行为有效(《民法典》第 172 条)。这便是"表见代理"。所谓表见代理,本属于无权代理,但因被代理人与无权代理人之间的关系,具有授予代理权的外观,即所谓外表授权,致相对人信其有代理权而与之为法律行为,法律使之发生与有权代理同样的法律效果。

表见代理制度的规范目的在于保护交易安全。表见代理制度的法理基础,在英美法上为"禁反言"规则(the principle of estoppel),在大陆法上则在于使个人的"静的安全"与社会的"动的安全"相协调。存在外表授权之场合,以此为根据,使无权代理行为发生有权代理的效果,自然不再适用《民法典》第 171 条规定的无权代理规则。

被代理人依照《民法典》第 172 条的规定承担有效代理行为所产生的责任后,可以向无权代理人追偿因代理行为而遭受的损失,自不待言。

关于表见代理的详细内容,属于民法总则范围,故此处从略。

四、无权处分行为

原《合同法》第 51 条曾规定:"无处分权的人处分他人财产,经权利人追认或者无处分权的人订立合同后取得处分权的,该合同有效。"《民法典》删除了该规定;《合同编通则解释》第 19 条规定:"以转让或者设定财产权利为目的订立的合同,当事人或者真正权利人仅以让与人在订立合同时对标的物没有所有权或者处分权为由主张合同无效的，人民法院不予支持；因未取得真正权利人事后同意或者让与人事后未取得处分权导致合同不能履行，受让人主张解除合同并请求让与人承担违反合同的赔偿责任的，人民法院依法予以支持。”“前款规定的合同被认定有效，且让与人已经将财产交付或者移转登记至受让人，真正权利人请求认定财产权利未发生变动或者请求返还财产的，人民法院应予支持。但是，受让人依据民法典第三百一十一条等规定善意取得财产权利的除外。”何以如此？以下具体说明。

（一）无权处分的语义与类型

无权处分，即谓没有处分权而处分他人财产。“处分”是民法上的基本概念，在大陆法系传统的民法理论上，“处分”的语义有广狭之别。(1)最广义的处分，包括事实上及法律上的处分。事实上的处分，指就原物体加以物质的变形、改造或毁损的行为，如拆屋重建，改平装书为精装书。法律上的处分，除负担行为（债权行为，如悬赏广告、买卖、保证）外，尚包括处分行为，如所有权的移转、抵押权的设定、所有权的抛弃（物权行为）、债权让与及债务免除（准物权行为）。(2)广义的处分，仅指法律上的处分而言，事实上的处分不包括在内。(3)狭义的处分，专指“处分行为”而言。因而，民法上所称的“处分”的语义，不可一概而论，应斟酌其文义、法律体系及法律规范目的，审慎地认定。[①]

无权处分的具体类型，常见者如出卖他人之物、出租他人之物、以他人财产设定抵押或其他权利负担，不生疑义。唯须探讨者，为共有人未经其他共有人同意而处分共有财产，应否作为无权处分？就此存在两种不同见解。设若甲、乙、丙三人共有某物，甲未经乙、丙二人同意，擅自出卖共有物，一种见解认为，未得其他共有人同意而出卖共有物，出卖人为共有人之一，不属于无权处分。[②] 本书作者认为，仍应属于无权处分。[③] 道理在于，无权处分即谓没有处分权而处分财产，于共有场

① 参见王泽鉴：《出卖他人之物与无权处分》，载王泽鉴：《民法学说与判例研究》（第4册），台北，1991年自版发行，第136～137页。

② 参见梁慧星：《如何理解合同法第五十一条》，载《人民法院报》2000年1月8日，第3版。

③ 参见韩世远：《无权处分与合同效力》，载《人民法院报》1999年11月23日，第3版。

合，共有人虽为财产所有人之一，但财产属于“共有”而非“区分所有”，对于共有财产的处分，其权利须由全体共有人共同行使，而任何单个共有人均没有单独处分该物的权利，自属显然；如此，共有人之一未经其他共有人同意，擅自处分共有物，当然属于无权处分。[①]《民法典》第301条规定：“处分共有的不动产或者动产以及对共有的不动产或者动产作重大修缮、变更性质或者用途的，应当经占份额三分之二以上的按份共有人或者全体共同共有人同意，但是共有人之间另有约定的除外。”由此规定也可进一步印证，单个共有人并没有处分共有财产的权限。

（二）无处分权人所订合同的效力

围绕原《合同法》第51条规定的无处分权人所订合同的效力问题，我国理论界及实务界原来存在不同的解释，即“效力未定说”与“有效合同说”，分歧严重，影响法律适用的统一。[②] 在《合同法》生效13年后的2012年，最高人民法院《买卖合同解释》（原第3条[③]）终于明确采纳“有效合同说”立场；该司法解释在实践中取得了良好的效果，已经深入人心，故《民法典》（第597条第1款）吸收该司法解释规则，明确采纳了“有效合同说”。[④]《合同编通则解释》第19条基于“有效合同说”细化了规则内涵、明晰了制度衔接。以下分别说明并以此个例展现我国合同法20余年来的变迁与发展。

1. 效力未定说

该说认为，无处分权人缔结的合同效力未定，综观其论点，大致反映在以下几个方面：

其一，明确区分“处分行为”与“负担行为”，同时又认为，动产或不动产的买卖，虽属于债权行为，但债权的行使或债务的履行结果，将导

① 与此相类似者为越权代理，越权代理人虽然有一定的代理权，其越权代理仍然归属于无权代理。

② 最高人民法院在其早期的司法政策中一度持“合同无效说”，相关规范梳理，可参见最高人民法院民事审判第二庭、研究室编著：《最高人民法院民法典合同编通则司法解释理解与适用》，人民法院出版社2023年版，第233页以下。

③ 《买卖合同解释》原第3条规定：“当事人一方以出卖人在缔约时对标的物没有所有权或者处分权为由主张合同无效的，人民法院不予支持。出卖人因未取得所有权或者处分权致使标的物所有权不能转移，买受人要求出卖人承担违约责任或者要求解除合同并主张损害赔偿的，人民法院应予支持。”

④ 参见韩世远：《司法经验与民法典编纂：合同编的视角》，载《人民司法》2019年第28期。

致物权的移转变更，因此既包含负担行为也包含处分行为。[①] 另外，也有观点不区分处分行为与负担行为，认为所谓无权处分行为，是指无处分权人处分他人财产权利而订立的合同。[②] 原《合同法》第 51 条将处分权限作为影响买卖合同等法律行为效力的要件，欠缺处分权则买卖合同等法律行为效力待定。[③] 纵然最高人民法院《买卖合同解释》出台之后，仍继续按照原《合同法》的立法计划、立法目的、体系及制度安排，解释其第 51 条，结论是买卖等合同因欠缺处分权而效力待定。《买卖合同解释》原第 3 条仅仅是对原《合同法》第 132 条的反面解释与新创将来财产买卖效力规则的合并。或者认为，《买卖合同解释》原第 3 条的规定作为下位阶的法律文件，与原《合同法》第 51 条的规定相抵触时，不具有法律效力。[④]

其二，在肯定原《合同法》第 51 条的基础上，进一步解释认为，因无权处分而订立的合同在权利人追认和处分人事后取得权利之前，该合同是效力处于待定状态。在权利人拒绝追认和处分人事后未取得权利的情况下是无效的，[⑤]并认为该无效不得对抗善意第三人。[⑥]

其三，反对债权行为与物权行为之区分，认为此种划分过于烦琐，人工雕琢的痕迹极深，并不一定符合现实的交易关系的需要。认为由无权处分他人财产而订立的合同，虽然是一种债权债务关系，也会因合同的履行而导致权利的变更，并损害权利人的利益；因而，只有在符合权利人的

① 参见梁慧星：《民法总论》（第 3 版），法律出版社 2007 年版，第 202 页。梁慧星先生进一步指出："鉴于前述立法思想，我国民法不采德国民法物权行为理论，及民法通则第七十二条已将所有权变动作为合同的直接效力，因此合同法第一百三十条关于买卖合同的定义，对负担行为与处分行为一体把握，将处分行为纳入债权行为之中，视标的物所有权变动为买卖合同直接发生的效果。此与法国民法典和日本民法典的立法思想是一致的。"梁慧星：《为中国民法典而斗争》，法律出版社 2002 年版，第 250～251 页。

② 参见王利明、崔建远：《合同法新论·总则》，中国政法大学出版社 2000 年版，第 301 页。

③ 参见崔建远：《出卖他人之物合同的效力设计——善意取得构成要件的立法论》，载《河北法学》2006 年第 3 期。

④ 参见梁慧星：《审理合同纠纷案件的若干问题》，载《法律适用》2012 年第 12 期；崔建远：《无权处分合同的效力、不安抗辩、解除及债务承担》，载《法学研究》2013 年第 6 期。

⑤ 参见江平主编：《中华人民共和国合同法精解》，中国政法大学出版社 1999 年版，第 42 页；柴振国等：《合同法研究》，警官教育出版社 1999 年版，第 141 页；孔祥俊：《合同法教程》，中国人民公安大学出版社 1999 年版，第 208 页；崔建远：《无权处分辨——合同法第 51 条规定的解释与适用》，载《法学研究》2003 年第 1 期，该文分析精密、体系严谨，为国内少见的卓越论文。《合同法》出台之前，持此见解者，如梁慧星：《民法总论》，法律出版社 1996 年版，第 199～200 页；崔建远：《合同法》，法律出版社 1998 年版，第 91 页；王利明、崔建远：《合同法新论·总则》，中国政法大学出版社 1996 年版，第 304～305 页。

⑥ 参见崔建远主编：《合同法》，法律出版社 2007 年版，第 115 页。

意思和利益的情况下，才能产生法律效力。①

其四，如果权利人拒绝承认，则合同将被宣告无效，当事人自然不必承担履行合同的责任，但无权处分人不会因合同被宣告无效而免除其对权利人应负的侵权责任或返还不当得利的责任。至于买受人，则要根据其是善意还是恶意来决定应否对其予以保护。如果财产已经交付，而买受人接受财产是出于善意，则应根据善意取得制度取得所有权；如果是出于恶意，当然无保护的必要。如果财产尚未交付，则从维护权利人利益的角度出发，应在宣告合同无效以后，要求无权处分人将财产返还给权利人。买受人虽未实际获得财产，但因合同在未履行之前已被宣告无效，一般来说也未遭受较大的损失，因此并不违背民法的公平原则。②

另外，在原《合同法》出台之前，最高人民法院或亦同此见解。比如，原《民通意见》第 89 条规定："共同共有人对共有财产享有共同的权利，承担共同的义务。在共同共有关系存续期间，部分共有人擅自处分共有财产的，一般认定无效。但第三人善意、有偿取得该财产的，应当维护第三人的合法权益；对其他共有人的损失，由擅自处分共有财产的人赔偿。"

2. 有效合同说

该类学说认为，我国立法已经接受了"区分物权变动的原因与结果"的原则，在解释原《合同法》第 51 条时，当然应该注意区分负担行为与处分行为、区分物权变动的原因与结果、区分合同与无权处分。效力待定的是无权处分行为，作为负担行为的买卖合同等是有效的。在权利人追认或者无权处分人取得处分权时当然发生权利变动的结果；在权利人不予追认或者无权处分人不能取得处分权场合，不发生权利变动的结果，无权处分人要承担违约责任；在处分行为被追认或者被补正前，权利变动的结果是否发生处于未定状态，但合同效力并非待定而是确定有效。③

---

① 参见王利明、崔建远：《合同法新论·总则》，中国政法大学出版社 2000 年版，第 303 页。

② 参见王利明、崔建远：《合同法新论·总则》，中国政法大学出版社 2000 年版，第 303 页。

③ 参见韩世远：《无权处分与合同效力》，载《人民法院报》1999 年 11 月 23 日，第 3 版；王闯：《试论出卖他人之物与无权处分——兼释合同法第一百三十二条与第五十一条之间的关系》，载《人民司法》2000 年第 11 期。另可参见丁文联：《无权处分与合同效力——合同法第 51 条的理解与适用》，载《南京大学法律评论》1999 年第 2 期；朱建农：《无权处分与买卖他人之物的效力探讨》，载《政治与法律》1999 年第 6 期；葛云松：《论无权处分》，载梁慧星主编：《民商法论丛》第 21 卷，金桥文化出版有限公司 2001 年版，第 185 ~ 292 页；蔡立东：《无权处分行为法律效力新诠——合同法第 51 条评析》，载《吉林大学社会科学学报》2002 年第 3 期。

⋆**比较法学的视野**　在有效合同说中，基本观念和法理亦不尽相同。最具代表性的是在区分债权行为（schuldrechtliche Rechtsgeschäfte）与物权行为（sachenrechtliche Rechtsgeschäfte）的前提下所作的理论说明，此以德国民法及我国台湾地区“民法”和学说为代表。按此派主张，欲探讨“无权处分”的意义，应首先认识负担行为（Verpflichtungsgeschäfte）与处分行为（Verfügungsgeschäfte）之不同。负担行为，指发生债务关系（给付义务）的法律行为，又称债权行为，如买卖合同，出卖人负有交付其物并移转其所有权的义务，而买受人负有交付价金及受领标的物的义务。处分行为，指直接使标的物权利发生得丧变更的法律行为，如出卖人以移转所有权之意思（物权之意思表示），将动产交付于买受人或办理不动产所有权移转登记。负担行为与处分行为的法律效果既有不同，故其生效要件亦有差异：为负担行为之人不必有处分权，但为处分行为之人对于处分之标的物，则须有处分权（Verfügungsbefugnis），[①]而处分权原则上属于标的物所有人。出卖他人之物的买卖合同，系负担行为，仅发生债权债务关系，并不直接引起标的物权利的变动，不以出卖人有处分权为必要，出卖人对标的物虽无处分权，其买卖合同仍属有效。就交易安全而言，出卖他人之物之买卖合同，倘须待所有人承认始生效力，则所有人不为承认时，买卖合同即不生效力，买受人根本无从向出卖人请求履行合同上之义务。如此，出卖他人之物者，殆可不必负合同上之责任，显然违背民法基本原则，不符合买受人之利益，以及严重妨害交易安全。总之，出卖人对标的物，纵无处分权，其买卖合同仍属有效，无须标的物权利人的承认。出卖人仍负有交付其物并移转其所有权的义务，出卖人不能履行此项义务时，应负债务不履行责任，买受人得请求损害赔偿或解除合同。[②]

在“有效合同说”中，另外也有不同于上述德国及我国台湾地区区分债权行为与物权行为之框架的理论展开。属于此类型者，比如现代的模范法，

① Vgl. Larenz/Wolf, Allgemeiner Teil des Buergerlichen Rechts, 9. Aufl. 2004, § 23 Rn. 38.

② 参见王泽鉴：《出卖他人之物与无权处分》，载王泽鉴：《民法学说与判例研究》（第4册），台北，1991年自版发行，第143～147页。

PICC 第3.1.3条、[①]PECL 第4:102条[②]以及DCFR 第Ⅱ.-7:102条。[③]另外，日本民法并没有采纳德国的物权行为理论，但无权处分所签订的合同仍然有效，对此尤其值得注意。

3. 若干评论及本书见解

前述无处分权人所签合同“效力未定说”对于原《合同法》第51条作反对解释，如果订立合同后，权利人不予追认，处分人也未取得处分权，该合同无效。但是，这种解释结论剥夺了合同相对人主张法律行为上的救济的可能性，仅赋予他法律行为外的救济，对于合同相对人保护不够，欠缺结果的妥当性，其所作价值判断及利益衡量，均值得反思，此处先作以下几点评论。

第一点评论，比较法角度的观察。以无权处分之合同为无效者，主要是法国民法，[④]目前法国也已通过相对无效来弱化其效果。[⑤] 其他立法例，则鲜见令合同无效者，大多数的立场则是使合同有效。德国、瑞士的立法例自不待言，就是受法国法影响颇深的日本民法，也不采法国法，明确规定“出卖人负有取得该权利并将之移转于买受人的义务”(《日本民法典》第560条)。新近的国际模范法，如PICC(第3.1.3条)、PECL(第4:102条)及DCFR(第Ⅱ.-7:102条)，均规定合同效力不因无权

---

① PICC (2016) Article 3.1.3 (2) The mere fact that at the time of the conclusion of the contract a party was not entitled to dispose of the assets to which the contract relates does not affect the validity of the contract.

② PECL Article 4:102 (Initial Impossibility) A contract is not invalid merely because at the time it was concluded performance of the obligation assumed was impossible, or because a party was not entitled to dispose of the assets to which the contract relates.

③ DCFR Article Ⅱ. -7:102 (Initial impossibility or lack of right or authority to dispose) A contract is not invalid, in whole or in part, merely because at the time it is concluded performance of any obligation assumed is impossible, or because a party has no right or authority to dispose of any assets to which the contract relates.

④ 《法国民法典》原第1599条所规定的他人物之买卖无效是基于旧时代的思想理论，但是，学说、判例对此进行了限制性解释。参见[日]我妻荣：《债权各论》(中卷)，徐进、李又又译，中国法制出版社2000年版，第28页，注4。

⑤ 晚近研究文献，可参见章正璋：《法国民法上出卖他人之物法律效力分析——理论构成及对我国民事立法之影响》，载《江海学刊》2012年第1期。

处分的事实本身而受影响，合同并不无效。[①] 如果说“法律规范旨在衡量利益，判断价值”，[②]或者说法的任务就是在确切分析关联的事实和作出恰当的价值判断的基础上，把问题逻辑化并通过语言表现出来，[③]那么这些大多数的立法例所作的价值判断及利益衡量最值得重视，它们逻辑化作业的“共识”才是我们所应当借鉴的。否则，在交易规则上标新立异、特立独行，实非明智之举，也与制定统一合同法的一个立法指导思想，即“广泛参考借鉴市场经济发达国家和地区立法的成功经验和判例学说，尽量采用反映现代市场经济客观规律的共同规则，并与国际公约和国际惯例协调一致”，[④]显有违背。

第二点评论，原《合同法》的立法指导思想及第 51 条的立法目的。原《合同法》立法指导思想第四项略谓：“本法在价值取向上应兼顾经济效率与社会公正、交易便捷与交易安全。”[⑤]此外，法律不允许出卖他人之物，是为了维护财产的静的安全。[⑥]

首先，就维护财产的静的安全而言，基本上是要依靠物权法规范。无权占有不动产或者动产的，权利人可以请求返还原物（原《物权法》第 34 条；《民法典》第 235 条）。无处分权人将不动产或者动产转让给受让人的，所有权人有权追回（原《物权法》第 106 条第 1 款前段；《民法典》第 311 条第 1 款前段）。这属于物权请求权，在效力上强于普通债

① 就 PICC 第 3.1.3 条第(2)款的解读，请参考梁慧星：《回应对〈合同法〉第 51 条的批评》，载梁慧星主编：《民商法论丛》第 56 卷，法律出版社 2014 年版，第 252～255 页，有尖锐的批评意见。鉴于 PICC 有 1994、2004、2010 和 2016 几个不同版本，均已有中译本，建议读者阅读最新版本，张玉卿主编：《国际统一私法协会国际商事合同通则 2016》，中国商务出版社 2019 年版。PICC Article 3.1.3 (Initial impossibility)：“(2) The mere fact that at the time of the conclusion of the contract a party was not entitled to dispose of the assets to which the contract relates does not affect the validity of the contract.” 该款的注释，“本条第(2)款所调整的情况是，承诺转让或移交货物的当事人无权处分该财产，因为其在订立合同时没有合法的所有权或处分权。”参见上述 2019 年出版的中译本第 197 页。依笔者的理解，此款所规范的对象，虽可包括“将来财产买卖合同”，唯不以此为限。DCFR 第Ⅱ－7：102 条（自始不能或欠缺处分的权利或权力 Initial impossibility or lack of right or authority to dispose）的评论为，“本条所包含的第二种情形，即出卖人在订立合同时并无权利或权力处分财产，这种情形更是如此，如果排除合同的成立是恶的政策。出卖人在履行所有权转移义务时，完全可能获得财产，或者获得处分的权力”。［德］克里斯蒂安·冯·巴尔、［英］埃里克·克莱夫主编：《欧洲私法的原则、定义与示范规则：欧洲示范民法典草案（全译本）：第 1 卷、第 2 卷、第 3 卷》，高圣平等译，法律出版社 2014 年版，第 400 页。由此亦可进一步印证笔者的理解。其评论说得清楚，出卖人订立合同时无处分的权利或权限，如因此而排除（妨碍 preclude）合同的成立，则为“恶的政策”（bad policy）。我们借鉴比较法以解释中国法，理应择善而从。

② 参见王泽鉴：《民法学说与判例研究》（第 3 册），台北，1991 年自版发行，第 49 页。

③ 参见［日］北川善太郎：《日本民法体系》，李毅多、仇京春译，科学出版社 1995 年版，第 3 页。

④ 参见梁慧星：《民法学说判例与立法研究》（第 2 册），国家行政学院出版社 1999 年版，第 121 页。

⑤ 梁慧星：《民法学说判例与立法研究》（第 2 册），国家行政学院出版社 1999 年版，第 122 页。

⑥ 参见梁慧星：《为中国民法典而斗争》，法律出版社 2002 年版，第 251 页。

权，自不待言。出卖他人之物场合，真正的所有人通常可通过物权请求权（所有权效力的体现）保障自己财产的静的安全，根本无须过问买卖合同有效无效，不生疑问。唯发生善意取得场合，另当别论。因而，作为财产所有权的反射效力，出卖他人之物场合的买卖合同不生所有权移转之效力，亦属当然。无论立法是否承认该买卖合同有效，都不会妨碍财产的静态安全。民事立法应当回应上述物权法上的效果，问题在于应当如何回应。如按"效力未定说"立场，回应的方式便是否定该买卖合同的效力。这种做法所隐含的逻辑是：如承认该合同有效，就等于承认会发生物权变动，也就等于承认无权处分行为可以有效。其实有所误解，实际上是将原因行为（pflichtenbegründende Geschäft）与物权变动（dingliche Rechtsänderung）混为一谈了。

《民法典》（第 215 条）继续规定了原《物权法》（第 15 条）采纳的原因行为与物权变动的分离原则（Trennungsprinzip），亦即区分债务负担行为（如买卖）与物权变动（如物权的转让）。[①]《民法典》第 215 条规定："当事人之间订立有关设立、变更、转让和消灭不动产物权的合同，除法律另有规定或者当事人另有约定外，自合同成立时生效；未办理物权登记的，不影响合同效力。"依《民法典》第 214 条的反面解释，只是物权变动不发生效力而已。显然，区分了原因行为（设立、变更、转让和消灭不动产物权的合同）与物权变动。对于动产物权，物权变动是自交付时起发生效力（《民法典》第 224 条）。未交付动产的，买卖动产的合同的效力并不因此而受影响。合同有效而没有发生物权变动的情形并不少见，比如，出卖人违约不交付标的物或者不办理移转登记。

既然作为原因行为的债权合同的生效条件与生效时间，与作为债权合同法律效果的物权变动事实的发生条件与发生时间，二者是相区分的，就不应当因为后者事实上没有发生（或由于一方违约，或由于他人所有权效力的反射效果）而当然地否定前者的效力。进而，为了维护财产的静态安全，也并非必须否定买卖合同的效力。

其次，就交易安全而言，《民法典》第 311 条已经规定了善意取得（good faith acquisition）制度，《合同编通则解释》第 19 条第 2 款但书也

① Vgl. Baur/Stürner, Sachenrecht, 17. Aufl. 1999, § 5 Rn. 40; Westermann/Gursky/Eickmann, Westermann Sachenrecht, 7. Aufl. 1998, § 4 Rn. 1.

特别提及了善意取得，但这只能解决部分问题，即解决买卖合同相对人取得所有权的问题（且不说善意取得要件构成上的限制）。交易安全不仅仅体现在使合同相对人有效取得物权，也可以体现在使相对人取得有效债权上。后者尤其在债权取得了在近现代法上的优越地位之后，显得格外重要。通过一个正常的交易，合同相对人取得了债权，借由该债权的实现而获得物权，固然是常态（或称此为合同的“第一性目的”[①]）；纵然上述目的落空，债权关系转化为损害赔偿或违约金等（法律行为上效力的体现，或称此为合同的“第二性目的”），终归债权人基于交易发生的正当期待和信赖还是得到了维护，交易安全得到了维护，总比因为“第一性目的”落空而将“第二性目的”一股脑儿地抛弃（因噎废食）为好。

第三点评论，无权处分的讨论与物权行为无因性理论（Abstraktionsprinzip）[②]没有必然联系。在讨论无权处分问题过程中，由于涉及处分、处分行为、负担行为、物权行为、债权行为之类概念，加之我国通说理论并不接受物权行为无因性理论，使这一话题变得高度敏感，大有使这一问题简单化为不采“效力未定说”即采“物权行为理论”的态势。[③] 其实大可不必如此紧张，如果平和地看待这一问题，条条道路通罗马，德国民法的物权行为制度及其理论只是其中一条路，且是适用区域较窄的一条路，笔者到目前为止也不赞同采用物权行为无因性理论构造中国的物权法。[④] 但谁又能确知“效力未定说”就是一条金光大道而非一条死胡同呢？放眼世界，如我国“效力未定说”将不获追认或未取得处分权场合的合同置于死地者，又有几何呢？新近的国际模范法如 PICC、PECL 及 DCFR 均没有采纳德国的物权行为无因性理论，但却都规定合同效力不因无权处分的事实本身而受影响，合同并不无

① 崔建远：《无权处分辨合同法第 51 条规定的解释与适用》，载《法学研究》2003 年第 1 期；崔建远主编：《民法 9 人行》第 1 卷，金桥文化出版（香港）有限公司 2003 年版，第 64 页以下。

② Vgl. Baur/Stürner, Sachenrecht, 17. Aufl. 1999, § 5 Rn. 41.

③ 在我国，对于“物权行为理论”有污名化现象。批判该理论者往往并不界定此概念的内涵，既指物权行为独立性及无因性理论，也包括仅主张物权行为独立性的理论。其实，这二者并不一样。对于我国原《物权法》第 15 条及《民法典》第 215 条等确立的“区分原则”，尽管学者解读并不统一，落脚到问题的根本，即法律行为（合同），便是要将其中两类不同的效果意思——发生债权债务的效果意思和发生权利变动的效果意思一分为二，一者为债权行为（负担行为），一者为物权行为（处分行为）。

④ 参见韩世远：《对“反思”的解读与反思》，载崔建远主编：《民法 9 人行》第 1 卷，金桥文化出版（香港）有限公司 2003 年版，第 86 页。

效。另外,日本民法没有采纳德国的物权行为无因性理论,但他人物的买卖(更广意义上,他人权利的买卖)被作为出卖人对权利欠缺或瑕疵的担保责任的典型情形,没有像法国法使合同无效,而是明文规定出卖人负有取得并移转权利的义务(《日本民法典》原第 560 条,现第 561 条),他人物之买卖作为债权合同是有效的(他人物之买卖并不构成以原始不能为标的)。[①] 我国"效力未定说"如此特立独行,又谈何"广泛参考借鉴市场经济发达国家和地区立法的成功经验和判例学说,尽量采用反映现代市场经济客观规律的共同规则,并与国际公约和国际惯例协调一致"呢?

第四点评论,《民法典》第 523 条规定了由第三人履行的合同,肯定此种合同的有效性。如果比较无处分权人签订的合同与由第三人履行的合同,可以发现二者均涉及三方主体,三方利益格局颇为相似。对于由第三人履行的合同,立法尊重当事人的意思自治;对于无处分权人签订的合同,若真的以此合同效力待定,则等于奉行法律"家父主义"。在法政策上,相似的事物本应相似地处理,否则,价值判断及利益衡量有失衡平。

意识到上述我国"效力未定说"立场"一体把握"带来的"株连效果"解释结论保护合同相对人不力,有欠妥当性,加之正如拉伦茨教授已正确地指出的,法院或法学界的解释绝不可能是终局的解释,[②]故有新的解释论——"有效合同说"出现。从结论上,笔者认为无权处分场合真正效力未定的是无权处分行为,合同仍然有效,在权利人追认或者无权处分人取得处分权时当然发生权利变动的结果;在权利人不予追认或者无权处分人不能取得处分权场合,不发生权利变动的结果,无权处分人要承担违约责任;在处分行为被追认或者被补正前,权利变动的

---

① 来栖三郎『契約法』(有斐閣,1974 年)54 頁参照。日本民法的这一规定,是由富井政章博士起草的。富井博士早年留学法国,在里昂大学获得博士学位,其博士学位论文便是关于他人物之买卖,富井博士对无权处分问题有相当精深的研究,不采法国法使合同无效,而是使合同有效。另外,梅谦次郎博士也曾留学法国里昂大学,他们本是学习法国法出身,但在无权处分问题上,毅然放弃了法国法,对此是值得我们深思的。上述日本民法起草的历史,笔者获悉自日本学习院大学法学部教授岡孝先生,特此表示感谢。岡孝先生新近出版了有关日本民法史的著作,《梅謙次郎日本民法の父》(法政大学出版局 2023 年版),可供参考。

② "虽然法院或法学界的解释,都必须是对规范适当并且有充分根据的认识,可主张其为'正确的'解释;但是没有一个解释可以主张它是终局并且——可适用于任何时间的——'绝对正确的'解释。"参见[德]卡尔·拉伦茨:《法学方法论》,陈爱娥译,商务印书馆 2003 年版,第 195 页。

结果是否发生处于未定状态,但合同效力并非待定而是确定有效。[①]以下结合《民法典》及《合同编通则解释》第19条的规定,具体解析此种解释论的构成,为方便表述起见,特以他人物之买卖为模型。

第一,以《民法典》第215条所采"区分原则"(Trennungsprinzip)为出发点,区分物权变动与其基础关系(原因关系),该基础关系主要是合同,它属于债权法律关系的范畴,成立以及生效应依据合同法来判断;该合同是物权变动的原因行为,[②]或者说是债权合同。债权合同与物权合同不同。前者合同成立后,当事人仅因此而取得债权或者负担债务,日后尚有履行的问题。后者合同成立的同时,即已实现其成果,不再有履行的问题。买卖的成立,出卖人仅生转移标的物所有权的义务,而买受人亦仅生支付价款的义务。换言之,买卖双方只发生债之关系,并不发生物权变动的结果,故日后尚须有履行行为,以实行转移或支付。[③]

第二,不采物权行为无因性理论,而仅仅将"物权行为"与"债权行为"、"处分行为"与"负担行为"作为分析范畴加以接受是可行的,[④]就像我们可以区分代理权授权行为与委托合同,同时不采授权行为无因性一样,[⑤]典型代表为日本民法学说通说代言人我妻荣教授(可参阅本书第一章第一节),德国学者卡纳里斯教授亦有相近的见解。[⑥] 通常,否定物权行为无因性,也就没有必要提出独立性,因而,一般不必刻意区分处分行为与负担行为;但不排除在个别情形,会有区分的必要。原《物权法》第187条(现《民法典》第402条)取代原《担保法》第41条[⑦]的经验已经证伪了"承认物权行为独立性就必须承认其无因性"的先验

① 参见韩世远:《无权处分与合同效力》,载《人民法院报》1999年11月23日,第3版。

② 参见石宏主编:《〈中华人民共和国民法典〉释解与适用[物权编]》,人民法院出版社2020年版,第24页。

③ 参见郑玉波:《民法债编各论》(上册),三民书局1981年版,第13页。

④ 笔者注意到,在最高人民法院出的释义书中,已明确使用"负担行为"与"处分行为",认为"负担行为发生在买卖合同订立阶段,处分行为发生于买卖合同履行阶段。负担行为与处分行为存在顺序上的先后,买卖合同的效力问题发生于合同订立阶段而非合同履行阶段"。最高人民法院民事审判第二庭、研究室编著:《最高人民法院民法典合同编通则司法解释理解与运用》,人民法院出版社2023年版,第239页。是否承认处分行为的独立性,学说解释仍有分歧,承认者有之,如易军:《无权处分一般规则之"回归"》,载《四川大学学报(哲学社会科学版)》2023年第5期;否认者亦有之,如王轶:《区分原则:区分什么?》,载《东方法学》2022年第4期。

⑤ 参见梁慧星:《民法总论》(第6版),法律出版社2021年版,第246页。

⑥ 参见卡纳里斯:《欧洲大陆民法的典型特征》,郑冲译,载孙宪忠主编:《制定科学的民法典——中德民法典立法研讨会文集》,法律出版社2003年版,第36~37页。

⑦ 对于原《担保法》第41条的批判,可参见孙宪忠:《物权变动的原因与结果的区分原则》,载《法学研究》1999年第5期。

教条。①

第三,针对他人物之买卖,《民法典》第597条第1款规定:"因出卖人未取得处分权致使标的物所有权不能转移的,买受人可以解除合同并请求出卖人承担违约责任。"另外,《民法典》删除了原《合同法》第132条第1款"出卖的标的物,应当属于出卖人所有或者出卖人有权处分"之要求。立法明确承认了他人物之买卖自始有效,出卖人无法转移标的物所有权,引发违约责任。《合同编通则解释》第19条第1款也正是在此种规范意义脉络中的具体体现。总之,买卖合同的有效性不必然以出卖人对标的物有处分权为前提。

第四,《民法典》删除原《合同法》第51条,也是由于在区分原则的前提下,相关处分权或追认的规则是针对处分行为,故不应在合同编规定,而应放置在物权编中。物权编尽管没有明确规定,但不妨通过解释,予以补充,对于实务裁判,不至于造成困扰。

第六节 合同无效、被撤销或者确定不发生效力的法律后果

合同无效、被撤销或者确定不发生效力,只是不发生当事人所期望的法律上的效力,即不发生合同履行的效力,并非不产生任何法律效果,其他的法律后果还是要发生的。《民法典》第157条规定,"民事法律行为无效、被撤销或者确定不发生效力后,行为人因该行为取得的财产,应当予以返还;不能返还或者没有必要返还的,应当折价补偿。有过错的一方应当赔偿对方由此所受到的损失;各方都有过错的,应当各

① 此一立法修正事例恰好说明,在法律人的观念中,要不要区分是不一样的。这里压根没有涉及无因性问题,涉及的问题可以描述为在债权行为向物权行为的递变过程中,要防范物权行为的"反向作用"。换言之,由于物权行为没有成功发生效力,连累债权行为跟着一起不发生效力。这恰恰是在肯定债权行为与物权行为有联系(而非无因性)的前提下,基于公平正义的法政策需要,要隔断二者之间的联系,在法律行为领域,不将债权行为与物权行为当作拴在一根绳上的两个蚂蚱,一个死掉,另外一个也要跟着遭殃。这一效果,也可以称为防止"连坐效应"。债权行为与物权行为的区分观念,可以让人轻而易举地发现问题症结所在,并作出有针对性的治疗。事实证明,此一立法修正是成功的,是得到普遍赞同的。这一经验,恰好说明,前述先验的教条是不成立的。

自承担相应的责任。法律另有规定的，依照其规定”。在立法沿革上，该条延续了原《民法通则》第61条第1款及原《合同法》第58条的规范模式。当然，《民法典》第157条的适用对象包括但不限于合同，该条还可适用于单方法律行为及多方法律行为。另外，第157条是从义务角度所作“应当……”句式的规范，至于与该等义务相对应的权利构成，则是法理解释问题；从立法沿革角度，第157条本身属于独立的请求权基础规范，在实践中具有重要意义。在《民法典》第157条基础上，《总则编解释》第23条、《合同编通则解释》第24条和第25条进一步细化规则，并扩张适用范围及于“合同不成立”的情形，殊值注意。《民法典》第157条规定了返还财产、折价补偿及赔偿损失等法律后果，以下分别说明。

一、返还财产

《民法典》第157条所谓因该行为取得的“财产”，可以包括物、金钱、他物权、知识产权、债权等，以下分别说明。

（一）物的返还

合同无效、被撤销或者确定不发生效力后，行为人基于该合同取得物（包括动产和不动产，参见《民法典》第115条前段），因丧失其基础，沦为无权占有，故应当返还。《合同编通则解释》第24条第1款前段亦规定：“合同不成立、无效、被撤销或者确定不发生效力，当事人请求返还财产，经审查财产能够返还的，人民法院应当根据案件具体情况，单独或者合并适用返还占有的标的物、更正登记簿册记载等方式。”其中，与物的返还义务相对应的是物的返还请求权，其法理构成，尚需要特别说明。

1. 物权请求权的构成

在我国大陆，无论是否承认独立的物权行为，均认为合同无效场合的返还财产请求权性质上为物权请求权。不过，二者的理论构成略有差异。

不承认独立物权行为的理论认为，合同不成立、无效、被撤销或者确定不发生效力后，基于合同所发生的债权债务关系归于消灭的同时，原来基于合同所发生的物权变动当然丧失基础,发生物权变动的回转,此时的返还财产请求权是属于物权性质的物上请求权。唯于原物不存在之场合,转变为不当得利的返还,所谓“返还财产”仅具有债权的效力。[①]

而在承认独立物权行为的学说看来,由于立法没有采纳物权行为无因性理论,故原则上物权行为有因。在债权合同不成立、无效、被撤销或者确定不发生效力场合,物权行为亦因此而丧失基础,与债权合同保持同一效果。在财产已经交付或者变更登记场合,由于无论债权行为还是物权行为均属不成立或无效(包括因被撤销而变成的无效及确定不发生效力),在法律上不发生权利变动的效果,[②]因而,谈不上物权变动的回转或者所有权的复归,返还财产之请求在性质上属于物上请求权,请求权发生的基础是《民法典》第 235 条。《合同编通则解释》第 24 条第 1 款中的“更正登记簿册记载”显然是针对不动产等的情形,更正登记(参见《不动产登记暂行条例》第 3 条、第 14 条等)是以登记簿册确有错误为前提,如房屋买卖合同无效或被撤销,但房屋已因合同履行而登记在买受人名下,由于在法律上并未发生基于合同的物权变动效果,故上述登记有误,出卖人作为房屋所有权人可请求更正登记。

2. 债权请求权的构成

物的返还请求权除上述物权的构成外,尚不排除有基于债权请求权构成的余地,主要是指基于不当得利请求权请求返还。[③] 以房屋买卖合同为例,如果该合同不成立、无效、被撤销或者确定不发生效力,房屋却已被买受人实际占有,其占有本身构成一种利益,出卖人丧失占有是一种损失,由于欠缺有效的合同作为占有的法律根据,欠缺给付原因,[④]

---

① 参见崔建远:《关于经济合同无效的探讨》,载《吉林大学社会科学学报》1989 年第 5 期;崔建远:《合同法》(第 4 版),北京大学出版社 2021 年版,第 115 页以下。

② 在合同因被撤销而无效场合,尽管被撤销之前合同事实上相当于有效,基于该合同可能交付了财产或者变更了不动产登记,貌似撤销以后应有所有权的“回转”问题,实际上由于撤销的溯及效力,使无效的效果自始发生(《民法典》第 155 条),便意味着曾经发生过的所有权转移已因此而在法律上被否定。在后述合同解除场合,合同并非因解除而无效,加之立法上没有像撤销这样规定溯及效力,故解除与撤销二者存在差异,解除场合存在所有权的回转问题。

③ 同旨参见陈华彬:《物权法论》,中国政法大学出版社 2018 年版,第 84 页。

④ 可参见韩世远:《合同法学》(第 2 版),高等教育出版社 2022 年版,第 618 页以下。

故依《民法典》第122条及第985条的规定，[1]可以构成不当得利，属于其中的给付不当得利(Leistungskondiktion)。

3. 两种请求权之间的关系

在合同不成立、无效、被撤销或者确定不发生效力场合，返还财产的请求权既有上述两种构成可能，那么，其中物权请求权的成立是否排斥不当利得返还请求权的成立呢？这涉及如何看待所谓“得有返还所有物之诉(rei vindication)者没有请求给付之诉(condictio)”理论。如依此理论，在对物权行为采有因构成的基础上，由于债权行为无效、被撤销，所有权仍在出卖人那里，出卖人有物权返还请求权，不当得利便会因此而不成立。可是，尽管基于物权行为有因的构成物权没有变动进而不会就物权构成不当得利，尚不能够说因此便排除一切不当得利成立的可能。基于无效、被撤销等的买卖合同而给付标的物场合，尽管所有权未曾移转，尚存在占有，这也可以成为得利，故可以作为“占有的不当得利”。占有的不当得利对于给付不当得利(相对于非给付不当得利)可得成立，自Wilburg以来已越来越多地被人接受。[2]

我国实务接纳物权请求权的构成，并基于物权优先于债权而认为此构成优越于不当得利请求权的构成，所列优先于其他债权人、别除于破产财产以及对抗一般债权人的执行等诸项优点，莫不是体现在外部关系方面，[3]而且其发生作用的场景是针对同一标的物存在不同主体的物权与债权彼此竞争情形。如果仅就内部关系而言，在双务合同不成立、无效、被撤销或者确定不发生效力场合，一方面，合同当事人双方各自的返还请求权分别针对的是不同的客体，而不是同一客体；另一方面，请求返还财产究竟是基于物权请求权抑或债权请求权，其权利内容均是请求特定人为特定行为，具有相似性；就其所对应的行为人返还义务的内容而言，立法者本无“差别心”，因而解释论上也理应做

① 《民法典》第122条及第985条之间的关系，直接影响我国不当得利解释论的构造。有别于传统解释方式，王洪亮教授将此两条分别对应于侵害型不当得利和给付型不当得利，引人注目。王洪亮：《〈民法典〉中得利返还请求权基础的体系与适用》，载《法学家》2021年第3期。

② 四宮和夫『請求権競合論』(一粒社，1978年)165頁以下。日本新民法第121条之2细化了恢复原状义务，日本民法学相应的理论构成，可参见班天可：《日本新民法研究》，法律出版社2020年版，第48页以下。

③ 参见最高人民法院民事审判第二庭、研究室编著：《最高人民法院民法典合同编通则司法解释理解与适用》，人民法院出版社2023年版，第279页。

统合解释,[1]不因给付受领人(得利人)善意与否而有差别,换言之,于此场合排斥《民法典》第986条之适用。

4. 返还义务的内容

(1)原物返还

在给付动产场合,受领人应向给付人移转该动产占有;在给付不动产场合,如尚未办理过户登记手续,受领人应向给付人移转该不动产的占有;如已经办理过户登记手续(如房屋买卖合同属于可撤销,过户登记后撤销权人主张撤销该合同),受领人不仅应向给付人移转该不动产的占有,还应当更正登记簿册记载。

返还财产的范围应以对方实际交付的财产数额为标准予以确定。即使当事人返还时实际的财产已经减损甚至不存在了,仍应承担返还责任。[2] 如果原物已经灭失,造成无法实际返还,或谓如存在可替代的种类物,则应返还同一种类物。[3] 此时究竟是支持同种类物返还抑或支持折价补偿,或存在不同意见。就此,或许在个案中依诚信原则,灵活处理更好。

(2)孳息

合同不成立、无效、被撤销或者确定不发生效力后,给付受领人对于物的占有便属于无权占有,无论无权占有人善意抑或恶意,依《民法典》第460条,权利人可以请求返还原物及其孳息。

对于孳息的获取,如果并非基于纯粹天然因素或者法律因素,而掺杂有受领人方面的因素(如受领人方面的劳力、无形资产等因素),则在精算孳息时宜相应扣除,自不待言。

(3)费用

依《民法典》第460条但书,权利人应当支付善意占有人因维护该不动产或者动产支出的必要费用。首先,该必要费用是在占有人占有不动产或者动产期间支出的,对于善意占有人而言,构成其信赖利益的组成部分,故法律予以保护。其次,该费用之主张,是权利人请求善意

---

① 值得注意的是,陈自强教授已颇有见地地指出,双务合同无效或被撤销,已为之给付没有法律依据,构成不当得利,但返还关系之内容,应优先适用《民法典》第157条,原物返还不能,应折价补偿,而不适用《民法典》第986条及第987条之规定。参见陈自强:《民法典不当得利返还责任体系之展开》,载《法学研究》2021年第4期。

② 黄薇主编:《中华人民共和国民法典总则编释义》,法律出版社2020年版,第416页。强调返还的范围应以受领给付的数量为标准,参见陈国柱主编:《民法学》,吉林大学出版社1987年版。

③ 黄薇主编:《中华人民共和国民法典总则编释义》,法律出版社2020年版,第416页。

占有人返还原物及其孳息时，权利人附带应为的给付义务，与原物及孳息的返还具有相向性（或谓方向相反），属于善意占有人可得主张的返还财产范畴。再次，即便在单方返还场合，亦得呈现一方返还原物及孳息与对方返还费用的对立状态，此时，依公平原则，承认费用返还请求权人的同时履行抗辩或者留置抗辩，较为合理。最后，善意占有人的“必要费用”返还请求权的发生根据既为《民法典》第460条但书，与《民法典》第921条受托人“必要费用”偿还请求权相比，二者显有差别，前者仅指必要费用的本金，后者不但包括必要费用的本金，还包括利息。

***标的财产增值或者贬值的处理** 《九民纪要》第33条就合同不成立、无效或者被撤销后的返还财产，提示要充分考虑财产增值或者贬值的因素。“应予返还的股权、房屋等财产相对于合同约定价值出现增值或者贬值的，人民法院要综合考虑市场因素、受让人的经营或者添附等行为与财产增值或者贬值之间的关联性，在当事人之间合理分配或者分担，避免一方因合同不成立、无效或者被撤销而获益”。《合同编通则解释》第24第2款在此基础上，将“财产增值收益和贬值损失”作为确定损失赔偿额的考虑因素。

所谓财产增值，依《九民纪要》释义所举事例，甲购买乙的小产权房，价款100万元。如该房产被征收，则可获补偿200万元。此时的多出的100万元就是财产增值，该财产增值属于市场因素，在合同无效场合应在当事人之间合理分配，即应考虑各自对合同无效的过错程度以及是否有从合同无效中获益的因素。乙明知房屋被征收可以获得200万元补偿款，因而请求确认合同无效的，对增值部分就可以考虑少分甚至不分。[①] 上述事例让人不免想起早年引人注目的“宋庄画家村案”，[②]当时法院固守“房地一体”原则，加之在房屋买卖场合未体现“区分原则”，结果呈现了一场“没有真正赢家的官司”。如今是否依然固守当年

① 最高人民法院民事审判第二庭编著：《〈全国法院民商事审判工作会议纪要〉理解与适用》，人民法院出版社2019年版，第264页。

② 参见北京市通州区人民法院民事判决书（2007）通民初字第1031号；北京市第二中级人民法院民事判决书（2007）二中民终字第13692号。对于该案的评论，可参见王卫国、朱庆育：《宅基地如何进入市场？——以画家村房屋买卖案为切入点》，载《政法论坛》2014年第3期。就宅基地上房屋（小产权房）之买卖相关问题的立法论探讨，可参见韩世远：《宅基地的立法问题——兼析物权法草案第十三章“宅基地使用权”》，载《政法与法律》2005年第5期。

的裁判方案，尚有反思余地。即便固守房屋买卖合同无效立场，也应进一步分析该案例中的"财产增值"。其一，该财产增值不属于"原物"范畴，就预期增加的100万元，性质上可认定为原物的"孳息"，理应遵循孳息的归属规则（《民法典》第321条、第460条等）。其二，《民法典》第157条中的返还财产以及第460条无权占有场合返还的孳息，指的应是既存的财产及孳息，通常不会包括未来的孳息，否则，不免陷入"鸡生蛋、蛋生鸡"的无尽循环。设例中的征收并未实际发生，故裁判者不应将"预期的孳息"列入返还范围。不然，假设乙只是听到传闻将会有征收，故提起诉讼请求确认房屋买卖合同无效并返还财产，法官依上述示例少分甚至不分增值的100万元，假设分给甲75万元，结果是甲返还房屋（使用费暂时忽略），乙返还175万元。这一裁判结果貌似实现了公平，假如传说中的征收遥遥无期，势必出现其他问题，未必真的实现了公平。综上，财产增值既属孳息，理应依孳息的返还规则。法官兼顾个案公平正义虽不为过，但宜慎重行事，自由裁量应周密权衡并充分说理。

财产增值的另一形态，指的是上例中甲购买房屋后对房屋进行改造，导致房屋增值。甲为改造房屋支出费用，可否要求乙予以偿还，属于返还财产场合的"费用"问题，如依《民法典》第460条，则取决于甲是否属于善意占有人，以及该费用是否属于"必要费用"。

财产贬值，如股权、房屋等贬值，依《九民纪要》意旨，也要根据与增值相同的规则在双方之间分摊损失。[①] 比如A自B购买某公司公开发行股票1万股，一年后股价严重下跌，A起诉请求法院确认该《股票转让协议》无效，要求返还价款，理由是上市公司的股票交易未按法律规定的方式进行，违反《证券法》第39条及国务院发布的《股票发行与交易管理暂行条例》第29条。股票市价已由购买时的每股10元跌为1元，该如何返还财产呢？如果所购股票未再交易而一直由B代持，无论依原《合同法》第58条还是依《民法典》第157条的规定，如暂忽略资金占用费等，加之A所购股票仍由B代持，故只需要B向A归还所收价款10万元。[②] 至于判决确认该合同无效时股票的贬值损失9万元，结

① 最高人民法院民事审判第二庭编著：《〈全国法院民商事审判工作会议纪要〉理解与适用》，人民法院出版社2019年版，第264页。

② 参见广东省韶关市中级人民法院民事判决书，(2016)粤02民终1483号。

果自然是由B承担;B如认为自己受有损失且A有过错,可以另行依缔约过失请求A承担赔偿责任。而依上述《九民纪要》第33条,则要求法院将9万元损失在双方之间分担,以避免一方因合同被撤销而获益。假如双方各担一半,结果就是A返还1万股股票,B返还10万元-4.5万元=5.5万元给A。须知,股票市价持续变动,如果裁判者据此变量而追求所谓公平,则难免不因当事人的逐利避险行为牵着鼻子走,就像“夸父逐日”,永无宁日,亦不见公平的实现。另外,设若买卖半年时股价一度高达每股15元,则B在诉讼中一定会主张A理应在最高点抛售;如果裁判后又一年,股价回升至每股10元,则A定会感到自己凭空损失了4.5万元,没有公平可言。

诸如此类,关键在于裁判返还义务之多寡、是否公平的基准时点究竟应为何时。既然《民法典》第157条的规范意旨在于“应当恢复到民事法律行为成立或实施之前的状态,就如同这一行为未曾发生一样”,[①]返还清算的参照时间点实应依返还义务发生时。如此,在该时点之后财产状况的变化,宜分辨其究属原物、孳息(《民法典》第321条)抑或费用,依相应的规则处理;正常的商业风险宜依所依附的权属关系,具体判断,而不应作为打着“公平”名义的分摊对象;通过返还原物、孳息及费用尚未圆满解决的,再依折价补偿及赔偿损失等途径处理。毋庸讳言,《九民纪要》第33条前半段显然是针对财产返还引入考虑财产增值或者贬值因素,故就其不当理应批评指正。[②] 相比之下,《合同编通则解释》第24条第2款将“财产增值收益和贬值损失”作为确定损失赔偿额的考虑因素,而不再要求将贬值损失在当事人之间分担,貌似有所进步,但基于缔约过失的赔偿责任有其自身的规则,股票的贬值通常与股票发行公司的经营业绩有直接的关系,投资股票之人本身便承担着相应的风险,而与合同当事人的过错行为之间未必有因果关系,因而在确定损失赔偿额时一般性地指示考虑财产贬值损失,指导意义不大。

① 参见李适时主编:《中华人民共和国民法总则释义》,法律出版社2017年版,第489页;黄薇主编:《中华人民共和国民法典总则编释义》,法律出版社2020年版,第415页。

② 参见崔建远:《合同法总论》(上卷),中国人民大学出版社2024年版,第671页以下。

5. 双务合同效力失败场合的特别规则

(1)同时履行抗辩

《合同编通则解释》第 25 条第 2 款前段规定,“双方互负返还义务,当事人主张同时履行的,人民法院应予支持”。这是将《九民纪要》第 34 条转化为司法解释的结果。双方互负返还义务场合,双方义务之间具有事实上的牵连关系,即一方之所以事实上给付,是因为对方事实上的给付。如此,在返还时,承认双方的返还义务构成同时履行关系,符合公平原则。[1]

在双方互负返还义务场合,即便执着于权利视角,凸显双方返还请求权性质上的差异,如房屋出卖人强调其返还请求权是物权的返还请求权,而房屋买受人的价款返还请求权属于债权性质的返还请求权,进而主张物权优先于债权,也并无实际意义,因为双方各自的返还请求权各有各的客体,而非针对同一客体。

(2)抵销

《合同编通则解释》第 25 条第 2 款后段规定,“占有标的物的一方对标的物存在使用或者依法可以使用的情形,对方请求将其应支付的资金占用费与应收取的标的物使用费相互抵销的,人民法院应予支持,但是法律另有规定的除外”。这是将《九民纪要》第 34 条转化为司法解释的结果。《民法典》第 568 条等已专门规定了抵销,法定抵销成立场合,抵销权人可以通过行使抵销权而使债务消灭。上述司法解释规则的规范意义显然不在于重复《民法典》第 568 条等的规定,而有其特别的意义,其要义如下:其一,在双务合同因效力失败而清算场合,如房屋买卖合同虽已履行完毕一年,但由于合同无效而须双方相互返还财产,返还的内容除了房屋与价款之外,尚应包括相应的孳息,就房屋而言便是该标的物的使用费,就价款而言则是其资金占用费,于此场合,无须另行核算标的物使用费及资金占用费具体金额,法律基于失败的双务合同的特殊性,默认此两项费用金额相当,合乎双方就此交易主观评价

① 就双务合同不成立、无效、被撤销或者确定不发生效力情况下双方负有的返还义务仍然构成对待给付,原则上应同时履行,规则制定者称,“这也是享有原物返还请求权的转让人在未返还价款前不能排除一般债权人执行的法理之所在”。最高人民法院民事审判第二庭、研究室编著:《最高人民法院民法典合同编通则司法解释理解与适用》,人民法院出版社 2023 年版,第 294 页;另参见最高人民法院民事审判第二庭编著:《〈全国法院民商事审判工作会议纪要〉理解与适用》,人民法院出版社 2019 年版,第 267 页。

的公平性，故可由抵销权人主张抵销。其二，尽管司法解释字面上似乎仅将抵销权赋予一方（占有标的物一方的相对方），基于公平考量，另外一方（占有标的物一方）主张抵销的，亦应予支持。

（二）金钱的返还

金钱虽然也是一种物，但它是一般等价物，具有特殊性，表现为金钱的占有者即是其主人。因而，在以价款、报酬、租金等名义支付金钱场合，金钱的受领人便成为金钱的主人。支付金钱的人以合同不成立、无效、被撤销或者确定不发生效力为由主张返还金钱时，其请求权不是物上请求权，而是不当得利返还请求权；其请求权基础是《民法典》第157条这一框架性规范，另外，《民法典》第122条及第985条也发挥辅助配合作用。

另依《合同编通则解释》第25条第1款，“合同不成立、无效、被撤销或者确定不发生效力，有权请求返还价款或者报酬的当事人一方请求对方支付资金占用费的，人民法院应当在当事人请求的范围内按照中国人民银行授权全国银行间同业拆借中心公布的一年期贷款市场报价利率（LPR）计算。但是，占用资金的当事人对于合同不成立、无效、被撤销或者确定不发生效力没有过错的，应当以中国人民银行公布的同期同类存款基准利率计算”。其中的“资金占用费”，也正是所应返还的金钱的利息，或者说是金钱所生孳息，应一并返还。

（三）权利与财产返还

1. 他物权合同不成立、无效、被撤销或者确定不发生效力场合的财产返还

设定土地承包经营权、建设用地使用权等用益物权场合，如果土地承包经营权合同、建设用地使用权出让合同等不成立、无效、被撤销或者确定不发生效力，在法律上自始不发生土地承包经营权、建设用地使用权等，发包人或者出让人可以基于其所有权，请求更正登记（《民法典》第220条）。

设定抵押权、质权等担保物权场合，如果相应抵押合同或者质押合

同不成立、无效、被撤销或者确定不发生效力，则在法律上自始不发生抵押权或者质权，抵押人可以请求更正登记（《民法典》第 220 条），质押人则可以请求返还原物（《民法典》第 235 条）。

土地承包经营权人将土地承包经营权采取转包、互换、转让等方式流转场合，如相应的合同不成立、不成立、无效、被撤销或者确定不发生效力，在法律上自始不发生权利流转的效果，土地承包经营权人可基于其土地承包经营权，请求更正登记、移转占有。对于其他用益物权的流转，同理。

2. 知识产权合同不成立、无效、被撤销或者确定不发生效力场合的财产返还

知识产权以商标权、专利权和著作权为典型，就相关合同，可区分类型分别观察。在转让知识产权合同场合，如果该转让合同不成立、无效、被撤销或者确定不发生效力，在法律上知识产权自始不发生转让的效果，原权利人仍然是权利人，对于著作权，不发生财产返还的问题；对于商标权和专利权，如果已经做过变更登记，权利人可以基于其知识产权，要求更正登记。

在以知识产权设立权利质权场合，如果质押合同无效、被撤销或者确定不发生效力，在法律上自始不发生相应的权利质权，知识产权权利人可以请求涂销出质登记。

3. 债权与返还财产

在债权让与场合，如果债权让与合同不成立、无效、被撤销或者确定不发生效力，在法律上自始不发生债权让与的效果，原债权人仍然是债权人。如果受让人手中有债权凭证，让与人可以基于其债权人身份，要求受让人返还债权凭证。

值得注意的是，《诉讼时效解释》第 5 条第 2 款规定："合同被撤销，返还财产、赔偿损失请求权的诉讼时效期间从合同被撤销之日起计算。"就该司法解释仅明言"当事人可以对债权请求权提出诉讼时效抗辩"（第 1 条主文）而未言及物权请求权来看，上述规则应仅适用于合同被撤销场合的返还财产为债权请求权的情形，不适用于返还财产为物权请求权或者绝对权请求权的情形。

二、折价补偿

合同不成立、无效、被撤销或者确定不发生效力后,因该合同取得的财产,“不能返还或者没有必要返还的,应当折价补偿”。

所谓“不能返还”,包括事实上不能返还和法律上不能返还两种情况。事实上不能返还,比如,属于无形财产的专有技术、信息资料(泄出去的密,如同泼出去的水,无从收回),或者劳务,有形财产中的易耗的特定物,原物灭失且无替代品,或毁损严重无法修复。法律上的不能返还,比如,给付的财产已由相对人转让给第三人,且被第三人合法取得。

所谓“没有必要返还”,可以理解为虽然返还财产并非事实上或者法律上不能返还,但实际返还财产不符合经济原则,比如所给付的原物是机器零件,已经被用在机器上面,尽管拆卸下来是可能的,但这种做法对于一方或者双方不具有经济合理性,便可以认定为“没有必要返还”。

“折价补偿”作为《民法典》第157条明确规定的一项法律后果,原则上对其性质可以认定为不当得利。是对于不能返还或者没有必要返还的财产,作为受领人没有合法根据取得的利益,以“折价”为金钱的形式,予以返还。此种法律后果,虽使用“补偿”二字,但是性质上不属于损害赔偿责任,故不要求过错作为其成立要件。“折价补偿”具有两层意涵,其一,对象指向功能,折价的利益是给予给付人的;其二,合理评价功能,允许裁判者对利益的价值作客观的评价。

折价补偿的基准时点在《民法典》第157条中并不明确,《合同编通则解释》第24条以合同效力状态的认定时点作为基准时点。另外,就此问题在学说上有不同观点;[①]对于司法解释确定的标准,学说上也有质疑,认为受领人自始即无保有财产的法律根据,从受领财产时起即负有所受领财产的返还义务,故原则上以受领之日作为折价补偿的基准日较为妥当。[②] 理论上分析,特别是结合该请求权的性质及其发生时点来看,应该说该质疑从逻辑自洽的角度优于司法解释所定标准。

① 参见李永军、李昶:《效力瑕疵合同返还不能时折价补偿的计算标准》,载《南京社会科学》2024年第3期。

② 参见周江洪:《法律行为效力瑕疵情形的返还清算》,载《法学研究》2024年第4期。

三、赔偿损失

合同无效、被撤销或者确定不发生效力后，有过错的一方应当赔偿对方因此所受到的损失。这种赔偿责任在性质上属于缔约过失责任（参见本书第三章第七节的内容）。如果双方都有过错，应当各自承担相应的责任。

第三人实施欺诈、胁迫行为，使当事人在违背真实意思的情况下订立合同，受到损失的当事人请求第三人承担赔偿责任的，人民法院依法予以支持；当事人亦有违背诚信原则的行为的，人民法院应当根据各自的过错确定相应的责任。但是，法律、司法解释对当事人与第三人的民事责任另有规定的，依照其规定（《合同编通则解释》第 5 条）。就此应注意，其一，此条并非独立的赔偿请求权基础，故人民法院要“依法”予以支持。当事人主张赔偿时，也应指明相关依据。其二，就当事人的请求依据应具体分析，有时可以是合同，如当事人就买卖标的物委托第三人出具鉴定意见，第三人在其意见中故意隐瞒真实情况，致使当事人基于错误认识作出意思表示（《总则编解释》第 21 条）。如对方不知道亦不应当知道该欺诈行为，当事人虽无权请求撤销买卖合同，却可基于其与第三人的合同追究违约责任。其三，当事人的请求依据有时可以是侵权，比如当事人因第三人胁迫而签订合同，并因此遭受损失，基于《民法典》第 1165 条请求该第三人承担侵权责任。其四，当事人的请求依据可否是缔约过失，值得进一步探索。《德国民法典》第 311 条第 3 款将第 241 条第 2 款保护义务之债之关系扩张及于非成为合同当事人的第三人，特别是该第三人享有特别之信赖，且其因而重大影响合同磋商或合同订立。因此，借助缔约过失拓展了应对专家责任（Expertenhaftung）的路径，[①]虽值得关注，是否跟进，却应慎重（详见本书第三章）。

---

① Vgl. Prütting/Wegen/Weinreich（heraus.），BGB Kommentar（Stürner），14. Aufl. 2022，S. 591.

四、部分无效及争议解决方法条款的独立性

（一）部分无效

民事法律行为部分无效，不影响其他部分效力的，其他部分仍然有效(《民法典》第156条)。

（二）争议解决方法条款的独立性

合同不生效、无效、被撤销或者终止的，不影响合同中有关解决争议方法的条款的效力(《民法典》第507条)。该条规定了争议解决条款的独立性。

1. 争议解决方法条款

合同中有关解决争议方法的条款，简称争议解决条款，通常包括仲裁条款、选择法院条款以及法律适用条款等。

仲裁条款，本身便是仲裁协议的具体表现形式。依《仲裁法》第16条，“仲裁协议包括合同中订立的仲裁条款和以其他书面方式在纠纷发生前或者纠纷发生后达成的请求仲裁的协议。仲裁协议应当具有下列内容：(一)请求仲裁的意思表示；(二)仲裁事项；(三)选定的仲裁委员会”。在有仲裁协议场合，便排除了法院诉讼管辖。

选择法院条款(choice of court agreement; choice of forum clause)，是合同中约定管辖法院的条款。依《民事诉讼法》第35条的规定，合同或者其他财产权益纠纷的当事人可以书面协议选择被告住所地、合同履行地、合同签订地、原告住所地、标的物所在地等与争议有实际联系的地点的人民法院管辖，但不得违反该法对级别管辖和专属管辖的规定。

法律适用条款(choice of law clause)，是合同的特定条款，其内容指定由某国或者某超国家的法(如国际统一私法协会的PICC)管辖将来可能的合同争议。这类条款通常是在具有涉外因素的合同中出现。不过应当注意，对于某些合同，系由中国法专属管辖，如《民法典》第467条第2款规定的合同(在中国境内履行的中外合资经营企业合同、中外合作经营企业合同以及中外合作勘探开发自然资源合同)。

2. 争议解决条款的独立性

关于合同效力的判断，通常是将合同作为一个整体，自然而然地一体判断。可是，如果当事人就合同效力产生争议，而该问题究竟是交由仲裁裁决抑或由法院判决，以及依据什么实体法进行裁判，是最先应该解决的问题。就此，《仲裁法》第19条第1款规定，"仲裁协议独立存在，合同的变更、解除、终止或者无效，不影响仲裁协议的效力"。该款规定确立了仲裁协议的独立性规则。可见，我国法明确规定了仲裁协议的独立性，[①]法律运用的是"定义的方式"，而非"拟制的手段"。[②] 在确立仲裁协议独立性的前提下，进一步使仲裁协议或仲裁条款的效力与合同的效力相分离而单独判断，即使仲裁条款是合同的一个组成部分，由于我国法承认"部分无效"制度，故在理论说明上也不存在障碍。通过确立仲裁协议独立性规则，"仲裁庭有权确认合同的效力"(《仲裁法》第19条第2款)。

以上通过以仲裁条款为典型代表进行分析，可见此类条款在我国法上的独立性，对于选择法院条款以及法律适用条款等，《民法典》第507条虽未如《仲裁法》第19条第1款那样规定其"独立存在"，既言合同不生效、无效、被撤销或者终止不影响其效力，其实质用意在于肯定诸此条款的独立性。

争议解决条款的独立性，通常仅就其效力评价而言。这时的合同及其中的争议解决条款在法律上被区分为两个独立的协议，分别判断其效力。如以仲裁协议为例，就其效力首先要依《仲裁法》第17条和第18条等以及有关司法解释的规定，具体判断。[③]

至于违约金条款，虽可作为一种"结算和清理条款"(《民法典》第567条)，却并非此处的"独立存在的有关解决争议方法的条款"。另外，合同无效，不发生履行的问题，自无违约的问题，亦谈不上适用违约金条款的问题。

---

① 关于仲裁协议的独立性，可以参见寇丽：《国际商事仲裁协议法律适用若干问题探析——从仲裁条款的独立性角度出发》，载陈忠谦主编：《仲裁研究》第1辑，法律出版社2004年版，第57页以下；Joseph E. Neuhaus：《仲裁协议的自治性：对美国经验的几点思考》，孔媛译，载姜秋菊等主编：《北京仲裁》第59辑，中国法制出版社2006年版，第96页以下。关于仲裁协议的一般理论分析，可参见谭兵主编：《中国仲裁制度研究》，法律出版社1995年版，第176～199页。

② 崔建远教授认为，在合同无效的情况下，对于有关解决争议方法的条款依然有效，不拟制恐怕难以说明。崔建远：《解除权行使的法律效果》，载韩世远、[日]下森定主编：《履行障碍法研究》，法律出版社2006年版，第264～265页。对于"定义的方式"与"拟制的手段"的区分及比较，可参见[德]卡尔·拉伦茨：《法学方法论》，陈爱娥译，商务印书馆2004年版，第143页。

③ 可参见宋建立：《瑕疵仲裁协议的司法审查》，载《人民司法(应用)》2018年第19期。

References

Index

参考文献及索引

主要参考文献

一、中文书目（依姓氏拼音序）

（一）体系书与教科书

1. 陈聪富:《民法总则》(第2版),元照出版有限公司2016年版。

2. 陈国柱主编:《民法学》(第2版),吉林大学出版社1987年版。

3. 陈华彬:《物权法论》,中国政法大学出版社2018年版。

4. 崔建远:《合同法》(第4版),北京大学出版社2021年版。

5. 崔建远:《合同法总论(上卷)》,中国人民大学出版社2024年版。

6. 崔建远等:《民法总论》(第3版),清华大学出版社2019年版。

7. 崔建远主编:《合同法》(第7版),法律出版社2021年版。

8. 顾昂然、王家福、江平等:《中华人民共和国民法通则讲座》,中国法制出版社2000年版。

9. 韩世远:《合同法学》,高等教育出版社2022年版。

10. 韩世远:《合同法总论》(第4版),法律出版社2018年版。

11. 洪逊欣:《中国民法总则》(第3版),台北自版1964年版。

12. 胡长清:《中国民法总论》,中国政法大学出版社1997年版。

13. 胡长清:《中国民法债篇总论》(第6版),商务印书馆1947年版。

14. 黄立:《民法债编总论》,中国政法大学出版社2002年版。

15. 黄茂荣:《法学方法与现代民法》(增订6版),台北自版2011年版。

16. 江平、张佩霖编著:《民法教程》,中国政法大学出版社1986年版。

17. 寇志新:《民法总论》,中国政法大学出版社2000年版。

18. 李宜琛:《民法总则》,中国方正出版社2004年版。

19. 李宜琛:《日耳曼法概论》,商务印书馆 1942 年版。
20. 李永军:《民法总论》,法律出版社 2006 年版。
21. 梁慧星、陈华彬:《物权法》(第 7 版),法律出版社 2021 年版。
22. 梁慧星:《读条文　学民法》,人民法院出版社 2014 年版。
23. 梁慧星:《合同通则讲义》,人民法院出版社 2020 年版。
24. 梁慧星:《民法》,四川人民出版社 1988 年版。
25. 梁慧星:《民法解释学》,中国政法大学出版社 1995 年版。
26. 梁慧星:《民法总论》(第 6 版),法律出版社 2021 年版。
27. 梁慧星:《民法总则讲义》,法律出版社 2018 年版。
28. 龙卫球:《民法总论》,中国法制出版社 2001 年版。
29. 马俊驹、余延满:《民法原论》,法律出版社 2010 年版。
30. 梅仲协:《民法要义》,中国政法大学出版社 1998 年版。
31. 沈达明、冯大同:《国际贸易法新论》,法律出版社 1989 年版。
32. 史尚宽:《民法总论》,台北自版 1980 年版。
33. 史尚宽:《债法总论》,台北自版 1954 年版。
34. 隋彭生:《合同法要义》(第 4 版),中国人民大学出版社 2015 年版。
35. 孙森焱:《民法债编总论》(上册),台北自版 2008 年版。
36. 孙宪忠:《中国物权法总论》(第 4 版),法律出版社 2018 年版。
37. 孙亚明主编:《民法通则要论》,法律出版社 1991 年版。
38. 佟柔、赵中孚、郑立主编:《民法概论》,中国人民大学出版社 1982 年版。
39. 佟柔:《佟柔中国民法讲稿》(周大伟编),北京大学出版社 2008 年版。
40. 佟柔主编:《中国民法学·民法总则》,中国人民公安大学出版社 1990 年版。
41. 王伯琦:《民法债编总论》,台北,编译馆 1985 年版。
42. 王家福主编:《中国民法学·民法债权》,法律出版社 1991 年版。
43. 王利明、崔建远:《合同法新论·总则》,中国政法大学出版社 2000 年版。
44. 王利明、郭明瑞、吴汉东:《民法新论》(下册),中国政法大学出版社 1988 年版。
45. 王利明:《合同法通则》,北京大学出版社 2022 年版。
46. 王利明:《合同法研究》第 1 卷,中国人民大学出版社 2011 年修订版。
47. 王轶:《民法原理与民法学方法》,法律出版社 2009 年版。
48. 王泽鉴:《民法思维:请求权基础理论体系》(重排版),北京大学出版社

2022 年版。

49. 王泽鉴:《民法总则》,北京大学出版社 2022 年重排版。

50. 王泽鉴:《债法原理》(第 2 版),北京大学出版社 2022 年版。

51. 魏振瀛主编:《民法》,北京大学出版社、高等教育出版社 2000 年版。

52. 徐开墅等编著:《民法通则概论》,群众出版社 1988 年版。

53. 杨代雄:《法律行为论》,北京大学出版社 2021 年版。

54. 杨代雄:《民法总论》,北京大学出版社 2022 年版。

55. 杨桢:《英美契约法论》,北京大学出版社 1997 年版。

56. 尹田:《法国现代合同法》,法律出版社 1995 年版。

57. 余延满:《合同法原论》,武汉大学出版社 1999 年版。

58. 张广兴:《债法总论》,法律出版社 1997 年版。

59. 郑玉波:《民法债编各论(上册)》,三民书局 1981 年版。

60. 郑玉波:《民法债编总论》,陈荣隆修订,中国政法大学出版社 2004 年版。

61. 中央政法干部学校民法教研室编著:《中华人民共和国民法基本问题》,法律出版社 1958 年版。

62. 朱广新:《合同法总则》,中国人民大学出版社 2008 年版。

63. 朱广新:《合同法总则研究(上册)》,中国人民大学出版社 2018 年版。

64. 朱庆育:《民法总论》,北京大学出版社 2013 年版。

(二)注释书

1. 陈甦主编:《民法总则评注》,法律出版社 2017 年版。

2. 胡康生主编:《中华人民共和国合同法释义》,法律出版社 1999 年版。

3. 黄薇主编:《中华人民共和国民法典合同编释义》,法律出版社 2020 年版。

4. 黄薇主编:《中华人民共和国民法典总则编释义》,法律出版社 2020 年版。

5. 江平主编:《中华人民共和国合同法精解》,中国政法大学出版社 1999 年版。

6. 李飞主编:《中华人民共和国合伙企业法释义》,法律出版社 2006 年版。

7. 李适时主编:《中华人民共和国民法总则释义》,法律出版社 2017 年版。

8. 穆生秦主编:《民法通则释义》,法律出版社 1987 年版。

9. 石宏主编:《〈中华人民共和国民法典〉释解与适用[合同编](上册)》,人民法院出版社 2020 年版。

10. 石宏主编:《〈中华人民共和国民法典〉释解与适用[物权编]》,人民法院出版社 2020 年版。

11. 孙宪忠、朱广新主编:《民法典评注 · 物权编 1》,中国法制出版社 2020 年版。

12. 万鄂湘:《最高人民法院关于审理外商投资企业纠纷案件若干问题的规定(一)条文理解与适用》,中国法制出版社 2011 年版。

13. 王利明、朱虎主编:《民法典合同编通则司法解释释评》,中国人民大学出版社 2024 年版。

14. 王利明主编:《〈中华人民共和国民法总则〉条文释义》,人民法院出版社 2017 年版。

15. 谢鸿飞、蔡睿等:《中华人民共和国民法典合同编通则司法解释释义》,中国法制出版社 2024 年版。

16. 最高人民法院民法典贯彻实施工作领导小组编著:《最高人民法院民法典总则编司法解释理解与适用》,人民法院出版社 2022 年版。

17. 最高人民法院民事审判第二庭、研究室编著:《最高人民法院民法典合同编通则司法解释理解与适用》,人民法院出版社 2023 年版。

18. 最高人民法院民事审判第二庭编著:《〈全国法院民商事审判工作会议纪要〉理解与适用》,人民法院出版社 2019 年版。

19. 最高人民法院民事审判第一庭编著:《最高人民法院关于审理商品房买卖合同纠纷案件司法解释的理解与适用》,人民法院出版社 2003 年版。

20. 最高人民法院研究室编著:《最高人民法院关于合同法司法解释(二)理解与适用》,人民法院出版社 2009 年版。

（三）专题研究书

1. 班天可:《日本新民法研究》,法律出版社 2020 年版。

2. 陈自强:《契约错误法则之基本理论——契约法之现代化 IV》,新学林出版股份有限公司 2015 年版。

3. 崔建远:《合同责任研究》,吉林大学出版社 1992 年版。

4. 耿林:《强制规范与合同效力》,中国民主法制出版社 2009 年版。

5. 韩世远,[日]下森定主编:《履行障碍法研究》,法律出版社 2006 年版。

6. 韩世远:《违约损害赔偿研究》,法律出版社 1999 年版。

7. 何宝玉:《英国合同法》,中国政法大学出版社 1999 年版。

8. 黄右昌:《罗马法与现代》,丁玫勘校,北京大学出版社 2008 年版。

9. 黄忠:《违法合同效力论》,法律出版社 2010 年版。

10. 梁慧星:《民法学说判例与立法研究(第 2 册)》,国家行政学院出版社 1999 年版。

11. 梁慧星:《为中国民法典而斗争》,法律出版社 2002 年版。

12. 梁慧星:《中国民法经济法诸问题》,法律出版社 1991 年版。

13. 梁慧星:《中国民事立法评说:民法典、物权法、侵权责任法》,法律出版社 2010 年版。

14. 梁慧星主编:《中国民法典草案建议稿附理由·总则编》,法律出版社 2013 年版。

15. 刘得宽:《民法诸问题与新展望》,中国政法大学出版社 2002 年版。

16. 刘荣军:《程序保障的理论视角》,法律出版社 1999 年版。

17. 马新彦:《现代私法上的信赖法则》,社会科学文献出版社 2010 年版。

18. 沈达明、梁仁洁:编著:《德意志法上的法律行为》,对外贸易教育出版社 1992 年版。

19. 施天涛:《经济"游戏"的规则——合同法的发展与完善》,贵州人民出版社 1995 年版。

20. 苏永钦:《私法自治中的经济理性》,中国人民大学出版社 2004 年版。

21. 王洪亮:《缔约过失构成与类型》,法律出版社 2023 年版。

22. 王利明:《违约责任论》,中国政法大学出版社 2000 年修订版。

23. 王泽鉴:《民法学说与判例研究》第 1 ~ 8 卷,台北自版。

24. 杨代雄:《民法总论专题》,清华大学出版社 2012 年版。

25. 杨仁寿:《法学方法论》,中国政法大学出版社 1999 年版。

26. 张家勇:《合同法与侵权法中间领域调整模式研究》,北京大学出版社 2016 年版。

27. 朱广新:《信赖责任研究》,法律出版社 2007 年版。

(四)外文中译书

1. [德]迪特尔·梅迪库斯:《德国民法总论》,邵建东译,法律出版社 2001 年版。

2. [德]迪特尔·梅迪库斯:《请求权基础》,陈卫佐、田士永、王洪亮等译,法律出版社 2012 年版。

3. [德]卡尔·拉伦茨:《德国民法通论》,王晓晔、邵建东、程建英、徐国建、谢怀栻译,法律出版社 2003 年版。

4. [德]卡尔·拉伦茨:《法学方法论》,陈爱娥译,商务印书馆 2003 年版。

5. [德]克里斯蒂安·冯·巴尔、[英]埃里克·克莱夫主编:《欧洲私法的原则、定义与示范规则:欧洲示范民法典草案》(全译本),第 1 ~3 卷,高圣平等译,法律出版社 2014 年版。

6. [德]拉德布鲁赫:《法学导论》,米健、朱林译,中国大百科全书出版社 1997 年版。

7. [德]罗伯特·阿列克西:《法、理性、商谈:法哲学研究》,朱光、雷磊译,中国法制出版社 2011 年版。

8. [德]鲁道夫·冯·耶林:《论缔约过失》,沈建峰译,商务印书馆 2016 年版。

9. [俄]E. A. 苏哈诺夫主编:《俄罗斯民法(第一册)》,黄道秀译,中国政法大学出版社 2011 年版。

10. [美]A. L. 科宾:《科宾论合同(上册)》,王卫国等译,中国大百科全书出版社 1997 年版。

11. [美]麦克尼尔:《新社会契约论》,雷喜宁、潘勤译,中国政法大学出版社 1994 年版。

12. [美]美国法学会、美国统一州法委员会:《美国〈统一商法典〉及其正式评述》,孙新强译,中国人民大学出版社 2004 年版。

13. [美]孟罗·斯密:《欧陆法律发达史》,姚梅镇译,中国政法大学出版社 1999 年版。

14. [日]北川善太郎:《日本民法体系》,李毅多、仇京春译,科学出版社 1995 年版。

15. [日]近江幸治:《民法讲义Ⅰ　民法总则》(第 6 版补订),渠涛等译,北京大学出版社 2015 年版。

16. [日]民法改正研究会(代表加藤雅信):《日本民法典修正案Ⅰ　第一编:总则》,朱晔、张挺译,元照出版公司 2016 年版。

17. [日]山本敬三:《民法讲义Ⅰ　总则》,解亘译,北京大学出版社 2012 年版。

18. [日]新堂幸司:《新民事诉讼法》,林剑锋译,法律出版社 2008 年版。

19. [日]我妻荣:《新版新法律学辞典》,董璠舆译,中国政法大学出版社 1991

年版。
20. [日]我妻荣:《债权在近代法中的优越地位》,王书江、张雷译,中国大百科全书出版社 1999 年版。
21. [苏联]Д. М. 坚金主编:《苏维埃民法(第 1 册)》,李光谟、康宝田、邬志雄译,法律出版社 1956 年版。
22. [意]彼德罗·彭梵得:《罗马法教科书》,黄风译,中国政法大学出版社 2018 年版。
23. [意]桑德罗·斯奇巴尼选编:《契约之债》,丁玫译,中国政法大学出版社 1992 年版。
24. [意]桑德罗·斯奇巴尼选编:《契约之债与准契约之债》,丁玫译,中国政法大学出版社 1998 年版。
25. [英]P. S. 阿蒂亚:《合同自由的兴起与衰落:一部合同思想史》,范雪飞译,中国法制出版社 2022 年版。
26. [英]巴里·尼古拉斯:《罗马法概论》(修订译本),黄风译,法律出版社 2021 年版。
27. [英]亨利·萨姆奈·梅因:《古代法》,沈景一译,商务印书馆 1959 年版。

二、日文书目

(一)体系书与教科书(依五十音序)

1. 安井宏 = 後藤元伸 = 中田邦博 = 鹿野菜穂子『プリメール民法 1　民法入門・総則(第 3 版)』(法律文化社,2008 年)。
2. F. Ancel & B. Fauvarque-Cosson(齋藤哲志 = 中原太郎　訳)『フランス新契約法』(有斐閣,2021 年)。
3. 於保不二雄『債権総論(増補版)』(有斐閣,1972 年)。
4. 遠藤浩 = 川井健 = 原島重義 = 広中俊雄 = 水本浩 = 山本進一(編)『民法(1)総則(第 4 版増補版)』(有斐閣,1999 年)。
5. 遠藤浩 = 川井健 = 原島重義 = 広中俊雄 = 水本浩 = 山本進一(編)『民法(5)契約総論(第 3 版)』(有斐閣,1987 年)。
6. 大村敦志『公序良俗と契約正義』(有斐閣,1995 年)。
7. 大村敦志『基本民法 I　総則・物権総論』(有斐閣,2007 年)。

8. 奥田昌道『債権総論(増補版)』(悠々社,1992 年)。
9. 奥田昌道 = 佐佐木茂美『新版債権総論』(判例タイムズ社,2022 年)。
10. 加藤一郎『不法行为(増補版)』(有斐閣,1974 年)。
11. 加藤雅信『新民法大系Ⅰ　民法総則(第 2 版)』(有斐閣,2005 年)。
12. 川井健『民法概論 1 民法総則(第 3 版)』(有斐閣,2005 年)。
13. 北川善太郎『債権各論(第 2 版)』(有斐閣,1995 年)。
14. 来栖三郎『契約法(新版)』(有斐閣,1974 年)。
15. 近江幸治『民法講義Ⅰ　民法総則(第 4 版)』(成文堂,2003 年)。
16. 潮見佳男『基本講義　債権各論Ⅰ(第 3 版)』(新世社,2017 年)。
17. 潮見佳男『民法総論講義』(有斐閣,2005 年)。
18. 鈴木禄弥『债権法講義(3 訂版)』(創文社,1995 年)。
19. 須永醇『民法総則要論』(勁草書房,1988 年)。
20. 四宮和夫『請求権競合論』(一粒社,1978 年)。
21. 四宮和夫 = 能見善久『民法総則(第 5 版増補版)』(弘文堂,2000 年)。
22. 四宮和夫 = 能見善久『民法総則(第 9 版)』(弘文堂,2018 年)。
23. 鳩山秀夫『増訂　日本債権法各論』(岩波書店,1954 年)。
24. 平井宜雄『債権各論Ⅰ上契約総論』(弘文堂,2008 年)。
25. 平野裕之『債権各論Ⅰ契約法』(日本評論社,2018 年)。
26. 藤岡康宏 = 磯村保 = 浦川道太郎 = 松本恒雄『民法Ⅳ債権各論(第 4 版)』(有斐閣,2019 年)。
27. 星野英一『民法概論Ⅳ契約』(良書普及會,1986 年)。
28. 星野英一『民法のすすめ』(岩波書店,1998 年)。
29. 松坂佐一『民法提要　債権各論(第 5 版)』(有斐閣,1993 年)。
30. 三宅正男『契約法(総論)』(青林書院,1978 年)。
31. 三和一博 = 平井一雄『民法総則要説』(青林書院,1990 年)。
32. 水本浩『契約法』(有斐閣,1995 年)。
33. 稲本洋之助ほか『民法講義 5 契約』(有斐閣,1978 年)。
34. 内田貴『契約の時代一日本社会と契約法』(岩波書店,2000 年)。
35. 内田貴『民法Ⅰ　総則・物権総論』(東京大学出版会,1994 年)。
36. 内田貴『民法Ⅰ　総則・物権総論[第 4 版]』(東京大学出版会,2008 年)。
37. 内田貴『民法Ⅱ　債権各論』(東京大学出版会,2001 年)。

38. 中田裕康『継続的取引の研究』(有斐閣,2000 年)。
39. 中田裕康『契約法(新版)』(有斐閣,2021 年)。
40. 能見善久 = 加藤新太郎編集『判例民法 5 契約Ⅰ(第 2 版)』(第一法規,2013 年)。
41. 我妻栄『債権各論(上巻)』(岩波書店,1954 年)。
42. 我妻栄『新訂　民法総則』(岩波書店,1965 年)。
43. 山本敬三『民法講義Ⅰ　総則(第 3 版)』(有斐閣,2011 年)。
44. 山野目章夫『民法概論 4 債権各論』(有斐閣,2020 年)。
45. 山口俊夫『フランス債権法』(東京大学出版会,1986 年)。
46. 吉村良一『不法行為法(第 2 版)』(有斐閣,2000 年)。

(二)注释书

1. 松岡久和 = 中田邦博編『新・コンメンタール民法(財産法)[第 2 版]』(日本評論社,2020 年)

(三)专题书及其他

1. 石川博康『「契約の本性」の法理論』(有斐閣,2010 年)。
2. 遠藤浩 = 林良平 = 水本浩監修『現代契約法大系(第 1 巻、第 2 巻)』(有斐閣,1983 年)。
3. 円谷峻『契約の成立と責任(第 2 版)』(一粒社,1991 年)。
4. 小林一俊『錯誤・原始不能と不履行法』(一粒社,1996 年)。
5. 潮見佳男 = 中田邦博 = 松岡久和『概説国際物品売買条約』(法律文化社,2010 年)。
6. 契約法体系刊行委員会(編)松坂佐一 = 西村信雄 = 舟橋諄一 = 柚木馨 = 石本雅男先生還暦記念『契約法大系Ⅰ契約総論』(有斐閣,1962 年)。
7. 宮本健蔵『安全保障義務と契約責任の拡張』(信山社,1993 年)。
8. 民法(債権法)改正検討委員会編『詳解債権法改正の基本方針Ⅰ　序論・総則』(商事法務,2009 年)。
9. 民法(債権法)改正検討委員会編『詳解債権法改正の基本方針Ⅱ　契約および債権一般(1)』(商事法務,2009 年)。

三、英文书目（Bibliogragphy）

1. Atiyah, P. S., *An Introduction to the Law of Contract*, 5th ed., Oxford: Clarendon Press; New York: Oxford University Press, 1984.

2. Cheshire, Geoffrey C., Cecil H. S. Fifoot, and Michael P. Furmston, *Cheshire, Fifoot and Furmston's Law of Contract*, 17th ed., Oxford: Oxford University Press, 2017.

3. Corbin, Arthur Linton, *Corbin on Contracts: One Volume Edition*, St. Paul: West Publishing Co., 1952.

4. Enderlein, Fritz, and Dietrich Maskow, *International Sales Law: United Nations Convention on Contracts for the International Sale of Goods; Convention on the Limitation Period in the International Sale of Goods*, New York: Oceana Publications, 1992.

5. Farnsworth, E. Allan, *Contracts*, 4th ed. New York: Aspen Publishers, 2004.

6. Frier, Bruce W., *A Casebook on the Roman Law of Contracts*, Oxford: Oxford University Press, 2021.

7. Hillman, Robert A., *Principles of Contract Law*, 3rd ed., St. Paul: West Academic Publishing, 2014.

8. Lake, Ralph B., and Ugo Draetta, *Letters of Intent and Other Precontractual Documents: Comparative Analysis and Forms*, 2nd ed., New York: Butterworth Legal Publishers, 1994.

9. Lando, Ole, and Hugh Beale (eds.), *Principles of European Contract Law: Parts I and II*, The Hague: Kluwer Law International, 2000.

10. Markesinis, Basil S., Werner Lorenz, and Gerhard Dannemann, *The German Law of Obligations: Volume I – The Law of Contracts and Restitution: A Comparative Introduction*, Oxford: Clarendon Press, 1997.

11. McKendrick, Ewan, *Contract Law*, 14th ed., Oxford: Hart, 2021.

12. Reimann, Mathias, and Reinhard Zimmermann (eds.), *The Oxford Handbook of Comparative Law*, Oxford: Oxford University Press, 2006.

13. Rowan, Solène, *The New French Law of Contract*, Oxford: Oxford University Press, 2022.

14. Schwenzer, Ingeborg (ed.), *Schlechtriem & Schwenzer: Commentary on the UN Convention on the International Sale of Goods (CISG)*, 4th ed., Oxford: Oxford University Press, 2016.

15. Schwenzer, Ingeborg, Christina Fountoulakis, and Mariel Dimsey, *International Sales Law: A Guide to the CISG*, 2nd ed., Oxford: Hart Publishing, 2012.

16. Smits, Jan M., *Contract Law: A Comparative Introduction*, Cheltenham: Edward Elgar Publishing, 2014.

17. Stone, Bradford, *Uniform Commercial Code*, 5th ed., Beijing: Law Press China, 2004.

18. Treitel, G. H., *The Law of Contract*, 10th ed., London: Sweet & Maxwell, 1999.

19. Treitel, G. H., and Edwin Peel, *The Law of Contract*, 12th ed., London: Sweet & Maxwell, 2001.

20. Zimmermann, Reinhard, *The Law of Obligations: Roman Foundations of the Civilian Tradition*, Oxford: Clarendon Press, 1996.

四、德文书目

1. Emmerich, Volker, Münchener Kommentar zum Bürgerlichen Gesetzbuch: Band 2, Schuldrecht Allgemeiner Teil (§§ 241 – 432), 5. Aufl., München: C. H. Beck, 2007.

2. Fikentscher, Wolfgang/Heinemann, Andreas, Schuldrecht: Allgemeiner und Besonderer Teil, 12. Aufl., Berlin: De Gruyter, 2022.

3. Haupt, Günter, Über faktische Vertragsverhältnisse, Leipzig: Weicher, 1941.

4. Herberger, Maximilian/Martinek, Michael/Rüssmann, Helmut/Weth, Stephan, juris Praxiskommentar BGB: Band 2. 1, Schuldrecht, 2. Aufl., Saarbrücken: juris, 2004.

5. Honsell, Heinrich, Römisches Recht. 6., ergänzte Aufl., Berlin: Springer, 2006.

6. Jauernig, Othmar (Begr.)/Berger, Christian et al. (Bearb.), Jauernig Bürgerliches Gesetzbuch, 12. Aufl., München: C. H. Beck, 2007.

7. Kötz, Hein, Europäisches Vertragsrecht, 1. Aufl., Tübingen: Mohr Siebeck, 1996; 2. Aufl., Tübingen: Mohr Siebeck, 2015.

8. Larenz, Karl, Allgemeiner Teil des Deutschen Bürgerlichen Rechts, 7. Aufl., München: C. H. Beck, 1989.

9. Larenz, Karl, Lehrbuch des Schuldrechts: Band I: Allgemeiner Teil, 14. Aufl., München: C. H. Beck, 1987.

10. Larenz, Karl/Wolf, Manfred, Allgemeiner Teil des Bürgerlichen Rechts, 9. Aufl., München: C. H. Beck, 2004.

11. Leenen, Detlef/Häublein, Martin, BGB Allgemeiner Teil, 3., neu bearbeitete Aufl., Berlin: De Gruyter, 2021.

12. Leonhard, Franz, Die Haftung des Verkäufers für sein Verschulden beim Vertragsschlusse, Göttingen: Dieterich'sche Verlags-Buchhandlung, 1896; Nachdruck: Frankfurt am Main: Keip, 1970.

13. Leonhard, Franz, Verschulden beim Vertragsschlusse, Berlin: Franz Vahlen, 1910.

14. Medicus, Dieter/Petersen, Jens, Allgemeiner Teil des BGB, 11. Aufl., Heidelberg: C. F. Müller, 2016.

15. Medicus, Dieter/Petersen, Jens, Grundwissen zum Bürgerlichen Recht, 12. Aufl., München: Verlag Franz Vahlen, 2021.

16. Palandt, Otto (Begr.), Palandt Bürgerliches Gesetzbuch, 68. Aufl., München: C. H. Beck, 2009.

17. Rüthers, Bernd/Fischer, Christian, Rechtstheorie, 5. Aufl., München: C. H. Beck, 2010.

18. Schlechtriem, Peter/Schroeter, Ulrich G, Internationales UN-Kaufrecht, 4. Aufl., Tübingen: Mohr Siebeck, 2007.

19. Schlechtriem, Peter/Schwenzer, Ingeborg (Hrsg.), Kommentar zum Einheitlichen UN-Kaufrecht (CISG), 4. Aufl., München: C. H. Beck, 2004.

20. Staudinger, Julius von (Begr.)/Magnus, Ulrich (Hrsg.), J. von Staudingers Kommentar zum Bürgerlichen Gesetzbuch mit Einführungsgesetz und Nebengesetzen: Wiener UN-Kaufrecht (CISG), Berlin: Sellier-de Gruyter, 2005.

21. Stürner, Michael, Prüfe mit Wiederholung und Weiterdenken: BGB Allgemeiner Teil, 6. Aufl., München: C. H. Beck, 2022.

事项索引

Y

Z